全国高职高专药学类专业规划教材（第三轮）

GMP实务

第 3 版

（供药学、中药学相关专业用）

主　编　马丽虹　蔡兴东

副主编　单松波　耿国平

编　者　（以姓氏笔画为序）

马丽虹（山东医药技师学院）

马晓雪（山东医药技师学院）

王秋玉（济南市技师学院）

孙　川（乐山职业技术学院）

张京武（山东医药技师学院）

单松波（漳州卫生职业学院）

耿国平（山东药品食品职业学院）

徐　涛（山东京卫制药有限公司）

温兆林（辽宁医药职业学院）

蔡兴东（重庆三峡医药高等专科学校）

中国健康传媒集团

中国医药科技出版社

内 容 提 要

本教材为"全国高职高专药学类专业规划教材（第三轮）"之一，系根据《药品生产质量管理规范（2010 年修订）》（GMP）编写而成。教材系统介绍药品生产过程必需的 GMP 知识，按照项目教学法的教学要求组建框架内容，以任务引领的模式创建学习场景，并插入相关知识链接、目标检测、实训任务、微课视频，体现理论和实践的融会贯通，符合工学结合的一体化教学教材形式。

本教材主要供全国高等职业院校药学、中药学专业以及制药工程技术、药物制剂技术、中药制药、化学制药技术、生物制药工艺、药品经营与管理等相关专业教学使用，也可作为药品生产企业员工培训教材用书。

图书在版编目（CIP）数据

GMP 实务 / 马丽虹，蔡兴东主编. -- 3 版. -- 北京：中国医药科技出版社，2024.11. --（全国高职高专药学类专业规划教材）. -- ISBN 978 - 7 - 5214 - 4936 - 5

Ⅰ. R426.7

中国国家版本馆 CIP 数据核字第 2024WZ0916 号

美术编辑　陈君杞
版式设计　友全图文

出版　**中国健康传媒集团**｜中国医药科技出版社
地址　北京市海淀区文慧园北路甲 22 号
邮编　100082
电话　发行：010 - 62227427　邮购：010 - 62236938
网址　www.cmstp.com
规格　889mm × 1194mm $\frac{1}{16}$
印张　16 $\frac{1}{2}$
字数　474 千字
初版　2015 年 8 月第 1 版
版次　2024 年 11 月第 3 版
印次　2024 年 11 月第 1 次印刷
印刷　天津市银博印刷集团有限公司
经销　全国各地新华书店
书号　ISBN 978 - 7 - 5214 - 4936 - 5
定价　**65.00 元**

获取新书信息、投稿、
为图书纠错，请扫码
联系我们。

数字化教材编委会

主　编　马丽虹　蔡兴东

副主编　单松波　耿国平

编　者　（以姓氏笔画为序）

马丽虹（山东医药技师学院）

马晓雪（山东医药技师学院）

王秋玉（济南市技师学院）

孙　川（乐山职业技术学院）

张京武（山东医药技师学院）

单松波（漳州卫生职业学院）

耿国平（山东药品食品职业学院）

徐　涛（山东京卫制药有限公司）

温兆林（辽宁医药职业学院）

蔡兴东（重庆三峡医药高等专科学校）

出版说明

全国高职高专药学类专业规划教材，第一轮于2015年出版，第二轮于2019年出版，自出版以来受到各院校师生的欢迎和好评。为深入学习贯彻党的二十大精神，落实《国务院关于印发国家职业教育改革实施方案的通知》《关于深化现代职业教育体系建设改革的意见》《关于推动现代职业教育高质量发展的意见》等有关文件精神，适应学科发展和高等职业教育教学改革等新要求，对标国家健康战略、对接医药市场需求、服务健康产业转型升级，进一步提升教材质量、优化教材品种，支撑高质量现代职业教育体系发展的需要，使教材更好地服务于院校教学，中国健康传媒集团中国医药科技出版社在教育部、国家药品监督管理局的领导下，组织和规划了"全国高职高专药学类专业规划教材（第三轮）"的修订和编写工作。本轮教材共包含39门，其中32门为修订教材，7门为新增教材。本套教材定位清晰、特色鲜明，主要体现在以下方面。

1. 强化课程思政，辅助三全育人

贯彻党的教育方针，坚决把立德树人贯穿、落实到教材建设全过程的各方面、各环节。教材编写将价值塑造、知识传授和能力培养三者融为一体。深度挖掘提炼专业知识体系中所蕴含的思想价值和精神内涵，科学合理拓展课程的广度、深度和温度，多角度增加课程的知识性、人文性，提升引领性、时代性和开放性，辅助实现"三全育人"（全员育人、全程育人、全方位育人），培养新时代技能型创新人才。

2. 推进产教融合，体现职教特色

围绕"教随产出、产教同行"，引入行业人员参与到教材编写的各环节，为教材内容适应行业发展献言献策。教材内容体现行业最新、成熟的技术和标准，充分体现新技术、新工艺、新规范。

3. 创新教材模式，岗课赛证融通

教材紧密结合当前实际要求，教材内容与技术发展衔接、与生产过程对接、人才培养与现代产业需求融合。教材内容对标岗位职业能力，以学生为中心、成果为导向，持续改进，确立"真懂（知识目标）、真用（能力目标）、真爱（素质目标）"的教学目标，从知识、能力、素养三个方面培养学生的理想信念，提升学生的创新思维和意识；梳理技能竞赛、职业技能等级考证中的理论知识、实操技能、职业素养等内容，将其对应的知识点、技能点、竞赛点与教学内容深度衔接；调整和重构教材内容，推进与技能竞赛考核、职业技能等级证书考核的有机结合。

4. 建新型态教材，适应转型需求

适应职业教育数字化转型趋势和变革要求，依托"医药大学堂"在线学习平台，搭建与教材配套的数字化课程教学资源（数字教材、教学课件、视频及练习题等），丰富多样化、立体化教学资源，并提升教学手段，促进师生互动，满足教学管理需要，为提高教育教学水平和质量提供支撑。

前言 PREFACE

《药品生产质量管理规范》（GMP）是国家应用于制药行业的强制性标准，要求药品生产企业应具备良好的生产厂房设备，合理的生产工艺和过程，完备的质量管理系统，严格的检测检验手段，以保证药品质量。

在药品生产、流通和检验领域，从事药品质量控制、药品生产操作、药品销售管理等方面的人员，一般应具备药学及相关专业背景，在接受专业教育的过程中，掌握 GMP 的基本理念和实施内核，形成以产品质量为中心，以标准程序为依据的专业素养，将 GMP 的基本知识介绍给他们，是这本教材编写的目的所在。

本教材在编写过程中，借鉴了医药行业从业人员的经验，兼顾了目前高职高专教学中比较受欢迎的教学模式，将理论知识和实训技能密切结合，探索在贯彻理解 GMP 条文的过程中，执行对学生职业能力的启发和培养，以达到职业素养培育养成的目的。

本教材具有以下几方面特点。

1. 以项目教学法为编排体例，每个任务以典型案例为先导，便于初学者进入相应情景。每个项目设立"学习目标"和"目标检测"，同时引入"情境导入""知识链接"模块，以丰富拓展相关知识内容。

2. 按照"理论够用，技能保证"的原则，在每个项目后编入相关的实训内容，涉及生产操作和质量控制的核心环节，锻炼动手能力，形成实际工作中运用 GMP 质量管理的思维习惯和行为习惯。

3. 贯彻 GMP 药品质量管理的主线，基本以药品生产的流程为编排顺序，有利于对质量控制全过程循序渐进的掌握。同时对 GMP 的条文进行适当整合分类，做出合理划分和解释（如卫生、生产、质量管理三个项目），保证 GMP 条文的全面呈现。

4. 通过 GMP 文化内涵的引导，在每个项目的学习目标中设立素养目标的具体内容，运用充分的实例，印证 GMP 执行过程中，执行人应具有的价值取向、情感趋势、行为规范，引导学习者培育良好的 GMP 行为习惯。

本教材 2015 年初版发行后，在全国多所职业院校使用，受到广泛好评，2019 年第二版修订过程中，纠正了个别错漏，使内容结构更加完善。第三版的修订编写，根据新版《药品 GMP 指南》系列丛书内容的调整，对于数据可靠性、药品上市许可持有人管理要求、先进制造、临床用药原料药等热点内容进行了调整，部分章节增加了案例应用，丰富了项目教学法。同时，借助"医药大学堂"数字平台，重新编写了每章题库、PPT 课件，各位编写人员创作了微课以供多途径学习，丰富了数字化资源的内容。

本教材内容分为十二个项目，项目一、项目十一由张京武编写，项目二由王秋玉编写，项目三由单松波编写，项目四由耿国平编写，项目五由马丽虹编写，项目六、项目十二由温兆林编写，项目七由马晓雪编写，项目八由蔡兴东编写，项目九、项目十由孙川编写，马丽虹、蔡兴东负责全书的统稿定稿工作，徐涛进行企业生产层面内容的审定工作。

由于受编者水平所限，存在疏漏不足之处在所难免，恳请使用本教材的各位同行提出宝贵意见，以便修订时完善。

编 者
2024 年 6 月

CONTENTS 目录

PPT

学习目标

知识目标　通过本项目的学习，应能掌握 GMP 的概念，原则和要素；熟悉 GMP 的特点和意义；了解 GMP 的历史和类型。

素养目标　培养树立尊重科学、遵从规律的意识，明确制药行业可持续发展的基本要求。

法规要求

GMP（2010 年修订）

第一章　总　则

第一条　为规范药品生产质量管理，根据《中华人民共和国药品管理法》、《中华人民共和国药品管理法实施条例》，制定本规范。

第二条　企业应当建立药品质量管理体系。该体系应当涵盖影响药品质量的所有因素，包括确保药品质量符合预定用途的有组织、有计划的全部活动。

第三条　本规范作为质量管理体系的一部分，是药品生产管理和质量控制的基本要求，旨在最大限度地降低药品生产过程中污染、交叉污染以及混淆、差错等风险，确保持续稳定地生产出符合预定用途和注册要求的药品。

第四条　企业应当严格执行本规范，坚持诚实守信，禁止任何虚假、欺骗行为。

典型案例

"反应停"事件

1961 年，欧洲和加拿大出现了 8000 多名畸形婴儿，其原因便是妊娠期妇女服用过沙利度胺。毒理学家研究发现：沙利度胺会导致严重的胎儿畸形。

沙利度胺因未通过美国 FDA 的严格审核而没能进入美国市场。华盛顿邮报评论道："（凯尔西）阻止了成千上万个没有手臂和下肢的婴儿降临于世。"

一、GMP 的概念

GMP 是 Good Manufacture Practice for Drugs 的缩写，直译为"优良的药品生产规范"。根据我国 2019 年 8 月修正的《药品管理法》（修正案），将 GMP 标准翻译为《药品生产质量管理规范》。GMP 贯穿于产品质量形成的全过程，是药品生产企业在药品质量控制过程中所应达到的基本要求和最低标准。

GMP 自二十世纪六十年代初在美国问世后，已被各个国家的政府、制药企业和专家一致认可。它作为一个各个制药企业公认的进行药品生产管理所必须遵行的制度，在国际上获得了广泛的推广。

我国现行的是 2010 年修订的 GMP。它根据《中华人民共和国药品管理法》《中华人民共和国药品管理法实施条例》制定，旨在最大限度地降低药品生产过程中污染、交叉污染以及混淆、差错等风险，确保持续稳定地生产出符合预定用途和注册要求的药品。

二、GMP 的历史

（一）GMP 的起源与历史

GMP 是人类不停地从药品生产经验中获取经验和教训的总结。药物被批量生产和广泛使用后，人类社会在经历了无数次药物灾难，特别是 20 世纪，出现了最大的药物灾难"反应停"事件后，公众要求对药品制剂进行更严格的监督。在此背景下，美国于 1962 年修订了《联邦食品药品化妆品法》（Federal Food Drug Cosmetic Act）。

美国 FDA 于 1963 年首次颁布了 GMP，这是世界上最早的一部 GMP。在此之后，经过数次修订，已经成为一部较为完善、内容详实、标准最高的 GMP。

1969 年世界卫生组织（WHO）也颁发了自己的 GMP，经过三次的修改，也是一部较全面的 GMP。

1971 年，英国制定了 GMP 第一版。现已由欧共体 GMP 替代。

1972 年，欧共体公布了《GMP 总则》指导欧共体国家药品生产，1983 年和 1989 年又公布了新的 GMP，并编制了一本《补充指南》。1992 年又公布了欧洲共同体 GMP 新版本。

1974 年，日本以 WHO 的 GMP 为蓝本，颁布了自己的 GMP。

1988 年，东南亚国家联盟也制定了相应的 GMP。

此外，德国、法国、瑞士、澳大利亚、韩国、新西兰、马来西亚等国家，也先后制定了 GMP，到目前为止，世界上已有 100 多个国家实施了 GMP 或准备实施 GMP。

（二）我国 GMP 的推行历程

我国提出在制药企业中推行 GMP 是在 20 世纪 80 年代初。

1982 年，中国医药工业公司参照一些先进国家的 GMP 制定了《药品生产管理规范》（试行稿），并在一些制药企业试行。

1984 年，在对 1982 年的《药品生产管理规范》（试行稿）进行修改后，变成《药品生产管理规范》（修订稿），经国家医药管理局审查后正式颁布，并在全国推行。

1988 年，根据《药品管理法》，国家卫生部颁布了我国第一部《药品生产质量管理规范》（1988 年版），作为正式法规执行。

1992 年，国家卫生部又对《药品生产质量管理规范》（1988 年版）进行修订，变成《药品生产质量管理规范》（1992 年修订）。

同年，为了使药品生产企业更好地实施 GMP，出版了 GMP 实施指南，对 GMP 中一些条文，进行了比较具体的技术指导。

1995 年，经国家技术监督局批准，成立了中国药品认证委员会，并开始接受企业的 GMP 认证申请和开展认证工作。

1999 年，颁布了《药品生产质量管理规范》（1998 年修订），1999 年 8 月 1 日起施行，使我国的 GMP 更加完善，更加切合国情、更加严谨，便于药品生产企业执行。

2010 年，经卫生部部务会议审议通过，颁布了《药品生产质量管理规范》（2010 年修订），并要求自 2011 年 3 月 1 日起，凡新建药品生产企业、药品生产企业新建（改、扩建）车间均应符合新版 GMP 的要求。现有药品生产企业血液制品、疫苗、注射剂等无菌药品的生产，应在 2013 年 12 月 31 日前达到新版 GMP 要求；其他类别药品的生产均应在 2015 年 12 月 31 日前达到新版 GMP 要求。未达到新版 GMP 要求的企业（车间），在上述规定期限后不得继续生产。

2023 年，为了促进药品生产质量和安全，保障药品在市场上的良好形象和信誉制定了 2023 年版药品 GMP 指南，对之前的指南进行了修订和补充，以适应医药行业的新发展和新挑战。

三、GMP 的分类与特点

（一）GMP 的分类

1. 从 GMP 的适用范围角度分类

（1）具有国际性质的 GMP　如 WHO 的 GMP、欧洲自由贸易联盟制定的 GMP、东南亚国家联盟的 GMP 等。

（2）国家权力机构颁布的 GMP　如国家药品监督管理局、美国 FDA（食品药品管理局）、英国卫生和社会保险部、日本厚生省等政府机关代表国家制定的 GMP。

（3）工业组织制定的 GMP　如美国制药工业联合会制定的 GMP、中国医药工业公司早期制定的 GMP 及其实施指南、瑞典工业协会制定的 GMP，甚至还包括药厂或制药公司自己制定的 GMP。

2. 从 GMP 的性质角度分类

（1）作为法典规定、具有法律效应的 GMP，如美国、日本等国家的 GMP。

（2）作为建议性的规定、不具有法律效应的 GMP，如有些国家或组织的 GMP 只对药品生产和质量管理起指导作用。

（二）GMP（2010 年修订）的特点

GMP（2010 年修订）基本内容共有 14 章 315 条，共计约 3.5 万字，详细描述了药品生产质量管理的基本要求，条款所涉及的内容基本保留了 1998 年版 GMP 的大部分章节和主要内容，适用于所有药品的生产。

1. 强化了管理方面的要求

（1）提高了对人员的要求　"机构与人员"一章明确将质量受权人与企业负责人、生产管理负责人、质量管理负责人一并列为药品生产企业的关键人员，并从学历、技术职称、工作经验等方面提高了对关键人员的资质要求。例如，对生产管理负责人和质量管理负责人的学历要求由现行的大专以上提高到本科以上，规定需要具备的相关管理经验并明确了关键人员的职责。

（2）明确要求企业建立药品质量管理体系　质量管理体系是为实现质量管理目标、有效开展质量管理活动而建立的，是由组织机构、职责、程序、活动和资源等构成的完整系统。药品 GMP（2010 年修订）在"总则"中增加了对企业建立质量管理体系的要求，以保证药品 GMP 的有效执行。

（3）细化了对操作规程、生产记录等文件管理的要求　为规范文件体系的管理，增加指导性和可操作性，新版药品 GMP 分门别类对主要文件（如质量标准、生产工艺规程、批生产和批包装记录等）的编写、复制以及发放提出了具体要求。

2. 提高了部分硬件要求

（1）调整了无菌制剂生产环境的洁净度要求　1998 年修订的药品 GMP，在无菌药品生产环境洁净度标准方面与 WHO 标准（1992 年修订）存在一定的差距，药品生产环境的无菌要求无法得到有效保障。为确保无菌药品的质量安全，药品 GMP（2010 年修订）在无菌药品附录中采用了 WHO 和欧盟最新的 A、B、C、D 分级标准（参见项目二的任务三），对无菌药品生产的洁净度级别提出了具体要求；增加了在线监测的要求，特别对生产环境中的悬浮微粒的静态、动态监测，对生产环境中的微生物和表面微生物的监测都做出了详细的规定。

（2）增加了对设备设施的要求　对厂房设施分生产区、仓储区、质量控制区和辅助区分别提出设计和布局的要求，对设备的设计和安装、维护和维修、使用、清洁及状态标识、校准等几个方面也都做出具体规定。这样无论是新建企业设计厂房还是现有企业改造车间，都应当考虑厂房布局的合理性和设备设施的匹配性。

3. 围绕质量风险管理增设了一系列新制度 质量风险管理是美国 FDA 和欧盟都在推动和实施的一种全新理念，药品 GMP（2010 年修订）引入了质量风险管理的概念，并相应增加了一系列新制度，如：供应商的审计和批准、变更控制、偏差管理、超标（OOS）调查、纠正和预防措施（CAPA）、持续稳定性考察计划、产品质量回顾分析等。这些制度分别从原辅料采购、生产工艺变更、操作中的偏差处理、发现问题的调查和纠正、上市后药品质量的持续监控等方面，对各个环节可能出现的风险进行管理和控制，促使生产企业建立相应的制度，及时发现影响药品质量的不安全因素，主动防范质量事故的发生。

4. 强调了与药品注册和药品召回等其他监管环节的有效衔接

（1）药品的生产质量管理过程是对注册审批要求的贯彻和体现。药品 GMP 在多个章节中都强调了生产要求与注册审批要求的一致性。如：企业必须按注册批准的处方和工艺进行生产，按注册批准的质量标准和检验方法进行检验，采用注册批准的原辅料和与药品直接接触的包装材料的质量标准，其来源也必须与注册批准一致，只有符合注册批准各项要求的药品才可放行销售等。

（2）药品 GMP 还注重了与《药品召回管理办法》的衔接，规定企业应当召回存在安全隐患的已上市药品，同时细化了召回的管理规定，要求企业建立产品召回系统，指定专人负责执行召回及协调相关工作，制定书面的召回处理操作规程等。

四、GMP 的要素

GMP 的三要素分别是：人员、软件、硬件，三者构成药品生产管理体系。

（一）人员是核心

高素质的人员是实施药品 GMP 的关键。

药品 GMP（2010 年修订）体现了"全员参与""全过程参与"和"全面参与"的全面质量管理理念。从制药企业的角度来说，从产品设计、研制、生产、质量控制到销售的全过程，"人"是最重要的因素。产品质量的好坏是全体员工工作质量好坏的反映，这是因为优良的硬件设备要由人来操作，好的软件系统要由人来制订和执行。由此可知，员工工作质量的好坏，最终会体现在产品质量上。上面在谈到第二个问题时我们说，具有可操作性的较完善的软件管理系统是产品质量的保证。但是，有了一套较完善的管理制度和操作规程，若不按照规程去做，相当于没有规程。由此可见，执行力是非常重要的。

人员素质一方面包括管理人员的素质，另一方面包括操作人员的素质。不断提高员工素质及药品 GMP 意识是制药企业需要重视的问题。我国实施药品 GMP 已经有 30 多年，无论是大型、中型甚至是小型的制药企业中都不缺少精通药品 GMP 的人员。制药企业的每一次药品 GMP 认证或复审，这些人员都起着指导性的作用。例如：制药企业一般都设有 QA（质量保证）部门，由 QA 完成质量监督。企业对 QA 部门的重视程度，以及 QA 部门在企业中所发挥的作用，最终会影响到这个企业的产品质量。国外的制药企业非常重视 QA 部门的监督作用，QA 人员占到企业总人员的 20% ~ 30%。其对 QA 人员的素质要求也是相当高的：除了必须精通生产工艺，还要有较强的原则性及较高的质量意识，熟知企业的质量规程及药品 GMP 要求。

企业中操作员工数量占据比重很大，但是，一些制药企业对一线操作员工重视不够，具体体现在员工培训只是通过药品 GMP 认证的一种过程形式，并没有真正培训到位。有的操作员工对药品 GMP 的要求知之甚少，对内容也都不了解，也就不可能很好地贯彻执行。制药企业要不断提高产品质量，操作员工的素质显然很重要。毕竟，完善的操作规程是依靠一线的操作员工来贯彻执行的，QA 人员只起到了监督作用。这也是 GMP 要求全员参与的一个重要原因。

例如，注射制剂车间无菌分装岗位，为严格控制无菌操作室内环境，确保生产合格的无菌产品，制定了严格的工艺卫生操作规程，但如果操作者不能正确理解为什么要这么做，或质量意识不强，在无人监督时不认真执行，导致消毒灭菌不彻底，给产品质量带来隐患，这种类似事例还可以列举很多，这正说明认认真真、扎扎实实做好培训工作是十分必要和重要的。只有制订了明确方针的教育计划，通过科学教育培训的积累，使质量意识深入人心，才能产生真正的GMP，才能确保产品的质量。

·知识链接·

"欣弗"事件

2006年6—7月，青海、广西、浙江、黑龙江和山东等省、自治区陆续有部分患者使用欣弗后，出现胸闷、心悸、心慌、寒战、肾区疼痛、过敏性休克、肝肾功能损害等临床症状。经查，该公司2006年6—7月生产的克林霉素磷酸酯葡萄糖注射液未按批准的工艺参数灭菌，降低灭菌温度，缩短灭菌时间，增加灭菌柜装载量，影响了灭菌效果。

（二）软件是保证

具有可操作性的较完善的软件管理系统是产品质量的保证。

产品的质量不是检测出来的，而是设计和制造出来的，是要通过遵循一套标准的操作规程和严格的管理来保证的。标准的操作规程是需要经过验证的，它应具有指导性和可操作性。企业的软件管理，也经历了一个不断完善和发展的过程。从纵向看，各种技术标准、管理标准、工作标准是在长期的生产过程及上级单位的各类验收检查、质量审计中逐步形成的，初期的各类标准是低水平的、粗线条的。此后，随着GMP实践的不断深入，从中细化出各类实用和有指导意义的软件——标准操作规程（即SOP）。发展到今天，GMP又引入了"工艺验证"这一概念，通过验证，了解所制定的各种规程是否切合实际，是否需要进一步修订。因为GMP的实践是一个动态过程，与之相对应的软件也是需要不断地补充、修订、完善的。经过多次的修订，企业的管理规程及操作规程会变得越来越细致，描述会越来越精确，指导性及操作性也会越来越强。

（三）硬件是基础

良好的厂房设备、完善的设施和配套的设备是实施药品GMP的基础。

制药企业实施GMP的最终目的是为了最大限度降低药品生产过程中污染，以及混淆、差错等风险，确保持续稳定地生产出符合规定用途和注册要求的药品。从药品GMP实施的目的就可以看出，最终是要确保持续稳定地生产出符合规定用途和注册要求的药品。没有良好的厂房设备、完善的设施，就很难生产出符合规定用途和注册要求的药品，有了这样的生产能力之后才能够谈及其他。

五、GMP的原则与意义

（一）GMP原则

GMP的要求，包括厂房、设备、人员、培训、卫生、空气和水的纯化、生产和文件等各种硬件软件。它是在药品的生产全过程中保证生产出优质药品的管理制度，是把发生差错事故、混淆及各类污染的可能性降到最低程度的必要条件和最可靠办法，是药品在生产过程中的质量保证体系。

药品的质量是生产出来的，不是检验出来的。药品生产要控制全过程所有影响药品质量的因素，用科学的方法保证质量，保证在不混杂、无污染的条件下进行生产，然后取样分析合格，产品的合格才有保证。GMP原则根据其主要内容可概括如下。

1. 明确机构、人员的工作职责，强调关键人员，特别是受权人职责。
2. 把风险管理作为关注要点，降低质量风险。

3. 在硬件设计及安装实施时，体现对生产能力、产品质量和员工身心健康的要求。

4. 在实施中加强清洁工作，防止污染。

5. 做好维护养护，保证硬件完好。

6. 完善确认和验证工作，保证硬件系统、软件系统和生产过程的正确可靠。

7. 做好各种规程、制度、规范的起草、执行、总结，防止污染、混淆、差错。

8. 及时、准确记录并归档，保证产品的可追溯性。

9. 保证实施全面质量管理。

10. 加强委托生产和委托检验的管理。

11. 做好自检管理。

（二）实施 GMP 的意义

GMP 的核心思想是药品质量是生产和设计出来的，检验是对药品质量和工作质量的评价。贯彻预防为主，实施全面质量管理，是保证药品质量的关键。

1. 有利于企业提高质量管理水平 以预防为主的质量管理理念，有助于企业建立完整的质量管理体系，及时发现薄弱环节，用科学和有效的方式生产合格的产品。

2. 有利于企业的标准化生产，提高核心竞争力 GMP 推行生产全方位的标准化管理模式，对生产工艺和过程能够全程控制，有利于遵循统一规范的标准，生产出质量一致的产品。同时，企业获得 GMP 认证的过程，对内统一了质量管理体系，有了能生产合格产品的基本保证，对外，是企业质量的信誉证明，标识企业的核心质量体系已经得到官方认可，是企业形象的重要标志。

3. 是与国际药品质量规范接轨的重要途径 我国医药产品进入国际市场，各医药企业实施执行与国际接轨的药品质量规划管理是先决条件。GMP（2010 年修订）基本结构与内容接轨国际，这对我国制药企业的质量管理体系得到国际认可，会起到关键的作用。

4. 是保证医药产品消费者权益的重要途径 执行实施全面质量管理的 GMP 体系是国家和医药企业对消费者用药安全全方位负责的表现，体现了国家和医药企业对重大社会责任的担当，是民生执行实施全面质量管理的 GMP 体系是国家和医药企业对消费者用药安全全方位负责的表现，体现了国家和医药企业对重大社会责任的担当，是民生保障的重要基石。

由此可见，实施 GMP 对我国医药行业发展具有十分重要的意义。GMP 的推行不仅是药品生产企业对人民用药安全有效高度负责精神的具体体现，是企业的重要象征，也是企业和产品竞争力的重要保证，是与国际标准接轨，使医药产品进入国际市场的先决条件。因此可以说，实施 GMP 标准是药品生产企业生存和发展的基础，通过 GMP 认证是产品通向世界的准入证。

▪▪▪▪ 目标检测

答案解析

1. GMP 的概念与原则是什么？

2. GMP 的三要素各是什么？哪一个要素是 GMP 的关键？

3. GMP 硬件包括哪些内容？

书网融合……

重点小结　　　　习题

项目二　机构与人员

PPT

学习目标

知识目标　通过本项目的学习，应能掌握关键人员、授权人资质及职能，直接接触药品的人员健康要求、人员管理的内容，培训管理的内容，卫生、污染、人员卫生的概念；熟悉人员进入洁净区的更衣顺序，生产负责人与质量负责人的资质和职责；了解药品生产企业的结构组成和部门职责。

技能目标　能根据产品、剂型、规模等要求设计组织机构，制定培训计划并记录检查。

素养目标　培养学生诚实守信，真实客观的从业精神，明确药品生产企业各机构功能，规划自己的职业生涯。

法规要求

GMP（2010 年修订）

第三章　机构与人员

第一节　原　则

第十六条　企业应当建立与药品生产相适应的管理机构，并有组织机构图。

企业应当设立独立的质量管理部门，履行质量保证和质量控制的职责。质量管理部门可以分别设立质量保证部门和质量控制部门。

第十七条　质量管理部门应当参与所有与质量有关的活动，负责审核所有与本规范有关的文件。质量管理部门人员不得将职责委托给其他部门的人员。

第十八条　企业应当配备足够数量并具有适当资质（含学历、培训和实践经验）的管理和操作人员，应当明确规定每个部门和每个岗位的职责。岗位职责不得遗漏，交叉的职责应当有明确规定。每个人所承担的职责不应当过多。

所有人员应当明确并理解自己的职责，熟悉与其职责相关的要求，并接受必要的培训，包括上岗前培训和继续培训。

第十九条　职责通常不得委托给他人。确需委托的，其职责可委托给具有相当资质的指定人员。

第二节　关键人员

第二十条　关键人员应当为企业的全职人员，至少应当包括企业负责人、生产管理负责人、质量管理负责人和质量受权人。

质量管理负责人和生产管理负责人不得互相兼任。质量管理负责人和质量受权人可以兼任。应当制定操作规程确保质量受权人独立履行职责，不受企业负责人和其他人员的干扰。

第二十一条　企业负责人

企业负责人是药品质量的主要责任人，全面负责企业日常管理。为确保企业实现质量目标并按照本规范要求生产药品，企业负责人应当负责提供必要的资源，合理计划、组织和协调，保证质量管理部门独立履行其职责。

第二十二条　生产管理负责人

（一）资质：

生产管理负责人应当至少具有药学或相关专业本科学历（或中级专业技术职称或执业药师资格），具有至少三年从事药品生产和质量管理的实践经验，其中至少有一年的药品生产管理经验，接受过与所生产产品相关的专业知识培训。

（二）主要职责：

1. 确保药品按照批准的工艺规程生产、贮存，以保证药品质量；

2. 确保严格执行与生产操作相关的各种操作规程；

3. 确保批生产记录和批包装记录经过指定人员审核并送交质量管理部门；

4. 确保厂房和设备的维护保养，以保持其良好的运行状态；

5. 确保完成各种必要的验证工作；

6. 确保生产相关人员经过必要的上岗前培训和继续培训，并根据实际需要调整培训内容。

第二十三条 质量管理负责人

（一）资质：

质量管理负责人应当至少具有药学或相关专业本科学历（或中级专业技术职称或执业药师资格），具有至少五年从事药品生产和质量管理的实践经验，其中至少一年的药品质量管理经验，接受过与所生产产品相关的专业知识培训。

（二）主要职责：

1. 确保原辅料、包装材料、中间产品、待包装产品和成品符合经注册批准的要求和质量标准；

2. 确保在产品放行前完成对批记录的审核；

3. 确保完成所有必要的检验；

4. 批准质量标准、取样方法、检验方法和其他质量管理的操作规程；

5. 审核和批准所有与质量有关的变更；

6. 确保所有重大偏差和检验结果超标已经过调查并得到及时处理；

7. 批准并监督委托检验；

8. 监督厂房和设备的维护，以保持其良好的运行状态；

9. 确保完成各种必要的确认或验证工作，审核和批准确认或验证方案和报告；

10. 确保完成自检；

11. 评估和批准物料供应商；

12. 确保所有与产品质量有关的投诉已经过调查，并得到及时、正确的处理；

13. 确保完成产品的持续稳定性考察计划，提供稳定性考察的数据；

14. 确保完成产品质量回顾分析；

15. 确保质量控制和质量保证人员都已经过必要的上岗前培训和继续培训，并根据实际需要调整培训内容。

第二十四条 生产管理负责人和质量管理负责人通常有下列共同的职责：

（一）审核和批准产品的工艺规程、操作规程等文件；

（二）监督厂区卫生状况；

（三）确保关键设备经过确认；

（四）确保完成生产工艺验证；

（五）确保企业所有相关人员都已经过必要的上岗前培训和继续培训，并根据实际需要调整培训内容；

（六）批准并监督委托生产；

（七）确定和监控物料和产品的贮存条件；

（八）保存记录；

（九）监督本规范执行状况；

（十）监控影响产品质量的因素。

第二十五条 质量受权人

（一）资质：

质量受权人应当至少具有药学或相关专业本科学历（或中级专业技术职称或执业药师资格），具有至少五年从事药品生产和质量管理的实践经验，从事过药品生产过程控制和质量检验工作。

质量受权人应当具有必要的专业理论知识，并经过与产品放行有关的培训，方能独立履行其职责。

（二）主要职责：

1. 参与企业质量体系建立、内部自检、外部质量审计、验证以及药品不良反应报告、产品召回等质量管理活动；

2. 承担产品放行的职责，确保每批已放行产品的生产、检验均符合相关法规、药品注册要求和质量标准；

3. 在产品放行前，质量受权人必须按照上述第 2 项的要求出具产品放行审核记录，并纳入批记录。

第三节 培 训

第二十六条 企业应当指定部门或专人负责培训管理工作，应当有经生产管理负责人或质量管理负责人审核或批准的培训方案或计划，培训记录应当予以保存。

第二十七条 与药品生产、质量有关的所有人员都应当经过培训，培训的内容应当与岗位的要求相适应。除进行本规范理论和实践的培训外，还应当有相关法规、相应岗位的职责、技能的培训，并定期评估培训的实际效果。

第二十八条 高风险操作区（如：高活性、高毒性、传染性、高致敏性物料的生产区）的工作人员应当接受专门的培训。

第四节 人员卫生

第二十九条 所有人员都应当接受卫生要求的培训，企业应当建立人员卫生操作规程，最大限度地降低人员对药品生产造成污染的风险。

第三十条 人员卫生操作规程应当包括与健康、卫生习惯及人员着装相关的内容。生产区和质量控制区的人员应当正确理解相关的人员卫生操作规程。企业应当采取措施确保人员卫生操作规程的执行。

第三十一条 企业应当对人员健康进行管理，并建立健康档案。直接接触药品的生产人员上岗前应当接受健康检查，以后每年至少进行一次健康检查。

第三十二条 企业应当采取适当措施，避免体表有伤口、患有传染病或其他可能污染药品疾病的人员从事直接接触药品的生产。

第三十三条 参观人员和未经培训的人员不得进入生产区和质量控制区，特殊情况确需进入的，应当事先对个人卫生、更衣等事项进行指导。

第三十四条 任何进入生产区的人员均应当按照规定更衣。工作服的选材、式样及穿戴方式应当与所从事的工作和空气洁净度级别要求相适应。

第三十五条 进入洁净生产区的人员不得化妆和佩戴饰物。

第三十六条 生产区、仓储区应当禁止吸烟和饮食，禁止存放食品、饮料、香烟和个人用药品等非生产用物品。

第三十七条 操作人员应当避免裸手直接接触药品、与药品直接接触的包装材料和设备表面。

药品生产和质量管理的组织机构对于保证药品生产全程受控起着至关重要的作用，企业应当建立起与药品生产相适应的管理机构，并具有组织机构图。适当的组织机构及人员的配备是保证药品质量的关键因素。企业应当配备足够数量并具有适当相应资质（包括学历、工作年限以及相关实践经验）的管理和操作人员，并且明确规定每个部门和每个岗位的分工与职责。岗位职责不得遗漏，交叉的职责应当有明确规定。每个人所承担的职责不应过多。所有人员应当明确并理解自己的职责，熟悉与其职责相关的要求，接受必要的培训，包括岗前培训和继续培训，而培训则是实施药品 GMP 的重要环节。职责通常不得委托给其他人，确实需要委托的，其职责也必须委托给具有相当资质的指定人员。企业必须以文件的形式明确规定人员的分工与职责。

任务一　药品生产企业组织机构

一、机构组成

GMP 明确要求药品生产企业应具有组织机构图（图 2-1），所有部门及负责人员都应当具有用书面规定的明确任务，应当被赋予其履行其职责的权力。他们的任务可以委托给同等资质的指定人员。GMP 有关人员的责任，不应有空缺或不必要的重叠。

建立一个合理的企业组织机构是实施 GMP 的基础。药品生产企业完善的组织机构是药品生产质量管理活动的重要载体。药品生产企业建立组织机构应遵循科学与严谨的原则，对决策层、管理层和执行层的人员及其素质都应有明确要求。

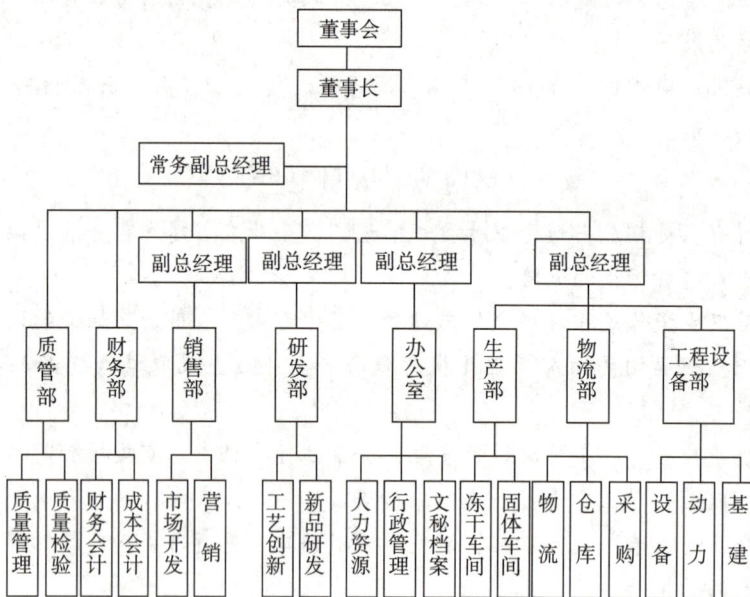

图 2-1　药品生产企业组织机构示意图

二、机构及负责人职责

在药品质量的因素中，最主要的影响因素是药品生产企业的管理组织和管理方式。药品生产企业的组织机构常常因为企业管理方式的不同而各具特色。对不同药品生产企业来说，不同的管理部门对药品质量所承担的职责却是相同的。企业内以书面管理标准来规定各部门职责或岗位责任。

1. 人力资源部　在主管行政的企业负责人领导下开展人事、健康、公共关系、劳保、档案、行政等管理工作，其主要职责如下。

（1）管理并监督定岗定编方案的实施。

（2）对员工的招收、聘用、调动、辞退管理。

（3）制订并实施员工工资、劳保方案。

（4）按质量奖惩规程代表公司实施奖惩。

（5）负责公司的培训、考核管理工作。

（6）负责员工的体检及健康档案管理。

（7）建立并管理员工档案。

2. 质量管理部　质量管理部门的主要职责如下。

（1）制订企业质量责任制和质量管理及检验人员的职责。

（2）负责组织自检工作。

（3）负责验证方案的审核。

（4）制订和修订物料、中间产品和成品的内控标准及检验操作规程，制定抽样和留样观察制度。

（5）制订检验用设施、设备、仪器的使用及管理办法；实验动物管理办法及消毒和使用管理办法等；决定物料和中间产品的使用。

（6）审核成品发放前批生成记录，决定成品发放。

（7）审核不合格品处理程序。

（8）定期检测洁净室（区）的尘粒数和微生物数及对制药用水进行质量监测。

（9）评价原料、中间产品及成品质量稳定性，为确定物料使用、成品有效期提供数据。

（10）负责产品质量指标的统计考核及总结报送工作。

（11）负责建立产品质量档案工作。

（12）负责组织质量管理、检验人员的专业技术基本规范的培训、考核及总结工作。

（13）会同企业有关部门对主要物料供应商质量体系进行评估。

（14）有权决定原辅材料、中间产品投料及成品出库放行，有权提出包装不符合要求的产品返工。

（15）对工厂发生的质量事故，有权提出追查和提出处理意见。

3. 生产部　其主要职责如下。

（1）负责生产、技术、产品开发、安全等管理工作。

（2）组织编制年、季、月生产计划，负责生产调度、统计及实施工作。

（3）对产品主要物料实施定额管理，制订消耗定额。

（4）下达生产指令和包装指令，审批相关的物料发放手续。

（5）按 GMP 要求对各类文件进行检查、监督。

（6）协助质量管理部门制订和修订物料、中间产品、成品质量标准和内控质量标准。

（7）负责编制、审定工艺规程，批记录并实施管理。

（8）负责组织生产管理文件的制订、修订、审定、颁发、收回、检查等管理工作。

（9）负责建立产品技术档案。

（10）负责工艺纪律的监督检查。

（11）负责生产工艺规程等验证工作。

（12）组织产品技术攻关，解决生产中出现的问题。

4. 工程部　其主要职责是设施维修、卫生、消防安全。

（1）负责编制设备操作规程、设备确认和系统验证方案，并组织实施。

（2）负责三废处理、环境保护的管理。

（3）负责企业的公用工程，水、电、汽、气的供应和管理工作。

（4）负责全厂设备、固定资产的管理工作。

（5）实施三级保养，指导部门人员实施日常保养。

（6）负责重大设备事故的调查分析，填写设备事故报告，提出处理意见。

（7）按GMP要求进行计量管理，做好计量器具校准、检定、维护等工作。

5. 物流部　其主要职责如下。

（1）保证本部门所采购的原辅料、包装材料及其他物料符合厂定标准和其他要求。

（2）组织编制并审定采购、仓储方面的管理文件。

（3）按年度、季度和月度生产计划指令采购人员编制相应的采购计划并审核，采购物料，使生产所用的物资及时供应，并使资金合理使用。

（4）参与质保部对供应商、经销客户的资质审查。

（5）负责对进库、在库、出库的物料和成品实施入库验收，在库养护，出库发货。

（6）负责对不合格物料处理工作。

（7）负责对批准和按程序销毁的物料、成品管理。

6. 销售部　在主管营销的企业负责人领导下负责销售管理工作。其主要职责如下。

（1）组织编制并审定销售方面的管理文件。

（2）参与质保部对销售客商的资质审查。

（3）负责客商及其产品销售管理。

（4）参与用户访问工作，了解考察本企业产品质量情况和包装质量情况，并提出改进包装质量措施，不断提高产品质量。

（5）负责开拓新市场，搞好市场调查和预测，为新产品开发提供决策依据。

（6）负责产品退货并参与药品的召回、产品质量投诉的处理。

任务二　药品生产企业各岗位人员

产品质量取决于过程质量，过程质量取决于工作质量，而工作质量取决于人的素质，因而人是GMP实施过程中的一个重要因素，其一切活动都决定着产品的质量。

新版GMP中提到的关键人员应为企业的全职人员，至少应包括企业负责人、生产管理负责人、质量管理负责人和质量受权人。质量管理负责人和生产管理负责人不得互相兼任。质量管理负责人和质量受权人可以兼任。企业应制定操作规程确保质量受权人独立履行职责，不受企业负责人和其他人员的干扰。

生物制品生产企业生产和质量管理负责人应具有相应的专业知识（细菌学、病毒学、生物学、分子生物学、生物化学、免疫学、医学、药学等），并具有丰富的实践经验以确保在其生产、质量管理中履行其职责。

中药制剂生产企业主管药品生产和质量管理的负责人需具有中药专业知识。检查中药制剂生产企业主管药品生产和质量管理的企业负责人，除药学专业者外，其他相关专业者还须经中药专业知识的培训和学习，如：药用植物学、中药鉴定学、中草药植物化学、中药制剂学、中药炮制学等。

一、企业负责人

药品的质量责任由企业的法定代表人负责，质量管理体系的运行需要由最高管理者来指挥，《药品生产质量管理规范（2010 年修订）》中对企业人负责人这样定义："企业负责人是药品质量的主要责任人，全面负责企业日常管理。为确保企业实现质量目标并按照本规范要求生产药品，企业负责人应负责提供必要的资源，合理计划、组织和协调，保证质量管理部门独立履行其职责。"

企业应该有一个书面的质量方针，质量方针要表明企业关于质量方面的全部意图和方向，企业负责人不但要参与质量方针的制定，还要确保企业的各个层次人员的理解和执行。企业还应不断对质量方针评审，评审质量方针是否反映了企业的目标。企业负责人需要组织质量管理体系的建立过程的策划，以保证药品的生产在一个有效的质量管理体系下完成，企业应规定一定的时间间隔由企业负责人开展管理评审。企业负责人还应该保障资源的提供，其中包括人力资源、基础设施和工作环境。药品生产企业建立的质量管理体系是在法规环境下的，企业负责人有责任保证把法规的要求传达到企业的各个管理层或机构。

二、生产管理负责人与质量管理负责人

（一）生产管理负责人

生产管理负责人应至少具有药学或相关专业本科学历（或中级专业技术职称或执业药师资格），具有至少三年从事药品生产和质量管理的实践经验，其中至少有一年的药品生产管理经验，接受过与所生产产品相关的专业知识培训。

生产管理负责人的主要职责如下。

1. 确保药品按批准的工艺规程生产、贮存，以保证药品质量。
2. 确保严格执行与生产操作相关的各种操作规程。
3. 确保批生产记录和批包装记录经过指定人员审核并送交质量管理部门。
4. 确保厂房和设备的维护保养，以保持其良好的运行状态。
5. 确保完成各种必要的验证工作。
6. 确保生产相关人员经过必要的上岗前培训和继续培训，并根据实际需要调整培训内容。

（二）质量管理负责人

质量管理负责人应至少具有药学或相关专业本科学历（或中级专业技术职称或执业药师资格），具有至少五年从事药品生产和质量管理的实践经验，其中至少一年的药品质量管理经验，接受过与所生产产品相关的专业知识培训。

质量管理负责人的主要职责如下。

1. 确保原辅料、包装材料、中间产品、待包装产品和成品符合经注册批准的要求和质量标准。
2. 确保在产品放行前完成对批记录的审核。
3. 确保完成所有必要的检验。
4. 批准质量标准、取样方法、检验方法和其他质量管理的操作规程。
5. 审核和批准所有与质量有关的变更。

6. 确保所有重大偏差和检验结果超标已经过调查并得到及时处理。

7. 批准并监督委托检验。

8. 监督厂房和设备的维护，以保持其良好的运行状态。

9. 确保完成各种必要的确认或验证工作，审核和批准确认或验证方案和报告。

10. 确保完成自检。

11. 评估和批准物料供应商。

12. 确保所有与产品质量有关的投诉已经过调查，并得到及时、正确的处理。

13. 确保完成产品的持续稳定性考察计划，提供稳定性考察的数据。

14. 确保完成产品质量回顾分析。

15. 确保质量控制和质量保证人员都已经过必要的上岗前培训和继续培训，并根据实际需要调整培训内容。

企业应设立独立的质量管理部门，履行质量保证和质量控制的职责。质量管理部门可以分别设立质量保证部门和质量控制部门。质量管理部门应参与所有与质量有关的活动，负责审核所有与GMP相关的文件。质量管理部门人员不得将职责委托给其他部门的人员。

（三）共同职责

生产管理负责人和质量管理负责人通常有下列共同的职责：①审核和批准产品的工艺规程、操作规程等文件；②监督厂区卫生状况；③确保关键设备经过确认；④确保完成生产工艺验证；⑤确保企业所有相关人员都已经过必要的上岗前培训和继续培训，并根据实际需要调整培训内容；⑥批准并监督委托生产；⑦确定和监控物料和产品的贮存条件；⑧保存记录；⑨监督本规范执行状况；⑩监控影响产品质量的因素。

三、质量受权人

（一）质量受权人制度实施的背景

质量受权人的概念及科学内涵：受权人源自欧盟、世界卫生组织等，其概念在之后的药品生产质量管理体系中得到了逐步完善。受权人在欧盟的指令和GMP指南中表述为"qualified person"，意为"具备资质的人"，被赋予了以负责成品批放行行为目标的相关药品生产质量管理权利；而WHO和PIC/S的GMP则采用"authorized person"，意为"被授权的人"，其履行的质量管理职责同样围绕药品批放行而展开。两种表述虽不同，实质一样，都是指负责产品批放行的有资质的人员。但其职责往往不仅仅限于产品批放行，而是要参与和产品批放行有关的药品质量各方面活动。

《药品生产质量管理规范（2010年修订）》中对质量受权人这样要求："质量受权人应至少具有药学或相关专业本科学历（或中级专业技术职称或执业药师资格），具有至少五年从事药品生产和质量管理的实践经验，从事过药品生产过程控制和质量检验工作。质量受权人应具有必要的专业理论知识，并经过与产品放行有关的培训，方能独立履行其职责。主要职责包括：①参与企业质量体系建立、内部自检、外部质量审计、验证以及药品不良反应报告、产品召回等质量管理活动；②承担产品放行的职责，确保每批已放行产品的生产、检验均符合相关法规、药品注册要求和质量标准；③在产品放行前，质量受权人必须按上述第②项的要求出具产品放行审核记录，并纳入批记录。"由此可以将药品质量受权人理解为：依据国家有关规定，接受企业授予的药品质量管理权利，负责对药品质量管理活动进行监督和管理，对药品生产的规则符合性和质量安全保证性进行内部审核，并承担药品放行责任的高级专业管理人员。

虽然在受权人定义、要求及管理等细节问题上，我国与欧盟、世界卫生组织存在一些差异，但受权人的精神实质和内涵是一致的。受权人的科学内涵可以归纳为5个关键词：独立、权威、专业、体系、团队。

1. 受权人具有独立性 这是受权人最核心的内涵。无论受权人在一个企业的组织机构中处于什么样的位置，他的工作都必须是保持相对独立的。也就是说，受权人能独立于总经理、独立于生产活动而行使质量管理职责，不受到公司利益、财务或生产等因素的影响，而是从产品质量出发来发表意见、作出判断。保证产品质量不受其他因素干扰、不向其他因素妥协，对于保证产品质量具有重要意义，也是受权人制度实施的根本目的。

2. 受权人具有很高权威性 受权人是药品质量管理方面的专家，对企业的产品质量负有直接责任，因此必然在企业中具有很高权威。当企业要在药品质量方面做出决策特别是一些重大决策如产品召回时，必须充分尊重并听取受权人的意见。树立受权人的权威，也即是树立了质量管理部门和人员的权威。

3. 受权人具有很强专业性 药品质量管理是专业性很强的工作，必须由专业水平高、管理能力强的专业人员担任。受权人要充分胜任产品质量责任，必须具备丰富的专业知识和较强的解决实际问题的能力。因此对受权人的学历、专业知识和实践经验等资质作出规定，并对受权人进行考核评估，或是通过监管部门的培训及继续教育，都是为了保证受权人在质量管理方面的专业性。

4. 受权人应实施和维护质量管理体系 受权人制度是一个管理体系，而不是一个单独的个体，其职责绝不仅仅是产品批放行，他要承担或是履行产品放行的职责，就必须关注与产品质量有关的方方面面的情况。受权人是通过质量体系的正确运行来确保生产质量符合要求，受权人行使职责必须建立在质量管理体系全面建立和良好运行的基础上。

5. 受权人要依靠团队支持 受权人不可能全面掌握药品生产过程中所涉及的每一个阶段或步骤，受权人要决定一批产品是否可以产品放行，往往要依靠其他质量管理人员的建议或决定。受权人的职责在很大程度上取决于一个团队的努力，并在质量管理体系良好运作的基础上，依靠团队中的每一个人都理解受权人的地位和职责并为其提供全力支持，受权人依靠这个团队的合作来达到质量目标。

（二）质量受权人的职责

质量受权人在履行职责时，必须始终遵守和实施有关药品管理法规或技术规范，树立质量意识和责任意识，以实事求是、坚持原则的态度，在履行相关职责时把公众利益放在首位，以保证药品质量，保障人民用药安全、有效为最高准则。这也是受权人的工作目标和工作宗旨。具体地讲，受权人在实施全面质量管理中应履行以下职责：

1. 监控药品质量管理体系 从受权人的科学内涵看，受权人是一项质量管理工作制度，受权人是一个团队。受权人要发挥团队的作用，必须依靠制度来落实质量管理。因此，受权人必须首先建立或完善质量管理体系，并实施质量管理体系，以确保其有效运作。主要包括：①培训管理；②质量管理部门的管理；③自检；④纠正和预防措施。

2. 负责以下的质量管理工作，行使决定权 ①每批物料及成品放行的批准；②质量管理文件的批准；③工艺验证和关键工艺参数的批准（包括药品研发）；④主批生产记录（空白批生产记录）的批准；⑤物料及成品内控质量标准的批准；⑥负责变更的批准（包括技术改造）；⑦不合格品处理的批准；⑧产品召回的批准。

3. 参与以下质量管理工作，行使否决权 ①关键物料供应商的审计和批准；②关键生产设备的选取；③生产、质量、物料、设备和工程等部门的关键岗位人员的选用；④其他对产品质量有关键影响的活动。

4. 参与对食品药品监督管理部门沟通

（1）在企业接受药品 GMP 认证或药品 GMP 跟踪检查的现场检查期间，受权人应作为企业的陪同人员，协助检查组开展检查；并按规定将缺陷项目的整改情况上报食品药品监督管理部门。

（2）每年至少一次向药品监督管理部门上报企业的药品 GMP 实施情况和产品的年度质量回顾分析情况。

（3）督促企业有关部门履行药品不良反应的监测和报告的职责。

（4）其他应与食品药品监督管理部门进行沟通和协调的情形。

（三）质量受权人的法律地位及责任

在我国当前的药品管理体系，受权人制度是创新性的一种企业内部质量管理模式。对受权人的管理，还需进一步完善相关法规，进一步明确受权人的法律地位和责任，受权人履行药品质量管理职责，确保药品质量的工作行为是应当受法律保护的。同时，受权人必须按照国家药品监督管理局的规定，严格履行工作职责。如果受权人在履行职责时，玩忽职守或失职渎职，也应承担相应的责任。

在各省、自治区、直辖市制定的"办法（试行）或暂行规定"中，均对受权人的责任做了规定。如广东省药品监督管理局出台的《广东省药品生产质量受权人管理办法（试行）》第十八条之规定：因受权人玩忽职守、失职渎职等行为，造成以下情形之一的，应当追究受权人的工作责任；情节严重的，省食品药品监督管理局将责成企业另行确定受权人，并视情形给予通报。有违法行为的，依法追究受权人的法律责任。

要求如下：①企业质量管理体系存在严重缺陷的；②发生严重药品质量事故的；③在药品 GMP 实施工作中弄虚作假的；④采取欺骗手段取得备案确认书的；⑤其他违反药品管理相关法律法规的。

任务三 药品生产企业人员培训

培训是实施药品 GMP 的重要环节。企业应指定部门或专人负责培训管理工作，应有经生产管理负责人或质量管理负责人审核或批准的培训方案或计划，培训记录应予保存。与药品生产、质量有关的所有人员都应经过培训，培训的内容应与岗位的要求相适应。除进行药品 GMP 理论和实践的培训外，还应有相关法规、相应岗位的职责、技能的培训，并定期评估培训的实际效果。高风险操作区（如：高活性、高毒性、传染性、高致敏性物料的生产区）的工作人员应接受专门的培训。

对企业人员培训要求的评定标准应具体化，对人员培训要求提到新的高度。培训内容注重实际效果，重点是 GMP 相关知识、岗位操作理论知识和实践操作技能；此外还应包括安全知识等内容。应制订健全的培训制度，制订年培训计划，培训应有讲义、考核试卷等。对参加培训人员要记录，并建立培训档案。检查员需检查岗位专业技术培训的内容：与本岗位生产操作有关的产品工艺操作技术、设备操作技术以及相关的技术知识等；检查生产操作人员的个人培训档案，是否有经专业技术培训考核合格上岗的记录等。对于从事原料药生产、从事中药饮片与制剂相关、从事生物制品制造，以及从事高风险操作等特殊要求的人员，应通过专业技术培训后方能上岗。

一、培训计划

药品生产企业应明确主管员工培训教育工作的职能部门或专职管理人员。每年度应有员工培训年度计划，其内容包括培训日期、培训内容、培训对象、参加人数、授课人、课时安排、考核形式以及负责部门等。培训计划必须由企业主管领导批准，颁发至有关部门实施。现场检查时，检查员需重点关注以下内容。

1. 检查企业是否制定年度培训计划，并经过包括质量部主管在内的企业相关领导批准。
2. 培训计划是否与企业自检或内部审计发现的问题相结合且有针对性，各部门是否制订针对本部门内的培训计划。
3. 部门培训计划是否考虑针对每个员工的知识和技能差距制定特殊的培训项目。
4. 企业的整体培训计划是否经过质量部的参与和审核。
5. 企业是否制订了培训的经费预算，能否得到经费保障等。

二、培训实施

培训计划的具体实施应考虑到以下方面，包括培训目的、培训对象、培训课程、培训形式、培训内容、培训讲师、培训时间、培训费用等。

1. 培训目的　每个培训项目都要有明确的目的或目标，即为什么培训？要达到什么样的培训效果？怎样培训才有的放矢？培训目的要简洁，具有可操作性，最好能够衡量，这样就可以有效检查人员培训的效果，以便于后续的培训评估。

2. 培训对象　药品生产企业各级管理人员，生产、检验、设备维修人员以及与生产活动、药品质量有关的其他人员均应接受培训教育。其中，中高层管理人员、关键技术人员、质量管理人员，以及业务骨干等作为重点培训对象。确定培训对象，对培训内容进行分组或分类，把同样水平的人员放在一组进行培训，这样可以避免培训浪费。

3. 培训课程　年度培训课程一定要遵循轻重缓急的原则，分为重点培训课程、常规培训课程和临时性培训课程三类。其中重点培训课程主要是针对药品生产企业的共性问题、未来发展大计进行的培训，或者是针对重点对象进行的培训。这类培训做得好可以极大提高企业的竞争力，有效弥补企业不足。因此，这类培训需要集中公司人力、物力来保证。

4. 培训形式　培训形式的分类方式多样，大体可以分为内训和外训两大类。其中内训包括集中培训、交流讨论、个人学习等；外训包括外部短训、进修、专业会议交流等。培训形式也可按照培训目的分类，大致可包括：新员工培训、岗位培训和继续培训。

（1）新员工培训　对接受培训人员进行综合介绍，使他们了解药品的特殊性和产品质量的重要性，组织参观生产操作现场，了解企业的规章制度。

（2）岗位培训　不仅使员工对所在岗位专业知识、技能应知应会，更重要的是促使他们能够按照质量管理要求和标准操作规程正确做好本岗位工作，达到标准化、规范化。

（3）继续培训　以药政法规及国家有关政策、新的标准操作规程、新的操作系统为主，同时也可根据实际需要巩固和深化原来的培训内容。

5. 培训内容　培训内容以药品生产质量管理规范为主，同时对质量法规、质量管理基本知识、专业基础知识、岗位技能、岗位操作、岗位责任、卫生规范等相关内容进行培训教育。根据不同对象，培训教育的侧重点应有所不同。

对在洁净区、无菌生产区、从事生物活性、高毒性、强污染性、高致敏性及有特殊要求的生产操作和管理人员应给予特殊的培训教育；从事生物制品制造的全体人员（包括清洁人员、维修人员）应根据其生产的制品和所从事的生产操作进行专业（卫生学、微生物学等）和安全防护培训；从事放射性药品生产操作人员及检验人员应经专业技术及辐射防护知识培训；从事原料药生产的人员应接受原料药生产操作的有关知识培训。具体培训内容及对象可参见表2-1。

表 2 - 1　各类人员的培训内容

培训内容	管理人员类别								
	产品开发	制造工艺	采购供应	营销	质量控制	一般管理人员	中级管理人员	厂级管理人员	车间一般操作人员
药品管理法	√	√	√	√	√	√	√	√	
GMP	√	√	√	√	√	√	√	√	√
质量概念	√	√	√	√	√	√	√	√	
质量职能					√	√	√	√	
进口药品管理办法	√		√	√	√	√	√	√	
新药评审办法	√				√		√	√	
供应商质量体系评估			√		√		√	√	
工艺规程、岗位操作法	√	√			√	√	√	√	√
岗位标准操作程序（SOP）	√	√			√		√	√	√
产品质量检验规程			√		√		√	√	√
药品流通监督管理办法				√			√	√	
标准化法和计量法	√	√	√	√	√	√	√	√	
药品包装管理办法	√	√	√	√	√	√	√	√	
特殊药品管理办法	√	√	√	√	√	√	√	√	
质量信息、质量成本	√	√	√	√	√	√	√	√	√
环境保护法	√	√	√	√	√	√	√	√	
实验动物管理条例	√				√	√	√	√	
职业道德	√	√	√	√	√	√	√	√	√

注：画√者为有关管理人员的培训内容。

6. 培训讲师　讲师在培训中起到了举足轻重的作用，讲师分为外部讲师和内部讲师。涉及外训或者内训中关键课程以及企业内部人员讲不了的，就需要聘请外部讲师。企业在设计年度培训计划时，可以确定讲师的大体甄选方向和范围，等到具体培训时，再最后确定。

7. 培训时间　年度培训计划的时间安排应具有前瞻性，要根据培训的轻重缓急安排。时机选择要得当，以尽量不与日常的工作相冲突为原则，同时要兼顾学员的时间。一般来说，可以安排在生产经营淡季、周末或者节假日的开始一段时间。并应规定一定的培训时数，以确保培训任务的完成和人员水平的真正提高。

8. 培训费用　预算方法很多，如根据销售收入或利润的百分比确定经费预算额，或根据公司人均经费预算额计算等。在预算分配时，不能人均平摊。培训费用应向高层领导、中层管理者以及技术骨干人员倾斜。

现场检查时，检查员需重点关注以下内容。

（1）企业是否按照培训计划实施培训；是否有培训记录、培训教材或教案；未参加人员是否进行补课。

（2）管理人员是否接受药品管理法律法规以及 GMP 等培训，了解国家药品管理相关法律法规及其发展、变更情况。

（3）生产人员是否接受了至少包括专业技术、岗位文件、制剂理论基础、实际操作，以及安全生产方面的培训。

（4）质量人员是否接受了至少包括药品相关法规、GMP 和相关指导，专业知识及相关 SOP 培训，质量保证岗位培训、质量检验岗位培训。

（5）所有人员是否都进行了卫生要求培训；进入洁净区人员（包括生产人员、清洁人员、维修人员等）是否还接受了微生物学基础知识与洁净/无菌作业方面的培训。

（6）企业各级人员是否接受了GMP相关培训；

（7）从事特殊要求产品生产或检验的人员是否接受了相应的培训。如原料药生产特定工艺和操作，中药材鉴别，微生物学，从事高风险作业（高生物活性、高毒性、强污染性、高致敏性、放射性等）的专业技术、安全防护培训等。

三、培训的考核与归档

受培训教育的员工，经培训后应进行考核，考核的形式可以是口试、笔试或现场实物操作；企业对员工的培训，应设立员工个人培训记录，记录员工个人每次培训的情况，以便日后对员工的考察。员工个人培训记录内容可以包括：姓名、职称、岗位或职务，每次培训的日期、内容、课时、考核情况及结果（试卷或学习心得等）以及负责培训的部门。现场检查时，检查员需对培训记录的归档情况以及培训的有效性评价做重点关注。

四、人员卫生

所有人员都应接受卫生要求的培训，企业应建立人员卫生操作规程，最大限度地降低人员对药品生产造成污染的风险。人员卫生操作规程应包括与健康、卫生习惯及人员着装相关的内容。生产区和质量控制区的人员应正确理解相关的人员卫生操作规程。企业应采取措施确保人员卫生操作规程的执行。

知识链接

尘埃中的疏忽

一家国际知名的制药企业因一起由人员卫生疏忽引发的事件而备受关注。一名长期在无菌生产线工作的技术人员，在连续加班数日后，忽视了个人卫生的基本要求，未彻底更换洁净服和进行彻底的消毒程序，便直接进入了关键的生产区域。这一细微的疏忽，导致生产过程中引入了不可见的微粒污染。

随后，在产品的批次检测中，发现了异常的微生物污染迹象，引发了大规模的产品召回和质量调查。经过深入调查，源头最终指向了这位技术人员的卫生疏忽。此事件不仅给企业带来了巨大的经济损失，更严重损害了企业的品牌形象和消费者信任。

该案例震惊了整个行业，成为GMP实务教学中的经典案例。它深刻警示所有制药从业者，任何细微的卫生疏忽都可能带来灾难性的后果，强调了在药品生产中严格遵守GMP规范、保持高度个人卫生意识的重要性。

（一）健康档案

企业应对人员健康进行管理，并建立健康档案。直接接触药品的生产人员上岗前应接受健康检查，以后每年至少进行一次健康检查。企业应采取适当措施，避免体表有伤口、患有传染病或其他可能污染药品疾病的人员从事直接接触药品的生产。因病离岗的工作人员在疾病痊愈、身体恢复健康以后要持有医生开具的健康合格证明方可重新上岗。

（二）个人卫生

从药人员应随时注意个人清洁卫生，勤洗头、勤洗澡、勤理发、剃须、勤剪指甲、勤换衣；进出洁净区严格执行人员进出车间净化、更衣程序；参观人员和未经培训的人员不得进入生产区和质量控制区，特殊情况确需进入的，应事先对个人卫生、更衣等事项进行指导；任何进入生产区的人员均应按规定更衣。

操作人员应随时注意保持手的清洁，不得裸手直接接触药品，不可避免手部与药品直接接触的包装材料和设备表面时，手部应及时消毒；生产区、仓储区应禁止吸烟和饮食，禁止存放食品、饮料、香烟和个人用药品等非生产用物品。

进入洁净生产区的人员不得化妆和佩戴饰物、手表等，洁净区内的人数应严加控制，检查和监督应尽可能在无菌生产的洁净区外进行。凡在洁净区工作的人员（包括清洁工和设备维修工）应定期培训，使无菌药品的操作符合要求。培训的内容应包括卫生和微生物方面的基础知识。未受培训的外部人员（如外部施工人员或维修人员）在生产期间需进入洁净区时，应对他们进行特别详细的指导和监督。从事动物组织加工处理的人员或者从事与当前生产无关的微生物培养的工作人员通常不得进入无菌药品生产区，不可避免时，应严格执行相关的人员净化操作规程。从事无菌药品生产的员工应随时报告任何可能导致污染的异常情况，包括污染的类型和程度。当员工由于健康状况可能导致微生物污染风险增大时，应由指定的人员采取适当的措施。应按操作规程更衣和洗手，尽可能减少对洁净区的污染或将污染物带入洁净区。

（三）工作服卫生

1. 洁净度级别分类　按照《药品生产质量管理规范（2010年修订）》，无菌药品生产所需的洁净区可分为以下4个级别。

A级：高风险操作区，如灌装区、放置胶塞桶和与无菌制剂直接接触的敞口包装容器的区域及无菌装配或连接操作的区域，应用单向流操作台（罩）维持该区的环境状态。单向流系统在其工作区域必须均匀送风，风速为0.36～0.54m/s（指导值）。应有数据证明单向流的状态并经过验证。在密闭的隔离操作器或手套箱内，可使用较低的风速。

B级：指无菌配制和灌装等高风险操作A级洁净区所处的背景区域。

C级和D级：指无菌药品生产过程中重要程度较低操作步骤的洁净区。

2. 工作服　广义的工作服应包括衣、裤、帽、鞋、短袜等。工作服的选材、式样及穿戴方式应与所从事的工作和空气洁净度级别要求相适应。洁净工作服的质地应光滑、不产生静电、不脱落纤维和颗粒物。无菌工作服应能包盖全部头发、胡须及脚部，并能阻留人体脱落物。不同空气洁净度级别使用的工作服应分别清洗、整理，必要时消毒或灭菌，工作服洗涤、灭菌时不应带入附加的颗粒物质，应制订工作服清洗周期。工作服洗涤尽量不用固体洗涤剂，如洗衣粉类，防止污染环境。

各洁净区对于工作服着装要求规定如下。

D级：应将头发、胡须等相关部位遮盖。应穿合适的工作服和鞋子或鞋套。应采取适当措施，以避免带入洁净区外的污染物。

C级：应将头发、胡须等相关部位遮盖，应戴口罩。应穿手腕处可收紧的连体服或衣裤分开的工作服，并穿适当的鞋子或鞋套。工作服应不脱落纤维或微粒。

A/B级：应用头罩将所有头发以及胡须等相关部位全部遮盖，头罩应塞进衣领内，应戴口罩以防散发飞沫，必要时戴防护目镜。应戴经灭菌且无颗粒物（如滑石粉）散发的橡胶或塑料手套，穿经灭菌或消毒的脚套，裤腿应塞进脚套内，袖口应塞进手套内。工作服应为灭菌的连体工作服，不脱落纤维或微粒，并能滞留身体散发的微粒。

个人外衣不得带入通向 B 级或 C 级洁净区的更衣室。每位员工每次进入 A/B 级洁净区，应更换无菌工作服；或每班至少更换一次，但应用监测结果证明这种方法的可行性。操作期间应经常消毒手套，并在必要时更换口罩和手套。洁净区所用工作服的清洗和处理方式应能保证其不携带有污染物，不会污染洁净区。应按相关操作规程进行工作服的清洗、灭菌，洗衣间最好单独设置。

五、GMP 检查中常见问题

对于人员进入洁净区的更衣，检查员可在进入洁净区时了解更衣程序，同时可查看灭菌后工作服是否标识已灭菌状态及使用有效期，观察更衣程序是否合理，并与相关的操作规程核对两者是否一致。

如果企业正在进行产品无菌操作部分的生产，检查员最好不要进入相关洁净区，避免污染产品，可以与企业协商在生产结束时进入，或者通过观察窗或监控录像进行检查。检查员可以通过在现场仔细观察操作人员的洁净工作服穿着以及操作行为是否规范，也可以通过观看培养基模拟灌装验证的录像了解上述情况。

检查员应检查进入无菌洁净区操作人员的微生物监控数据，通过询问与文件核查确定何时、如何进行相关监控，评价操作人员更衣、无菌操作的规范性，并了解发生超标情况时企业如何处理，以评价无菌保证的水平。

实训任务一　人员洗手、手消毒操作

【实训目标】

掌握正确使用洗手、消毒设施；按照洗手、手消毒的操作程序进行相关操作。

【实训准备】

场所	名称	规格	单位	数量
GMP 车间一更、二更、缓冲间	干手器		台	1
	自动手消毒器		台	1

【实训内容与步骤】

（一）洗手

1. 检查干手器及消毒器是否运转正常。

2. 除去手部所有饰品，妥善放置。

3. 到洗手池前，用水将双手湿润，使用洗手液揉搓双手，搓洗手心、手背、指缝、手腕，保证手的每一个部位及各指缝都清洗干净，必要时可用毛刷进行清洁，清洁部位至手腕。

4. 用流水将洗手液及其他污垢冲洗干净，并仔细检查手的各部位是否清洁，如不合格可重新进行清洗。

5. 搓洗合格后用纯化水将双手的洗手液冲洗干净，最后将手在烘手机下烘干，进入到 C 级洁净区更衣间。

（二）手消毒

干燥手伸到自动感应式手消毒器下口，接住适量消毒液，均匀涂布各个部位；或用喷壶交替喷到两手，如使用消毒液盆应保证双手全部浸没。

使消毒液在手上各部分停留一段时间后自然晾干或用干手器吹干。

【实训注意】

1. 尽量采用液体洗手液，避免采用固体肥皂以引起交叉污染。
2. 洗手后不要接触非洁净区的任何物品。洗手要适度。洗手时间在 10～15 分钟为宜。
3. 洗手前检查是否有皮肤破损，防止工作区域的污染。
4. 使用消毒液进行消毒前，要清洗干净手上的洗手液。

·····目标检测

答案解析

1. GMP 四级洁净区是如何划分的，分别是什么？
2. GMP 工作人员健康情况需要满足什么条件，体检周期是多少？
3. GMP 车间进出流程以及注意事项是什么？
4. 药品生产厂家的机构组成分别包括哪些部门？

书网融合……

重点小结　　　　习题

项目三 厂房、设施及设备管理

学习目标

知识目标 通过本项目的学习，应能掌握洁净厂房、设施及设备的使用与管理要求；熟悉洁净厂房、设施及设备的设计与建设原则；了解GMP第四章和第五章的相关内容。

技能目标 能够理解GMP关于洁净厂房、设施及设备的相关内容，并按照相关要求正确使用与管理厂房、设施及设备，能够配合做好相关的GMP改造及验收工作。

素质目标 培养学生建立维护设施、保障运行的保全意识，明确硬件设施与药品质量之间相辅相成的关系。同时培养学生仔细认真、一丝不苟的工作精神，使学生懂得药品生产工作责任重大，肩负着为人民健康保驾护航的神圣使命。

法规要求

GMP（2010年修订）

第四章 厂房与设施

第一节 原 则

第三十八条 厂房的选址、设计、布局、建造、改造和维护必须符合药品生产要求，应当能够最大限度地避免污染、交叉污染、混淆和差错，便于清洁、操作和维护。

第三十九条 应当根据厂房及生产防护措施综合考虑选址，厂房所处的环境应当能够最大限度地降低物料或产品遭受污染的风险。

第四十条 企业应当有整洁的生产环境；厂区的地面、路面及运输等不应当对药品的生产造成污染；生产、行政、生活和辅助区的总体布局应当合理，不得互相妨碍；厂区和厂房内的人、物流走向应当合理。

第四十一条 应当对厂房进行适当维护，并确保维修活动不影响药品的质量。应当按照详细的书面操作规程对厂房进行清洁或必要的消毒。

第四十二条 厂房应当有适当的照明、温度、湿度和通风，确保生产和贮存的产品质量以及相关设备性能不会直接或间接地受到影响。

第四十三条 厂房、设施的设计和安装应当能够有效防止昆虫或其它动物进入。应当采取必要的措施，避免所使用的灭鼠药、杀虫剂、烟熏剂等对设备、物料、产品造成污染。

第四十四条 应当采取适当措施，防止未经批准人员的进入。生产、贮存和质量控制区不应当作为非本区工作人员的直接通道。

第四十五条 应当保存厂房、公用设施、固定管道建造或改造后的竣工图纸。

第二节 生产区

第四十六条 为降低污染和交叉污染的风险，厂房、生产设施和设备应当根据所生产药品的特性、工艺流程及相应洁净度级别要求合理设计、布局和使用，并符合下列要求：

（一）应当综合考虑药品的特性、工艺和预定用途等因素，确定厂房、生产设施和设备多产品共用的可行性，并有相应评估报告；

（二）生产特殊性质的药品，如高致敏性药品（如青霉素类）或生物制品（如卡介苗或其他用活性微生物制备而成的药品），必须采用专用和独立的厂房、生产设施和设备。青霉素类药品产尘量大的操作区域应当保持相对负压，排至室外的废气应当经过净化处理并符合要求，排风口应当远离其他空气净化系统的进风口；

（三）生产β–内酰胺结构类药品、性激素类避孕药品必须使用专用设施（如独立的空气净化系统）和设备，并与其他药品生产区严格分开；

（四）生产某些激素类、细胞毒性类、高活性化学药品应当使用专用设施（如独立的空气净化系统）和设备；特殊情况下，如采取特别防护措施并经过必要的验证，上述药品制剂则可通过阶段性生产方式共用同一生产设施和设备；

（五）用于上述第（二）、（三）、（四）项的空气净化系统，其排风应当经过净化处理；

（六）药品生产厂房不得用于生产对药品质量有不利影响的非药用产品。

第四十七条　生产区和贮存区应当有足够的空间，确保有序地存放设备、物料、中间产品、待包装产品和成品，避免不同产品或物料的混淆、交叉污染，避免生产或质量控制操作发生遗漏或差错。

第四十八条　应当根据药品品种、生产操作要求及外部环境状况等配置空调净化系统，使生产区有效通风，并有温度、湿度控制和空气净化过滤，保证药品的生产环境符合要求。

洁净区与非洁净区之间、不同级别洁净区之间的压差应当不低于10帕斯卡。必要时，相同洁净度级别的不同功能区域（操作间）之间也应当保持适当的压差梯度。

口服液体和固体制剂、腔道用药（含直肠用药）、表皮外用药品等非无菌制剂生产的暴露工序区域及其直接接触药品的包装材料最终处理的暴露工序区域，应当参照"无菌药品"附录中D级洁净区的要求设置，企业可根据产品的标准和特性对该区域采取适当的微生物监控措施。

第四十九条　洁净区的内表面（墙壁、地面、天棚）应当平整光滑、无裂缝、接口严密、无颗粒物脱落，避免积尘，便于有效清洁，必要时应当进行消毒。

第五十条　各种管道、照明设施、风口和其他公用设施的设计和安装应当避免出现不易清洁的部位，应当尽可能在生产区外部对其进行维护。

第五十一条　排水设施应当大小适宜，并安装防止倒灌的装置。应当尽可能避免明沟排水；不可避免时，明沟宜浅，以方便清洁和消毒。

第五十二条　制剂的原辅料称量通常应当在专门设计的称量室内进行。

第五十三条　产尘操作间（如干燥物料或产品的取样、称量、混合、包装等操作间）应当保持相对负压或采取专门的措施，防止粉尘扩散、避免交叉污染并便于清洁。

第五十四条　用于药品包装的厂房或区域应当合理设计和布局，以避免混淆或交叉污染。如同一区域内有数条包装线，应当有隔离措施。

第五十五条　生产区应当有适度的照明，目视操作区域的照明应当满足操作要求。

第五十六条　生产区内可设中间控制区域，但中间控制操作不得给药品带来质量风险。

第三节　仓储区

第五十七条　仓储区应当有足够的空间，确保有序存放待验、合格、不合格、退货或召回的原辅料、包装材料、中间产品、待包装产品和成品等各类物料和产品。

第五十八条　仓储区的设计和建造应当确保良好的仓储条件，并有通风和照明设施。仓储区应当能够满足物料或产品的贮存条件（如温湿度、避光）和安全贮存的要求，并进行检查和监控。

第五十九条　高活性的物料或产品以及印刷包装材料应当贮存于安全的区域。

第六十条　接收、发放和发运区域应当能够保护物料、产品免受外界天气（如雨、雪）的影响。接收区的布局和设施应当能够确保到货物料在进入仓储区前可对外包装进行必要的清洁。

第六十一条　如采用单独的隔离区域贮存待验物料，待验区应当有醒目的标识，且只限于经批准的人员出入。

不合格、退货或召回的物料或产品应当隔离存放。

如果采用其他方法替代物理隔离，则该方法应当具有同等的安全性。

第六十二条　通常应当有单独的物料取样区。取样区的空气洁净度级别应当与生产要求一致。如在其他区域或采用其他方式取样，应当能够防止污染或交叉污染。

第四节　质量控制区

第六十三条　质量控制实验室通常应当与生产区分开。生物检定、微生物和放射性同位素的实验室还应当彼此分开。

第六十四条　实验室的设计应当确保其适用于预定的用途，并能够避免混淆和交叉污染，应当有足够的区域用于样品处置、留样和稳定性考察样品的存放以及记录的保存。

第六十五条　必要时，应当设置专门的仪器室，使灵敏度高的仪器免受静电、震动、潮湿或其他外界因素的干扰。

第六十六条　处理生物样品或放射性样品等特殊物品的实验室应当符合国家的有关要求。

第六十七条　实验动物房应当与其他区域严格分开，其设计、建造应当符合国家有关规定，并设有独立的空气处理设施以及动物的专用通道。

第五节　辅助区

第六十八条　休息室的设置不应当对生产区、仓储区和质量控制区造成不良影响。

第六十九条　更衣室和盥洗室应当方便人员进出，并与使用人数相适应。盥洗室不得与生产区和仓储区直接相通。

第七十条　维修间应当尽可能远离生产区。存放在洁净区内的维修用备件和工具，应当放置在专门的房间或工具柜中。

第五章　设　备

第一节　原　则

第七十一条　设备的设计、选型、安装、改造和维护必须符合预定用途，应当尽可能降低产生污染、交叉污染、混淆和差错的风险，便于操作、清洁、维护，以及必要时进行的消毒或灭菌。

第七十二条　应当建立设备使用、清洁、维护和维修的操作规程，并保存相应的操作记录。

第七十三条　应当建立并保存设备采购、安装、确认的文件和记录。

第二节　设计和安装

第七十四条　生产设备不得对药品质量产生任何不利影响。与药品直接接触的生产设备表面应当平整、光洁、易清洗或消毒、耐腐蚀，不得与药品发生化学反应、吸附药品或向药品中释放物质。

第七十五条　应当配备有适当量程和精度的衡器、量具、仪器和仪表。

第七十六条　应当选择适当的清洗、清洁设备，并防止这类设备成为污染源。

第七十七条　设备所用的润滑剂、冷却剂等不得对药品或容器造成污染，应当尽可能使用食用级或级别相当的润滑剂。

第七十八条　生产用模具的采购、验收、保管、维护、发放及报废应当制定相应操作规程，设专人专柜保管，并有相应记录。

第三节　维护和维修

第七十九条　设备的维护和维修不得影响产品质量。

第八十条　应当制定设备的预防性维护计划和操作规程，设备的维护和维修应当有相应的记录。

第八十一条　经改造或重大维修的设备应当进行再确认，符合要求后方可用于生产。

第四节　使用和清洁

第八十二条　主要生产和检验设备都应当有明确的操作规程。

第八十三条　生产设备应当在确认的参数范围内使用。

第八十四条　应当按照详细规定的操作规程清洁生产设备。

生产设备清洁的操作规程应当规定具体而完整的清洁方法、清洁用设备或工具、清洁剂的名称和配制方法、去除前一批次标识的方法、保护已清洁设备在使用前免受污染的方法、已清洁设备最长的保存时限、使用前检查设备清洁状况的方法，使操作者能以可重现的、有效的方式对各类设备进行清洁。

如需拆装设备，还应当规定设备拆装的顺序和方法；如需对设备消毒或灭菌，还应当规定消毒或灭菌的具体方法、消毒剂的名称和配制方法。必要时，还应当规定设备生产结束至清洁前所允许的最长间隔时限。

第八十五条　已清洁的生产设备应当在清洁、干燥的条件下存放。

第八十六条　用于药品生产或检验的设备和仪器，应当有使用日志，记录内容包括使用、清洁、维护和维修情况以及日期、时间、所生产及检验的药品名称、规格和批号等。

第八十七条　生产设备应当有明显的状态标识，标明设备编号和内容物（如名称、规格、批号）；没有内容物的应当标明清洁状态。

第八十八条　不合格的设备如有可能应当搬出生产和质量控制区，未搬出前，应当有醒目的状态标识。

第八十九条　主要固定管道应当标明内容物名称和流向。

第五节　校　准

第九十条　应当按照操作规程和校准计划定期对生产和检验用衡器、量具、仪表、记录和控制设备以及仪器进行校准和检查，并保存相关记录。校准的量程范围应当涵盖实际生产和检验的使用范围。

第九十一条　应当确保生产和检验使用的关键衡器、量具、仪表、记录和控制设备以及仪器经过校准，所得出的数据准确、可靠。

第九十二条　应当使用计量标准器具进行校准，且所用计量标准器具应当符合国家有关规定。校准记录应当标明所用计量标准器具的名称、编号、校准有效期和计量合格证明编号，确保记录的可追溯性。

第九十三条　衡器、量具、仪表、用于记录和控制的设备以及仪器应当有明显的标识，标明其校准有效期。

第九十四条　不得使用未经校准、超过校准有效期、失准的衡器、量具、仪表以及用于记录和控制的设备、仪器。

第九十五条　在生产、包装、仓储过程中使用自动或电子设备的，应当按照操作规程定期进行校准和检查，确保其操作功能正常。校准和检查应当有相应的记录。

第六节 制药用水

第九十六条 制药用水应当适合其用途，并符合《中华人民共和国药典》的质量标准及相关要求。制药用水至少应当采用饮用水。

第九十七条 水处理设备及其输送系统的设计、安装、运行和维护应当确保制药用水达到设定的质量标准。水处理设备的运行不得超出其设计能力。

第九十八条 纯化水、注射用水储罐和输送管道所用材料应当无毒、耐腐蚀；储罐的通气口应当安装不脱落纤维的疏水性除菌滤器；管道的设计和安装应当避免死角、盲管。

第九十九条 纯化水、注射用水的制备、贮存和分配应当能够防止微生物的滋生。纯化水可采用循环，注射用水可采用70℃以上保温循环。

第一百条 应当对制药用水及原水的水质进行定期监测，并有相应的记录。

第一百零一条 应当按照操作规程对纯化水、注射用水管道进行清洗消毒，并有相关记录。发现制药用水微生物污染达到警戒限度、纠偏限度时应当按照操作规程处理。

✦ 典型案例

图3-1是硬胶囊剂生产车间平面工艺布置图，该车间是一个可以生产硬胶囊剂的口服固体制剂制药洁净车间，洁净等级为D级，图中阴影部分为洁净生产区，非阴影部分为一般生产区。该车间为丙类生产车间，耐火等级二级。层高设计为5.10m，洁净控制区采用彩钢板隔断并设有吊棚，吊棚内净高度为2.5m。

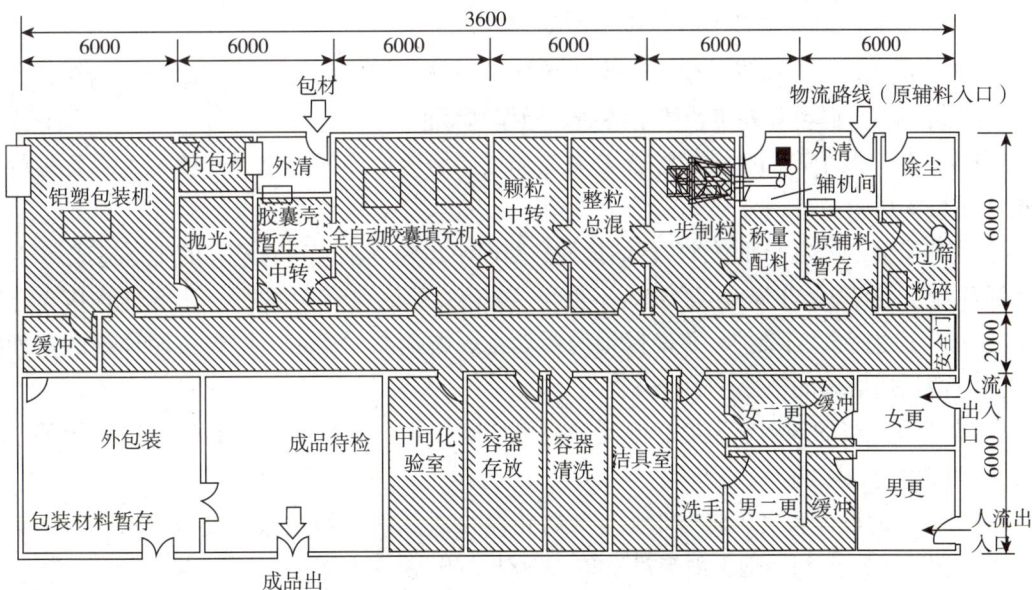

图3-1 硬胶囊剂生产车间平面工艺布置图

该车间设计当中考虑了很多GMP的要求。例如，GMP规范要求制药洁净车间内人流和物流要分开，故该方案设计成人员和物料分别通过各自的专用通道并经过一定的净化措施进入洁净区。如图3-1所示进入车间主要分三处，一处是人流出入口，即人员更衣洗手、手消毒进入洁净生产区；一处是原辅料入口，即原辅料经过脱外包外清由传递窗送入；另一处是成品出口。再例如，采用彩钢板隔断并设有吊棚，吊棚内净高度为2.5m，这是为了在吊棚内安装空调及其他工艺管道。

该设计方案通过了GMP认证。如果不按照GMP要求设计成制药洁净车间人流和物流分开，或者不设置具有一定空间高度的彩钢板吊棚，则在GMP认证时将被视为不合格。所以，我们要认真学习理解 GMP 关于制药洁净厂房、设施及设备的相关条款和规定，并在实际生产工作中严格遵照执行。本章将详细讲述这部分的相关知识。

任务一　厂房选址与规划

PPT

一、GMP 对厂房设施与设备管理的基本要求

GMP 是在药品生产全过程中用科学、合理、规范化的条件和方法来保证生产优良药品的一整套科学管理方法和实施措施。实施 GMP 的目的就是为了使用者能得到优质的药品，但又不是仅仅通过最终的检验来达到的，而是在药品生产的全过程实施科学的全程管理和严密的监控来获得预期质量的药品。因此 GMP 要求药品生产企业必须从收进原料开始一直到制造、包装、贴标签、出厂等各项生产步骤和操作都制订出明确的准则和管理方法，同时通过严密的生产过程管理与质量管理来对上述各个环节实施正确的检查、监控和记录。厂房设施与设备是制药生产的必备的硬件，是生产出合格药品的前提和保证，要符合 GMP 的相关要求。

（一）GMP 对厂房设施的一般要求

GMP 对厂房设施的要求除了厂房设施设计应符合生产工艺的要求外，最重要的原则是厂房设施要能够保证洁净度的要求，能够防止交叉污染，并便于消毒、清洁和维护，要使产生差错的危险减至最低限度。GMP 对其厂房设施做出如下基本要求。

1. 厂房的选址、设计、布局、建造、改造和维护必须符合药品生产要求，应当能够最大限度地避免污染、交叉污染、混淆和差错，便于清洁、操作和维护。

2. 应当根据厂房及生产防护措施综合考虑选址，厂房所处的环境应当能够最大限度地降低物料或产品遭受污染的风险。

3. 企业应当有整洁的生产环境；厂区的地面、路面及运输等不应当对药品的生产造成污染；生产、行政、生活和辅助区的总体布局应当合理，不得互相妨碍；厂区和厂房内的人、物流走向应当合理。

4. 应当对厂房进行适当维护，并确保维修活动不影响药品的质量。应当按照详细的书面操作规程对厂房进行清洁或必要的消毒。

5. 厂房应当有适当的照明、温度、湿度和通风，确保生产和贮存的产品质量以及相关设备性能不会直接或间接地受到影响。

6. 厂房、设施的设计和安装应当能够有效防止昆虫或其他动物进入。应当采取必要的措施，避免所使用的灭鼠药、杀虫剂、烟熏剂等对设备、物料、产品造成污染。

7. 应当采取适当措施，防止未经批准人员的进入。生产、贮存和质量控制区不应当作为非本区工作人员的直接通道。

8. 应当保存厂房、公用设施、固定管道建造或改造后的竣工图纸。

（二）GMP 对生产设备的一般要求

GMP 对设备的要求除了设备的设计应符合生产工艺的要求外，最重要的原则是设备应能防止交叉污染，设备本身不影响产品质量，并便于清洁和维护，设备的设计和布局能使产生差错的危险减至最低限度。GMP 对其设备做出如下基本要求。

1. 生产设备应与所采用的工艺及生产的产品相适应，设备的性能技术指标符合设计标准，新设备安装后应进行试车和必要的验证。

2. 设备的放置在洁净室应有足够的空间而不拥挤，不因设备放置的不合理而易于造成差错的发生和不利于清洁维修。

3. 生产无菌制剂的设备如大输液、注射剂、冻干针剂等灌封设备最好本身具有层流净化装置，易于达到洁净度要求，能在最大程度上避免微生物及尘埃颗粒的污染。对于固体制剂中的片剂、胶囊剂、颗粒剂等生产过程中粉尘的处置和防止交叉污染是十分突出和困难的问题，除了尽可能使用密闭操作系统外，如粉碎、称量、混合、过筛、烘干、整粒等制粒生产设备应合理的设计尘器过滤系统，既克服交叉污染又能最大限度地减少投资和运行成本。

4. 防止交叉污染的另一重要措施是设备应易清洗、某些部分能够拆卸。设备的清洗是 GMP 重要的规定之一。设备清洗应制定包括清洗方法、清洁剂、消毒剂、清洗后的检查、清洗周期等内容的清洁规程。对于生产中所用的容器，使用后应立即清洗，也应制订清洁规程，对设备的清洗应有记录。

5. 设备与其加工的产品直接接触部位及设备的表面不应与产品发生化学反应、合成作用或吸附作用。

6. 设备不应因密封套泄漏、润滑油滴漏而造成产品的污染。

7. 洗净后的设备应放于洁净干燥的环境中，使用前应检查是否已符合洁净的要求。

8. 用于生产和检验的仪器、仪表、量器、衡具等的适应范围和精密度应有规定，要定期校正并有记录。

9. 所有设备均有使用、清洁状态标志标签。

10. 不合格或不使用的设备不放在生产区内。

11. 设备应有设备档案及维修保养记录，如有设备验证还应有验证记录。

二、厂房选址

新建药厂或易地改造项目均需选择厂址。厂址的选择应符合有利生产、方便生活、节省投资和经营费用的原则。

厂址应设在自然环境和水质较好，大气含尘浓度较低，地形、地物、地貌造成的小气候有利于生产、节能的区域。应远离大量散发粉尘、烟雾、有毒害气体和微生物的区域，如机场、铁路、码头、交通要道等，并在污染源的全年主导风向的上风侧，且有一定的防护距离。设置有洁净室（区）的洁净厂房与交通主干道间距宜在 50 米以上。要注意不能对周围自然环境造成过度污染，尤其是要远离城市饮用水供水源；用地面积要本着节约的原则；工程地质条件要良好，地势不要过于低洼；供水供电要能够充分满足生产、生活和消防的需要；交通要便利，便于货物的运输。

三、厂区规划

为满足药品生产的要求，新建或改建都要进行厂区的规划布置设计，规划布置设计内容包括：总平面布置、立面布置、交通运输布置、管线综合布置、环境保护、厂区绿化等。主要任务是根据药厂的组成和使用需要，结合有关技术要求，综合考虑厂区条件、工艺流程、建（构）筑物及各项设施平面和空间的关系，正确处理建（构）筑物布置、交通运输、管线综合及环境保护，充分利用地形、节约用地，使厂内各项设施组成协调的整体，并与周围环境及其他建筑群体相协调而进行的设计。设计时，要遵循国家的方针政策，按照对药品生产质量管理要求，结合厂区的具体条件、厂区的卫生、防火技术要求等进行分析综合，做到工艺流程合理，总体布置紧凑，以达到投资最少、工期短、成本低、生产效果好、符合国家各项相关规定的目的。

1. 厂区划分和组成 厂区可按不同方式划分。如可按原料药生产区、制剂生产区、辅助车间区、动力设施区、仓库区、厂前区等划分；也可按行政、生活、生产、公用工程等划分。一般药厂各部分组成包括下列项目：①主要生产车间；②辅助生产车间（机修、仪表等）；③仓库（原料、成品库等）；④动力（锅炉房、压缩空气站、变电所、配电间等）；⑤公用工程（水塔、冷却塔、泵房、消防设施等）；⑥环保设施（污水处理、绿化等）；⑦全厂性管理设施和生活设施（厂部办公楼、中心化验室、研究所、计量站、食堂、医务所等）；⑧运输道路（车库、道路等）。

2. 厂区平面布置原则 为满足制药生产的特点和工艺要求，在总平面布置时需结合厂区地形、地质、气象、卫生、安全、防火等要求，对建筑物、露天场地、管线等做出合理安排，必须有整洁的生产环境，厂区的地面、路面及运输等不应对药品的生产造成污染，以保证生产进行。为此，总平面布置时应考虑如下原则和要求。

（1）了解厂区外部城镇区域规划与本企业的总体规划，使之构成有机的整体。

（2）一般在厂区中心布置主要生产区，而将辅助车间布置在其附近。

（3）生产性质相类似或工艺流程相联系的车间要靠近或集中布置。

（4）行政、生活区应位于厂前区，并处于夏季最小频率风向的下风侧。

（5）生产厂房应考虑工艺特点和生产时的交叉污染，洁净厂房应位于最大频率风向的上风侧或全年最小频率风向下风侧。

（6）考虑防火防爆，注意防振防噪。

（7）人流与物流要分流，方向最好相反进行布置，并将货运出入口与工厂主要出入口分开，以消除彼此的交叉。一般将货运量较大的仓库布置在靠近货运大门。车间货运出入口与门厅分开，以免与人流交叉。

（8）动力设施应接近负荷量大的车间，锅炉房或对环境有污染的车间应布置在夏季最小频率风向的上风侧；变电所的位置考虑电力线引入厂区的便利。

（9）危险品库应设于厂区安全位置；麻醉品及毒剧药品应设专用仓库；动物房应设于僻静处，并有专用的排污与空调设施。

（10）适应厂内外运输，道路短捷顺直；考虑施工条件，能适应建筑结构、设备基础及施工要求；考虑工厂建筑群体的空间处理及绿化环境布置，符合当地城镇规划要求。

3. 厂区中医药工业洁净厂房的规划布置 药品生产企业生产、行政、生活和辅助区的总体布局应合理，不得互相妨碍，尤其洁净厂房的合理布局更要高度重视。

参照 GMP 及《医药工业洁净厂房设计规范》对厂区洁净厂房平面布置要遵循如下规定。

（1）洁净厂房应布置在厂区内环境清洁、人流货流不穿越或少穿越的地方，并应考虑产品工艺特点和防止生产时的交叉污染，合理布局，间距恰当。兼有原料药和制剂的药厂，原料药生产区应位于制剂生产区的下风侧。青霉素类生产厂房的设置应考虑防止其他产品的交叉污染。

（2）洁净厂房周围道路面层应选用整体性好、发尘少的材料。

（3）医药工业洁净厂房周围宜设置环形消防车道（可利用交通道路），如有困难时，可沿厂房的两个长边设置消防车道。要根据《建筑设计防火规范》规定，按不同的生产火灾危险性与建筑物耐火等级的相邻建（构）筑物的防火间距。

（4）医药工业洁净厂房周围应绿化。可铺植草坪或种植对大气含尘、含菌浓度不产生有害影响的树木，但不宜种花。尽量减少厂区内露土面积。

（5）医药工业洁净厂房周围不宜设置排水明沟。

（6）根据《工业企业设计卫生标准》规定，建筑物的方位应保证室内有良好的自然采光、自然通风，并应防止过度日晒。建筑物之间的距离一般不小于两个建筑物中相对较高建筑物由地面至屋檐的高度。

知识链接

药品生产厂房的设计规范

药品生产厂房的设计必须符合的国家各相关专业的技术法规：《药品生产质量管理规范》《医药工业洁净厂房设计规范》《建筑设计防火规范》《建筑灭火器配置设计规范》《工业企业爆炸和火灾危险环境电力设计规范》《工业"三废"排放试行标准》《锅炉大气污染物排放标准》《工业企业噪声卫生标准》《工业企业设计卫生标准》《工业企业照明设计标准》《室外排水设计规范》《室外给水设计规范》《室外给水排水和热水供应设计规范》《工业与民用建筑结构荷载规范》《建筑防雷设计规范》《工业企业采暖通风和空气调节设计规范》等。

4. 厂区中管线敷设的规划布置　厂区总平面规划设计时要统一进行管线综合布置设计。药厂需敷设各种工程技术管理和线路，以形成全厂的热力、动力、给排水等的输送和排放系统。合理地进行管线综合布置，对减少能量消耗、减少占地、节约投资等具有重要意义。药厂中常用的主要管线种类有给水管、排水管、污水管、蒸汽管、压缩空气管、强电线路、弱电线路等。

管线敷设方式主要包括有以下三种。

（1）直埋地下敷设　这种方式施工较简便，但占地较多，可能成为影响建筑物间距的主要因素，检修不便，尤其冬季冻土层较厚地区，不易检修。故对热力管道宜采用其他敷设方式。适宜于有压力或自流管，特别对有防冻的管线多采用这种方式。埋设顺序一般从建筑物基础外缘向道路由浅至深埋设，如电缆、热力管道、压缩空气管道、煤气管道、上下水管道、污水管道等。草坪下面可埋设管道。管线埋设深度与防冻、防压有关。水平间距根据施工、检修及管线间的影响、腐蚀、安全等来决定。

（2）设置在地下综合管沟内　地下综合管沟可少占土地、检修较易，但造价较高，也不适宜于地下水位高的地区。地下综合管沟可分为通行管沟（沟内净高≥1.8m）、半通行管沟（净高1.2～1.4m）及不通行管沟（净高0.7～1.2m）。

管沟内不宜同沟敷设的管线见表3-1所示。

表3-1　不宜同沟敷设的管线

管线名称	不宜同沟敷设管线的名称
热力管	冷却水管、给水管、电缆、煤气管
给水管	电缆、排水管、易燃及可燃液体管
电力、通讯电缆	易燃及可燃液体管、煤气管
煤气管	电缆、液体燃料管
通行管沟	煤气管、污水管、雨水管、管子损坏后发生干扰的管线

（3）架空敷设　管线架空是将管线支承于管线支架上。管架有低支架（净高2～2.5m）、高支架（4.5～6m）与中支架（2.5～3m）。管线架空敷设节约投资及用地，维修方便，除消防上水、生产污水及雨水下水管外均能架空敷设，但安排不好时，影响交通及厂容。

管线的综合布置要遵循一定的原则。管线布置应使管线之间及与建筑物之间在总图布置上相协调；管道布置应短捷、顺直、适当集中，并与建筑物、道路的轴线相平行；干管宜布置在主要用户及支管较多的一边；尽量减少管线间及与道路的交叉，当必须交叉时，宜成直角交叉；架空管道跨越道路时，离地面应有足够的垂直净距（≥4.5m）。地下管道不宜重叠埋设；尽可能将几种管线同沟或同架敷设。应注意管线间相互影响及敷设禁忌。

任务二　洁净厂房管理

PPT

一、厂房概念

制药企业厂房是一种特殊的建筑，是实施药品生产和质量管理规范（GMP）的最大硬件。生产厂房包括一般厂房和有空气洁净度级别要求的洁净厂房。一般厂房是指生产工艺没有空气洁净要求的厂房，一般厂房按一般工业生产条件和工艺要求。洁净厂房是指生产工艺有空气洁净要求的厂房，洁净厂房按《药品生产质量管理规范》的要求。

洁净厂房内的洁净室，是指根据需要，对空气中尘粒（包括微生物）、温度、湿度、压力和噪声进行控制的密封空间，并以其洁净度等级符合本规范规定为主要特征。洁净区通常是指由洁净室组成的区域。

二、厂房设计

（一）生产厂房布局设计

生产厂房布局是根据生产工艺流程、设备、空调净化、给排水、各种设施及各规范、规章要求的综合设计结果。体现着设计的规范性、技术性、先进性、经济性和合理性，是 GMP 硬件的重要组成部分。

生产厂房的布局原则如下。

1. 生产区和储存区应有与生产规模相适应面积和空间，以便于布置设备、放置物料和生产人员的操作活动。

2. 生产车间应按生产工艺流程顺序，紧凑、合理布局，以利物料迅速传递，便于生产操作、管理和最大限度地防止差错，防止交叉污染。同一厂房内以及相邻厂房之间的生产操作不得相互妨碍。

3. 制剂生产车间除应具有生产的各工序用室外，还应配套足够面积的生产辅助用室。应有原辅料暂存室（区），称量室，配料室，中间产品、内包材料、外包材料等各自的暂存室（区），工器具与周转容器的洗涤、干燥、存放室，清洁用具的洗涤、干燥、存放室，工作服的洗涤、整理、保管室，并按需配置制水间，空调净化机房，车间检验室等。

在设计各物料存放室时，其面积宜以当班或当天的存放量为限。车间内不应设仓库，大量贮存物料。各生产操作室的面积以满足生产操作，安置必要的生产设备为宜，不宜大量堆放各种物料，作贮存室使用。

4. 设置人员和物料各自进入洁净区的、有净化用室和设施的通道。对极易造成污染的物料（如部分原辅料、生产中废弃物等），必要时可设置专用出入口。

5. 人员净化用室包括雨具存放室、换鞋室、存外衣室、盥洗室、更换洁净工作服室、气闸室（或空气吹淋室）。净化室的建筑面积应根据工作人员数量合理确定。净化用室要求与生产区的空气洁净度级别相适应。

6. 生活用室包括厕所、淋浴室、休息室可根据需要设置，宜设在洁净区外，不得对洁净区产生不良影响。

7. 生产操作区、储存区只允许设置必要的工艺设备、设施，不得用作人流、物流通道。

8. 电梯不宜设在洁净区内。如确实需要时，电梯前及机房应设置确保洁净区空气洁净度级别的设施，人员与物料使用的电梯宜分开。

9. 对有特殊要求的仪器、仪表，应安装在专门的仪器室内，并有防止静电、震动、潮湿或其他外界因素影响的设施。

10. 生产用菌毒种与非生产用菌毒种、生产用细胞与非生产用细胞、强毒与弱毒、死毒与活毒、脱毒前与脱毒后的制品和活疫苗与灭活疫苗、人血液制品、预防制品等的加工或灌装不得同时在同一生产厂房内进行，其贮存要严格分开。

11. 中药制剂的生产操作区应与中药材的前处理、提取、浓缩以及动物脏器组织的洗涤或处理等生产操作区应严格分开。

12. 质量管理部门根据需要设置的检验、中药标本、留样观察以及其他各种实验室应与药品生产区分开。生物检定、微生物限度检定和放射性同位素检定要分室进行。

13. 生产青霉素等高致敏性药品必须使用独立的厂房与设施。卡介苗生产厂房和结核菌素生产厂房必须与其他制品生产厂房严格分开。β－内酰胺结构类药品必须与其他药品生产区域严格分开。

14. 使用密闭系统生物发酵罐生产的制品可以在同一区域同时生产。以人血、人血浆或动物脏器、组织为原料生产的制品应与其他生物制品的生产严格分开。

15. 操作有致病作用的微生物应在专门的区域内进行。用于生物制品生产的动物室、质量检定动物室必须与制品生产区各自分开。

16. 生产放射性药品的厂房应符合国家关于辐射防护的有关规定。含不同核素的放射性药品生产区必须严格分开，放射性工作区应与非放射性工作区有效隔离。应在污染源周围划出防护监测区并定期监测。重复使用的放射性物质包装容器应有专用的去污处理场所。

（二）生产厂房设施设计

1. 厂房应有防止昆虫和其他动物进入的设施。

2. 车间入口处宜设置雨具存放处。洁净室（区）与非洁净室（区）之间必须设置缓冲设施，人、物流走向合理。

（1）人员净化系统　人员从一般区进入洁净区必须先经人员净化系统，按相应净化程度净化，以防止污染。

人员净化系统及设施要按照相应的净化程序设计、设置。人员净化程序分以下两种。

①如图 3-2 所示为非无菌产品、可灭菌产品生产区人员净化程序。

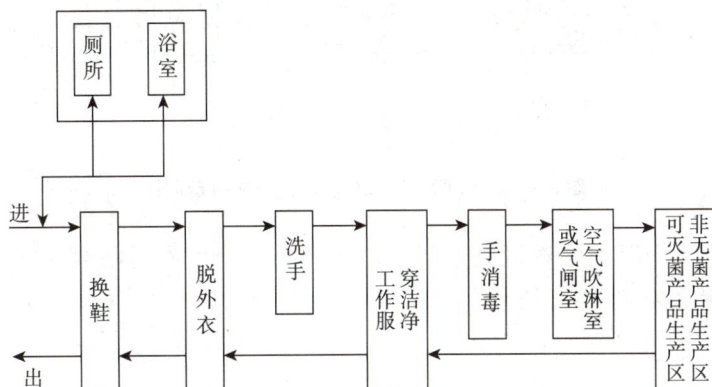

图 3-2　非无菌及可灭菌产品生产区人员净化图

②如图 3-3 所示为不可灭菌产品生产区人员净化程序。

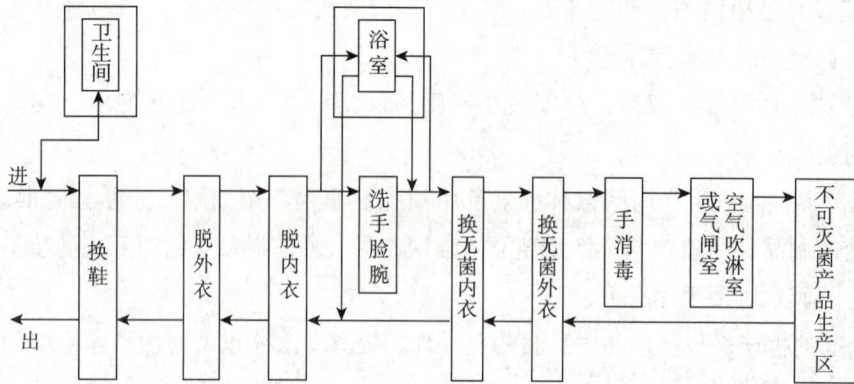

图 3-3 不可灭菌产品生产区人员净化图

注：卫生间和浴室的设施可根据需要设置。净化室中外衣和洁净工作服应分室放置。存衣柜按设计人数每人一柜。洁净区入口处设置气闸室（缓冲室）或喷淋室。气闸室（缓冲室）的出入门应有防止同时打开的设施。洁净室工作人员超过五人时，应在空气喷淋室一侧设旁通门。

（2）物料净化系统、设施及程序

①非无菌药品生产用物料从一般区进入洁净区，必须经物净系统（包括外包装清洁处理室和传递窗）在外包装清洁处理室对其外包装进行净化处理后，经有出入门联锁的气闸室或传递窗（柜）进入洁净区。其净化程序如图 3-4 所示。

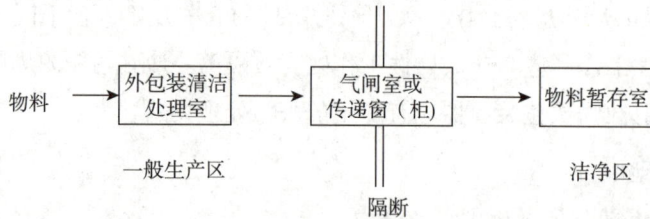

图 3-4 非无菌药品生产物料进料走向图

②不可灭菌药品生产用物料从一般区进入洁净区，必须经物净系统。包括外包装清洁与消毒处理室、传递窗（柜）、消毒与缓冲室，在外包装清洁处理室对其外包装净化处理、消毒后，经出入门联锁的传递窗（柜）到缓冲室再次消毒外包装，然后进入备料室待用。其净化程序如图 3-5 所示。

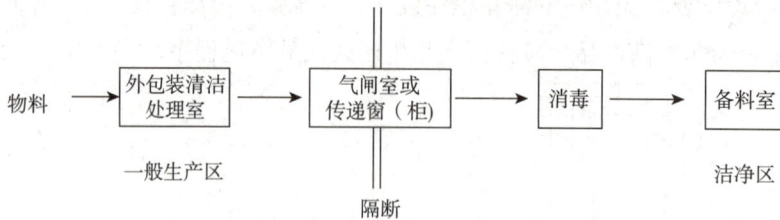

图 3-5 不可灭菌药品生产物料进料走向图

③非无菌药品生产，物料从洁净区到一般生产区，必须经出入门联锁的气闸室或传递窗（柜）传出去。其净化传递程序如图 3-6 所示。

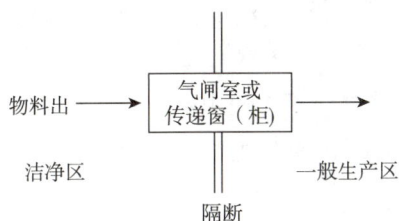

图 3-6 非无菌药品生产物料出料走向图

④不可灭菌药品生产物料从洁净区到一般生产区，必须经缓冲室、传递窗（区）传出去。其净化传递程序如图 3-7 所示。

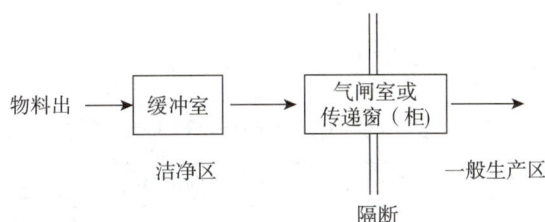

图 3-7 不可灭菌药品生产物料出料走向图

药品生产的物净系统宜采用带有联锁设施的气闸室或传递窗（柜），若采用气闸室，气闸室的出入门要联锁，防止同时开启。气闸室不得作人行通道。

3. 不同空气洁净度级别的洁净室之间的人员及物料出入，应有防止交叉污染的措施。

4. 生物制品的生产应注意厂房与设施对原材料、中间产品和成品的潜在污染。

5. 操作放射核素工作场所的地面、工作台应使用便于去污的材料。

6. 中药制剂的非创伤面外用药制剂及其他特殊的中药制剂生产厂房门窗应能密闭，必要时有良好的除湿、排风、除尘、降温等设施，人员、物料进出及生产操作应参照洁净室管理。用于直接入药的净药材和干膏的配料、粉碎、混合、过筛等的厂房应能密闭，有良好的通风、除尘等设施，人员、物料进出及生产操作应参照洁净室管理。

三、洁净厂房装修

（一）洁净厂房的内装修

1. 厂房的内装修在设计和施工时应考虑便于清洁。洁净室（区）的内表面应平整光滑、无裂缝、接口严密、无颗粒脱落、防霉及静电、避免眩光并能耐受清洗和消毒（图 3-8）。墙壁与地面的交界处宜成弧形或采取其他措施，以减少灰尘积聚和便于清洁。

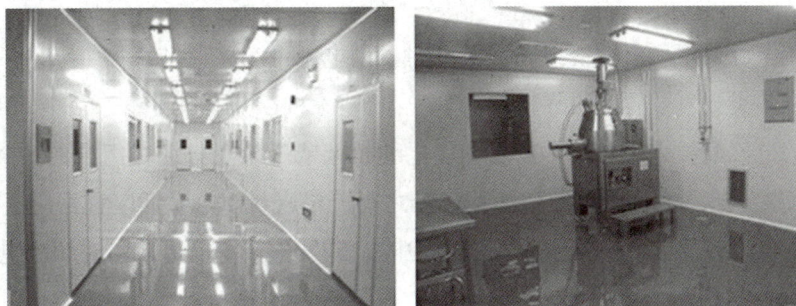

图 3-8 制药洁净车间内部装修图

2. 洁净室的门、窗造型要简单、平整、不易积尘、易于清洗，门框不应设门槛；外墙上的窗宜与内墙面平整，窗台呈斜角或不留窗台，且为双层固定窗以减少能量损失。

3. 洁净室的门、窗、隔断等装修材料不得使用木质制品。

4. 若采用轻质吊顶做技术夹层必要时夹层内应设置检修走道。需要在技术夹层内更换过滤器的，技术夹层的墙面与天棚需刷涂料饰面。

5. 洁净室（区）的窗户、天棚及进入室内的管道风口、灯具与墙壁或天棚的连接部位均应密封。

6. 水、电、气、汽的主管线宜装在技术夹层内，洁净室（区）内各种管道、灯具、风口以及其他公用设施在设计和安装时应避免出现不易清洁的部位。

7. 合理考虑设备安装就位的起吊，进场路线、门、窗留孔应容许设备通过。设计时把间隔设计成局部可拆卸的轻质墙。

8. 洁净室装修材料选用参照表3-2所示。

表3-2 洁净室装修材料选用

项目	材料举例
吊顶	夹层彩钢板、塑料贴面板、泰柏板、聚酯类表面涂料、防霉涂料、油漆、乳胶漆
墙面	夹层彩钢板、铝合金板、塑料钢板材、泰柏板、聚酯类涂料（仿瓷涂料）、防霉涂料、油漆、乳胶漆
隔断	砖、夹层彩钢板、玻璃板、铝合金型材、铝合金板、泰柏板
地面	水磨石（间隔用铜条）、环氧树脂类材料、半硬质橡胶、可塑胶贴面板

（二）洁净厂房电气照明装修

1. 照度要求 洁净室（区）应根据生产要求提供足够的照明。主要工作室的照度宜为300勒克斯，对照度有特殊要求的生产部位可设置局部照明。洁净室一般照明的，均匀度不应小于0.7。

2. 光源要求 洁净区照明灯具应易清洁、易更换、不变形、不易破碎，宜选择便于在顶棚下更换的由非玻璃材料制成的吸顶灯具。光源宜采用发热量少、发光效率高、光线柔和、接近自然光的荧光灯。荧光灯的发光效率为白炽灯的3~4倍。

防爆区域照明灯具的选用和安装应符合国家有关规定；有防尘、防潮要求的区域应配置防尘、防潮灯具。灯具与天棚接缝处应密封，灯具开关应设在操作室外。

3. 事故应急照明及安全设施

（1）设置带自充电电池的应急灯（平时由正常电源持续充电，事故时，蓄电池电源自动接通），布置在疏通通道安全出口的标志箱内。

（2）设置专用事故照明电源，接至专用应急照明灯。专用应急照明灯布置在疏通通道安全出口标志箱内。

（3）设置备用电源接至所有照明设施，断电时备用电源自动接通。

（4）洁净区内各类电气装置应可靠接地。

（5）洁净区的电气配线采用在技术夹层内以电缆桥架或托架及电缆槽组合的方式接至用电设备。洁净室的电线应暗装，进入室内的管线口应用硅胶之类严格密封。电源插座宜采用嵌入式。

（6）洁净室内应设报警装置。当发生火灾危险时，能发生报警信号，同时切断电源。

（三）洁净厂房给排水装修

1. 基本要求 洁净区内的给排水干道应敷设在技术夹层、技术夹道内或地下埋没。洁净区内应少敷设管道，引入洁净室内的支管宜暗装。洁净区内的管道外表面应采取防结露措施。给排水支管穿越洁净室顶棚、墙壁和楼板处应设套管，管道与套管之间必须有可靠的密封设计。

2. 给水　厂区内的给水系统设计，应根据生产、生活和消防等各项用水对水质、水温、水压和水量的要求，分别设置直流、循环或重复利用的给水系统。管材可选用铝塑复合式管或优质镀锌管。管道配件应采用与管道相应的材料。

3. 排水

（1）生产厂房的排水系统设计，应根据生产的废水性质、浓度、水量等特点来确定；根据排水不同情况、不同条件确定对排水综合利用或作废水处理。

（2）洁净区内的排水设备以及与重力回水管道相连的设备，必须在其排出口以下部位设水封设置。

（3）排水竖管不宜穿越洁净室。如必须通过时，竖管上下不得设置检查口。

（4）洁净区内安装的水池、地漏不得对药品产生污染。空气洁净级别为 A、B 级的洁净室内不应设置地漏，C、D 级洁净室内应少设置地漏。洁净室内的地漏应采用净地漏，地漏的内表面应光洁、不易结垢，有密封盖，开启方便和便于消毒处理，能防止废水、废气倒灌。地漏应选用不易腐蚀、不易磨损的材质。

（5）生产厂房内应采用不易积存污物，易清洁的卫生器具、管材、管架及其附件。

四、厂房净化及空气净化设施管理

（一）厂房净化概述

药品生产企业为了防止来自各种渠道的污染，采取了多方面的污染控制措施。普遍采用洁净技术，并初步形成了综合性的洁净技术体系作为洁净室的主要组成部分。厂房净化当中的空气净化是极为重要的，它与洁净室的建筑设计有着极为密切的相互依存关系。

药品，特别是无菌药品，必须确保不受微生物的污染，悬浮在空气中的微生物大都依附在尘埃粒子表面，进入洁净室的空气，若不除尘控制微生物粒子，药品的质量就难以保证，药品生产过程中也会产生各种粉尘，必须除去，以防止药物交叉污染和污染大气环境。

进入洁净室的洁净空气不仅要有洁净度的要求，还应要有温湿度的要求，洁净室温度一般控制在 18 ~ 26℃，相对湿度为 45% ~ 65%，为保证人员的生理学要求新风比不应小于 15%。空气净化主要是靠净化空调系统等设施来完成的。

1. 洁净室的级别划分与要求　GMP 规范规定无菌药品生产所需的洁净区可分为以下 4 个级别。

（1）A 级　高风险操作区，如：灌装区、放置胶塞桶、敞口安瓿瓶、敞口西林瓶的区域及无菌装配或连接操作的区域。通常用层流操作台（罩）来维持该区的环境状态。层流系统在其工作区域必须均匀送风，风速为 0.36 ~ 0.54m/s（指导值）。应有数据证明层流的状态并须验证。在密闭的隔离操作器或手套箱内，可使用单向流或较低的风速。

（2）B 级　指无菌配制和灌装等高风险操作 A 级区所处的背景区域。

（3）C 级和 D 级　指生产无菌药品过程中重要程度较低的洁净操作区。

以上各级别具体监测指标的标准规定如表 3 - 3 和表 3 - 4 所示。

表 3 - 3　空气悬浮粒子的标准规定

洁净度级别	悬浮粒子最大允许数/m³			
	静态		动态	
	≥0.5μm	≥5μm	≥0.5μm	≥5μm
A 级	3520	20	3520	20
B 级	3520	29	352000	2900
C 级	352000	2900	3520000	29000
D 级	3520000	29000	不作规定	不作规定

注：为了确定 A 级区的级别，每个采样点的采样量不得少于1m³。A 级区空气尘埃粒子的级别为 ISO 4.8，以 ≥0.5μm 的尘粒为限度标准。B 级区（静态）的空气尘埃粒子的级别为 ISO 5，同时包括表中两种粒径的尘粒。对于 C 级区（静态和动态）而言，空气尘埃粒子的级别分别为 ISO 7 和 ISO 8。对于 D 级区（静态）空气尘埃粒子的级别为 ISO 8。测试方法可参照 ISO14644 - 1。

在确认级别时，应使用采样管较短的便携式尘埃粒子计数器，以避免在远程采样系统长的采样管中≥5.0μm 尘粒的沉降。在单向流系统中，应采用等动力学的取样头。

可在常规操作、培养基模拟灌装过程中进行测试，证明达到了动态的级别，但培养基模拟试验要求在"最差状况"下进行动态测试。

表 3 - 4　洁净区微生物监测的动态标准

级别	浮游菌 cfu/m³	沉降菌 (φ90mm) cfu/4 小时	表面微生物	
			接触碟（φ55mm） cfu/碟	5 指手套 cfu/手套
A 级	<1	<1	<1	<1
B 级	10	5	5	5
C 级	100	50	25	–
D 级	200	100	50	–

注：表中各数值均为平均值。

单个沉降碟的暴露时间可以少于 4 小时，同一位置可使用多个沉降碟连续进行监测并累积计数。为评估无菌生产的微生物状况，应对微生物进行动态监测，监测方法有沉降菌法、定量空气浮游菌采样法和表面取样法（如：棉签擦拭法和接触碟法）等。动态取样应避免对洁净区造成不良影响。对表面和操作人员的监测，应在关键操作完成后进行。在正常的生产操作监测外，可在系统验证、清洁或消毒等操作完成后增加微生物监测。

2. 洁净室的洁净度检测方法和措施　洁净厂房洁净度（尘埃颗粒数及微生物菌落数）的测定一般可分为以下三种状态。

（1）空态　指洁净厂房建好后所有设备尚未放入时的洁净室中的洁净度，空态一般不含生产设备的动态工况。

（2）静态　指生产设备机器运转或空转，不带生产状况下的热湿量和产尘量，但无人生产，此时洁净厂房在各处都应达到相应的洁净度级别。

（3）动态　指生产工况中的状态。生产过程中产品暴露的周围区域应达到规定洁净度。

（二）净化空调系统

1. 空调系统分类

（1）按空气处理设备的设置分类

① 集中式系统　空气的过滤、冷却、加热、加湿和风机等处理设备集中设置在空调机房内，空

气处理后，由风管送入各房间的系统。

集中式系统按送入每个房间的送风管数可分为单风管系统和双风管系统。单风管系统是只有一个送风管，夏季送冷风，冬季送热风；双风管系统是冷热风管各一个，混合后送入房间。一般多采用单风管系统。集中式系统按送入房间的风量是否变化，可分为定风量系统和变风量系统，对有洁净要求的采用定风量系统。

此种系统的冷源可以由冷冻站或在空调机房安装制冷机提供。热源由锅炉房或热交换站，或在空调机内设电加热器提供。

现在大型的空调器是专业化工厂分段制作，到现场组装的（图3-9）。

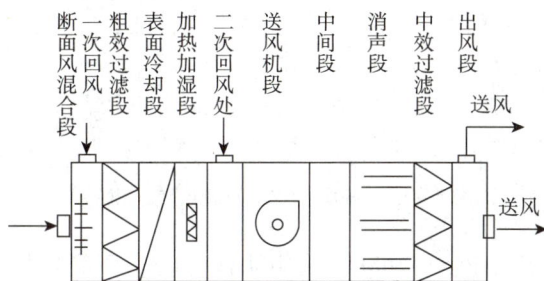

图3-9 集中式净化空调箱（机）组装图例

② 分散式系统 将整体式空调机组（指直接蒸发式机组）直接装在房间内或附近，每个机组只供一个或几个小房间。对个别间的一般空调宜采用，对有洁净要求的不宜采用。

（2）单风管集中式系统分类 制药洁净车间厂房一般采用单风管集中式定风量空调系统。单风管集中式定风量空调系统按回风的利用情况可分为直流式、一次回风、二次回风和全循环系统，如图3-10所示。空调系统全部采用新风不用回风的系统称为直流式（或全新风）系统；全部采用回风系统使用的称为全循环系统。当室外空气焓值高于或低于室内焓值时，采用回风可降低能量。在表冷器或淋水室处理之前与新风进行混合的空调房间的回风称为一次回风。在表冷器或淋水室处理之后的空气进行混合的室内回风称为二次回风。仅有一次回风的系统称为一次回风系统；有一次和二次回风的称一、二次回风系统。采用二次回风可减少空气处理室的风量，还可减少再加热的热量，但当室内散湿量很大时，引入二次回风可造成室内湿度波动。

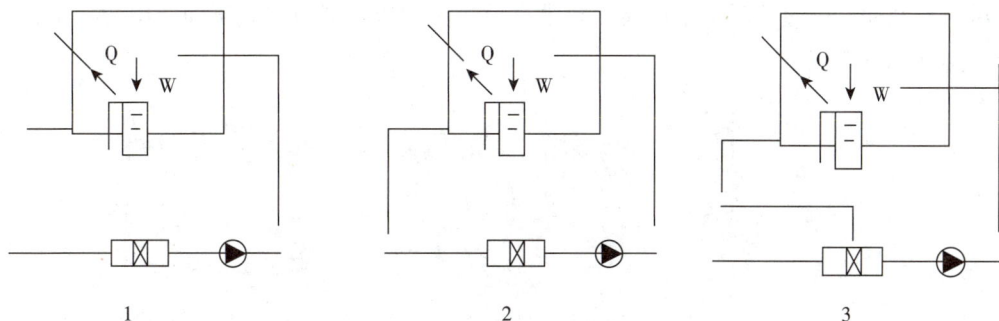

图3-10 单风管集中式定风量系统示意图
1. 直流式系统；2. 封闭全循环式系统；3. 回风式系统

按空气处理时加热器情况可分为一次加热和二次加热。在表冷器前或淋水室前用加热器加热空气的称为一次加热；在其后的加热器称为二次加热。一次加热可防表冷器冻结，二次加热是保证送风温度和相对湿度。

一次回风系统在夏季为了降低湿度都需将空气先行冷却除水，然后再加热至送风温度，既浪费了冷量又浪费了热量。采用二次回风可减少无效损耗。二次回风需在空调器中冷却器和二次加热器之间增加了一个回风管，使冷却后的空气与室内二次回风混合。采用二次回风可节约冷、热量，同时通过表冷器的风量也可减少。药厂中粉尘、毒性较大药品的生产或车间中有易燃物质（甲、乙类生产厂房）需采用全新风系统。全新风系统是耗冷、热量最大的系统，只有不允许回风时才能采用（图3-11）。

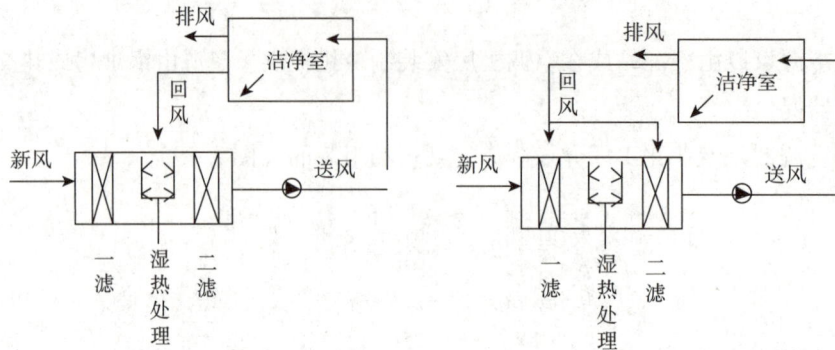

图3-11 一次、二次回风系统示意图

2. 空气过滤的机制 制药工业空气净化所采用滤材有玻璃纤维、泡沫塑料、无纺布等，其过滤机理有下述几种。

（1）惯性作用 含尘气体通过纤维时，气体流线发生绕流，但尘粒由于惯性作用径直前进与纤维碰撞而附着。这一作用随气速和粒径的增大而增大。

（2）扩散作用 由于气体分子热运动对颗粒的碰撞而使粒子产生布朗运动，因扩散作用便与纤维接触而被附着。尘径越小、气速越低，扩散作用越明显。

（3）拦截作用 含尘气流通过纤维层时，若尘粒的粒径小于密集的纤维间隙时，或尘粒与纤维发生接触时，尘粒即纤维阻留。

（4）静电作用 含尘气流通过纤维时，由于摩擦作用，尘粒和纤维都可能带上电荷，由于电荷作用，尘粒可能沉积在纤维上。

（5）其他 重力作用、分子间力等。

3. 过滤器 净化空调系统要确保洁净室的洁净度必须设置三级过滤，如图3-12所示。制药生产企业的净化空调系统一般设计初、中效两级过滤于中央空调机组中，最后一级高效过滤设计于洁净室末端送风口，经此三级过滤后的洁净风由末端高效送风口送入洁净室。正确选用初、中、高效过滤器是洁净度达标的重要因素。

1. 初效过滤器　　　　2. 中效过滤器　　　　3. 高效过滤器

图3-12 净化空调系统三级过滤

（1）初效滤器 主要是滤除大于$10\mu m$的尘粒，用于新风过滤和对空调机组作保护，滤料为粗中孔泡沫塑料，它由箱体、滤料和固定滤料的框架三部分组成。当滤材积尘到一定程度，通过初效过滤段的压差报警装置提醒操作人员即时更换过滤器。初效过滤器用过的滤材可以水洗再生重复使用。

（2）中效滤器 主要是滤除$1\sim10\mu m$的尘埃颗粒，一般置于高效滤器前，风机之后，用于保护高效滤器。一般为袋式中效滤器，滤材为涤纶无纺布。

（3）亚高效滤器　可滤除小于$5\mu m$的尘埃颗粒，滤材一般为玻璃纤维制品。

（4）高效过滤器（HEPA）　主要用于滤除小于$1\mu m$的尘埃颗粒，一般装于净化空调通风系统末端，即高效送风口上，可选用GB-01型高效滤器，滤材为超细玻璃纤维纸，滤尘效率为99.97%以上，高效滤器的特点是效率高、阻力大。高效滤器一般能用2~3年。据研究资料显示，高效滤器对细菌（$1\mu m$以上的生物体）的穿透率为0.0001%，对病毒（$0.3\mu m$以上的生物体）的穿透率为0.0036%，因此HEPA对细菌的滤除率基本上是100%，即通过合格高效过滤器的空气可视为无菌。

上述各种过滤器性能和选用可参见表3-5所示。

表3-5　各种过滤器性能

	过滤对象	滤材	滤速M/S和安装位置
初效	>$10\mu m$	粗中孔泡沫塑料	0.4~1.2 新风过滤
中效	1~$10\mu m$	涤纶无纺布	0.2~0.4 风机后
亚高效	<$5\mu m$	玻璃纤维、短纤维纸	0.01~0.03 洁净室送风口
高效	<$1\mu m$	超细玻璃纤维、合成纤维	0.01~0.03 洁净室送风口

知识链接

净化空调过滤器清洗更换常识

净化空调系统要按规程定期对过滤器清洗或更换，保证空调系统的正常运行。初效过滤器滤材一般1~2个月清洗一次，中效过滤器滤材一般2~3个月清洗一次，另外要注意监测压差情况，依初效滤布的前后风压差为准，当压差计显示压差为初始压差的2倍时，需清洗初、中效滤布。清洗工作一般在洁净车间停产大消毒时停空调机进行，将初、中效过滤器取下放入塑料袋中，拿到清洁水池拆包浸入含有洗洁精的水池中浸泡30分钟后用手拍打清洗，最后用饮用水漂洗3次后，晒干备用。初、中效过滤器清洗后要仔细检查，如有破损，必须更换。另外初、中效过滤器一般清洗2~3次后要报废更新。

高效过滤器的检修或更新一般由专业技术人员进行，应定期检测洁净室的悬浮粒子数，发现悬浮粒子数超标时，应边检查，边用环氧树脂硅胶堵漏，或紧固螺栓，直至无泄漏现象出现。若经检查，堵漏仍不能保证无泄漏发生，应对高效过滤器进行更换。高效过滤器不同于初中效过滤器，一般不能清洗重复使用。

4. 洁净室的气流组织　所谓气流组织就是为了在药品生产洁净室内达到特定的空气的洁净级别，以限制和减少尘粒对药物、直接接触药物的包装材料、设备、容器、用具的污染而采用的空气流动状态和分布状态。

洁净室的空气组织形式按气流流动状态有乱流和层流。层流又分垂直层流和水平层流。因而洁净室有乱流洁净室和垂直层流洁净室和水平层流洁净室。

气流组织是合理地组织进入洁净室内的洁净气流的流动，使室内空气的温度、湿度、速度和洁净度能满足工艺和人们的舒适感的需要。气流组织合理与否关系着空调效果与能耗。通风口的形式、位置、回风口位置及洁净室的形状为影响气流组织效果的诸因素中的重要因素。

气流组织送风、回风的形式常用的有：侧送侧回、上送上回、上送下回。（图3-13）。

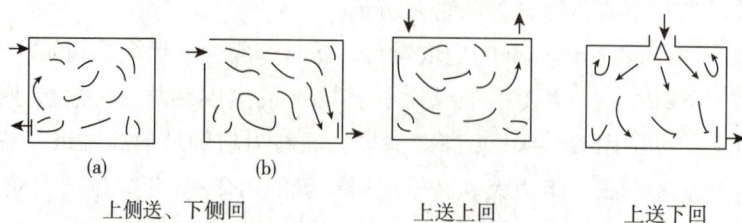

上侧送、下侧回　　　　　　　上送上回　　　　上送下回

图 3-13　气流组织示意图

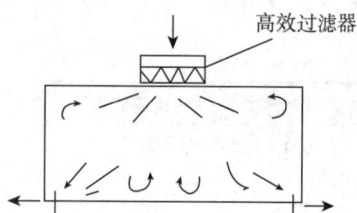

图 3-14　乱流洁净室示意图

（1）乱流洁净室　这种洁净室从送风口经散流器进入室内的洁净空气气流迅速向四周扩散与室内空气混合、稀释室内污染的空气，并与之进行热交换，混合后的气流带着室内的尘粒，在正压作用下，从下侧回风口排走，室内气流因扩散、混合作用而非常杂乱，有涡流，故有乱流洁净室之称（图 3-14）；乱流洁净室自净能力较低，只能达到较低的空气洁净度级别，换气次数一般在 10～100 次/时，其一次投资与运行费用均较低。

乱流洁净室的气流组织如下。

① 孔板顶送　有全孔板顶送与局部孔板顶送之分。全孔板顶送风速小，气流分布均匀。局部孔板顶送与全孔板顶送比，风速大，在墙侧有涡流并部分沿侧墙向上翻卷，经顶棚到中间，随洁净气流向下流，混入和污染洁净气流。

② 流线型散流器顶送　此种气流组织方式适用于 4m 以上的高大厂房。

③ 高效过滤器风口顶送　高效过滤器布置在送风口，一般带扩散板，是一种常用的气流组织形式。

④ 侧送　一般采用侧送，同侧下侧回。此种形式适用于层高较低的厂房，多用于旧厂房改造。侧送室内涡流多，洁净度等级低，但工程造价低。

（2）层流洁净室　层流洁净室的进风面布满高效过滤器，整个送风面是一个大送风口，送风气流经静压箱和高效过滤器的均压均流作用，从送风口到回风口气流流线彼此平行，充满全室断面，以均速向前推进，就像个大活塞，把室内原污染空气排入回风口，从而达到净化室内空气的目的。由于气流的流线始终是平行的，无涡流，因此层流亦称平行流洁净室。根据气流组织形式分垂直层流洁净室和水平层流洁净室。

① 垂直层流洁净室　垂直层流洁净室见图 3-15 所示。垂直层流洁净室顶棚布满高效过滤器，地面布满格栅地板。空气自上而下，呈垂直层流状态流经工作区，吸收携带工作区散发的尘粒、余热、余湿，经格栅地板进入回风静压箱。

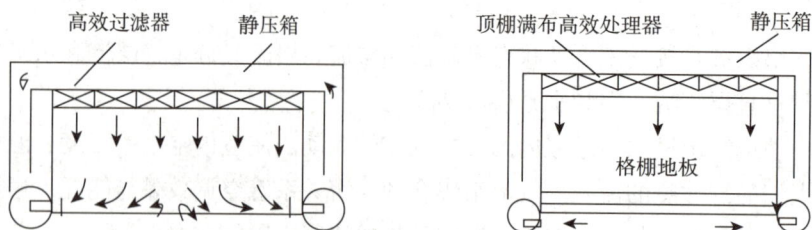

图 3-15　垂直层流洁净室图

全顶棚送风，两侧墙下部回风的垂直层流洁净室常被采用。它节省了昂贵的格栅地板和下夹层，降低了层高，解决了振动，给人一种安全感。

② 水平层流洁净室 水平层流洁净室见图 3-16。水平层流洁净室侧面送风墙布满高效过滤器，对面的回风墙布满中效过滤器（或与回风格栅组合）。气流通过高效过滤达到洁净，并沿水平方向以层流状态匀速流过工作区，带走工作区散发的尘粒、余热、余湿，经回风墙进入回风静压箱。

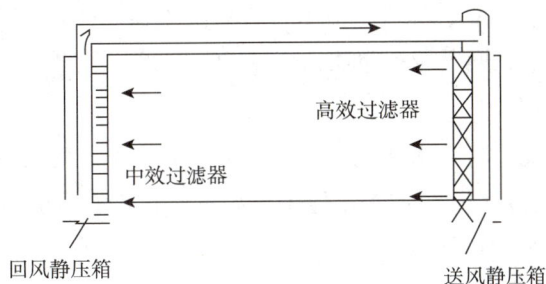

图 3-16 水平层流洁净室图

5. 送风量与换气次数 送风量和换气次数要根据 GMP 规范及医药厂房设计规范进行计算确定。洁净室内应保证供给一定量的新风，补偿室内排风和保持室内正压值所需的新风量；保证室内每人每小时的新风量不少于 40m³。

我国 GMP 规定洁净区与非洁净区之间、不同级别洁净区之间的压差应当不低于 10Pa。

洁净室内的空气在正压的作用下，通过门窗、壁板等围护结构缝隙无组织地不断地往外渗漏，要保证室内一定的正压值不至下降，就得补充渗漏空气等值的新风。

6. 洁净室正压的调控 洁净室为防止外界空气渗入造成污染，必须保持一定的正压，并通过调节送风量大于回风量和排风量的总和来实现。药品生产的洁净室的正压值，在 GMP 中有具体规定。但在系统的运行中随着时间的推移，因过滤器积尘阻力增加，门与传递窗开、关，工艺排风的变化等因素的影响，原先调定的正压值是会变的。为维持室内的规定的正压值就需采用有效调控措施。常用措施有：①回风口装空气阻尼层（材料有泡沫塑料、尼龙布等）或活动篦板；②在洁净室下风侧墙上安装余压阀；③安装压差式电动风量调节阀。

实训任务二 人员进出洁净区 📱微课1

【实训目标】

掌握人员按规范进入车间洁净生产区程序，避免对药品构成污染。

【实训准备】

准备无菌服、拖鞋、口罩，检查相关设备，学习洁净区进出标准操作规程。

【实训内容与步骤】

练习人员进出车间洁净生产区的程序，使人员进入洁净生产车间规范有序。

（一）进出要求

听取实训教师讲解进出洁净区的相关要求。

（二）进入洁净区的程序

1. 用手拧开换鞋室门，坐在入口的横凳上，面对门外，用手取出放在背对一侧横凳下鞋架内的洁净区工作鞋，整齐轻放于背后；将一般生产区工鞋脱去，坐着转身180°，穿上洁净区工作鞋；侧身将一般生产区的鞋整齐的放入横凳下规定的鞋架上，整个过程双脚不能着地。

2. 由实训教师按《洁净区人员出入记录表》要求内容填写后，方能进入一更。

3. 用手打开一更衣室柜门，脱去外衣、工作帽及私人物品，放入更衣柜内，关柜门。

4. 洗手：走到洗手池旁，伸双手掌入水盆上方自动洗手器下方的位置，让水冲洗双手掌及至腕上5cm处，手触摸自动给皂器，两手相互摩擦，使手心、手背、手腕上5cm处的皮肤均匀充满泡沫，摩擦约10秒，可参见图3-17。

5. 伸双手至自来水水龙头下，让水冲洗双手，双手上下移动，相互摩擦、冲洗至无滑腻感为止，再翻动双掌，至清洗干净为止。然后再伸手至纯化水水龙头下，同样方法再冲洗一遍。

6. 伸手到电热烘手机下8~10cm处，烘干为止。

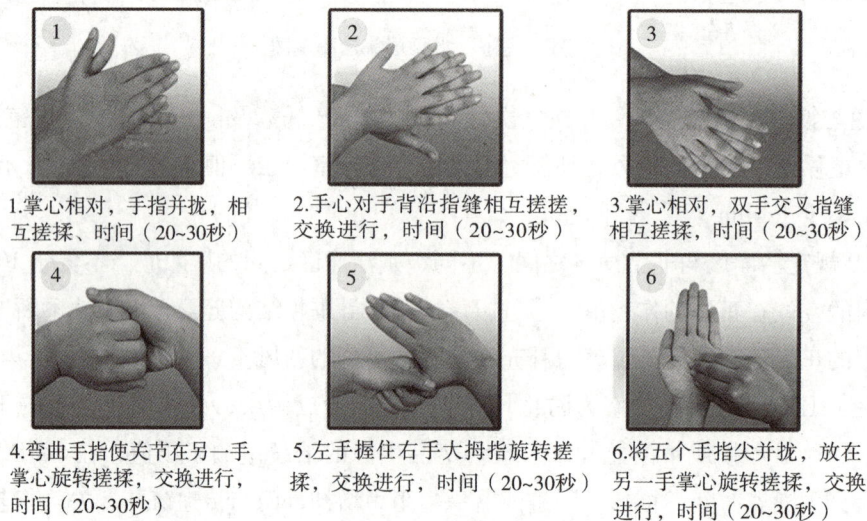

1.掌心相对，手指并拢，相互搓揉、时间（20~30秒）

2.手心对手背沿指缝相互搓搓交换进行，时间（20~30秒）

3.掌心相对，双手交叉指缝相互搓揉，时间（20~30秒）

4.弯曲手指使关节在另一手掌心旋转搓揉，交换进行，时间（20~30秒）

5.左手握住右手大拇指旋转搓揉，交换进行，时间（20~30秒）

6.将五个手指尖并拢，放在另一手掌心旋转搓揉，交换进行，时间（20~30秒）

图3-17　六步洗手法

7. 穿洁净衣服

（1）用手肘拧开二更衣室门，进入内更衣室，在洁净工作服架内取出自己工号的洁净工作服袋。

（2）取出连体洁净工作服穿上。

（3）戴口罩，口罩要罩住口和鼻。

（4）从前向后戴上工作帽，并全部包住头发。

8. 消毒手部：用手打开缓冲室门，在自动酒精喷雾器前伸出双手喷均匀双手（或用消毒液浸泡约1分钟，戴眼镜者应将眼镜同时浸泡）进行手消毒（两种消毒剂交替使用，每月更换一次）。消毒完毕，站立片刻后（自然晾干），再进入洁净区。

9. 在洁净区内，要遵守行为准则。注意保持手的清洁，不能再接触与工作无关的物品，不得裸手直接接触产品，动作要稳、轻、少或不做与操作无关的动作，减少不必要的交谈。

具体参见实训注意事项。

（三）退出洁净区

1. 用手拧开缓冲室门，从缓冲室经内更衣室进入外一更衣室，脱下洁净区工作服，放进有状态标识的桶内，盖好盖子，并穿上自己工号的一般生产区工作服。

2. 用手拧开换鞋室门，背朝门外，脱下洁净区工鞋，放进规定鞋架内，注意此时脚不落地，转身180°，穿上一般生产区工作鞋，将一次性口罩等杂物放入垃圾桶，此时由实训教师填写《洁净区人员出入记录表》，再出洁净区。

【实训注意】

1. 穿戴准则

（1）穿戴生产区工作衣帽鞋者，不得穿离本区域。

（2）直接接触药物生产岗位的工作人员必须戴上工作手套和口罩。

（3）退出工作区域时，按进入时相反程序。

（4）待洗的工作服，应按指定场所存放。

（5）不得佩戴首饰，洗手后不得涂抹护肤用品。

2. 工作区行为准则

（1）进入生产区后，应在本岗位所需区域内工作，不得串岗。

（2）搬运物料时，应按规定路线运送，不得穿越其他工作区域。

（3）保持自己的工作区域内干净、整洁。

（4）工作中尽量减少非生产要求的动作，避免剧烈动作（如快速跑动，直接在地面上推拉东西等）。

（5）不面对裸露的原辅料、半成品及待包装品谈话，甚至咳嗽及做可能污染药品的行为。

（6）不用裸手接触药品。

（7）凡需戴手套操作人员，除正常生产动作外，不应伸手乱摸设备及无关物料。

（8）缓冲消毒间两侧门不能同时打开，以维持洁净室与室外的压差。

任务三　设施管理

PPT

一、仓储设施

药品 GMP 认证时会检查的仓储设施项目包括：仓储区要有足够的空间，允许原料、辅料、包装材料、中间产品、成品、待检品、合格品和不合格品退回的或回收的产品等按秩序合理贮存，并有明显状态标志；仓储区有适当的照明和通风设施，能保持干燥，清洁整齐；仓储区对温、湿度及特殊要求的物料有有效的控制措施；仓储区的不合格、回收或退回的产品应单独存放；具有对不合格、回收或退回产品及时处理的办法及其详细记录；收货区有外包装清洁场所；取样场所（室）的洁净级别与生产要求一致，并有必要的防止污染和交叉污染的有效设施；要有仓储区平面布局图；具备"五防"设施及管理文件。

结合以上 GMP 认证要求，目前对现代药厂仓储物流管理和设计具体有以下几方面的要求和特点。

1. 药厂仓库的设置应根据物料稳定性、物料种类（成品、原料、包装材料、中间体等）以及状态（待验、合格、不合格、退货）来分类。通常物料的保管条件应和生产条件至少一致，《中国药典》规定常温库为 10～30℃，相对湿度 <75%，特殊要求另定，有的甚至要设冷库才能满足储存要求。

2. 根据需要应有空调通风设施，冬季应有采暖系统，以保持仓库内的恒温。

3. 仓库的设计至少应有三个通道，即人流通道、原辅料及包装材料等进口通道、成品出口通道。此外还应有与生产车间及配料、称量室的通道。仓库同样应做到人流、物流分开。由于进库的原辅料和出厂的成品都需要化验，所以仓库里应考虑一个中间区：一是等待取样区，一是等待发料区。

仓库在人流通道中应设有更衣室、厕所、浴室等设施；在原辅料、包装材料进口区应设有取样间、取样区，取样区为物料未取样前的停留区域，取样间为质量部门取样用地域，在取样间常装有层流装置，取样间内只允许放一个品种、一个批号的物料，以免混料。取过样的样品可转入待验区，合格后转入合格区，挂牌标示。

仓库内应按成品、包装材料、原辅料等划分区域，每个区域内再分合格品区、待验区和不合格品区域。另专设：印刷材料（标签、说明书）、贵重物品、退货等区域，保管要有严格设置和措施。对于头孢类青霉素、激素类产品应分开放置，并需要吸塑包装，以免交叉污染。

4. 仓库和外界，仓库与生产区接界处都应有缓冲间，缓冲间两边均应设门，并设互锁，不允许两边门同时开启。

5. 仓库设计一般采用全封闭式，而且采用灯光照明，对光照有一定的要求。仓库周围不允许有窗，即便有窗也不允许开启，以防积尘，也防鼠类、虫类进入。有窗部位外面要安装铁栅栏，以保证物品安全。

6. 仓库的地面要求平整，尤其在货架区，由于是高位货架和高位铲车运作区，特别要求地面平整。货架焊接处要求质量较高，无砂眼，表面要进行防锈处理。货架竖立时要求测量其垂直度，不得有倾斜。仓库地面要进行硬化处理，其处理可用环氧树脂或聚中氨酯涂层，一般不用水泥地面，尤其用高位铲车运作时，易起尘，难以清洁。

7. 仓库内不设地沟、地漏，目的是为了不让细菌滋生。仓库内应设工卫间，放置专用的清洁工具，清洗工具有全自动驾驶清洁车、半自动清洁车和手工清洁工具。手工清洁工具包括刮水器、拖把、手动拖把挤干器等。清洁工具不准乱放。

8. 仓库地面结构要考虑承重。高层货架用膨胀螺栓固定，装卸较简便。物料都应堆放在垫仓板上，最好采用金属垫仓板，其结构应考虑便于清洁和冲洗。国外采用铝合金垫仓板较多。塑料垫仓板在中空的货架上会出现变形，甚至出现断裂现象。而木质垫仓板按 GMP 要求，在生产区内是不允许用的。青霉素类和头孢素类用的垫仓板应予分开，不能和一般物料用垫仓板混用，如要混用，则需用清洗剂（如 12% 的 NaOH 溶液或氨水溶液）清洗，以防交叉污染。

二、质量控制设施

1. 质量管理部门根据需要设置的检验、中药标本、留样观察及其他各类实验室应与药品生产区分开。生物检定及微生物限度检定和放射同位素养检定要分室进行。

2. 质量控制实验室应适合实验操作，有足够的空间，以避免混淆和交叉污染。并有适当的保存样品，参考标准品（必要时冷藏）及记录的场所。

3. 实验室应考虑建筑材料的适宜性，防烟防毒通风。生物制品、微生物和放射性同位素实验室需独立的空调装置和其他措施。

4. 对有特殊要求的仪器、仪表，应安放在专门的仪器室内，并有防止静电、震动、潮湿或其他外界因素影响的设施。

5. 实验动物房应与生产区域严格分开，其设计建造应符合国家有关规定，并有专用的排污和空调设施。

三、辅助设施

辅助设施包括人员净化用设施、生活设施、物料净化设施、维修设施、公用工程设施等。

1. 人员净化用设施和生活设施　人员净化用室包括雨具存放室、换鞋室、存外衣室、盥洗室，换洁净工作服室、气闸室或空气吹淋室等。厕所、淋浴室、休息室等生活用室，可根据需要设置，其设置不得对洁净室（区）产生不良影响。人员净化用室和生活用室的洁净度等级应和生产区相适应，可低于生产区，由外到内逐步提高。对于要求严格分隔的洁净区，人员净化用室和生活用室应布置在同一层。根据不同的洁净度和工作人员数量，人员净化用室和生活用室的建筑面积应合理确定，一般可按洁净区人数平均每人 $4 \sim 6m^2$ 计算。人员净化用室和生活用室的布置应避免往复交叉。

人员净化用室和生活用室应符合下列要求：①人员净化用室的入口处应有净鞋设施；②洁净区的人员净化用室，存放外衣和洁净工作服室应分开设置，外衣存衣柜和洁净工作服柜宜按岗位人数每人一柜；③盥洗室应设洗手和消毒设施，宜装烘干器，水龙头按最大班人数每 10 人设一个，龙头开启方式以不直接用手为宜；④有空气洁净度要求的生产区内不得设厕所、浴室，厕所宜设在人员净化室外；⑤为保持洁净区域的空气洁净度和正压，洁净区域的入口处可设置气闸室或空气吹淋室，气闸室的出入门应有防止同时打开的措施，可采用连续系统或视觉/听觉警报系统，设置单人空气吹淋室时，宜按最大班人数每 30 人设一台，洁净区域工作人员超过 5 人时，空气吹淋室一侧应设旁通门。⑥洁净工作服、手套、面罩等应定期更换、清洗，必要时使用一次性服装，不同空气洁净度等级使用的工作服应分别清洗、整理，必要时消毒或灭菌，灭菌时不应带入附加的颗粒物质；洁净工作服的洗涤、干燥室，其洁净度可低于生产区一个级别；无菌服装的整理、灭菌和存放室，洁净级别宜与生产区相同。

2. 物料净化设施　进入有空气洁净度要求区域的原辅料、包装材料等应有清洁措施，如设置原辅料外包装清洁室，包装材料清洁室等。进入不可灭菌产品生产区的原辅料、包装材料和其他物品，除满足上一条要求外，还应设置灭菌室灭菌设施。清洁室或灭菌室与洁净室之间应设置气闸室或传递窗（柜），用于传递原辅料、包装材料和其他物品。物料出口处应设置气闸室和传递窗（柜），以保证洁净区域的洁净度和正压。生产过程中产生的废弃物出口不宜与物料进出口合用一个气闸或传传递窗（柜），宜单独设置专用传递设施。具体参见图 3 - 18 和图 3 - 19 所示。

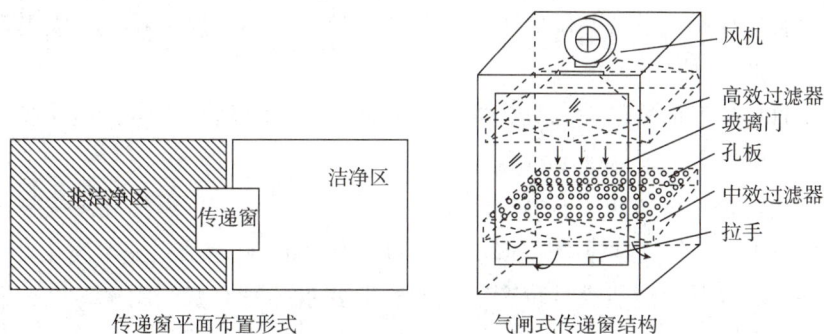

图 3 - 18　传递窗安装及内部结构图

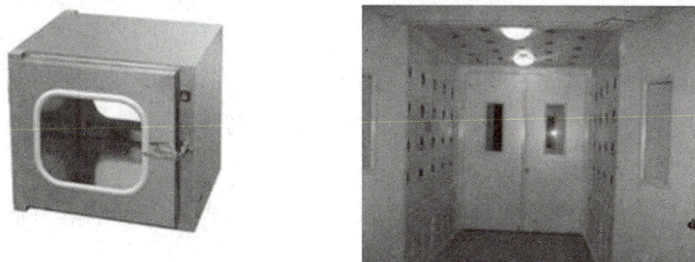

图 3 - 19　传递窗及风淋室实物图

知识链接

风淋室的使用常识

风淋室的目的是除去工作服表面的灰尘，一般设在洁净室的入口处，风淋室的设置各厂（包括合资厂）有不同的看法，有的厂在大输液灌装间入口处，甚至片剂车间入口处设风淋室，但国外有许多厂在液体制剂车间入口处都不设置风淋室面设立气闸室，其目的是保持洁净区的正压状态，分析原因是回外大部分厂的制剂开口工段（如洗瓶段，灌装段）都在设备上加层流罩，工人对生产线的影响较小。另外，国外药厂特别重视洁净区工人穿着要求，保证洁净服穿着不遭污染。为此，有些药厂将穿着无菌外衣（即二更衣）安排在层流罩下进行，而不设风淋室。目前设计中在 C 级洁净区入口设风淋室，在 D 级洁净区入口处可设风淋室也可设气闸乩室使用风淋室时，要根据使用人数，当超过 5 个人时，应设置旁通门，使便于安全疏散并延长风淋室使用寿命，因下班时工人不必经风淋室而由旁通门外出。

任务四　设备管理

一、设备使用管理

（一）设备的选型与安装

1. 设备设计与选型

（1）设备设计及选型首先应符合生产工艺要求；便于生产操作和维修保养，并能防止差错和减少污染；设备内表面平整光滑无死角及砂眼、易清洗、消毒或灭菌；外表面光洁、易清洗。

（2）凡与药物直接接触的设备部位应采用不与药物反应、不释放微粒、不吸附药物、消毒或灭菌后不变形、不变质的材料制作。

（3）凡与药物直接接触的容器、工具、器具应表面整洁，易清洗消毒，不易产生脱落物，不得使用竹、木、藤等材料。

（4）设备所用润滑剂、冷却剂等不得对药品或容器造成污染。与药物直接接触、与内包装容器接触的压缩空气和洗瓶、分装、过滤用的压缩空气均应以除油、除水、过滤等净化处理。

（5）选用设备应考虑其性能能满足生产工艺的有关要求，另应从实用、先进、经济和方便维修保养、清洁等方面综合考虑。

（6）用于制剂生产的配料罐、混合槽、灭菌设备及其他机械和用于原料精制、干燥、包装的设备，其容量尽可能与批量相适应，以尽量减少批次、换批号、清场、清洗设备等。

（7）生产中涉及易燃、易爆、有毒、有害物质的设备、设施，应符合国家有关规定。

（8）用于加工处理活生物体的生产设备应便于清洁和去除污染，能耐受熏蒸消毒。

（9）灭菌柜宜采用双扉式，并具有对温度、压力、蒸汽自动监控、记录的装置，其容积应与生产规模相适应。

（10）禁止使用含有石棉的过滤器材及易脱落纤维的过滤器材。过滤器材质不得吸附药液中的组分或向溶液释放异物而影响药品质量。

（11）用于生产和检验的仪器、仪表、量具、衡器等，其适用范围和精密度应符合生产和检验要求，有明显的合格标志。

2. 设备安装与调试

（1）C 级洁净室（区）使用的传输设备不得穿越较低级别区域。非无菌药品生产使用的传输设备穿越不同洁净室（区）时，应有防止污染措施。

（2）与药液接触的管路及配件应采用优质耐腐蚀材质，管路的安装应尽量减少连接处，密封垫宜采用硅橡胶、聚四氟乙烯等材料，管路应方便清洗和消毒。这条是 GMP 设备管理关键一条，也就是 GMP 对材质的要求。一般与药品直接接触部分的材料应选择不锈钢材料。

（3）设备、管道的保温层表面必须平整、光滑、不得有颗粒物质脱落，不得有石棉材料，宜选用泡沫塑料、珍珠岩制品等，外加不生锈金属外壳保护。

（4）传动机械的安装应加避震、消声装置。动态测试时，洁净室内噪声不得超过 70dB。

（5）当设备安装在跨越不同的洁净等级的房间或墙面时，除考虑固定外，还应采取密封的隔断装置，以保证达到不同等级的洁净要求。

（6）制剂洁净室内尽量采用无基础的设备，必须设置设备基础的，可采用移动式表面光洁的水磨石基础块，不影响楼面的光洁和易清洁。这条在安装时，应特别注意，移动式水磨石基础块和现在的设备基础概念大不相同了。

（7）跟土建配合，合理考虑设备起吊、进场的运输路线，门窗留孔要容纳进场设备通过，必要时把间隔墙设计成可拆卸的轻质墙。主要考虑设备的进场方式，防止厂房建好了设备进不去。

（8）设备安装应按工艺流程顺序排布，以方便操作，防止遗漏差错。

（9）设备管道及阀门安装要方便操作及操作安全。设备、管道上监测指示仪器、仪表的安装，要方便观察、使用。

（10）溶媒管道的垂直"U"形管底部需加空管、阀。使用溶媒的设备、管道应有排除静电等防爆设施。这是从安全角度对设备安装提出的要求。

（11）与设备连接的主要固定管道应标明管内物料名称、流向。例如一般水为绿色、真空为白色、排污为黑色等。

（12）生产设备应有明显的状态标志。状态标志指容器和机器的状态，有运行、停止、维修、清洗等。

图 3－20　洁净车间设备安装现场实例图

（二）设备的操作与使用管理

1. 药品生产企业必须有专职或兼职的设备管理部门，并负责设备的基础管理工作、建立健全相应的设备管理制度和组织实施。

2. 所有设备、仪器、仪表、衡器必须登记造册。固定资产设备必须建立台账、卡片。主要设备要逐台建立档案。档案内容包括：①设备名称、型号、规格、生产能力、生产厂家；②设备图纸、说明书、易损件备品清单等技术资料、装箱单、拆箱单；③安装位置、施工图；④检修、维护、保养的内容、周期和记录；⑤改进记录；⑥验证记录；⑦事故记录。

3. 对所有管线，特别是隐蔽工程，应绘制动力系统图。所有管道应根据管道内物料涂统一色标和物料流向标志。

4. 制订设备定期检查、维修、保养（包括维修保养职责、检查内容、保养方法、计划记录等）与具体实施计划。定期检查是为及时发现设备将要发生的故障和隐患。维修、保养是根据检查的结果及时消除设备的故障、隐患，做到无"跑冒滴漏"，适时添加或更换转动部件的润滑剂，确保设备经常处于完好状态，延长设备使用寿命。

5. 对设备、仪器的使用，应制订标准操作程序（SOP）及安全注意事项，操作人员须经培训、考核合格才可上岗操作，要做好设备运行记录、交换班记录。

6. 进入洁净区维护保养设备的有关人员应穿着该洁净区规定的服装，使用已经消毒无菌的工具和设备。

7. 制订设备清洗规程。明确洗涤方法和洗涤周期；明确关键设备的清洗验证方法；记录并保存清洗过程及清洗后检查的有关数据；无菌设备的清洗，尤其是直接接触药品的部位和部件必须保证无菌，并标明灭菌日期，必要时进行微生物学的验证。经灭菌的设备应在 3 天内使用；同一设备连续加工同一无菌产品换批时要清洗灭菌。同一设备连续加工同一非无菌产品，除换批的常规卫生处理外，应定期按清洗规程全面清洗一次；可移动的设备宜移至清洗区清洗。需清洗的设备应设清洗状态标志。

8. 制订计量管理制度。对生产、检验用的仪器、仪表、容器、衡器等制订校验程序及规定，订出定期校验计划，贴校验合格证，做好校验记录并保存。

9. 关键设备如液体无菌过滤器、空气过滤系统、灭菌设备、蒸馏器等，应经验证合格方可使用。验证应有记录并保存。

10. 生产过程中应避免使用易碎、易脱屑、易长霉器具；使用筛网时应有防止因筛网断裂而造成污染的措施。

11. 生产用模具的采购、验收、保管、维护、发放及报废应制定相应管理制度，设专人、专柜保管。建立设备购置的开箱验收规程、设备安装调试与验收规程。

12. 建立机械设备、设施、常用的备品、备件管理制度、设备事故管理制度、建立设备调拨、报废管理制度。

二、设备清洁、维护与维修管理

（一）设备的清洁

1. 关键设备的清洁、消毒（或灭菌）应经过验证，并有完整的验证方案和验证记录。

设备必须清洁干净后才能进行消毒或灭菌。生产设备应该制定详细的清洁、消毒（或灭菌）操作规程。操作规程应至少包含以下内容。

（1）具体而完整的清洁、消毒（或灭菌）方法，需要拆卸的设备应说明完整的拆卸方法及拆卸部件，或模具的清洁、消毒（或灭菌）方法。进行清洁验证的设备，清洁方法应与验证方法相同。

（2）清洁用具目录，使用方法。

（3）用于药品生产用的设备，应当有使用记录，记录内容包括所生产的产品品名、批号、使用时间、使用人、使用状况、清洁性质、清洁方法、清洁消毒（或清洁灭菌）时间、清洁人、复核人等。

（4）清洁剂、消毒剂。

（5）清洁、消毒周期。

（6）去除前一批次标志的方法。

（7）保护已清洁的设备在使用前免受污染的方法。

（8）设备的清洁有效期，以清洁验证数据为准。

（9）使用前检查设备清洁状况的方法。

（10）设备使用结束后的清洁。

（11）已清洁的设备存放条件。

（12）设备清洁后及时填写相应设备的清洁记录。

2. 一般区设备每批产品生产结束后 2 小时内应对设备进行清洗清洁。

3. 按相应设备清洗操作规程对设备进行清洗，要求设备内外无药物残留、无油污。

4. 非专用设备更换品种时，必须对设备进行彻底的清洁，防止交叉污染。

5. 同一设备连续生产同一原料药或阶段性生产连续数个批次时，宜间隔适当的时间对设备进行清洁，防止污染物（如降解产物、微生物）的累积。如有影响原料药质量的残留物，更换批次时，必须对设备进行彻底的清洁。

6. 设备要挂有清洁状态标识。清洁状态标识分为"已清洁""待清洁"。

（1）已清洁　绿底黑字硬纸牌。表示设备、容器、器具等经过清洁处理，达到洁净的状态。内容包括：清洁日期、清洁人、上批次品名、批号、有效期、QA 签名等。具体参见图 3－21。

（2）待清洁　红底黑字硬纸牌。表示设备、容器、器具等未经清洁处理的状态。内容包括：生产日期、操作人、生产品名、批号等。参见图 3－21。

设备清洁状态卡		编号：	
已　清　洁			
清洁日期		清洁人	
上批品名		上批批号	
QA签名		有效期至	

设备清洁状态卡		编号：	
待　清　洁			
生产日期		操作人	
生产品种		批号	

图 3－21　设备清洁状态卡

7. 新安装的设备使用前要按照新设备清洁规程进行彻底的清洁。

8. 注射剂生产设备的清洁尤为重要，罐体、管路、阀门等要定期拆卸解体进行清洗消毒，方可组装使用，如图 3－22 为球阀的清洁解体示意图。

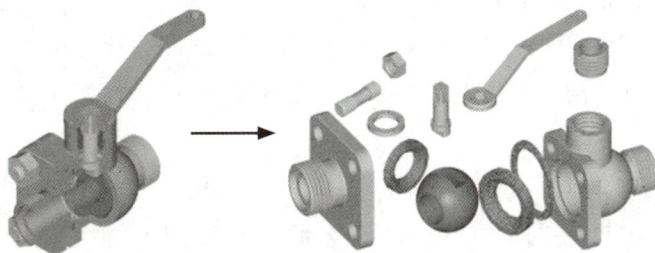

图 3－22　球阀清洁拆卸示意图

知识链接

新设备使用前的清洁方法

1. 设备内表面及管道用抹布或毛刷蘸3%碳酸钠溶液去除油污后，再用抹布蘸饮用水（或纯化水）擦洗内表面或用饮用水（或纯化水）冲洗内表面至干净。

2. 设备外表面用抹布蘸0.1%氢氧化钠溶液将擦洗至无油污残留，再用抹布蘸饮用水（或纯化水）擦洗至无清洗剂残留。

3. 新设备清洗干净后，在使用前应根据使用要求对其进行消毒或灭菌。

4. 设备清洁后要在有效期内使用，使用时若超过有效期，需对其进行重新清洗、消毒或灭菌。

5. 新设备使用前的清洁要做好记录。

（二）设备的维护

设备使用维护应做到："三好""四会""四项要求""润滑五定"，严格遵守五项纪律，使设备处于完好状态。

1. "三好" 指管好、用好、修好设备。

（1）管好设备 操作者应负责保管好自己使用的设备，未经批准，不准其他人操作使用。附件、零部件、工具及技术资料保持清洁，不得遗失。

（2）用好设备 严格遵守设备操作规程，正确使用、合理润滑，做好交接班记录和认真填写规定的记录。

（3）修好设备 严格执行维护规程，弄懂设备性能及操作原理，及时排除故障，配合检修工人检修设备并参加试车验收工作。

2. "四会" 指会使用、会保养、会检查、会排除故障。

（1）会使用 熟悉设备的性能、结构、工作原理，学习和掌握操作规程，操作技术熟练准确。

（2）会保养 学习和执行维护、润滑的要求，按规定进行清扫、擦洗，保持设备及周围环境的清洁。

（3）会检查 熟悉设备结构、性能、了解工艺标准和检查项目，根据点检的要求，对设备各部位技术状况进行检查和判断；能鉴别出设备的异常现象及发生部位，找出原因；能按设备的完好标准判断设备的技术状态。

（4）会排除故障 设备出现故障，能及时采取措施防止故障扩大；能完成一般的调整和简单的故障排除。

3. "四项要求" 指整齐、清洁、润滑、安全。

（1）整齐 工具、工件、附件放置整齐、合理；装置、线路、管道齐全完整，零部件无缺损。

（2）清洁 设备内外清洁、无灰尘、无污物、无锈蚀；各滑动面、丝杠、齿轮等处无油垢；各部位不漏水、不漏油。

（3）润滑 按时加油、换油，油质符合要求；油壶、油枪、油杯齐全；油标醒目，油路畅通。

（4）安全 实行定机和交接班制度；熟悉设备的结构和性能；精心维护、合理使用；各种安全防护装置齐全可靠，控制系统正常，接地良好无事故隐患。

4. 设备使用中的维护与保养实行三级保养制

（1）一级保养 即日常保养，每天由操作者进行。主要内容是班前加油、调整，班中检查，班后擦拭清洁。目的是保持设备清洁、整齐、润滑良好、安全可靠的正常工作。

（2）二级保养　以操作工为主维修工配合。主要内容是对设备进行局部拆卸、检查、清洗；疏通油路、更换不合格的密封垫；调整配合间隙；紧固各部位。电器部分由维修电工负责。目的是保持设备润滑良好，减少设备磨损，排除设备事故隐患，达到脱黄袍、清内脏、漆见本色铁见光、油路通、操作灵活、运转正常，使设备保持完好状态。

（3）三级保养　以维修工为主、操作者参加。主要内容是擦洗设备，调整精度，拆检、更新和修复少量易损件；进行调整、紧固；刮研较轻微磨损的部件。

（三）设备的维修

1. 维修人员进入洁净区域　主要活动包括如下内容。

（1）设备出现突发故障后维修人员进入洁净区域进行故障处理。

（2）设备出现突发故障后工程设备技术人员进入洁净区域检查、诊断、指导维修。

（3）设备维修人员、技术人员进入洁净区域执行厂房设施、设备的计划性维修、定期巡检。

（4）计量人员进入洁净区域执行定期计量校验、校准。

（5）工程人员引导外协维修人员进入洁净区的故障处理、检查、诊断、指导维修。

2. 操作规程　维修人员进入洁净区域从事的活动均需严格执行以下操作规程。

（1）维修人员进出不同洁净区域的更衣，应严格遵守《人员进出洁净区标准操作程序》。

（2）维修人员进出不同洁净区的维修工具、维修材料，应严格遵守《物料进出洁净区标准操作程序》。

（3）维修人员进入洁净区域的活动，应认真遵守洁净区域员工行为规范，严格执行《车间安全管理规程》。

（4）维修人员进入洁净区域的活动，应严格执行《设备/系统运行及维修环境卫生管理规程》，及时进行清场、清洁。

（5）维修人员进入洁净区域的活动，应严格服从车间管理人员的管理，听从生产岗位操作人员的指导，除了维修工作本身，不得随意活动。

3. 维修工具的管理

（1）生产部门应在洁净区域配备常用规格的套筒扳手、内六角扳手、活动扳手、一字螺丝刀、十字螺丝刀、克丝钳、尖嘴钳、管钳、试电笔、多用电源插座、卷尺、角尺、卡尺、塞尺等维修工具，常用工具最好是套装。

（2）关键设备的随机专用工具要配备在洁净区。现场维修工具应按照规定的周期进行定期消毒、灭菌，并由生产部门定置管理。存放在洁净区内的维修用备件和工具，应放置在专门的房间或工具柜中。工具的消毒、灭菌方法、效果、保存时间应经过验证。

（3）其他电气维修工具、测试仪器、校验仪器、不常用的特殊工具，由维修人员根据维修需要带入，必须按照物料进出规定程序进行消毒、灭菌，并按照程序从物料通道进入洁净区域。

（4）不能消毒、灭菌的测试仪表，应用消毒或灭菌的 PE 袋密封包装，只留测试端子露在外面，并经擦拭消毒或灭菌后进入。

（5）不锈钢工具、塑料柄不锈钢工具、不锈钢、塑料等材料，均可采用干雾灭菌方法，其他维修工具、材料、备品备件，均应采用适宜的消毒、灭菌方法进行处理。

4. 维修方式方法

（1）所有的维护、维修活动，必须采用合适的方式、方法，尽可能减小对产品质量的影响和对洁净环境的污染。

（2）对于设备的年度、月度计划性维护，必须根据生产情况做出时间调整，尽可能将预维护时间安排在非生产时段。

（3）各种管道、照明设施、风口和其他公用设施，应尽量在洁净区外部对其进行维护。

（4）外露于洁净区域的与产品直接接触或与包装材料直接接触的各运转部件的调整、维护、维修，动作要轻柔，工具不得接触产品或包装材料。

三、计量管理

对所有计量器具要进行严格管理，以保证用于生产、检验的所使用的计量器具保持适用性和计量器具符合测量要求。

制药企业的计量包括各种工具和仪器仪表，这些都要由有检验资质的部门进行检定后方可使用。具体规定如下。

（1）应当按照操作规程和校准计划定期对生产和检验用衡器、量具、仪表、记录和控制设备以及仪器（图3-23）进行校准和检查，并保存相关记录。校准的量程范围应当涵盖实际生产和检验的使用范围。

图3-23　无菌室温湿度和压差计量仪表

（2）应当确保生产和检验使用的关键衡器、量具、仪表、记录和控制设备以及仪器（图3-24）经过校准，所得出的数据准确、可靠。

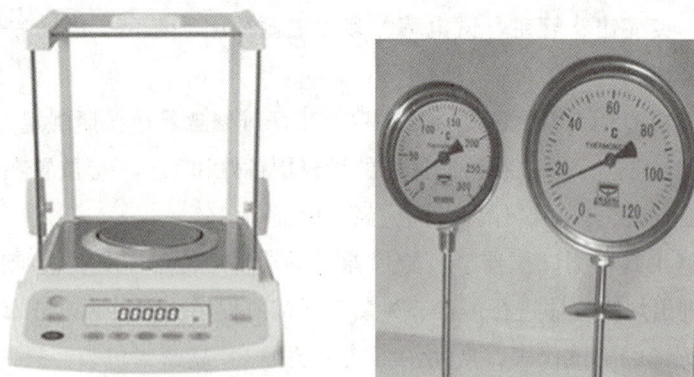

图3-24　电子天平和生产工艺温度计量仪表

（3）应当使用计量标准器具进行校准，且所用计量标准器具应当符合国家有关规定。校准记录应当标明所用计量标准器具的名称、编号、校准有效期和计量合格证明编号，确保记录的可追溯性。

（4）衡器、量具、仪表、用于记录和控制的设备以及仪器应当有明显的标识，标明其校准有效期。

（5）不得使用未经校准、超过校准有效期、失准的衡器、量具、仪表以及用于记录和控制的设备、仪器。

（6）在生产、包装、仓储过程中使用自动或电子设备的，应当按照操作规程定期进行校准和检查，确保其操作功能正常。校准和检查应当有相应的记录。

四、制水设备管理

制药生产中根据工艺质量要求会使用各种不同的水，例如溶解药品、洗涤包装容器等，这些水统称为制药工艺用水。制药工艺用水主要包括饮用水、纯化水和注射用水。

1. 饮用水　供人类日常饮用和日常生活用水，包括自来水和天然水，是制备纯化水的原料水。饮用水不能直接作为制剂的制备或试验用水。

2. 纯化水　为原水经蒸馏法、离子交换法、反渗透法或其他适宜的方法制得的不含任何附加剂的制药用水，可作为配制剂用的溶剂或试验用水，不得用于注射剂的配制。

3. 注射用水　指符合《中国药典》注射用水项下规定的水。注射用水为蒸馏水或去离子经蒸馏所得的水，故又称重蒸馏水。蒸馏水为通过蒸馏法制得符合《中国药典》（现行版）纯化水项下规定的水；去离子水为经离子交换法制得的25℃时电阻大于0.5 MΩ·cm的水。

（一）纯化水设备

纯化水的制备方法主要有蒸馏法、离子交换法、电渗析法、反渗透法等。主要会用到以下几种设备。

1. 预处理设备　制备纯化水的水源应为饮用水。水有时受到污染，含有悬浮物、重金属、有机物、余氯等，在制备纯化水前，原水根据情况需经预处理，如加絮凝剂、过滤、吸附等，以保证纯化水设备的正常运行。

2. 离子交换柱　去离子法制水原理是利用离子交换树脂将水中溶解的盐类、矿物质及溶解性气体等杂质去除。基本过程原理是，阳离子交换树脂会以氢离子交换碰到的各种阳离子（例如 Na^+）。同样的，阴离子交换树脂会以氢氧根离子交换碰到的各种阴离子（如 Cl^-）。从阳离子交换树脂释出的氢离子与从阴离子交换树脂释出的氢氧根离子相结合后生成纯水。

离子交换柱是去离子法制水的关键设备。所谓的离子交换，就是把阳、阴离子交换树脂分别装于交换装置中，或者把一定比例的阳、阴离子交换树脂混合装填于同一交换装置中，对水中的离子进行交换、脱除。由于颗粒状的离子交换树脂多是装在细长管柱内使用，所以通常把这种装置俗称为离子交换柱。离子交换柱一般用有机玻璃或内衬橡胶的钢板制成，柱高与柱径之比为5~10。

离子交换法制水的标准工作流程主要有制水、反洗、再生（吸盐）、慢冲洗、快冲洗五个过程。

3. 电渗析器　电渗析法是利用电场的作用，强行将离子向电极处吸引，致使电极中间部位的离子浓度大为下降，从而制得纯水的。一般情况下水中离子都可以自由通过交换膜，除非人工合成的大分子离子。

电渗析器是电渗析法制水的关键设备，是一种阴、阳离子交换膜，浓、淡水隔板以及电极板等按一定规则排列，用夹紧装置夹紧组装成的脱盐或浓缩设备。是利用离子交换膜和直流电场，使水中电解质的离子产生选择性迁移，从而达到使水淡化的装置，简称ED。

4. 反渗透装置　反渗透是一种借助于选择透过（半透过）性膜的工力能以压力为推动力的膜分离技术，当系统中所加的压力大于进水溶液渗透压时，水分子不断地透过膜，经过产水流道流入中心管，然后在一端流出水中的杂质，如离子、有机物、细菌、病毒等，被截留在膜的进水侧，然后在浓水出水端流出，从而达到分离净化目的。

如图 3-25 反渗透制水设备流程图所示，反渗透制水系统主要由以下设备组成。

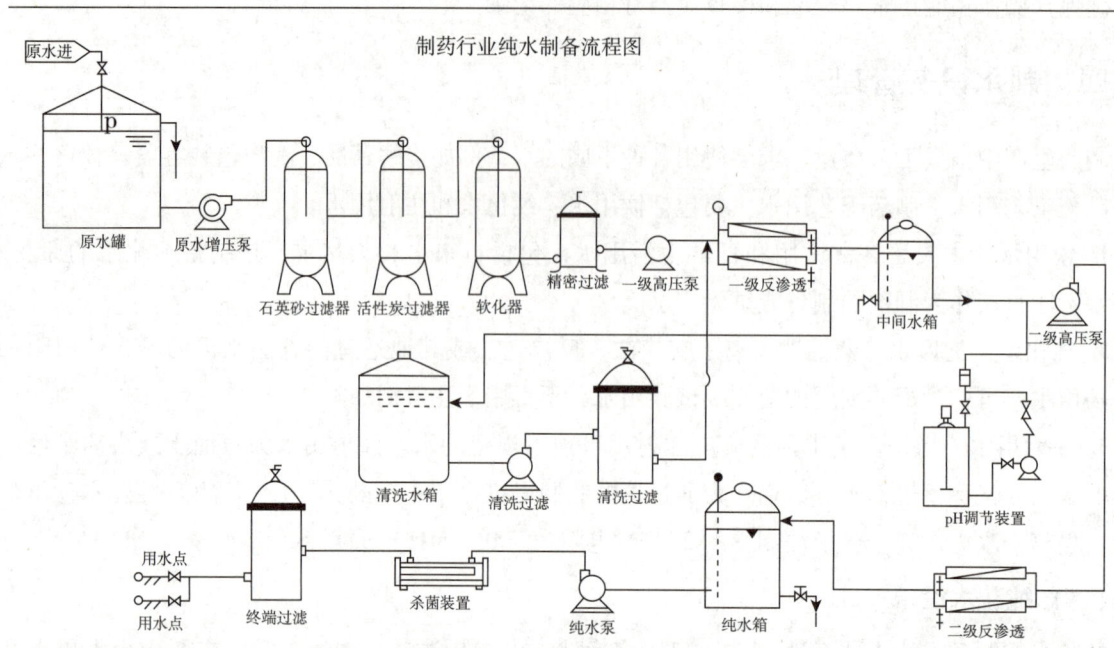

图 3-25　反渗透制水设备流程图

（1）原水罐　储存原水，用于沉淀水中的大泥沙颗粒及其他可沉淀物质。同时缓冲原水管中水压不稳定对水处理系统造成的冲击。

（2）原水泵　恒定系统供水压力，稳定供水量。

（3）多介质过滤器　采用多次过滤层的过滤器，主要目的是去除原水中含有的泥沙、铁锈、胶体物质、悬浮物等颗粒在 20μm 以上的物质，保证设备的产水质量，延长设备的使用寿命。

（4）活性炭过滤器　系统采用果壳活性炭过滤器，活性炭不但可吸附电解质离子，还可进行离子交换吸附，可去除水中的色素、异味、大量生化有机物，降低水的余氯值及农药等污染物。保证设备的产水质量，延长设备的使用寿命。

（5）离子软化系统/加药系统　在进入反渗透膜组件之前应使用离子软化装置，阻止 SiO_2 硫酸盐等的晶体析出破坏反渗透膜。

图 3-26　无菌精密过滤器图

（6）精密过滤器　采用精密过滤器对进水中残留的悬浮物、非曲直粒物及胶体等物质去除，使 RO 系统等后续设备运行更安全、更可靠（图 3 - 26）。

（7）反渗透系统　是用足够的压力使溶液中的溶剂（一般是水）通过反渗透膜而分离出来。反渗透设备在除盐的同时，也将大部分细菌、胶体及大分子量的有机物去除。

（8）臭氧杀菌器/紫外线杀菌器（可选）　杀灭由二次污染产生的细菌彻底保证成品水的卫生指标。

(二) 注射用水设备

注射用水，在我国通常是指符合现行版《中国药典》注射用水项下规定的水。常用的生产工艺流程：纯化水 → 蒸馏水机 → 注射用水。

蒸馏水机一般可分为压气式蒸馏水机和多效蒸馏水机二大类，其中多效蒸馏水机又可分为列管式、盘管式和板式 3 种形式。板式尚未广泛使用。

1. 压气式蒸馏水机　如图 3 - 27 所示，压气式蒸馏水机工作原理流程：去离子水→蒸馏水换热器（预热并将热蒸馏水冷却）→不凝性气体换热器进一步预热→加热室管内→受热沸腾→二次蒸汽→蒸发室除沫→蒸汽压缩机压缩→高温高压二次蒸汽→加热室管间→加热原水至沸腾并被冷凝成热蒸馏水→经不凝性气体换热器、蒸馏水换热器进一步冷却，预热原水。

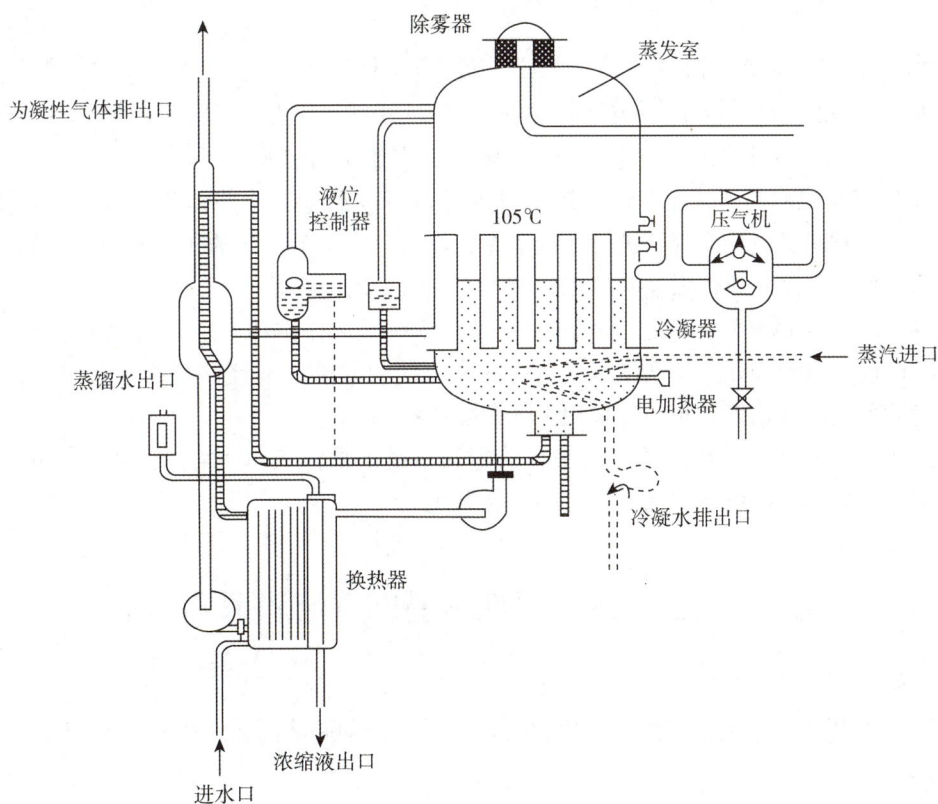

图 3 - 27　压气式蒸馏水机原理流程示意图

2. 列管式多效蒸馏水机　列管式蒸馏水机是采用列管式的多效蒸发制取蒸馏水的设备。蒸发器的结构有降膜式蒸发器、外循环长管蒸发器及内循环短管蒸发器。具有节约能源等优点，是目前制药企业广泛使用的蒸馏水设备，如图 3 - 28 所示，其中 1 ~ 4 是蒸发器，5 是冷凝器。

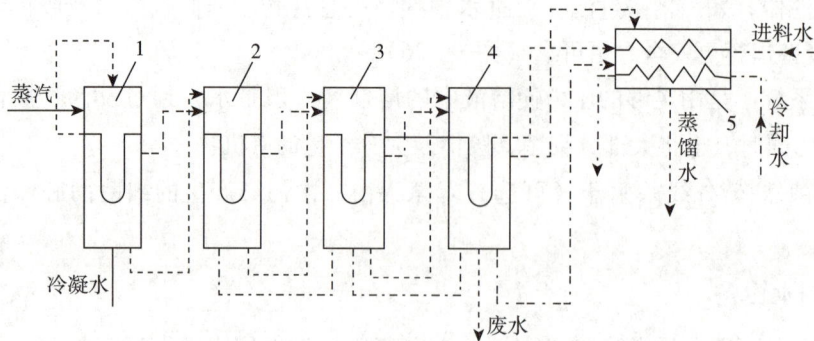

图 3 - 28　四效蒸馏水机流程

1 ~ 4. 蒸发器；5. 冷凝管

（三）制药用水设备管理

1. 水处理设备及其输送系统的设计、安装、运行和维护应当确保制药用水达到设定的质量标准，各工序均要制定标准严格的岗位工艺操作规程，并要对制水操作人员进行严格的岗前培训。

2. 涉及制药用水的设备材料要经过严格的检验，纯化水、注射用水储罐和输送管道所用材料应当无毒、耐腐蚀；储罐的通气口应当安装不脱落纤维的疏水性除菌滤器；管道的设计和安装应当避免死角、盲管。

3. 纯化水、注射用水的制备、贮存和分配应当能够防止微生物的滋生。纯化水可采用循环，注射用水可采用 70℃ 以上保温循环。纯化水储存周期不宜大于 24 小时，注射用水储存周期不宜大于 12 小时。

4. 应当对制药用水及原水的水质进行定期监测，并有相应的记录。

5. 应当按照操作规程对纯化水、注射用水管道进行清洗消毒，并有相关记录，一般使用蒸汽发生器产生洁净蒸汽对制水设备及管路进行在线消毒，消毒时要保证一定的压力和时间。发现制药用水微生物污染达到警戒限度、纠偏限度时应当按照操作规程及时处理。

6. 注射用水应采用循环管路输送。管路应保温，注射用水在循环中应控制温度不低于 70℃。管路设计简洁，应避免盲管和死角，从供水主干线的中心线为起点，不宜具有长于 6 倍直径的死终端。管路应采用优质低碳不锈钢管。阀门宜采用无死角隔膜阀。

7. 纯化水和注射用水宜采用易拆卸清洗、消毒的不锈钢泵输送。在需用压缩空气或氮气压送纯化水和注射用水的场合，压缩空气或氮气必须净化处理。

实训任务三　生产区域设备的清洁消毒　微课2

【实训目标】

学习 ZP - 35D 压片机的清洁与消毒，确保生产后设备的彻底清洁，避免污染和交叉污染。

【实训准备】

ZP - 35D 压片机，《ZP - 35D 压片机清洁标准操作规程》，清洁剂与消毒剂，标识牌。

【实训内容与步骤】

按照《ZP - 35D 压片机清洁标准操作规程》练习对 ZP - 35D 压片机生产后的清洁与消毒。

（一）使用要求

听取实训教师讲解 ZP - 35D 压片机清洁与消毒的相关要求。

（二）检查清洁剂与消毒剂、清洁工具

1. 清洁剂　纯化水，2%的氢氧化钠溶液。

2. 消毒剂　75%乙醇，0.2%的苯扎溴铵（新洁尔灭）溶液。

3. 清洁工具　丝绸抹布，毛刷，清洁桶，喷壶，硅胶管。

（三）清洁步骤

（1）用吸尘器真空管吸出机台内粉粒及杂物。

（2）按照压片机操作规程依次拆下中模、上冲、下冲等模具。

（3）再用吸尘器真空管吸一遍机台粉粒及杂物。

（4）将拆下的模具及器具送清洗间进行清洗。将冲模放在饮用水中刷洗两遍。最后用纯化水冲洗2~3分钟。将料斗用纯化水冲洗两遍，每次1~2分钟。最后一次的洗涤水应清亮，无肉眼可见残留物。如检查不合格，则应增加清洗次数。

（5）用抹布擦拭压片机台面及设备外表面。

（6）目测检查设备表面应光洁，无肉眼可见残留物。

（7）用75%的乙醇擦拭冲模及料斗。擦完后自然晾干待乙醇基本挥发后，将冲模及料斗放入烘箱中烘干，烘干结束后，料斗放在器具存放间，冲模如不立即使用，涂抹防锈油做防锈处理，集中装在专用包装盒内保存，包装盒要标明型号、日期、责任人等。

（8）用75%乙醇及0.2%新洁尔灭溶液擦拭设备台面及外表面。

（9）将设备挂上"已清洁"设备标识牌，将设备的模具存放在模具间，清洁有效期为72小时。

（10）超过有效期后，则重新进行清洁，仅需用消毒剂擦拭。需在清洁记录中予以备注，"超过清洁存放时限，重新进行清洁"。

（11）清洁过程需填写清洁记录。

【实训注意】

1. 清洁频率：每班生产结束后，更换品种批号后，超过清洁有效期后。

2. 生产结束后，依次拆下料斗、栅式加料器，待物料全部转移出设备后，方可开始设备的清洁操作。

3. 清除设备内外残留的粉尘，至设备内外无可见粉尘及油污。

4. 烘干要注意待乙醇挥发以后，注意防火安全，可以采用自然晾干。

•••• 目标检测

答案解析

一、单项选择题

1. 厂房的选址应该（　　）进行。

　　A. 根据厂房的大小选址

　　B. 根据厂房生产防护措施选址

　　C. 根据地势的高低选址

　　D. 根据厂房及生产防护措施综合考虑选址

2. 洁净区与非洁净区之间、不同级别洁净区之间的压差应当不低于（　　）。

　　A. 10Pa　　　　　　　　　　　　　B. 15Pa

　　C. 25Pa　　　　　　　　　　　　　D. 100Pa

3. 下列哪项不是 GMP 对制药生产设备的要求（　　）。

    A. 生产设备不得对药品质量产生任何不利影响

    B. 与药品直接接触的生产设备表面应当平整、光洁

    C. 与药品直接接触的生产设备不得与药品发生化学反应

    D. 生产设备必须采用不锈钢材质

4. 注射用水的保存条件应为（　　）。

    A. 室温以上保温   B. 50℃以上保温循环

    C. 70℃以上保温循环   D. 100℃保温

5. GMP 规范规定无菌药品生产所需的洁净区可分为（　　）。

    A. 1 级、2 级、3 级、4 级   B. 百级、千级、万级、十万级

    C. A 级、B 级、C 级、D 级   D. 以上都不对

6. 净化空调通风系统主要用于滤除小于 1μm 尘埃颗粒的过滤器是（　　）。

    A. 初效过滤器   B. 中效过滤器

    C. 亚高效过滤器   D. 高效过滤器

7. 洁净车间气流组织送风、回风的不常用形式是（　　）。

    A. 上送下回   B. 上送上回

    C. 侧送侧回   D. 下送上回

8. 用于在洁净区与非洁净区之间传递原辅料、包装材料的设施是（　　）。

    A. 门   B. 窗户

    C. 传递窗   D. 手推车

9. 以下关于 GMP 对设备设计及选型的要求错误的是（　　）。

    A. 设备设计及选型要满足生产工艺要求

    B. 设备设计及选型要便于操作与维护

    C. 设备设计及选型要便于清洁消毒

    D. 设备设计及选型必须采用不锈钢材质

10. 以下关于维修人员进入洁净区域从事维修的做法正确的是（　　）。

    A. 维修人员不得进入洁净区域从事维修工作

    B. 维修人员属特殊工种可以不更衣直接进入洁净区域

    C. 维修人员的工具需经过清洁消毒后从传递窗进入洁净区

    D. 维修人员维修后不用清理现场即可离开洁净区

二、简答题

1. 简述 GMP 规范对制药设备的设计和安装有哪些规定。

2. 简述什么是洁净室气流组织，并说明如何分类。

3. 简述新设备使用前应该怎样进行清洁。

书网融合······

重点小结	微课1	微课2	习题

项目四 物料与产品管理

学习目标

知识目标 通过本项目的学习，应能掌握物料的概念，仓储管理的内容；熟悉物料的采购原则和质量依据；了解物料的范围，供应商的管理。

技能目标 能够按规范要求对各种物料进行接收、入库、储存和发放，填写相应的物料管理文件。

素质目标 树立依法合规进行各类物料管理的法治意识；培养尽职履责、恪守规范的从业精神。

法规要求

GMP（2010年修订）

第六章 物料与产品

第一节 原 则

第一百零二条 药品生产所用的原辅料、与药品直接接触的包装材料应当符合相应的质量标准。药品上直接印字所用油墨应当符合食用标准要求。

进口原辅料应当符合国家相关的进口管理规定。

第一百零三条 应当建立物料和产品的操作规程，确保物料和产品的正确接收、贮存、发放、使用和发运，防止污染、交叉污染、混淆和差错。

物料和产品的处理应当按照操作规程或工艺规程执行，并有记录。

第一百零四条 物料供应商的确定及变更应当进行质量评估，并经质量管理部门批准后方可采购。

第一百零五条 物料和产品的运输应当能够满足其保证质量的要求，对运输有特殊要求的，其运输条件应当予以确认。

第一百零六条 原辅料、与药品直接接触的包装材料和印刷包装材料的接收应当有操作规程，所有到货物料均应当检查，以确保与订单一致，并确认供应商已经质量管理部门批准。

物料的外包装应当有标签，并注明规定的信息。必要时，还应当进行清洁，发现外包装损坏或其他可能影响物料质量的问题，应当向质量管理部门报告并进行调查和记录。

每次接收均应当有记录，内容包括：

（一）交货单和包装容器上所注物料的名称；

（二）企业内部所用物料名称和（或）代码；

（三）接收日期；

（四）供应商和生产商（如不同）的名称；

（五）供应商和生产商（如不同）标识的批号；

（六）接收总量和包装容器数量；

（七）接收后企业指定的批号或流水号；

（八）有关说明（如包装状况）。

第一百零七条 物料接收和成品生产后应当及时按照待验管理，直至放行。

第一百零八条 物料和产品应当根据其性质有序分批贮存和周转，发放及发运应当符合先进先出和近效期先出的原则。

第一百零九条 使用计算机化仓储管理的，应当有相应的操作规程，防止因系统故障、停机等特殊情况而造成物料和产品的混淆和差错。

使用完全计算机化仓储管理系统进行识别的，物料、产品等相关信息可不必以书面可读的方式标出。

第二节　原辅料

第一百一十条 应当制定相应的操作规程，采取核对或检验等适当措施，确认每一包装内的原辅料正确无误。

第一百一十一条 一次接收数个批次的物料，应当按批取样、检验、放行。

第一百一十二条 仓储区内的原辅料应当有适当的标识，并至少标明下述内容：

（一）指定的物料名称和企业内部的物料代码；

（二）企业接收时设定的批号；

（三）物料质量状态（如待验、合格、不合格、已取样）；

（四）有效期或复验期。

第一百一十三条 只有经质量管理部门批准放行并在有效期或复验期内的原辅料方可使用。

第一百一十四条 原辅料应当按照有效期或复验期贮存。贮存期内，如发现对质量有不良影响的特殊情况，应当进行复验。

第一百一十五条 应当由指定人员按照操作规程进行配料，核对物料后，精确称量或计量，并作好标识。

第一百一十六条 配制的每一物料及其重量或体积应当由他人独立进行复核，并有复核记录。

第一百一十七条 用于同一批药品生产的所有配料应当集中存放，并作好标识。

第三节　中间产品和待包装产品

第一百一十八条 中间产品和待包装产品应当在适当的条件下贮存。

第一百一十九条 中间产品和待包装产品应当有明确的标识，并至少标明下述内容：

（一）产品名称和企业内部的产品代码；

（二）产品批号；

（三）数量或重量（如毛重、净重等）；

（四）生产工序（必要时）；

（五）产品质量状态（必要时，如待验、合格、不合格、已取样）。

第四节　包装材料

第一百二十条 与药品直接接触的包装材料和印刷包装材料的管理和控制要求与原辅料相同。

第一百二十一条 包装材料应当由专人按照操作规程发放，并采取措施避免混淆和差错，确保用于药品生产的包装材料正确无误。

第一百二十二条 应当建立印刷包装材料设计、审核、批准的操作规程，确保印刷包装材料印制的内容与药品监督管理部门核准的一致，并建立专门的文档，保存经签名批准的印刷包装材料原版实样。

第一百二十三条 印刷包装材料的版本变更时，应当采取措施，确保产品所用印刷包装材料的版本正确无误。宜收回作废的旧版印刷模版并予以销毁。

第一百二十四条　印刷包装材料应当设置专门区域妥善存放，未经批准人员不得进入。切割式标签或其他散装印刷包装材料应当分别置于密闭容器内储运，以防混淆。

第一百二十五条　印刷包装材料应当由专人保管，并按照操作规程和需求量发放。

第一百二十六条　每批或每次发放的与药品直接接触的包装材料或印刷包装材料，均应当有识别标志，标明所用产品的名称和批号。

第一百二十七条　过期或废弃的印刷包装材料应当予以销毁并记录。

第五节　成　品

第一百二十八条　成品放行前应当待验贮存。

第一百二十九条　成品的贮存条件应当符合药品注册批准的要求。

第六节　特殊管理的物料和产品

第一百三十条　麻醉药品、精神药品、医疗用毒性药品（包括药材）、放射性药品、药品类易制毒化学品及易燃、易爆和其他危险品的验收、贮存、管理应当执行国家有关的规定。

第七节　其　他

第一百三十一条　不合格的物料、中间产品、待包装产品和成品的每个包装容器上均应当有清晰醒目的标志，并在隔离区内妥善保存。

第一百三十二条　不合格的物料、中间产品、待包装产品和成品的处理应当经质量管理负责人批准，并有记录。

第一百三十三条　产品回收需经预先批准，并对相关的质量风险进行充分评估，根据评估结论决定是否回收。回收应当按照预定的操作规程进行，并有相应记录。回收处理后的产品应当按照回收处理中最早批次产品的生产日期确定有效期。

第一百三十四条　制剂产品不得进行重新加工。不合格的制剂中间产品、待包装产品和成品一般不得进行返工。只有不影响产品质量、符合相应质量标准，且根据预定、经批准的操作规程以及对相关风险充分评估后，才允许返工处理。返工应当有相应记录。

第一百三十五条　对返工或重新加工或回收合并后生产的成品，质量管理部门应当考虑需要进行额外相关项目的检验和稳定性考察。

第一百三十六条　企业应当建立药品退货的操作规程，并有相应的记录，内容至少应当包括：产品名称、批号、规格、数量、退货单位及地址、退货原因及日期、最终处理意见。

同一产品同一批号不同渠道的退货应当分别记录、存放和处理。

第一百三十七条　只有经检查、检验和调查，有证据证明退货质量未受影响，且经质量管理部门根据操作规程评价后，方可考虑将退货重新包装、重新发运销售。评价考虑的因素至少应当包括药品的性质、所需的贮存条件、药品的现状、历史，以及发运与退货之间的间隔时间等因素。不符合贮存和运输要求的退货，应当在质量管理部门监督下予以销毁。对退货质量存有怀疑时，不得重新发运。

对退货进行回收处理的，回收后的产品应当符合预定的质量标准和第一百三十三条的要求。

退货处理的过程和结果应当有相应记录。

> ▶▶ **情境导入**

情境：曾报道有患者使用某制药厂生产的亮菌甲素注射液后出现急性肾衰竭临床症状，事件中共有65名患者使用了该批号亮菌甲素注射液，导致13名患者死亡，另有2名患者受到严重伤害。广东省药品检验所紧急检验查明，该批号亮菌甲素注射液中含有毒有害物质二甘醇。经原卫生部、原国家药品监督管理局组织医学专家论证，二甘醇是导致事件中患者急性肾功能衰竭的元凶。经食品药品监管部门、公安部门联合查明，该厂原辅料采购、质量检验工序管理不善，相关主管人员和相关工序责任人违反有关药品采购及质量检验的管理规定，购进了以二甘醇冒充的丙二醇并用于生产亮菌甲素注射液，最终导致严重后果。

思考：1. 该药厂物料管理过程中存在哪些问题？
　　　2. 企业应该如何防止不合格物料用于生产？

任务一　物料的概念和质量依据

一、物料的范围

（一）物料的相关概念

1. 物料　指的是原料、辅料和包装材料等。

2. 原辅料　是指除包装材料之外，药品生产中使用的任何物料。

3. 包装材料　是指药品包装所用的材料，包括与药品直接接触的包装材料和容器、印刷包装材料，但不包括发运用的外包装材料。例如：化学药品制剂的原料是指原料药；中药制剂的原料是指中药材、中药饮片和外购中药提取物；原料药的原料是指用于原料药生产的除包装材料以外的其他物料。

4. 印刷包装材料　指具有特定式样和印刷内容的包装材料，如印字铝箔、标签、说明书、纸盒等。

物料管理包括药品生产所需物料的购入、储存、发放，以及不合格物料的处理等环节。药品生产，是物料流转的过程，是将物料加工转换成成品的一系列实践活动。产品质量基于物料质量，形成于药品生产的全过程。可以说，物料质量是产品质量的先决条件，没有质量合格的物料就不可能生产出质量合格的产品，而如果物料管理不规范则会导致物料出现混淆、差错、污染与交叉污染。所以物料是药品生产的物质基础。建立良好的物料管理制度，确保物料质量能够持续稳定地满足药品生产要求，是产品质量保障的重要基础，也是实施 GMP 的重要基础。同时建立良好的物料管理制度可使物料流向清晰，具有可追溯性；让物料采购、接收、取样、检验、储存、发放、使用等环节有章可循、有据可查、有法可依；此外还要建立科学的仓储管理，这是物料管理中的重要环节，以保证物料的存储质量。

（二）产品的相关概念

1. 产品　是指包括药品的中间产品、待包装产品和成品。

2. 中间产品　指完成部分加工步骤的产品，尚需进一步加工方可成为待包装产品。

3. 待包装产品　是指尚未进行包装但已完成所有其他加工工序的产品。

4. 成品　是指已完成所有生产操作步骤和最终包装的产品。

二、物料采购和使用

药品生产始于物料的处理，物料的质量状况直接决定了药品的质量水平。为确保药品质量，必须对原料、辅料、包装材料从采购、验收、入库、储存、发放等环节进行严格的控制和管理，尤其是物料的采购验收。

在物料的采购和使用中还涉及一些基本概念。根据 GMP（2010 年修订）附则中的规定，现对这些概念解释如下。

1. 供应商　指物料、设备、仪器、试剂、服务等的提供方，如生产商、经销商等。

2. 待验　指原辅料、包装材料、中间产品、待包装产品或成品，采用物理手段或其他有效方式将其隔离或区分，在允许用于投料生产或上市销售之前贮存、等待做放行决定的状态。

3. 复验期　原辅料、包装材料贮存一定时间后，为确保其仍适用于预定用途，由企业确定的需重新检验的日期。

4. 放行　对一批物料或产品进行质量评价，作出批准使用或投放市场或其他决定的操作。

5. 发放　指生产过程中物料、中间产品、待包装产品、文件、生产用模具等在企业内部流转的一系列操作。

6. 返工　将某一生产工序生产的不符合质量标准的一批中间产品或待包装产品、成品的一部分或全部返回到之前的工序，采用相同的生产工艺进行再加工，以符合预定的质量标准。

7. 重新加工　将某一生产工序生产的不符合质量标准的一批中间产品或待包装产品的一部分或全部，采用不同的生产工艺进行再加工，以符合预定的质量标准。

8. 回收　在某一特定的生产阶段，将以前生产的一批或数批符合相应质量要求的产品的一部分或全部，加入另一批次中的操作。

9. 包装　待包装产品变成成品所需的所有操作步骤，包括分装、贴签等。但无菌生产工艺中产品的无菌灌装，以及最终灭菌产品的灌装等不视为包装。

三、物料的质量依据

用于药品生产的物料，除原料和部分辅料外，其他物料的生产企业行业分布广泛，品种规格繁杂。我国目前对辅料、包装材料等物料的监督管理日益严格，物料必须符合相关的质量标准。按 GMP 要求，药品生产用物料应符合的标准包括国家药品标准、中国国家标准、中国行业标准、国际通用药典、进口药品标准、进口药品包装材料标准等其他有关标准，此外还有企业标准。无任何标准的物料不得用于药品生产。

国家药品标准是国家颁布的对药品质量的基本要求，是药品必须达到的质量标准，包括《中华人民共和国药典》（简称《中国药典》）和局（部）颁药品标准。其中，局（部）颁药品标准是指由原卫生部颁布的药品标准、原国家食品药品监管总局和国家药监局颁布的药品标准。

（一）原辅料质量标准

原料药的质量标准应以现行版《中国药典》为依据。

进口原料药需经口岸药品检验所检验，检验标准为现行版《中国药典》、局颁标准和国际通用药典（《美国药典》《英国药典》《欧洲药典》《日本药局方》）。对上述药典或标准未收载的，应采用原国家食品药品监督管理总局核发《进口药品注册证》时核对的质量标准。

知识链接

《中国药典》的发展史

《中华人民共和国药典》（简称《中国药典》）是由国家药典委员会负责组织编纂的，是法定的国家药品标准，由国家药品监督管理部门批准颁布实施。

1949 年 11 月原卫生部召集在京有关医药专家研讨编纂药典问题。1950 成立第一届中国药典编纂委员会。

第一部《中国药典》（1953年版）由原卫生部编印发行。

1965年1月卫生部公布《中国药典》（1963年版）并发出通知和施行办法。

1979年10月卫生部颁布《中国药典》（1977年版）自1980年1月1日起执行。

1985年9月卫生部颁布《中国药典》（1985年版）并于1986年4月1日起执行。

1988年10月第一部英文版《中国药典》（1985年版）正式出版。

1990年12月卫生部颁布《中国药典》（1990年版）并自1991年7月1日起执行。

1994年卫生部批准颁布《中国药典》（1995年版）自1996年4月1日起执行。

1999年12月《中国药典》（2000年版）经国家药品监督管理局批准颁布，并自2000年7月1日起正式执行。

2005年5月国家食品药品监督管理局颁布《中国药典》（2005年版）并自2005年7月1日起执行。

2010年3月经卫生部批准，颁布《中国药典》（2010年版）并自2010年10月1日起执行。

2015年6月国家食品药品监督管理总局颁布《中国药典》（2015年版）并自2015年12月1日起执行。

2020年7月国家药监局、国家卫健委联合发布公告，颁布《中国药典》（2020年版）并自2020年12月30日起正式实施。

（二）药包材标准

药包材国家标准，是指国家为保证药包材质量、确保药包材的质量可控性而制定的质量指标、检验方法等技术要求。药包材国家标准由国家药品监督管理局组织国家药典委员会制定和修订，并由国家药品监督管理局颁布实施。有国家标准的物料一定要符合国家标准，没有国家标准的，要符合行业标准、企业标准，并应安全无毒、性质稳定、不与药品发生物理和化学反应，必要时应进行工艺试验和验证。首次进口的药包材必须取得国家药品监督管理局核发的《进口药包材注册证书》，并由国家药品监督管理局授权的药包材检测机构检验合格后，方可在国内销售使用。

（三）中间产品、待包装产品、成品的质量标准

中间产品、待包装产品可根据法定标准、行业标准和企业的生产水平等制定高于行业标准的内控标准。

成品可依据国家药品标准制定内控标准，一般内控标准应高于法定标准。

任务二　采购管理

一、采购原则

必须从具有合法资质的企业购入物料。采购前首先应对物料供应商的资质应进行考核，确认供应商有无法定的生产经营资格。其次要由质量管理部门会同有关部门对主要物料供应商的产品质量和质量管理体系进行现场考察、审计或认证，然后对企业的生产能力、市场信誉等方面进行深入调查。最后物料供应商一旦确定，实行定点采购，一般情况下不轻易进行变更。

采购的物料必须有相应的批准文件、注册文件或备案文件。

采购的物料必须符合法定标准或药品生产企业制定的质量标准。

采购的物料包装和标识必须符合法定要求或药品生产企业的质量要求。

供货商的法定生产经营资格

1. 原料药生产企业 必须具备企业法人营业执照、GMP 认证证书、生产药品的批准证明文件（生产批准文号），且生产过程符合 GMP 要求。

2. 辅料生产供应商 必须具有药监部门颁发的生产、经营许可证，药品注册证，企业法人营业执照，且生产过程符合 GMP 要求。

3. 药包材供应商 应视包材种类增加下列内容：特种行业许可证，条形码承印企业资格认可证，印刷业经营许可证，印制商标单位证书，药品包装材料生产企业许可证，药品包装材料和容器注册证等。

二、管理内容

物料采购是物料供应链上的源头，是药品生产企业对物料管理的一个重要环节。采购物料的基本任务是：建立供应商审核、认可、评估体系，控制、减少所有与采购相关的成本，保证正常供应，支持生产经营活动。建立可靠、安全、优良的供应配套体系，采购尽量集中、降低费用，避免独家供应带来的垄断风险和局限等。

选择物料供应商时，重点对直接影响产品质量的主要物料供应商进行审查。由采购部门选择合法的供应商，由质量管理部门指定专人负责物料供应商质量评估和现场质量审计，药品生产企业应建立合格供应商档案，作为物料购进、验收依据。供应商改变时，需经过质量管理部门认可。

确定供应商后，要签订供货合同。根据我国法律的规定，出售产品必须符合有关产品质量的法律、法规的规定，符合标准或合同约定的技术要求，并有检验合格证。因此，在物料采购时，会按规定向供应商索取产品检验合格证、检验证书。同时，在签订经济合同时，除按合同规定要求的一般内容外，还要特别注明原辅材料质量标准要求和卫生要求。

任务三 仓储管理

一、仓库的简介

物料进入仓库后，必须按照其理化性质和生物学特性进行科学的储存和养护，并对仓库进行合理规划，以防止物料性质发生变化，防止出现污染、交叉污染、混淆和差错。

仓储区的布局设计应体现规范性、先进性、技术性、经济性、合理性，应与储运流程相适应，避免人流、物流的路线交叉。

仓储区应有足够的面积和空间，以便于布置设备、放置物料和进行人员操作活动，应与生产规模相适应，设计时应考虑满足长期规划和发展需求。

仓储区内应设置与生产区空气洁净度级别相一致的取样区（室）或采样车。

仓储区应合理配置、安装排风扇、加湿器、除湿机、空调、照明灯（防爆）等设施、设备，以满足物料和产品贮存条件的要求，保持清洁和干燥。仓储区可根据实际情况采用自动温湿度调控设备或自动温湿度监测系统（自动温湿度记录仪），实现自动调节、监控、记录功能。

（一）仓库的分类

物料需要按类别、性质、储存条件等分类储存，避免相互影响和交叉污染。

1. 按功能分类　仓储区应根据需要设立不同的区域或仓库，通常依据产品类型分别设置制剂产品库或（和）原料药产品库；同时应根据物料和产品接收、贮存、发运的不同阶段划分接收区（库）、贮存区（库）、发运区（库）等。此外，不合格品、退货/召回的物料和产品一般设专库保存隔离。

2. 按性质分类　仓储区应根据原辅料和产品的不同性质设置固体库、液体库，或冷库、阴凉库、常温库，或危险品库、特殊药品库，或净料库、贵细药材库等，对于挥发性物料和污染性物料或产品应设专库进行贮存，生产用种子批和细胞库，也应设专库贮存。

对于高活性的物料和产品以及印刷包装材料，一般设专库进行贮存。

对于麻醉药品和精神药品，应设专库或专柜贮存，并根据麻醉药品和精神药品的分类实行双人、双锁管理及专人管理，符合《麻醉药品和精神药品管理条例》等相关法律法规的要求。

对于危险化学品，必须设专库贮存，实行专人管理，符合《危险化学品安全管理条例》等相关法律法规的要求。

3. 按贮存条件分类　仓库可分为：一般库、常温库、阴凉库、冷库、有特殊贮存条件的其他库，以及化学危险品库和特殊药品库等，仓库的湿度一般要求为35%～75%。

（1）一般库　指没有温度、湿度要求的仓库。通常用于储存没有温、湿度要求或贮存条件要求较低的物料或产品。一般库通常保持清洁、干燥和基础安全等基本条件和要求即可，不需设置温度监测装置进行温度监测和记录。

（2）常温库　指温度要求在0～30℃的仓库。常温库应有温度记录，可采用手工或自动温度监测仪进行记录。常温库可能需要采取相应措施确保仓库温度在要求范围内，例如使用空调或空调机组进行调控。

（3）阴凉库　指温度要求在20℃以下的仓库。阴凉库应有温度监控设施或系统来确保库内温度控制在20℃以下，并对温度进行监测和调控，该温度监控设施或系统应经过适当的确认。

（4）冷库　指温度要求在2～10℃的仓库。冷库应有温度监控设施或系统来确保库内温度控制在要求的范围内，并对温度进行实时监测和调控，该温度监控设施或系统应经过适当的确认。

（5）化学危险品库　指用于储存爆炸物、易燃气体、易燃气溶胶、氧化性气体、压力下气体、易燃液体、易燃固体、自反应物质或混合物、自燃液体、自燃固体、自热物质和混合物等化学危险品的一类库的总称。

（6）特殊药品库　是指用于储存"精、麻、毒、放"类特殊管理药品的仓库。毒性药品应做到划定仓间或仓位，专柜加锁并由专人保管。

（二）仓库设施

仓储区应有与生产规模相适应的面积和空间，用以存放物料、中间产品、待检品和成品，应最大限度地减少差错和交叉污染。仓库内应保持清洁卫生，通道畅通。

"五防"是指防蝇、防虫、防鼠、防霉、防潮。

"五距"是指垛距、墙距、行距、顶距、灯距（热源）。

根据物料性质进行定期检查养护，采取必要的措施预防或延缓其受潮、变质、分解等，对已发生变化的物料要及时处理避免污染其他物料。

（三）物料标识

药品的质量基于物料，要保障和追溯药品质量就必须使整个物料管理系统有效追溯，必须制定物料名称和企业内部的物料代码。

物料信息标识可分为三个基本组成部分：名称、代码和批号。物料、中间产品、成品均要建立系统唯一的代码，能区别于其他所有种类和批次。企业物料编码系统的使用能有效防止混淆、差错，并使其可追溯，因此，企业应当建立物料的编码系统。

知识链接

物料信息标识

1. 物料名称　对于在《中国药典》中收载的物料和产品，通常使用《中国药典》中规定的中文名称，如果一个物料有不同的物理形式，可考虑在原中文名称的前部或后部添加附加名称以达到区分的目的。

2. 物料代码　企业对每一种物料编制唯一的代码，即使同一物料，规格不同其代码也不同，物料代码是物料在企业内部的"身份证"，在企业内部统一使用。通过物料代码能有效地识别物料的种类、名称、规格及其标准，根据物料代码领取物料，能有效防止混淆和差错。

3. 批号　批号是用于识别一个特定批的具有唯一性的数字和（或）字母的组合。

除物料的信息标识外，物料还要有状态标识。物料的质量状态标识可分为：待验标识；不合格标识；合格标识；其他状态标识（如已取样，限制性放行标识等）。

待验标识通常为黄色标识，该标识表明所指示的物料和产品处于待验状态，不可用于正式产品的生产或发运销售。

合格标识通常以绿色标识，该标识表明所指示的物料和产品为合格的物料或产品，可用于正式产品的生产使用或发运销售。

不合格标识通常为红色标识，该标识表明所指示的物料和产品为不合格品，不得用于正式产品的生产或发运销售；需要进行销毁或返工、再加工。

抽检样品标志：白色，其中印有"取样"的字样。

二、原辅料　微课1

原辅料的仓储要做到安全储存、科学养护、降低损耗、保证质量。核心是避免影响物料原有质量，同时避免污染和交叉污染。

（一）接收

原辅料到货后，由验收员按照相应的程序进行接收。在进行接收时，每次对收到的物料都必须检查相关的订单，并与 QA 批准的合格供应商名单核对，检查是否到货物料购自经批准的供应商处；然后核查随货的文件凭证是否真实、齐全；还应对每个包装或容器都要进行以下确认，如标签内容、批号、物料或产品的种类和数量。

原辅料的外观也需要进行检查。收货时必须检查原辅料包装或容器的完整性。从外观上审核物料的品名、规格、批号、商标、厂家以及包装有无破损、受潮、水渍、霉变、鼠咬、虫蛀的痕迹，物料有无污染等情况。如果供应商一次到货的物料不止一批，应该根据供应商的批号进行细分，每个容器都必须仔细检查。如果出现不符合要求的情况，可直接拒收并报告质量管理部门。

验收无误后应及时填写到货记录、验收报告单和入库记录等文件。记录上应填写物料名称、企业内部所用物料名称和（或）代码、规格、接收日期、供应商和生产商名称、供应商和生产商标识的批号、接收量和包装容器量、企业内部的批号、包装状况、接收人等。填写记录应真实准确，要有接收人和复核人的签名。

物料接收区域必须同储存区域分开。

（二）待验

进厂物料，应进行简单的清洁，按企业规定进行统一编号，然后按要求放置到指定待验区，贴黄色标识，并及时填写请验单，交予质量管理部门。

质量管理部门在接到请验单后，应立即派专人到仓库查看物料，并贴上黄色的"待验"标签，表示这批物料在质量管理部门的控制之下，未经许可，任何部门和人员不得擅自动用。然后质量管理部门通知质量检验部进行检验。

（三）取样检验

质检部派取样员按规定进行取样。样品只能被经过培训的、有资质的人员严格按照书面的取样标准操作规程进行取样。被取样的容器必须有标识。取样后，贴白色取样标签，填写取样记录，送至质检部进行检验。样品检验后，质检部门将检验报告单报质量管理部门审核，质量管理部门根据审核结果发放合格证或不合格证，并将检验报告单和合格证或不合格证交予仓储部门。

（四）入库

仓储部门根据检验结果对物料进行处理，除去原来的黄色待验标签，合格的原辅料移送至合格品区，挂绿色的合格标签；不合格物料移送至不合格品区，挂红色的不合格标签，并按规定通知有关部门处理。

（五）养护

仓库管理员合理安排仓库货位，按物料的品种、规格、批号分区码放。一个货位上，只能存放同一品种、同一规格、同一批号、同一状态的物料。

仓库内物料码放通常应符合"五防"和"五距"要求。其中要求垛与墙之间不少于 50cm，垛与柱之间不少于 30cm，垛与地面之间不少于 15cm，垛与垛之间不少于 30cm，库内主要通道宽度不少于 120cm，仓库内设备、设施与货物堆垛之间不少于 50cm，消防过道不少于 100cm，电器设施、架定线路及其他设施与贮存物料垂直及水平间距不少于 50cm。仓库清洁工具及各种设施应定位摆放。仓库危险品库物料存放区均需安装防爆照明灯具。

根据需要设置控制温湿度的设施，设施使用时，进行至少每天一次的温度、湿度（若要求）监控和记录。

物料应按有效期或保质期进行储存，无有效期或保质期的，设置复验期，一般不能超过 3 年，期满仍未全部使用的应进行复验后方可使用。储存期内如出现特殊情况也应及时进行复验。

（六）发放

物料发放出库是一项细致繁琐的工作，是根据经批准的批生产或批包装指令，对即将出库进入生产过程的物料进行检查，以保证其数量准确，质量良好。

1. 物料发放的原则

（1）"三查六对"原则　首先要对有关凭证进行"三查"，即查核生产或领用部门、领料凭证或批生产指令、领用器具是否符合要求；然后将凭证与实物进行"六对"，即核对货号、品名、规格、单位、数量、包装是否相符。

（2）"四先出"原则　即先产先出、先进先出、易变先出、近有效期先出。

（3）按批号发货原则　应按物料的批，尽可能把同一批完整发出，这样便于进行质量追踪，也防止包装拆除过多，尾料过多，影响在库物料的质量。

2. 物料发放的管理

（1）生产部门按生产指令填写领料单，交仓库进行备料。仓库审核其品名、规格、包装与库存实物是否符合、库存数量是否足够等，无问题则开出出库凭证，并进行复核。

（2）审核出库凭证　仓管员和领料员要根据领料单核对所发放物料的品名、规格、物料编号、数量，检查有无合格证、检验报告单等；仓库所发物料包装要完好，附有合格证和检验报告单，用于盛放物料的容器应易于清洗或一次性使用，并加盖密封，容器须贴有配料标识。发料人、领料人均应在收发料凭证上签字。

（3）登记入账　物料发放后，仓库管理人员应及时凭单记账，核销存货，并在库存货位卡和台账上注明货料去向、结存情况，做到账、卡、物一致。

（4）双人复核　物料发放的所有工作要求做到双人备料，双人发料，双人收料，双人复核。

（七）退库

生产结束后，剩余物料须及时进行退库。

三、包装材料

在药品生产、储存、运输、销售等环节中所使用的包装材料不仅能够保护药品免受空气、光线、水分、微生物等因素的影响而变质或外观改变，而且包装上印有的药品名称、规格、含量、使用方法、生产批号、使用期限、保存方法等说明可以起到品质保证、情报信息介绍的作用。另外，选择合适的剂量包装还可以方便用药者的使用、保证药品流通迅速便利、降低物流费用、便于计算价值、方便买卖双方和直接消费者。因此，药品包装材料的质量在一定程度上影响着药品和医疗质量。

包装材料在 GMP 的规定中指的是药品包装所用的材料，包括标签和使用说明书，但一般不包括发运所用的外包装材料。

（一）内包装材料

直接接触药品的包装材料和容器也称为内包装材料，比如安瓿、输液瓶、药用瓶、药用铝箔等。由于内包材直接与药品接触，必须符合药用要求，必须无毒，与药品不发生化学反应，不发生组分脱落或迁移到药品中，以保证安全用药。

国家对内包材的生产和进口实施注册管理，未经注册的内包材不得生产、销售、经营和使用。

接触药品的包装材料、容器均不准重复使用。

（二）印刷包装材料

印刷包装材料一般为印有提示性文字、数字、符号等的包装材料。这类包装材料可以是内包装材料，也可以是外包装材料。药品生产中使用的印刷包装材料种类较多，有印字铝箔、说明书、标签、直接印刷的包装材料、封签、装箱单、合格证、外包装容器说明物、箱贴等。由于印刷包装材料直接给用户和患者提供了使用药品所需要的信息，故对印刷包装材料必须进行严格管理，以尽可能减少和避免由于错误信息造成的潜在危险和事故。

药品标签分为内包装标签和外包装标签。内包装标签与外包装标签内容不得超出国家药品监督管理局批准的药品说明书所规定的内容，文字表达应与说明书保持一致。药品销售的每一个最小销售单元的包装必须按照规定印有或贴有标签。内包装标签内容应包含药品名称、适应证或功能主治、用法用量、规格、储藏、生产日期、有效期、生产企业等标示内容，必须标明药品名称、规格及生产批号。中包装应注明药品名称、主要成分、性状、适应证或功能主治、用法用量、不良反应、禁忌证、规格、储藏、生产日期、生产批号、有效期、批准文号、生产企业等内容。大包装标签应注明药品名称、规格、储藏、生产日期、生产批号、有效期、批准文号、生产企业以及使用说明书规定以外的必要内容，包括包装数量、运输注意事项或其他标记等。由于尺寸的原因，小、中包装标签不能全部注明不良反应、禁忌证、注意事项的均应注明"详见说明书"字样。标签上的有效期具体表述形式为：有效期至某年某月或某年某月某日。

药品说明书是指导用药的基本指南，应包含有关药品的安全性、有效性等基本科学信息。

精神药品、麻醉药品、医疗用毒性药品、放射性药品等特殊管理的药品，外用药品、非处方药品在药品的中包装、大包装和标签、说明书上必须印有符合规定的标志；对储藏有特殊要求的药品，必须在包装、标签的醒目位置和说明书中注明。

（三）包装材料的管理

包装材料的印制：印刷包装材料首先根据规程制定出标准样稿。样稿须标明文字、规格、颜色、材质等具体要求，送质量管理部门审核。审核合格后经主管负责人或企业负责人批准后，报省药监部门经国家药品监督管理局批准后方可进行印刷。

标签和说明书内容必须符合国家药品监督管理局发布的有关规定，必须与药品监督管理部门批准的内容、式样、文字相一致。

标签和说明书入库时，应进行目检，检查品名、规格、数量是否相符，检查是否有污染、破损、霉变、受潮，检查外观质量有无异常（如字迹是否清楚、色泽是否深浅一致），如目检不符合要求，需要对此批标签或说明书进行计数、封存，上报。

其他包装材料入库的初检、编号和请验程序同原辅料。亦应填写货位卡和分类账。

1. 储存 物料验收合格后，应将到货材料用叉车从收料区送至库区制定的库位上。如果托盘上货物的尺寸超过规定限度，应将货物重新装载。质量部取样员根据化验申请单填写黄色留检标签并签注姓名，在 24 小时内交仓库材料管理员后，抽取样品。

物料管理员应核对标签无误后贴签，每一个原料包装上必须贴一张留检标签；但对于包装材料，每只托盘上可只贴一张留检标签。

原材料或包装材料由质量部决定是否准予合格。质量部质量评价人员应将对该批材料的结论及有关数据及时通报仓库管理员。质量部取样员同时应准备好相应的状态标签。

每批合格物料的每一包装上，必须贴上绿色"合格"标签。标签由质量部质量评价员发放，取样标签由取样人员负责填写和粘贴，被取样的每个容器或托盘应至少贴一张。

"合格"标签必须盖住留检标签的黄色部分，但应保留其内容，以便核对名称、代码和批号。

物料管理员此时应将库卡"留检"卡片夹转入"合格品"卡片夹中，记录库位号。

不合格材料的包装上须由质量部取样员贴红色"不合格"的标签。当收到"不合格"检验报告单时，物料管理员根据检验报告将其放入"不合格品"夹中。并立即用叉车将不合格品从留检区移至不合格品库，以防误用，对于标签和说明书，如出现不合格，应及时上报进入销毁程序。

为了预防混淆和差错，原料、辅料和包装材料的贮存应符合下述要求：①原料、辅料、包装材料应分品种、规格、批号存放；②各货位之间应有一定间距，设明显标识，标明品名、规格、批号、数量、进货日期，收货人、待检验或合格状态等；③原料、辅料、包装材料贮存过程中应有防潮、防霉、防鼠及防其他昆虫进入的措施，并有温、湿度记录；④标签、说明书设专柜或专库贮存并由专人管理。

2. 发放 除检验取样，所有已入库的包装材料均须经质量部批准放行并贴上绿色合格标签或限制性放行标签后，才可以领用出库，并执行近效期先出的原则。

领用人员在物料提取单上填写需提取的数量。仓库管理员按物料提取单上所需物料的名称、数量、批号配发到指定的仓库发货区。物料配发完后，仓库管理员对发货区的物料进行核对，经核对无误后，将本次配发的物料信息及时填写在仓库发货区信息栏。

发货完成后，仓库管理员及时填写物料进出台账和物料货位卡。

生产部门凭"印刷包装材料核对清单"向仓库领取标签和其他印刷包装材料。"核对清单"和领料单一样，是批生产指令的重要组成部分。每个产品的每一种规格一般使用一张"核对清单"。印刷包装材料的代码和条码号预先打印在清单上。清单的基准稿由物料管理部起草，质量部审核批准。生产时，清单的复印件由物料管理部发往生产部，生产部凭此向仓库领取印刷包装材料。

生产车间每批产品所需印刷包装材料的预计数量见"核对清单"，材料的批号和实发数由包装材料管理员填写并签名。在核对清单上贴上所发印刷包装材料的样张，以便生产车间核对。经计数的印刷包装材料应放在封口容器中连同核对清单一起发往生产车间。应在核对清单上注明封签号，封口容器上应贴配料标签。

车间应按"核对清单"检查印刷包装材料的品名、代码及数量。核对无误后，收料人在"核对清单"上注销封签号并签名。标签在使用前必须用条码机核对条码并加以计数。每卷标签的第一张及最后一张、合格证、说明书则贴在批包装记录的相应位置上。使用过程中的废标签应计数。废标签的代码部分应撕下，贴在"批包装记录"的背面并注明报废总数。

在完成包装作业后，将剩余的印刷包装材料进行清理及计数，放入密闭容器中退回仓库，然后进行物料平衡的计算，要求发放数与使用数、残损数（结余数）之和必须一致。标签库在收到退回的印刷包装材料后，也应对标签的物料平衡进行复核。

企业可根据自身正常生产时的历史统计水平设定标签的偏差限度；如偏差出现负值，即退库标签数多于理论数，应返工检查是否漏贴标签。如未发现漏贴标签，应进行调查并作出相应说明。其他印刷包装材料的偏差限度一般可略高于标签。如超过偏差限度，必须立即向生产部门反馈并报告库区负责人。

包装材料管理员在核对无误后，签名并将核对清单送质量部，存入批产品档案。

3. 使用管理 对于印字和非印字包材的购买，处理和控制都同起始物料的管理是相似的。

对于印字包材尤其需要关注必须贮存在安全的条件下，例如隔离需要授权的区域。对于没有标签或其他印刷不好的材料的存放和运输都必须放置在密闭的容器中以防止混淆。包装材料只能被授权的人员根据批准的文件操作规程进行使用。

对于每批到货的印字或非印字包材必须给定特殊的号或识别号。

过期的或不能用的非印字或印字包材必须销毁并且有销毁记录。

4. 退库与销毁管理 车间剩余的完好的没有打印批号的印刷包装材料可以进行退库。经仓库管理人员核对无误后，由车间标签管理员填写退料单，办理退库手续。

剩余的残损印刷包装材料、剩余的已打印上批号或生产日期的印刷包装材料不得退库，须经标签管理员、质量保证人员在场核对数量，及时销毁并填写销毁记录。长期不用或淘汰的印刷包装材料可由仓库管理人员清点数量后，报质量受权人、总经理和主管副总经理批准进行销毁。

质量部不准予合格并已贴上红色标签的包装材料也要进行报废销毁处理。

物料管理员根据检验报告及时填写"材料报废单"，内容包括：代码、批号、名称及规格、数量、检验号、报废原因。核对无误后，签名并将此单交材料记账员。

不合格品如需销毁，仓库管理员应根据物料的类别及特性选择适当的处理方法，如：焚烧、切割、回收、掩埋等。销毁前，应杜绝不合格品被误用的可能性。销毁时，应填写"不合格品处理记录"，内容包括：物料名称及规格、代码、批号、数量、不合格原因、处理方法、处理日期、执行人/监督人/批准人。仓库管理员及质量部有关人员必须监督销毁不合格印刷包装材料的全过程，并在记录上签字。

四、中间产品与待包装产品

中间产品和待包装产品一般在洁净厂房内流动，有时在仓储区的中间站暂时存放。

存放于中间站的中间产品和待包装产品须盛放于洁净容器内，并牢固附着明显的状态标识。不同品种、不同规格、不同批号的产品间应有一定距离，产品须加盖密封存放。根据产品质量贴不同颜色的标签（红色代表不合格、绿色代表合格、黄色代表待验），并分开码放。

中间产品经检验合格后方可向下一工序移交。中间站管理员可向下一工序发放合格的中间产品，并填写出站记录，下一工序的领料员进行复核，管理员和领料员共同签字。

中间站应上锁。管理人员离开时须上锁后方可离开。

五、成品 @ 微课2

成品的仓储管理与原辅料的仓储管理基本相同，都包括接收、待验、检验、受权人放行、入库储存、发运等环节。

成品经质量检验部门检验合格，签发成品检验报告单，方能办理入库手续，不合格产品不得入库。成品的销售应本着按批号先进先出的原则，且每批成品均应有发运记录。根据发运记录能追查每批药品的售出情况，必要时应当能够及时全部追回。发运记录应当至少保存至药品有效期后一年。对退货产品、收回产品，应建立退货记录。并报质检部门请检。超过有效期或不合格产品，应在质管部门监督下销毁。

成品储存和保管养护要做到：安全储存、降低损耗、科学养护、保证质量。对温度敏感的药品，应注意仓库的内环境温度。各种测量和监控仪器应定期校验，记录结果，加以保存。

六、特殊管理的物料与产品

根据物料的安全数据和法规要求，以下物料应进行特殊管理：高活性的物料，青霉素类，麻醉药品，毒性的、易反应的、易爆化学品，含碘和放射性物质，有潜在危险的生物制剂等，这些物料和产品应设有专门的仓库储存，储存区与周围环境区应隔离。

除此之外，细贵药材、温度敏感性物料、标签说明书等也应进行特殊管理。

对于温度敏感性物料，在储存区应特别注意。温度敏感性物料是指物料储存要求一定的温度，而对温度"没有限制"。温度敏感性物料应配备适当的技术装置，储存区应装备适当的温度偏差报警系统。需采取措施将温度偏差引起的不良影响降低至最小。

有低温贮存要求的中间体应在冷库内存放。

空心胶囊应专库存放，按贮存要求控制温、湿度（相对湿度35% ~ 65%，温度15 ~ 25℃），定期检查，有异常情况应及时调整。

（一）特殊管理的物料入库

1. 细贵药材入库　首先检查原包装有无异常及破损，铅封是否完好，每件标明品名、批号、生产企业批准文号的标志及毛重和净重，并附有地方药检部门出具的合格检验报告书。对需特殊保管的细贵药材应密闭贮藏，防止其他发生变化，影响药材质量。细贵药材库（柜）应双人双锁特殊管理，质检室保管一把锁的钥匙，仓库保管员保管另一把锁的钥匙，其他人不允许进入，投料时由质检室通知药品检验所监督投料。

2. 毒、麻类及精神药品　要单独专库或专柜存放，质保部保管一把锁的钥匙，仓库保管员保管另一把锁的钥匙，双人双锁管理。

3. 易燃易爆危险品　设专库存放，应无泄漏，贮存容器外壁是否贴有危险品标志。包装应采用保温、阻燃容器盛装。

（二）特殊管理的物料发放

车间领料员将领料单交仓库保管员核对其项目是否填写完全，是否经车间主任审核、生产部部长签字。细贵、毒、麻药品领发均由双人执行并复核签字。

发放细贵料、毒剧药（包括危险品）及辅料的备料必须在与洁净级别相适应的区域进行，用天平称量，精确称量至0.1g。细贵料要在使用前由质保部联系药品监督局有关人员与仓库保管员共同开锁，计量发放，并监督投料，并填写记录。

毒、麻品及精神药品由质保部长与仓库保管员共同开锁，复核计量发放，由质监员监督投料。

标签、说明书要凭包装指令按实际需要量计数发放，领用人核对签名。

易燃易爆危险品按使用量计量发放，领用容器应密封，严防泄漏。

发放的所有物料都应有记录。

实训任务四　物料入库

【实训目标】

1. 学会接收物料的步骤和程序。
2. 初步学会填写物料接收时的文件。

【实训准备】

1. 分成几个小组，每个小组进行分工。
2. 查找物料入库相关资料，制作相应物料标识、各种凭证和接收文件。

【实训内容】

物料的接收包括验收、入库暂存、检验、入库四个步骤。

（一）验收

物料的验收包括以下三个环节。

1. 审查书面凭证　物料到货后，首先审查是否为供货商档案中的合格供货商。其次审查随货到达的书面凭证，如合同、订单、发票、产品合格证、检验报告书等，确认这些单据的真实性和与货物的一致性。再次审核检验报告单是否符合质量标准要求。如审核无误，准予卸车，如出现问题则不予收货。

2. 外观目检　审查完书面凭证后，对照凭证从外观上审核物料的品名、规格、批号、商标、厂家及包装有无破损、受潮、水渍、霉变、鼠咬、虫蛀的痕迹，物料有无污染等情况。如出现包装破损或其他可能影响到物料质量的情况，应及时向质量管理部门报告，可拒收。

3. 填写接收记录　根据检查的实际情况，填写接收记录。填写记录要及时、准确、真实，要有接收人和负责人的签名，并写明验收结论。

（二）入库暂存

将通过验收的物料，按企业规定进行统一编码，对外包装进行适当的清洁，放入仓库中待检区域进行暂存。暂存的物料应挂黄色标识。仓库人员要及时填写请验单，送交质量管理部门，进行检验。

（三）检验

质量管理部门接到请验单后，应立即派专人到仓库查看物料，并贴上黄色的"待验"标签，表示这批物料在质量管理部门的控制之下，未经许可，任何部门和人员不得擅自动用。然后质量管理部门通知质量检验部进行检验。

质量检验部门派取样员按规定进行取样，取样后，贴白色取样标签，填写取样记录。样品检验后，质检部门将检验报告单报质量管理部门审核，质量管理部门根据审核结果发放合格证或不合格证，并将检验报告单和合格证或不合格证交予仓储部门。

（四）入库

仓储部门根据检验结果对物料进行处理，除去原来的标签，合格物料移送至合格品区，挂绿色的标签；不合格物料移送至不合格区，挂红色标签，并通知有关部门处理。

【实训步骤】

1. 物料验收 供应商把物料运送至药品生产企业，仓储人员对物料进行验收。首先审查供应商是否在合格供货商档案里，然后审查随货而来的书面凭证，如合同、订单、发票、产品合格证、检验报告书等，最后审核检验报告单是否符合质量标准要求。如审核无误，准予卸车，如出现问题则不予收货。卸车后对照书面凭证从外观上审查物料的品名、规格、批号、商标、厂家、包装有无破损受潮水渍霉变鼠咬虫蛀的痕迹、物料有无污染等情况。如出现包装破损或其他可能影响到物料质量的情况，应及时向质量管理部门报告，可直接拒收。审查完填写物料验收报告单和收货记录（表4-1）。

表4-1 物料验收报告单

日期：　　　年　　月　　日

一、验收对象				
名称	规格	单位	数量	供货厂家

二、验收内容			处理结果
1. 随货资料：	□ 齐全	□ 不齐全	
2. 外观质量：	□ 合格	□ 不合格	
3. 报告单质量：	□ 合格	□ 不合格	
4. 规格型号：	□ 相符	□ 不相符	
5. 到货数量：	□ 相符	□ 不相符	

三、验收结论
□ 同意入库　　　□ 退货　　　□ 其他

四、验收人签字确认

2. 入库暂存 验收合格的物料，进行适当的外包装清洁，放置在待检区域，挂黄色待检标签。填写请验单（表4-2），交给质量管理部门。

表 4 – 2　请验单

品名	
规格	
批号	
数量	
请验部门	
请验者	
请验日期	
备注	

3. 取样检验　质量管理部门收到请验单后通知质检部派专人进行取样，然后进行各项检验，检验完毕后将检验结果报送质量管理部门。质量管理部门根据检验结果发放合格证或不合格证，并将检验报告和合格证或不合格证交仓储部门。

4. 入库　仓储人员根据检验结果对物料进行处理，除去原来的标签，合格物料移送至合格品区，挂绿色的标签；不合格物料移送至不合格区，挂红色标签，并通知有关部门处理（图 4 – 1）。完成后要进行相应的记录。

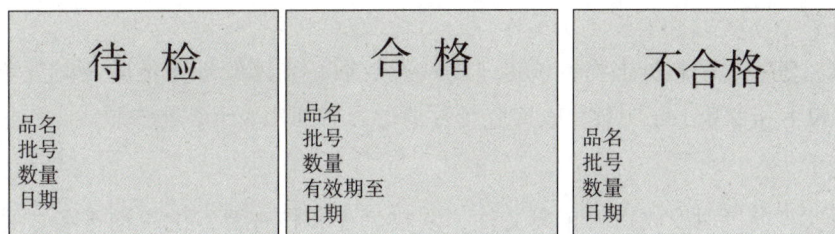

图 4 – 1　物料状态标签

【实训注意】

（1）在进行实训前，对接收物料相关文件、接收流程和核查要点的事前准备，是实训顺利进行的重要条件，教师务必在进行角色分配时重点强调，并对接收物料时核查的要点和步骤进行提醒和总结。

（2）课前学生按照教师要求，查找各类资料的接收要点，准备待接收的物料、随物料到达的相关书面凭证，各种物料标签，请验单，检验报告单等。

（3）学生分成几个小组，每个小组设置供应商、仓储人员，质量管理部门人员、质检部人员等角色，进行物料接收情景模拟表演。

（4）小组进行互评，最后教师进行评判和总结。

实训任务五　物料发放

【实训目标】

1. 学会发放物料的步骤和程序。

2. 初步学会填写物料发放时的文件。

【实训准备】

1. 分成几个小组，每个小组进行分工。

2. 查找物料发放相关资料，准备物料，制作相应文件和单据。

【实训内容】

生产部人员根据生产计划打印领料单，经生产部长审核，审核后由领料员送仓库备料。领料单应提前送交仓库，保管员应根据车间领料单提前将所需材料配好，开出出库凭证。保管员、领料员、生产部长在领料单上签字。

仓库管理员和车间领料员根据生产领料单认真核实仓库人员的配货数量，采取抽查方式确认数据准确后在领料单上签字，若出现数量不符或混料现象，领料员及时通知保管员补足物料或将物料理清，保管员应严格按照领料单发料，不许多发或少发物料。发料、领料人均应在收发料凭证上签字。

生产车间领料由领料员负责领料，非领料人员未经许可不得进入仓库领料。

【实训步骤】

物料的发放包括填单备料、审核出库凭证、登记入账三个步骤。

1. 填单备料 生产部门按生产指令填写领料单，交仓库进行备料。仓库审核其品名、规格、包装与库存实物是否符合、库存数量是否足够等，无问题则开出出库凭证，并进行复核。

2. 审核出库凭证 仓库管理员和领料员要根据领料单核对所发放物料的品名、规格、物料编号、数量，检查有无合格证、检验报告单等；仓库所发物料包装要完好，附有合格证和检验报告单，用于盛放物料的容器应易于清洗或一次性使用，并加盖密封，容器须贴有配料标识。发料、领料人均应在收发料凭证上签字。

3. 登记入账 签字后领料员把物料领走。物料发放后，仓库管理人员应及时凭单记账，核销存货，并在库存货位卡和台账上注明货料去向、结存情况，做到账、卡、物一致。

【实训注意】

（1）在进行实训前，对发放物料相关文件、发放流程和核查要点的事前准备，是实训顺利进行的重要条件，教师务必在进行角色分配时重点强调，并对发放物料时核查的要点和步骤进行提醒和总结。

（2）物料发放的所有工作要求做到双人备料，双人发料，双人收料，双人复核。

（3）学生分成几个小组，每个小组设置领料员、仓储人员，生产部长、复核人等角色，进行物料发放情景模拟表演。

（4）小组进行互评，最后教师进行评判和总结。

•••• 目标检测

答案解析

一、单项选择题

1. 物料必须从（　　）批准的供应商处进行采购。

    A. 生产管理部门　　　　　　　　B. 销售管理部门

    C. 质量管理部门　　　　　　　　D. 财务管理部门

2. 物料的定义中不包括（　　）。

    A. 原料　　　　　　　　　　　　B. 中间产品

    C. 包装材料　　　　　　　　　　D. 中药饮片

3. 印刷包装材料应当设置（　　）妥善存放。

    A. 密闭区域　　　　　　　　　　B. 一般区域

    C. 显著区域　　　　　　　　　　D. 专门区域

4. 退货品或不合格品应该是（　　）颜色标示。

  A. 黄色　　　　　　　　　　　　　B. 蓝色

  C. 红色　　　　　　　　　　　　　D. 绿色

5. 下列哪些不需要专柜存放（　　）。

  A. 高活性的物料　　　　　　　　　B. 辅料淀粉

  C. 麻醉药品和精神药品　　　　　　D. 印刷包装材料

6. 现有一批待检验的产品，因市场急需，仓库可以（　　）。

  A. 直接发货

  B. 审核批生产记录无误后发放

  C. 检验合格后发放

  D. 检验合格、审核批生产记录无误后发放

7. 剩余的已打印上批号或生产日期的印刷包装材料可以（　　）。

  A. 继续使用　　　　　　　　　　　B. 进行退库

  C. 进行销毁　　　　　　　　　　　D. 存放在生产车间内

二、简答题

1. 简述物料的质量标准。

2. 物料发放的原则有哪些？

3. 仓储管理中，"五防"和"五距"指的是什么？

书网融合……

重点小结	微课1	微课2	习题

项目五　卫生管理

>>**学习目标**///

　　知识目标　通过本项目的学习，应能掌握 GMP 对个人卫生的管理规定；熟悉药品生产企业对卫生监督的范围及方法，设备的卫生管理、工艺卫生管理、环境卫生管理；了解卫生管理涉及岗位及其人员配备。

　　技能目标　掌握人员洗手、手消毒操作，掌握人员与物料由一般生产区进入洁净区的规范行为，能够独立进行消毒剂的配制、使用，能够进行制药设备的清洗与消毒。

　　素养目标　培养建立洁净卫生，保持高水准生产的职业意识，明确制药工作各个环节的卫生要求。

>>**情境导入**///

　　情境：医药职校学生小丽，在实习期间经学校推荐进入一家制药企业，经过工厂一段时期的培训，作为配药车间的工人要正式上岗。她按规定的清洗程序换好衣服，洗好手后，走出更衣室，在小组长复检的时候，却被要求重新做整理：一要剪短指甲、清洗指甲油，二要除去手镯。

　　思考：请思考爱美之心和卫生规范如何平衡。

任务一　GMP 对卫生管理工作的要求

PPT

　　卫生工作对于减少药品污染，确保药品质量，实施药品 GMP 有特殊重要的意义。建立科学合理的卫生管理系统在药品生产质量管理中是十分重要的。

一、卫生的含义

（一）卫生的概念

　　世界卫生组织对"卫生"的定义为：身体、精神与社会适应上处于完全良好的状态。其内涵是指身体、生理、心理处于健康、和谐的状态，是对常规卫生意义的深化，此概念中对身体卫生的要求，契合了 GMP 的精神核心。GMP 要求的"卫生"，是洁净、纯净的要求，是指在药品生产、取样、包装、储存以及运输过程中，没有化学性质和微生物性质的外来杂质进入，原料、半成品（中间体）和成品都不被杂质沾染干扰。根据 GMP 相关章节的要求，卫生在 GMP 实施中主要包括环境卫生、工艺卫生和人员卫生三个方面。

　　1. 环境卫生　药品生产企业中与药品生产直接相关的空气、水源、地面等方面的卫生，包括内环境和外环境两个重要区域。

　　2. 工艺卫生　工艺卫生指在生产环境中，和药品相接触的设备设施和工艺条件的配套措施，包括原辅料、设备、容器、生产介质的清洗消毒，工艺技术和工艺流程在制定和实施过程中对卫生要求的满足。

3. 人员卫生 是指对涉及药品生产所有人员的卫生要求，一方面是人员身体状况的卫生应有硬性要求，另一方面在工作中应树立符合药品生产要求的个人卫生习惯。

（二）与卫生相关的概念

为保证药品质量，在药品生产过程中达到洁净、纯净的手段一般为灭菌与消毒，这两种操作，能够在药品生产过程去除微生物污染，从而达到保证卫生要求。

1. 消毒 消毒是利用化学或者物理方法杀死与药品生产相关原料、设备设施、容器、包装物和环境中病原微生物的一种措施，可以防止微生物污染或传播。消毒的方法有物理方法和化学方法两种。

物理消毒第一种方法为机械消毒，如手的清洗，口罩的隔离，通风装置过滤作用使微生物不能进入等。第二种方法为热力消毒，包括火烧、煮沸、蒸汽、干热等手段，可通过使微生物蛋白质凝固变性而消灭污染。第三种方法为辐射消毒，包括日晒、紫外、红外、微波等多种手段，在药品生产企业中，紫外灭菌有一定的应用范围。

化学消毒指使用化学消毒剂进行消毒。根据消毒机制的不同，消毒剂可分为：①凝固蛋白类消毒剂，如酚类、酸类和醇类；②溶解蛋白类消毒剂，如碱性药物如氢氧化钠、石灰等；③氧化蛋白类消毒剂，如含氧消毒剂和过氧化物消毒剂，应用广泛的漂白粉既为此类；④阳离子表面活性剂，如新洁尔灭；⑤烷基类消毒剂，如福尔马林、环氧乙烷等

进行消毒操作时，应根据使用对象和生产产品的要求，选择适合的方法操作，以达到GMP的相关要求。

2. 灭菌 灭菌是利用物理或化学方法杀死物体内外包括芽孢在内的所有微生物的一种措施，经灭菌操作的物体上寄生的微生物丧失生长繁殖能力，达到控制污染的目的。灭菌比消毒要求严格，除杀灭细菌芽孢在内的病原微生物以外，还要杀灭非病原微生物。

常见的灭菌方法有湿热灭菌法、干热灭菌法、气体灭菌法（如环氧乙烷）、辐射灭菌法（包括引起电离的 X 线及非电离辐射的紫外线、红外线、微波等电磁波辐射）、过滤灭菌法等。

一般操作中，应按照先消毒再灭菌的顺序进行，同时，物品洁净程度及导致污染的风险高低，也是选择灭菌方法的依据。

3. 抑菌 抑菌，指采用物理或化学方法抑制细菌、真菌等微生物生长繁殖，降低微生物活性，使其繁殖能力降低或停滞繁殖，该操作不能使微生物全部死亡，主要适用于暂时性防止污染的操作。

4. 无菌 不含有存活微生物的状态称为无菌，这是一种理想状态，是各种药物灭菌操作的目的。

◢ 知识链接

冷冻设备

冰箱是生活中最常用的冷却设备，在民用、工用和商用中都发挥了极大的作用，让人们享受了科技发展的福利。其用途可分为冷藏、冷藏冷冻、冷冻三种类型，在家庭生活中，用于食物储存，节约了购置时间。

冰箱的基本原理是降低储存温度，这种储存方式，只能达到抑菌的效果，而不能起到消毒、杀菌的目的。

请查阅或浏览相关资料，收集冰箱使用知识。

二、污染

广义的污染指自然的或人为的向环境中添加某种物质而超过环境的自净能力而产生危害的行为。

GMP 特指的污染是指在生产、取样、包装或重新包装、贮存或运输等操作过程中，原辅料、中间产品、待包装产品、成品受到具有化学或微生物特性的杂质或异物的不利影响。所以，当药品中存在有不需要的物质或当这些物质的含量超过规定限度时，可以认为该药品受到了污染。

污染常见形式有五种，即尘粒污染、微生物污染、遗留物污染、异物污染和交叉污染。这些污染的存在，会给药品质量带来巨大隐患，应及时予以清除和防范。

1. 尘粒污染　尘粒污染是指产品因混入不属于其构成的尘粒而在组成上变得不纯净，污染物质包括尘埃、污物、棉绒、纤维、头发等。

2. 微生物污染　微生物污染是由细菌、真菌、病毒等微生物及其代谢物的存在所造成的。

3. 遗留物污染　遗留物污染是指在药品生产过程中，有些具化学或微生物性质的杂质或外来物质在前一个生产周期未能全部清除，导致遗留进入或沾染到此生产周期的原料、半成品或成品中。在药品生产过程中，产生的尘粒和蒸气飘浮在空气中，运行空气净化系统可去除。而残留于设备内部、设备管道中，可能因为清场不完全从而形成污染。

4. 异物污染　异物污染存在两种情况，一种是在药品生产过程中，设备设施必需使用的介质由于泄漏或倒灌，进入、沾染原料、半成品或成品；另一种情况是设备设施及密封材料、容器与药物直接接触的部位发生吸附渗透、氧化剥离等化学反应，形成新合成的异物进入造成污染。

经常遇到的情况有：润滑剂、加热介质、冷却剂等泄漏，水力喷射器、真空泵因突然停机造成的循环水倒灌造成的污染。异物污染不是由药品的原辅料和产品导致的。在预防过程中，应注意工艺设计合理。

5. 交叉污染　交叉污染是指洁净厂房内，当两种以上药品同时生产时，生产、取样、包装、储存或运输过程中，药品的组成成分彼此进入或沾染对方原料、半成品或成品造成的污染。

知识链接

气闸室和缓冲间的对比

气闸室设置于两个相邻而独立的洁净室或功能室之间，阻止两侧房间或环境的气流贯通，可以配备三个以上的门，由风压来控制气流流向，相对于其连接的各洁净室或功能间的空气压力为负压且全排，两侧可以全为洁净区，也可以是洁净区对非洁净区。如片剂和颗粒剂两个生产线相邻，为减少检测投资，在两个区域相邻的墙上设置了一个气闸室传奇待检测产品和检测报告，其压力小于两侧的生产区。

缓冲间是人员或物料自非洁净区进入洁净区的必然通道，其气压是自外（非洁净区）向内（洁净区）梯度递增。缓冲室的作用有两个，一是防止非洁净区的气流直接进入洁净区，二是人员或物料自非洁净区进入洁净区时，在缓冲室有一个"搁置"进行自净（主要是物料），以免进入洁净区后，对洁净区造成污染。

所以，气闸室是用于防止交叉污染，缓冲间是防止对洁净区的污染。

三、GMP 对卫生管理的基本要求

卫生管理是保证药品质量的关键，在 GMP 实施过程中具有重要地位，世界许多国家的 GMP 对药品生产企业的卫生管理做了具体的规定。在 GMP（2010 年修订）中，取消了原版对卫生的具体要求，将整体的卫生要求融入各个项目中，为体现卫生管理的重要性，在此将有关条文进行整理。

法规要求

GMP（2010 年修订）

第三章 机构与人员对人员卫生的要求

第二十九条 所有人员都应当接受卫生要求的培训，企业应当建立人员卫生操作规程，最大限度地降低人员对药品生产造成污染的风险。

第三十条 人员卫生操作规程应当包括与健康、卫生习惯及人员着装相关的内容。生产区和质量控制区的人员应当正确理解相关的人员卫生操作规程。企业应当采取措施确保人员卫生操作规程的执行。

第三十一条 企业应当对人员健康进行管理，并建立健康档案。直接接触药品的生产人员上岗前应当接受健康检查，以后每年至少进行一次健康检查。

第三十二条 企业应当采取适当措施，避免体表有伤口、患有传染病或其他可能污染药品疾病的人员从事直接接触药品的生产。

第三十三条 参观人员和未经培训的人员不得进入生产区和质量控制区，特殊情况确需进入的，应当事先对个人卫生、更衣等事项进行指导。

第三十四条 任何进入生产区的人员均应当按照规定更衣。工作服的选材、式样及穿戴方式应当与所从事的工作和空气洁净度级别要求相适应。

第三十五条 进入洁净生产区的人员不得化妆和佩带饰物。

第三十六条 生产区、仓储区应当禁止吸烟和饮食，禁止存放食品、饮料、香烟和个人用药品等非生产用物品。

第三十七条 操作人员应当避免裸手直接接触药品、与药品直接接触的包装材料和设备表面。

第四章 厂房与设施对卫生管理的要求

第三十八条 厂房的选址、设计、布局、建造、改造和维护必须符合药品生产要求，应当能够最大限度地避免污染、交叉污染、混淆和差错，便于清洁、操作和维护。

第三十九条 应当根据厂房及生产防护措施综合考虑选址，厂房所处的环境应当能够最大限度地降低物料或产品遭受污染的风险。

第四十条 企业应当有整洁的生产环境；厂区的地面、路面及运输等不应当对药品的生产造成污染；生产、行政、生活和辅助区的总体布局应当合理，不得互相妨碍；厂区和厂房内的人、物流走向应当合理。

第四十一条 应当对厂房进行适当维护，并确保维修活动不影响药品的质量。应当按照详细的书面操作规程对厂房进行清洁或必要的消毒。

第四十二条 厂房应当有适当的照明、温度、湿度和通风，确保生产和贮存的产品质量以及相关设备性能不会直接或间接地受到影响。

第四十三条 厂房、设施的设计和安装应当能够有效防止昆虫或其他动物进入。应当采取必要的措施，避免所使用的灭鼠药、杀虫剂、烟熏剂等对设备、物料、产品造成污染。

第五章 设备对卫生的要求

第七十一条 设备的设计、选型、安装、改造和维护必须符合预定用途，应当尽可能降低产生污染、交叉污染、混淆和差错的风险，便于操作、清洁、维护，以及必要时进行的消毒或灭菌。

第七十二条 应当建立设备使用、清洁、维护和维修的操作规程，并保存相应的操作记录。

4. 其他 同时，在第一百零三条、第一百零六条对物料的卫生做了要求。在第一百九十七条、第一百九十八条、第二百零一条、第二百零二条、第二百零三条、第二百零六条、第二百零七条中对生产中的卫生进行了要求。

任务二 环境卫生管理

一、厂房清洁规程与生产环境卫生监督

清洁卫生的环境是 GMP 对药品生产的基本要求。药品生产环境有两个重要的区域，即外环境和内环境，厂房之外的相关厂区为外环境，厂房内的直接生产区间为内环境，药品生产企业的环境卫生管理有不同于其他产品生产的严格要求。

（一）厂区外环境卫生管理规划

药品生产厂区布局一般按照生产、仓储、质量控制、行政、生活辅助等功能区进行总体设计、功能划分和总体布局安排，人员流向和物品流向合理规划，避免各功能区域不必要的影响。

1. 为保证消防安全，原料药生产厂房的总体布局、道路设置，包括建筑高度和建筑间距等，应首先满足消防要求。

2. 厂区进出口及主要道路应贯彻人流与物流分开的原则，将人流门和物流门分开设置；对有污染的物料、生产废弃物，厂区内禁止使用敞篷车辆进行运输，或者设立专门的污染物、废弃物门和相应的运输路线；单独设立废弃物的收集地点，尽量远离生产区，并有适当保护措施避免污染。

3. 物料转运是保证厂区卫生管理合乎标准的重要环节。在厂区内设计专用的防雨型物料转运通道，可保证各种天气情况下，厂区内物料转运均不受影响。厂区内道路宜应选用发尘少的材料，道路的建造和修补应避免对产品生产环境造成污染。

4. 洁净厂房应布置在厂区内环境清洁，人流、物流交叉少的地方，位于当地最大频率风向的上风侧，并与市政主干道保持适当的距离。原料药生产区应位于制剂生产区的下风侧，青霉素类生产厂房的布局应注意防止与其他产品的交叉污染。运输量大的车间、仓库等布置在货运出入口及主干道附近。

5. 动力设施设置于靠近负荷量大的车间，三废处理区域、锅炉房等污染重区置于最大频率风向的下风侧。变电所的位置考虑电力线引入厂区的便利。危险品库设计到于厂区相对安全的位置，并配套防冻、降温、消防措施。麻醉药品、精神药品、剧毒药品、易制毒品应设专用仓库，并有防盗措施，符合国家相关法规的管理规定。动物房应设于僻静处，并有专用的排污与空调设施。

6. 绿化带可以洗尘、阻尘。洁净厂房周围的绿化应以草坪为主，小灌木为辅。而观赏花卉多为季节性一年生植物，需经常翻土、播种、移植，从而破坏植被，使尘土飞扬；高大乔木树冠覆盖面积大，其下部难以植被，亦易产生扬尘，均不宜在洁净厂房周围大面积种植，而应选择枝叶茂盛的常绿树种，以不产生花絮、绒毛、粉尘等，不造成颗粒污染的树种为佳。

7. 厂区应设消防通道，污水管网、雨水管网、消防管网、动力管网、电力管线、通信管线等的设置应适应厂区布局和未来规划的需要。

8. 厂房应配套有效措施防止昆虫或其他动物进入，应结合原料药具体品种的工艺和物料特点确

定所需的防虫防鼠措施。常见的措施包括风幕、灭虫灯、黏虫胶、灭鼠板、超声波驱鼠器、捕鼠笼、外门密封条、挡鼠板等。

（二）厂房内环境卫生管理

厂房应保持清洁，清洁要求随不同洁净级别而定，应针对各洁净级区的具体要求制定清洁规程。在生产过程中，必要时可以进行清洁工作。所用清洁剂及消毒剂应经过质量保证部门确认，清洁及消毒频率应能保证相应洁净等级区的卫生环境要求。

1. 人员和物料 洁净厂房应有专门保洁人员负责更衣室、办公室、参观走廊及其他公用场所的清洁。生产作业区的清洁工作一般由操作人员承担，人员培训应包括清洁方法、清洁步骤、清洁频率等清洁操作规程内容，在工作中严格遵照执行。同时，所有进入洁净室的人员必须保持清洁卫生，不得化妆和佩戴首饰；应穿着该洁净区域的工作服装，经规定净化程序后，方可进入洁净室，参观人员做好相应记录。

洁净区使用的物料、器具等必须按规定程序净化，如在室外做清洁处理或灭菌经传递窗或气闸室送入无菌室。

2. 清洁用具 洁净区按照分级应配有各自的清洁设备。清洁设备储藏在专用的有规定洁净级别的房间内，房间应位于相应的级区内并有明显标记。进入无菌操作区的清洁用具均需灭菌，清洁用具（桶、拖把、抹布等）应按规定进行刷洗、消毒（图5-1、图5-2）。B级和C级区每次使用后均应用清洁剂洗涤、干燥、消毒后放在洁净塑料袋中备用。A级无菌操作区按B级及C级区的要求进行，并增加高压灭菌操作。

图 5 - 1 　GMP 洁净区洁净用具存放示意图

3. 清洁剂及消毒剂 消毒剂浓度与实际消毒效果关系密切，应按规定准确配制。有些消毒剂如果浓度过高，不仅实际消毒效果下降，对某些物体表面也有损坏作用。消毒剂要经常更换使用，以防产生耐药菌株。对消毒剂、清洁剂的微生物污染状况需定期加以监测，稀释的消毒剂和清洁剂应存放在洁净容器内，储存时间不应超过储存期；应按洁净区的面积的大小，消毒剂和清洁剂用量应按照洁净面积的大小使用，防止超量和不足，以确保效果。

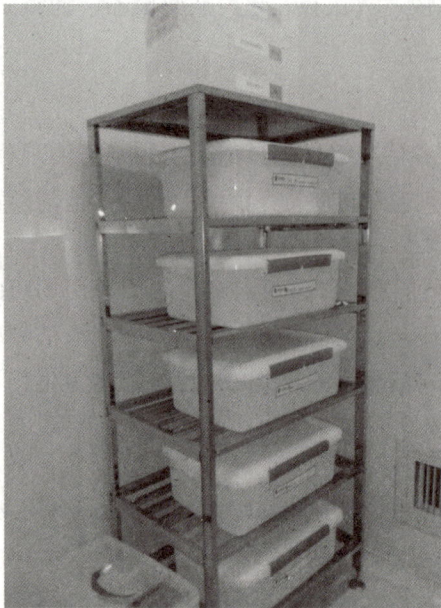

图5-2　清洁用抹布分类存放

4. 清洁频率　清洁频率取决于洁净区级别及生产活动情况，根据环境监控结果由生产主管和技术专家负责确定。

（1）C级、D级区至少每天一次或更换产品前对地板、洗涤盆和水池进行清洁；至少每月一次或更换产品前对墙面、设备和内窗进行清洁；至少每半年进行一次全面清洁。

（2）B级区至少每天一次或更换产品前对地板、洗涤盆和水池进行清洁；至少每周一次或更换产品前对墙面、设备和内窗进行清洁；至少每月进行一次全面清洁。

（3）A级区至少每天一次或更换产品前对地板、墙面、设备和内窗进行清洁；至少每月一次墙面清洁；至少每年四次全面清洁。全面清洁除日常清洁对象外，重点注意空调系统的进风口、出风口，配料间的进出风口易于集聚粉尘，应特别注意。

5. 空调运行　A级和B级区域的空调系统一般情况应连续运行。非连续运行的洁净室，可根据生产工艺的要求，在非生产班次时，空调系统做值班运行，使室内保持正压并防止室内结露。

（三）生产环境卫生要求

药品生产区防止污染和交叉污染的关键是布局设计，根据所生产药品的特性、工艺流程及相应洁净度级别要求合理设计厂房、生产设施和设备，并进行相应的布局和使用。在生产特殊性质的药品，如高致敏性药品或生物制品时，必须采用专用和独立的厂房、生产设施和设备。青霉素类药品产尘量大的操作区域应当保持相对负压，排至室外的废气应当经过净化处理并符合要求，排风口应当远离其他空气净化系统的进风口；药品生产厂房不得用于生产对药品质量有不利影响的非药用产品。

（1）门窗、灯具、各种管道、风口及其他公用设施，墙壁与地面的交界处等应保持洁净，无浮尘。

（2）地漏干净，经常消毒，经常保持液封状态，盖严上盖。

（3）洗手池、工具清洗池等设施，里外应保持洁净，无浮尘、垢斑和水迹。

（4）缓冲室、传递柜、传递窗等缓冲设施，两门不能同时打开，不工作时，注意关闭传递柜（窗）的门。

（5）严格控制进入洁净室的人数，仅限于该区域生产操作人员及经批准的人员进入；工作时应关闭操作间的门，并尽量减少出入次数，对临时外来人员应进行指导和监督，对进入洁净室人员实行登记制。

（6）洁净区内操作时，动作要稳、轻、少，不做与操作无关的动作及不必要交谈。

（7）洁净区内所有的物品应定数、定量、定置，无不必要的物品。

（8）洁净区所用的各种器具、容器、设备、工具、台、椅、清洁工具等均应选用无脱落物，易清洗、易消毒、不生锈、不长霉的材质，不宜使用竹、木、陶瓷、铁等材质，不宜使用不易清洗，凹陷或凸出的架、柜和设备。

（9）清洁工具用后要及时清洗干净，消毒并及时干燥，置于通风良好的洁具清洗间内规定的位置，用前、用后要检查拖布、抹布是否会脱落纤维，不同洁净度级别的生产区使用不同的清洁工具，两者不能互用，进入无菌室的清洁工具需先进行灭菌，清洁剂、消毒剂要定期交替使用。

（10）文件、笔等须经洁净处理，进入无菌室的物品还须经灭菌处理。

（11）生产过程中的废弃物应该及时装入洁净的不产尘的容器或口袋中，密闭放在指定地点，并按规定，在生产结束时及时清除出洁净区，所用的容器或口袋宜是一次性的。

（12）在含有霍乱弧菌、鼠疫杆菌、HIV（人免疫缺陷病毒）、乙肝病毒等高危病原体的生产操作结束后，对可疑的污染物品应在原位消毒，并单独灭菌后，方可移出工作区。

（13）洁净室不得安排三班生产，每天应留足够的时间用于清洁与消毒，更换品种时要保证有足够的间歇、清场与消毒。

（14）必须定期监控洁净室的环境，监测频率及项目应依据验证结果制定洁净室（区）环境监测表。

（15）定期清洗初、中效空气过滤器，定期更换高效空气过滤器。

二、常见剂型生产过程对空气净化系统的要求

空气洁净技术是药品生产洁净环境的保障，生产过程中，操作人员应了解相应生产区间的具体要求，各个剂型对空气净化系统有何要求。对操作人员的培训应经常化，以期达到对洁净技术形成合理的管理与维护。

1. 固体制剂对空气净化系统的要求　固体制剂在生产中的基本要求有一些共性，对空气净化系统的控制点要求近似，以片剂生产进行说明。

片剂生产的空调净化系统除要满足基本的净化要求和温湿度的要求外，关键点是对生产区的粉尘进行的控制，以防止粉尘通过空气系统产生交叉污染。

交叉污染易发之处在称量、混合、整粒、压片、包衣等工序。对于具有毒性、刺激性、过敏性的粉尘，粉尘扩散容易引起更为严重的后果。粉尘控制得当，会防止对原辅料、中间体和成品的交叉污染，防止粉尘对生产人员伤害，以及对环境的污染。

粉尘扩散的控制途径，首先是工艺上的严格要求，尽量减少手工操作和暴露操作，尽量使用真空输送物料和就地清洗。对空气净化系统要求做到：在产尘点和产尘区设隔离罩和除尘设备，除尘措施重点设在发尘源附近，并应制订除尘方案及规程。控制室内压力，产生粉尘的房间应保持相对负压。对多品种换批生产的片剂车间、产生粉尘量大的房间，若没有净化措施不宜采用循环风。

2. 最终不可灭菌的无菌产品生产过程对空气净化系统的要求　以粉针剂生产为例。由于粉针剂的最终产品不进行灭菌处理，《中国药典》要求其无菌保证值（即微生物存活概率）为 10^{-3}，因此对最终不可灭菌的无菌药品的生产的主要工序都必须处于高级别的空气洁净度的保护之下，包括瓶子灭菌、冷却、分装、加盖等敞口工序均需处在 A 级洁净区中进行；主要生产工序的温度为 $20 \sim 22℃$，相对湿度 $<40\%$。在厂房空间保持高级别洁净度的同时，其生产设备也必须有净化空气的保护。

粉针剂生产对空气净化系统要求做到：必须分清相同空气洁净度级别下的无菌室与无尘室，必须考虑工艺排风（如隧道烘箱）与空调净化系统的风量平衡。特别是当工艺排风停止运行时引起的无菌室风量失调或空气倒灌。无菌室生产时空调净化系统最好能 24 小时连续运行，至少应设值班风机或变频风机，以维持无菌室的正压。不同房间的回风口不能共用一根回风主管，以免空调停止时引起空气倒灌。必须考虑无菌室消毒后的换气，并防止消毒剂气体对其他系统或房间的影响。

3. 最终灭菌药品生产过程对空气净化系统的要求　以大容量（$\geqslant 50ml$）注射剂生产为例。大容量注射剂通称为大输液，其生产工艺主要包括：送瓶、洗瓶、灌装、配液、薄膜、胶塞、铝盖处理、轧盖、灭菌、灯检、包装等。其灌装工序要求 A 级，稀配、滤过为 B 级，浓配为 C 级。

制药行业近几年通过对大输液生产过程提高产品质量的调查、研究，提出了以下的认识：空气环境中的微粒对瓶装大输液污染的影响是有限的，不是对澄明度影响的主要因素。瓶装大输液中的颗粒物是在产品灭菌后，由胶塞（特别是天然橡胶胶塞）、涤纶薄膜和瓶子（玻璃瓶或塑料瓶）颗粒剥落形成的。对最终要灭菌的大输液产品，灭菌彻底，通过验证，是保证使用安全的关键。同时，注射用水的生产质量和安全性也是保证大输液最终产品安全的基本保障。

所以，大输液生产车间的洁净工作关注重点，应放在直接与药品接触的开口部位、产品暴露于室内空气的生产线，如洗瓶、瓶子输送等部位，而不是单纯追求整个车间的高标准，这些关键点洁净标准的保持，可以起到事半功倍的效果。

任务三　设备卫生管理

PPT

一、制药设备的 GMP 卫生要求

（一）岗位职责要求

（1）建立详尽的生产设备清洗文件或程序，规定设备清洗的目的、适用范围，职责权限划分。

（2）针对不同类型设备清洁，包括在线清洗（CIP – cleaning in place）、清洗站清洗、容器、附属设备设施等。不同情况的设备清洁，包括例行清洁、换班、换批、换产品、特殊情况等做出不同的定义，按照设备清洁的步骤详细描述清洁过程各环节的工作方法和工作内容，包括动作要领、工具、清洗剂、消毒剂、清洁需达到的标准等，确定每种方式的清洁标准和验收标准。

（3）对于在清洗过程中需拆装的设备设施，还要明确拆卸和重新安装设备及其附属设施每一部件的指令、顺序、方式等，以便能够正确清洁。

（4）需对设备清洗中使用的清洗剂、消毒剂的名称、浓度规定、配置要求、适用范围及原因等做出明确规定。

（5）应当对清洁前后的状态标识、清洁后保存的有效期限等做出明确规定，如移走或抹掉先前批号等标识的要求。用恰当的方式标识设备内容物和其清洁状态、规定工艺结束和清洁设备之间允许的最长时间、设备清洁后的可放置时间等。

（6）需对设备清洁现场管理和 EHS 的要求等做出规定。

（7）对清洁后设备的储存、放置方式、环境状态、标识、有效期等需做出规定，必要时对清洁区域的人员、物品特别是不同清洁状态的物品的流向、放置要求做出规定以确保清洁效果，防止污染、交叉污染和混淆。

（8）清洁过程应参考如下步骤进行规定：确定需清洁的污染物性质和类型→清除前一批次残留的标识、印记→预冲洗→清洗剂清洗→冲洗、消毒→干燥→记录→正确存储。

知识链接

在线清洗系统与 EHS

1. 在线清洗系统　就地清洗简称 CIP，又称清洗定位或定位清洗（cleaning in place），最早被广泛地用于饮料、乳品、果汁、果浆、果酱、酒类等机械化程度较高的食品饮料生产企业中。就地清洗是指不用拆开或移动装置，即采用高温、高浓度的洗净液，对设备装置加以强力作用，把与食品的接触面洗净，对卫生级别要求较严格的生产设备的清洗、净化。当前在制药企业中，CIP 也得到了广泛的应用。

2. EHS　EHS 是环境 environment、健康 health、安全 safety 的缩写。其方针是企业对其全部环境、职业健康安全行为的原则与意图的声明，体现了企业在环境、职业健康安全保护方面的总方向和基本承诺。是企业在环境、职业健康安全保护方面总的指导方向和行动原则，也反映最高管理者对环境、职业健康安全行为的一个总承诺。EHS 方针也是企业环境、职业健康安全领域一切活动的驱动力，涉及所有为组织或代表组织工作的人员，并可为公众所获取。

一个积极的、切实可行的 EHS 方针，将为企业确定环境、职业健康安全管理方面总的指导方向和行动准则，并为建立更加具体的环境、职业健康安全目标指标提供一个总体框架。

（二）清洗剂、消毒剂使用要求

清洗工作需对设备清洗中使用的清洗剂、消毒剂的名称，浓度规定，配置要求，适用范围做出明确规定。主要包括每种清洁剂适用的物质、清洗剂和消毒剂适用的清洗环节、清洁作业所需的清洗剂和消毒剂的浓度、最佳使用温度，清洗剂、消毒剂发挥作用所需的搅拌力度、搅拌频率、起效时间等参数。

（三）清洗用水或溶剂要求

1. 用于设备清洗的水应与用于生产过程的工艺用水要求类似，水和清洗用溶剂必须不含致病菌、有毒金属离子，无异味。

2. 需根据设备、清洁工具、所用清洁剂的要求，对清洗用水和清洗用溶剂中悬浮物质（矿物质等）最低含量、可溶性铁盐和锰盐的浓度、水的硬度等做出定量的规定。

3. 对清洗用水的取水点应定期进行消毒和微生物取样，并保存相关记录，确保清洁用水的安全可靠。

4. 需对清洁后的水和溶剂做无害处理，并检测合格后方可进行排放，确保污水不会对环境造成污染。

（四）设备清洁清洗要求

1. 新设备的清洁　对新设备、新容器应规定详细的清洗步骤，进行彻底清洁前建议采取以下清洁措施：表面自来水冲洗→设备外观检查→一定浓度去蜡水均匀擦洗→自来水冲洗→纸巾擦拭，并检查设备表面，在达到去污、除油、去蜡的效果后按上述要求进行正常清洁。

2. 正常生产过程的清洁　需对正常生产状态下的设备清洗类型和方式进行定义，规定不同清洗类型和不同清洗类型的清洗方式、清洁方法等。

3. 超清洗有效期、长时间放置重新启用设备设施的清洁　对超清洗有效期一定期限（根据清洁验证结果确定）的设备、容器若目检合格，用高温水冲洗一定时间后烘干即可，不可烘干的用一定浓度消毒剂擦拭一遍即可、若目检不合格应按程序进行重新清洗。对长时间放置重新启用的设备、容器需按照正常的在线或离线清洗步骤做彻底清洁。

4. 维修及故障后的清洁　对于维修及故障后的设备，需按照正常的在线或离线清洗步骤做彻底清洁。

5. 特殊产品及设备的清洁　需对特殊产品，设备的清洁方法、频率做出规定。清洁方法不同于正常清洁的需详细描述清洁过程各环节的工作方法和内容，包括动作要领、清洁工具、使用的清洗剂和消毒剂、清洁需达到的标准等，确定每种清洗方式的清洁标准和验收标准。常见特殊产品如黏度较大、活性成分较高的产品。

6. 对在线清洗清洗站设施设备的要求 清洗站内用于清洁的设备、设施，其造型与设计应与用于生产过程的设备要求一致，材质不与物料、清洗剂等发生化学反应、设备内部无死角、表面光洁平整、易清洗、耐腐蚀、无毒无味、结构简洁，易于拆装、清洗、消毒和检修、具备控制噪音、震动、粉尘等的设施和设计、机构、管线等符合相关 EHS 要求等。

清洗站用于清洁的设备设施需实行定置管理，应有明显标志，对不同区域所使用设备设施严禁混用。另外，需建立清洗站设施设备（包括清洗设备，工具、容器等）的台账和使用台账，并指定专人负责维护。

7. 已清洗设备存储环境、清洁状态、清洁记录及标识管理要求 已清洗设备存储环境要求与生产过程的环境保持一致，针对不同使用要求进行分区定置管理，必要时可采取密封、单间、专区存放等存储形式，并制订严格的防止污染、交叉污染和混淆的措施。

已清洗设备状态标识应按照状态管理程序规定的要求进行，对清洁状态做出定义，并规定标识管理的内容，确定标识形式、标识内容，如设备名称、编号、清洁时间，最长存放有效期，清洁负责人等信息，标识的管理、维护人员等。

规定对已清洁设备在使用前清洁状态的检查方法，确保对各类设备清洁的有效性。

二、设备的清洁规程

设备的清洁是常规性工作，品种、批号更换，安装维修结束后都要进行。设备清洁可预防、减少与消除污染，也有利于提高设备使用的效率，延长使用寿命。

（一）设备的清洁方式

设备的清洁内容一般为清洁、消毒、灭菌、干燥等。清洁方式通常可分为就地清洁、移动清洁和混合清洁。移动清洁又可分为整机移动清洁和拆卸式移动清洁。根据企业的生产实际和设备情况，选择合适的清洁方式，选择原则是不能对生产环境产生不良影响。一般来说，要尽可能多地采用移动清洁的方式，进入专用的清洁区进行清洁、消毒、灭菌。

（二）设备的清洗规程

根据设备的类型与结构、用途、所加工产品的理化性能、生产工艺要求、使用地点的洁净级别与要求清洁的内容与方式，制订明确的清洁方法、清洁周期、清洁后的检查与验证方法、清洁记录与保存的要求、无菌设备的灭菌要求与灭菌后使用的间隔天数，指定设备清洁的负责人与实施人等。

设备的清洗规程应包括：明确洗涤方法和洗涤周期，关键设备的清洗应明确验证方法，清洗过程及清洗后检查的有关数据应记录，无菌设备的清洗，尤其是直接接触药品的部位和部件必须保证无菌，并标明灭菌日期和有效期。灭菌有效期根据设备清洗、无菌验证的结果来确定。制剂生产设备必须每批进行清洁；原料药如为连续生产时，可以生产几批或隔一段时间清洁一次。可移动的设备宜移至清洗区清洗。

任务四　工艺卫生管理

PPT

生产工艺卫生包括了物料卫生、设备卫生、生产介质卫生和工艺技术卫生等。本任务主要介绍物料卫生、生产介质卫生管理和几种常见剂型的生产工艺技术卫生管理。

一、物料卫生管理

1. 使用前通过检验 药品生产使用的原料和辅料应按卫生标准和程序进行检验，只有合格的才能使用，不合格的原辅料应及时按规定的程序处理。

2. 更换或清除外包装 一般原辅料外包装受污染的情况比较严重，因此送入仓库或车间配料前应清除外包装或换包装，以防将污染物带入。

3. 配料操作防止污染 原辅材料在配料时应按规定在配料间分发，防止称量和配料过程中产生的粉尘等对周围空气和设备的污染。

4. 选择适宜包装材料 包装材料的卫生情况直接影响药品质量，因此选择药品的一些直接包装材料应以易清洁或可以耐受必要的清洁过程为基本条件，对于无菌产品所使用的直接包装容器，还应可以接受灭菌和除热源处理。

5. 选择适宜剂量 在包装剂量上应注意，大剂量和多剂量包装在分装过程中容易被污染，小剂量和单剂量的包装则相反。

二、生产介质卫生管理

参与药品的生产但最终不构成药品成品组成部分的物质称其为生产介质。药品生产过程中使用的介质比较多，常见的有各种气体和水。这些介质的洁净程度直接关系到药品生产工艺的卫生。

1. 空气的卫生管理 有效地控制空气中的污染物是保证药品生产工艺卫生的重要环节。控制空气中污染物的标准方法有：首先是使用洁净区，洁净区就是一个控制空气尘粒物质的某界定地区；洁净区是保护产品不受空气传播污染的一个最有效的战略措施；其次是使用各种滤器，常用的方法有过滤法、静电沉淀法、空气充气法或空气净化法（将空气通过水淋浴）等。

2. 水的卫生管理 工艺用水是指药品生产工艺中使用的水，包括饮用水、纯化水、注射用水。在自来水、软化水、离子交换水、蒸馏水的生产环节中，稍有疏忽，都有可能造成微生物的污染。鉴于雨水季节或管道破裂，检修安装后，往往造成局部地段水质污染，更应注意水质的卫生学检查。而在枯水季节也可能因为自来水中有机物太多，影响蒸馏水的质量。

为了防止产品受到污染，药厂不仅必须仔细地控制用于生产过程的水，而且要控制好用于清洗设备的水，以防污染通过水传播。所有进料水在用于药品生产过程以前都必须经过必要的方法处理以达到所需纯度才能使用。生产过程中用水和设备清洗用水应有科学合理的卫生规程。

此外，应注意工艺用水必须严格执行保证其质量的具体规定；自来水虽经处理但仍不同于饮用水，水源、水处理设备及处理后的水均应对化学污染、生物污染进行定期监测。必要时还应对内毒素污染进行监测，并记录保存。生物制品生产用的注射用水在制备后 6 小时内使用；作为生产用水或作为最后淋洗容器、封盖及设备用水，其质量应符合注射用水规定，并做微生物学检查；作为在灭菌容器内冷却制品用水的质量，应经过除菌处理和微生物学检查，所有检查均应达到标准。

三、几种常见剂型的生产工艺卫生管理

药品各种制剂的生产工艺各不相同，其生产上的卫生要求也因剂型而异。下面简单介绍几种常见剂型的生产工艺卫生管理。

（一）注射剂生产工艺卫生管理

注射剂为无菌制剂，灭菌方式有最终灭菌制剂和非最终灭菌制剂两种类型。最终灭菌制剂允许在药物灌封后用适当方法进行灭菌和处理，而非最终灭菌的无菌制剂，其最终产品不能以热力灭菌法处理。

无菌制剂比一般制剂的卫生工艺要严格得多，尤其是对不能最终灭菌的无菌制剂更为严格。注射剂的生产操作人员均必须进行岗前培训，掌握无菌操作技术后方可上岗操作。

无菌制剂工艺卫生要求如下。

1. 制备最终灭菌的无菌制剂 应在洁净度 B 级到 C 级的洁净区中进行。配制溶液时，所用的设备、容器、管道等均必须彻底清洗、消毒或灭菌处理，合格后才可使用（具体操作按本岗位制定的卫生 SOP 执行）；配制用水，应是新鲜合格的蒸馏水，一般不应超过制备后 12 小时；安瓿和容器洗涤后，一般应在 120 ~ 140℃进行干燥、灭菌。

2. 非最终灭菌的无菌制剂 应在不低于 B 级，局部在 A 级的洁净区中制备。其容器必须在 150 ~ 170℃干燥灭菌。

3. 耐热的注射剂 在灌封后以 115℃或 120℃蒸汽灭菌；非耐热的注射剂，可用过滤除菌，其操作应严格遵守无菌操作的 SOP 的各项要求。

4. 粉针剂 其原料应无菌，并必须在无菌室内按无菌操作规程进行分装。

（二）片剂生产工艺卫生管理

片剂是药品生产中品种最多、产量最大的一种剂型，是目前各国药典收藏品种最多的一种剂型。片剂常见的制备方法有湿法制粒压片和粉末直接压片。

片剂一般工艺卫生要求：①原辅料进入车间配料间前，应在指定的地点除去外包装，或更换包装后进入配料间；②制粒间必须洁净，制粒设备应定期清洗，按照相关 SOP 的要求操作；③湿粒干燥时，时间、温度根据品种设置；压片机应单机单操作间安装，防止多台机器交叉污染，也有利于除尘，压片机要定期清洗、消毒；④成品及半成品应放在洁净的容器中，包衣片剂干燥贮存时，应防止污染（用石灰干燥剂时）；⑤生产片剂的生产操作间（包括制粒间）应洁净，必要时可用紫外线消毒房间。

（三）口服液体制剂生产工艺卫生管理

口服液体制剂剂型较多，常见如糖浆剂、水剂、合剂、浸膏剂、酒剂、酊剂、乳剂等，其生产过程工艺操作不同，染菌状况不一，多数液体制剂有成为菌类培养基的可能，含糖、蜂蜜的液体制剂更容易感染杂菌，在生产过程中防止污染严格工艺卫生管理比较关键。

操作中，原料、浸提的液体应严格控制污染；生产和包装车间应洁净，操作间应定时定期用紫外线消毒；配制容器、贮液容器及管道，使用前必须清洁、消毒，必要时应灭菌处理；溶解药物和配液用水，应是新鲜的冷开水或蒸馏水；配制完毕后应及时分装；分装的用具、包装材料，必须在分装前进行清洁、消毒或灭菌。分装时药液不应外流或溢出，特别是一些中药口服液，防止瓶口发霉长菌；制剂分装后，应密封后按要求贮藏。

任务五　人员卫生管理

PPT

人是药品生产中最大的污染源，也是污染最主要的传播媒介。在药品生产过程中，人员会直接或间接接触药物，对药品质量产生影响。人员身体健康状况和个人卫生习惯会对药品的质量造成一定影响，加强人员的卫生管理和监督，对保证药品质量可起到关键作用。

一、人员污染

人之所以是最大污染源，和人类的生理结构有关系。在新陈代谢过程中，人类会脱落大量的皮屑，生病后咳嗽、打喷嚏也能使周围空气微粒增多，人体的表面皮肤、人的衣服会沾染、携带污染物，有些衣物会散发棉绒和淀粉粒，化妆品如发胶、气雾除臭剂、眼睑膏、香粉等是滋生微生物的温床，首饰类如耳环、戒指、项链、手链会携带、传播微生物，造成污染，一小片异物碎片如果落入产品中，会引起严重的尘粒污染，造成整批产品不合格。

由人员引起的生产过程中出现的混淆和差错，也可以说是另外一种污染。当员工没有按照书面规程进行工作时，药厂内的污染程度增加；具体操作行为如对物料和半成品没有进行密闭储存，不能正确地改变空气滤器和水滤器等。

二、人员卫生管理的内容

（一）建立人员卫生健康档案

药品生产企业新进员工时，要进行全面的健康检查，确保新员工不存在急慢性传染病，并根据员工的具体岗位性质适当确定其他具体检查项目。

药品生产企业要建立员工体检规程，明确职工体检的时间、项目，对药品的质量和安全有直接影响的人员要有专门的要求，直接从事药品生产的人员应每年至少接受一次体检，体检不合格者，应调离工作岗位。

任何患传染病和传染病的健康带菌者，均不得从事直接接触药品的生产。出现外部伤口的人员不得从事处理暴露的原料、中间体和散装成品的工作。职工如新患皮肤病、传染病或有外伤，应调离与药品直接接触的生产岗位，以防患病部位微生物污染药品导致质量事故发生。

在员工培训时，应进行人员卫生教育，在任何时间和地点，如发现自己或其他员工有明显病症或伤口，应立即报告，采取规定的措施，避免患病人员与药品的内包装、中间物料和药品直接接触，保证药品不受污染。从事药品生产和质量管理人员不提倡带病工作，防止影响药品安全，影响工作效率。

（二）工作服装卫生管理

工作服和防护服能够有效防止身体与药品的接触，束缚人身新陈代谢产生的污染物，也能隔离生产环境对员工的伤害。各类洁净服因企业和生产区域的不同，会有一些变化和差异。

1. 式样及颜色　各区域的工作服式样，颜色分明，易于识别，有个人编号；不同空气洁净级别的工作服不能混用。式样及颜色企业自定，以线条简洁、色彩淡雅、洁净为宜。洁净服要求线条简洁，不设口袋，接缝处无外露纤维，领口、袖口、裤口、要加松紧口，不应用纽扣。无菌工作服必须包盖全部头发、胡须及脚部，并能阻留人体脱落物。防护服还应考虑保护操作人员不受药物的影响。生产人员与非生产人员、维修人员、质管人员、参观人员的服装式样和颜色应有所区别。

2. 穿戴要求　应根据各生产区域的规定穿戴工作服装，并遵守净化程序。穿戴工作服装后要对着镜子检查穿戴工作服装的情况，要求：帽子要包住全部头发，口罩要罩住口鼻，衣服要扣（拉）好，鞋子要穿好等。离开生产场地时，必须脱掉所有工作服装。工作服装应编号，专人专用。

3. 清洗周期的规定 一般生产区的工作服及工作鞋需要定期清洗，以保证工作服及工作鞋的洁净。在 D 级空气洁净度级别的洁净区工作，至少每天洗一次洁净衣裤帽和口罩；更换品种时，必须换洗工作服装；工作鞋每周至少洗两次。洁净工作服装清洗后的存放周期，应经验证。

4. 清洗方法和要求 明确洗涤剂种类、用量、洗衣程序等，可使用饮用水洗涤。干燥后的工作服要逐套装入衣物袋内存放。工作服洗涤时不应带入附加的颗粒物质。应采用固定的洗衣液作为洗涤剂，对某一品牌的洗涤剂的洗涤效果进行确认。

5. 洁净服的登记与保管 工作服应有专人负责洗涤、专人保管、专人发放并登记。更换下来的工作服应分区域集中放置，装入专用容器中，标记明显。干净的工作服应于与使用工作服净度级别一致的保管室中保管。已清洗与待清洗的工作服应由不同通道出入。洁净工作服与无工作服应逐套分别装于衣袋中，袋上明显标上工作服编号。工作服洗涤前及整理时要检查工作服有无破损、拉练损坏、掉钮子、缝线脱落等。使用前检查工作服是否符合要求，发现污染及应及时报告并更换。凡有粉尘、高致敏物质、激素类、抗肿瘤类、避孕药、有毒、有害物质等操作岗位的工作服应分别存放、洗涤、干燥、灭菌。

（三）个人卫生

1. 手的卫生 手在各种生活工作活动中，接触各类物品，非常容易沾染和携带微生物。如果员工卫生习惯缺失，便后不洗手，不勤剪指甲，还有用手擦鼻涕、抠鼻子、挖耳朵、剔牙等不良习惯，就容易把各种微生物带入到所接触的产品中。从事药品生产过程中必须勤洗手、勤剪指甲，保持手的清洁，改掉用手不良习惯，是职业卫生的基本要求。

在药品生产过程中，下列情况之一时必须要对手进行清洁：工作前、饭前饭后、便后、吸烟后、饮水后。手的洗涤也要注意采取正确的方法，首先要用流动水进行洗涤，再用洗涤剂或液体皂洗涤，不使用容易传播污染的固体肥皂。生产人员在进入不同级别的洁净区前，应使用液体皂洗手，液体皂放在洗手池上方的专用装置里。人员洗涤手的时间一般控制在 10～15 分钟为宜。手的卫生情况可以通过手指菌试验进行监督。

2. 身体其他部位的卫生 人的体表由于新陈代谢的进行，会有正常的分泌物出现，如汗液、鼻腔分泌物、耳内分泌物、眼泪等。人体皮肤每平方厘米有一千多条汗腺，全身表面分布几百万个汗孔，它开口于表皮细胞间隙中，人体通过汗孔不断排出的汗中有尿素、尿酸、乳酸、盐等废物，约占汗水的 20%。紧挨在毛囊附近的皮脂腺，分泌着油腻状物质，每天分泌 20～40g 皮脂。如果不经常洗澡，这些废物将先扩散到空气中，再间接地污染其他物品，影响到药品的质量。因此，药品生产人员必须定期洗澡、勤理发、不留胡须。此外，药品生产时还必须对身体尤其是口、鼻、头发进行覆盖，防止掉落对药品产生污染。

三、人员卫生工作的培训

GMP 的实践表明，大量的污染问题都是由于对员工卫生培训不够和员工不遵守有关卫生规程引起的。药品生产企业的卫生培训规划应当强调有效的和全面的培训工作，重点是围绕着污染控制展开，使员工对企业的各项卫生规程都非常熟悉并能遵守执行。

实训任务六　物料进入洁净区

【实训目标】

掌握物料进入洁净区的标准程序，防止物料对洁净区的污染。

【实训准备】

1. 实训物料　洁净工作服，洗手液，手消毒液，物料，运料小车。

2. 实训场地　GMP 车间更衣室，缓冲间。

【实训内容与步骤】

模拟物料进入洁净区的行为，学习物料进入洁净区的相关规定。

1. 物料由仓库领取后，提货运送到非洁净区备料间待用。

2. 物料由车间专人从车间备料间转运到物料解包间。

3. 凡有外包装的物料应在解包间内由操作人员解去外包装，并将外包装物装于废料桶内。

4. 解去外包后检查内包装是否完好无损，必要时可用洁净容器装好，内包装在进入洁净区前应无尘埃，对不能解去外包的应用干净擦布擦去表面的尘埃或用吸尘机吸去表面灰尘。

5. 将经过清洁处理的物料装上洁净区专用不锈钢运料小车上，开启解包间传递窗一边的门，同时关闭洁净区的一边门，将物料车送入传递窗，然后关闭解包间一边的物料传递窗的门，通知洁净区内的人员打开洁净区一边的传递窗门，取货，随后关闭洁净区一边的传递窗的门，完成本程序。

【实训注意】

1. 配合物料进入洁净区，复习人员进入洁净区的操作。

2. 对物料包装的处理以防止引起污染为主。

实训任务七　设备清场

【实训目标】

掌握一般生产区、B 级、C 级、D 级洁净生产区清场的一般程序和清洁消毒药店，学习不同洁净要求生产区清场的检查方法和清洁效果评价。

【实训准备】

1. 清场工具　清洁抹布、洁净抹布、橡胶手套、毛刷、清洁盆、废弃物桶、吸尘器等。

2. 清洁溶剂　清洁剂、消毒剂、洁净水及其他清场用容器。

3. 其他　模拟车间，人员分组并分配任务。

【实训内容与步骤】

1. 清场人员在生产结束后按照相应洁净区的进入要求进入清场区域。

2. 用小推车将各种清洁工具推入清场区域。

3. 检查清场区域生产工作已完成，无物料及产品存留未处理情况。

4. 按照先物后地、先内后外、先上后下的顺序进行清场。

5. 按照相关设备、不同洁净区的清场要求进行清洁。

6. 清场后操作者在批生产记录上签字，贴挂"已清洁"标签。

7. 填写清场记录（表 5 - 1）。

表 5 –1 清场记录

品名		规格	5mg/以	计	批号		批量	150 万片

生产结束后清场（用"√"表示合格）

清洁溶剂：纯化水	是□	否□	清洁剂：_____		是□	否□

清场项目	清洁结果	清场人	复核人	QA 检查	
本次生产用物料已清理出操作间					清场日期：
＊＊＊设备已按清洁规程（SOP＊＊＊）清洁					
所用工器具容器已经移至清洁间清洁					
地面、门窗、工作台是否清洁干净					
生产过程产生的废弃物已清理至废弃物暂存间					
设备态运行及清洁状态标识已悬挂并填写正确					QA 人员签字/日期：
称量间生产状态标示更换为本批清场合格证副本					

备注：

记录人：	日期：

工序审核

审核意见：本工序生产是否符合工艺要求　　是□　　否□

　　　　　是否有特殊事项记录的附页，无□　　有□　　共_____页

本工序负责人审核：_____　　日期：_____年_____月_____日

8. QA 人员检查后发放清场合格证。

9. 清场人员退出。

【实训注意】

1. 清场小组可按照不同洁净区要求进行操作和交互检查。

2. 不同洁净区清场细节宜注意。

•••• 目标检测

答案解析

一、选择题

1. 进入洁净室（区）的人员不得（　　）。

　　A. 化妆和佩戴饰物

　　B. 带入书籍和其他用品

　　C. 裸手直接接触药品

　　D. 化妆和佩戴饰物，不得裸手直接接触药品

2. 利用某种方法杀死所有病原微生物的措施为（　　）。

　　A. 消毒　　　　　　　　　　B. 灭菌

　　C. 无菌　　　　　　　　　　D. 清洗

3. 制备最终灭菌的无菌制剂，在洁净度（　　）的洁净区中进行。

　　A. A 级　　　　　　　　　　　B. B 级

　　C. C 级　　　　　　　　　　　D. B 级到 C 级

4. 配制用水，应是新鲜合格的蒸馏水，一般不应超过（　　）小时。

　　A. 8　　　　　　　　　　　　　B. 10

　　C. 12　　　　　　　　　　　　D. 24

5. D 级洁净区的洁净服，清洗周期为（　　）。

　　A. 每周 1 次　　　　　　　　　B. 每周 2 次

　　C. 每周 3 次　　　　　　　　　D. 每周 4 次

6. 生产和包装车间应洁净，操作间应定时定期用（　　）方法消毒。

　　A. 紫外线照射灭菌法　　　　　B. 过滤除菌法

　　C. 环氧乙烷法　　　　　　　　D. 甲醛熏蒸法

二、简答题

1. 厂区环境的卫生要求是什么？

2. 生产人员的卫生要求是什么？

3. 微生物污染药品的途径有哪些？

书网融合……

重点小结　　　习题

项目六 文件管理

学习目标

知识目标 通过本项目的学习，应能掌握GMP文件管理的内涵、意义及内容；GMP文件管理的生命周期不同阶段的管理要求；GMP文件的分类、标准与记录的定义；GMP的文件编制原则和文件编号系统的原则；熟悉GMP对质量标准、工艺规程、批生产记录、批包装记录的基本要求；GMP对SOP和相关记录的基本要求；了解GMP文件系统的编号。

能力目标 能够利用所学知识，充分理解实际标准和记录中各种信息的含义，并能正确执行标准和规范书写记录。

素养目标 培养学生记录准确、完整控制的职业意识，明确规范的文件管理是一切生产操作的根本依据。

法规要求

GMP（2010 年修订）

第八章 文件管理

第一节 原 则

第一百五十条 文件是质量保证系统的基本要素。企业必须有内容正确的书面质量标准、生产处方和工艺规程、操作规程以及记录等文件。

第一百五十一条 企业应当建立文件管理的操作规程，系统地设计、制定、审核、批准和发放文件。与本规范有关的文件应当经质量管理部门的审核。

第一百五十二条 文件的内容应当与药品生产许可、药品注册等相关要求一致，并有助于追溯每批产品的历史情况。

第一百五十三条 文件的起草、修订、审核、批准、替换或撤销、复制、保管和销毁等应当按照操作规程管理，并有相应的文件分发、撤销、复制、销毁记录。

第一百五十四条 文件的起草、修订、审核、批准均应当由适当的人员签名并注明日期。

第一百五十五条 文件应当标明题目、种类、目的以及文件编号和版本号。文字应当确切、清晰、易懂，不能模棱两可。

第一百五十六条 文件应当分类存放、条理分明，便于查阅。

第一百五十七条 原版文件复制时，不得产生任何差错；复制的文件应当清晰可辨。

第一百五十八条 文件应当定期审核、修订；文件修订后，应当按照规定管理，防止旧版文件的误用。分发、使用的文件应当为批准的现行文本，已撤销的或旧版文件除留档备查外，不得在工作现场出现。

第一百五十九条 与本规范有关的每项活动均应当有记录，以保证产品生产、质量控制和质量保证等活动可以追溯。记录应当留有填写数据的足够空格。记录应当及时填写，内容真实，字迹清晰、易读，不易擦除。

第一百六十条 应当尽可能采用生产和检验设备自动打印的记录、图谱和曲线图等，并标明产品或样品的名称、批号和记录设备的信息，操作人应当签注姓名和日期。

第一百六十一条 记录应当保持清洁，不得撕毁和任意涂改。记录填写的任何更改都应当签注姓名和日期，并使原有信息仍清晰可辨，必要时，应当说明更改的理由。记录如需重新誊写，则原有记录不得销毁，应当作为重新誊写记录的附件保存。

第一百六十二条 每批药品应当有批记录，包括批生产记录、批包装记录、批检验记录和药品放行审核记录等与本批产品有关的记录。批记录应当由质量管理部门负责管理，至少保存至药品有效期后一年。

质量标准、工艺规程、操作规程、稳定性考察、确认、验证、变更等其他重要文件应当长期保存。

第一百六十三条 如使用电子数据处理系统、照相技术或其他可靠方式记录数据资料，应当有所用系统的操作规程；记录的准确性应当经过核对。

使用电子数据处理系统的，只有经授权的人员方可输入或更改数据，更改和删除情况应当有记录；应当使用密码或其他方式来控制系统的登录；关键数据输入后，应当由他人独立进行复核。

用电子方法保存的批记录，应当采用磁带、缩微胶卷、纸质副本或其他方法进行备份，以确保记录的安全，且数据资料在保存期内便于查阅。

第二节　质量标准

第一百六十四条 物料和成品应当有经批准的现行质量标准；必要时，中间产品或待包装产品也应当有质量标准。

第一百六十五条 物料的质量标准一般应当包括：

（一）物料的基本信息：

1. 企业统一指定的物料名称和内部使用的物料代码；

2. 质量标准的依据；

3. 经批准的供应商；

4. 印刷包装材料的实样或样稿。

（二）取样、检验方法或相关操作规程编号；

（三）定性和定量的限度要求；

（四）贮存条件和注意事项；

（五）有效期或复验期。

第一百六十六条 外购或外销的中间产品和待包装产品应当有质量标准；如果中间产品的检验结果用于成品的质量评价，则应当制定与成品质量标准相对应的中间产品质量标准。

第一百六十七条 成品的质量标准应当包括：

（一）产品名称以及产品代码；

（二）对应的产品处方编号（如有）；

（三）产品规格和包装形式；

（四）取样、检验方法或相关操作规程编号；

（五）定性和定量的限度要求；

（六）贮存条件和注意事项；

（七）有效期。

第三节　工艺规程

第一百六十八条 每种药品的每个生产批量均应当有经企业批准的工艺规程，不同药品规格的每种包装形式均应当有各自的包装操作要求。工艺规程的制定应当以注册批准的工艺为依据。

第一百六十九条 工艺规程不得任意更改。如需更改，应当按照相关的操作规程修订、审核、批准。

第一百七十条 制剂的工艺规程的内容至少应当包括：

（一）生产处方

1. 产品名称和产品代码；

2. 产品剂型、规格和批量；

3. 所用原辅料清单（包括生产过程中使用，但不在成品中出现的物料），阐明每一物料的指定名称、代码和用量；如原辅料的用量需要折算时，还应当说明计算方法。

（二）生产操作要求

1. 对生产场所和所用设备的说明（如操作间的位置和编号、洁净度级别、必要的温湿度要求、设备型号和编号等）；

2. 关键设备的准备（如清洗、组装、校准、灭菌等）所采用的方法或相应操作规程编号；

3. 详细的生产步骤和工艺参数说明（如物料的核对、预处理、加入物料的顺序、混合时间、温度等）；

4. 所有中间控制方法及标准；

5. 预期的最终产量限度，必要时，还应当说明中间产品的产量限度，以及物料平衡的计算方法和限度；

6. 待包装产品的贮存要求，包括容器、标签及特殊贮存条件；

7. 需要说明的注意事项。

（三）包装操作要求

1. 以最终包装容器中产品的数量、重量或体积表示的包装形式；

2. 所需全部包装材料的完整清单，包括包装材料的名称、数量、规格、类型以及与质量标准有关的每一包装材料的代码；

3. 印刷包装材料的实样或复制品，并标明产品批号、有效期打印位置；

4. 需要说明的注意事项，包括对生产区和设备进行的检查，在包装操作开始前，确认包装生产线的清场已经完成等；

5. 包装操作步骤的说明，包括重要的辅助性操作和所用设备的注意事项、包装材料使用前的核对；

6. 中间控制的详细操作，包括取样方法及标准；

7. 待包装产品、印刷包装材料的物料平衡计算方法和限度。

第四节　批生产记录

第一百七十一条 每批产品均应当有相应的批生产记录，可追溯该批产品的生产历史以及与质量有关的情况。

第一百七十二条 批生产记录应当依据现行批准的工艺规程的相关内容制定。记录的设计应当避免填写差错。批生产记录的每一页应当标注产品的名称、规格和批号。

第一百七十三条 原版空白的批生产记录应当经生产管理负责人和质量管理负责人审核和批准。批生产记录的复制和发放均应当按照操作规程进行控制并有记录，每批产品的生产只能发放一份原版空白批生产记录的复制件。

第一百七十四条 在生产过程中，进行每项操作时应当及时记录，操作结束后，应当由生产操作人员确认并签注姓名和日期。

第一百七十五条 批生产记录的内容应当包括：

（一）产品名称、规格、批号；

（二）生产以及中间工序开始、结束的日期和时间；

（三）每一生产工序的负责人签名；

（四）生产步骤操作人员的签名；必要时，还应当有操作（如称量）复核人员的签名；

（五）每一原辅料的批号以及实际称量的数量（包括投入的回收或返工处理产品的批号及数量）；

（六）相关生产操作或活动、工艺参数及控制范围，以及所用主要生产设备的编号；

（七）中间控制结果的记录以及操作人员的签名；

（八）不同生产工序所得产量及必要时的物料平衡计算；

（九）对特殊问题或异常事件的记录，包括对偏离工艺规程的偏差情况的详细说明或调查报告，并经签字批准。

第五节　批包装记录

第一百七十六条　每批产品或每批中部分产品的包装，都应当有批包装记录，以便追溯该批产品包装操作以及与质量有关的情况。

第一百七十七条　批包装记录应当依据工艺规程中与包装相关的内容制定。记录的设计应当注意避免填写差错。批包装记录的每一页均应当标注所包装产品的名称、规格、包装形式和批号。

第一百七十八条　批包装记录应当有待包装产品的批号、数量以及成品的批号和计划数量。原版空白的批包装记录的审核、批准、复制和发放的要求与原版空白的批生产记录相同。

第一百七十九条　在包装过程中，进行每项操作时应当及时记录，操作结束后，应当由包装操作人员确认并签注姓名和日期。

第一百八十条　批包装记录的内容包括：

（一）产品名称、规格、包装形式、批号、生产日期和有效期；

（二）包装操作日期和时间；

（三）包装操作负责人签名；

（四）包装工序的操作人员签名；

（五）每一包装材料的名称、批号和实际使用的数量；

（六）根据工艺规程所进行的检查记录，包括中间控制结果；

（七）包装操作的详细情况，包括所用设备及包装生产线的编号；

（八）所用印刷包装材料的实样，并印有批号、有效期及其他打印内容；不易随批包装记录归档的印刷包装材料可采用印有上述内容的复制品；

（九）对特殊问题或异常事件的记录，包括对偏离工艺规程的偏差情况的详细说明或调查报告，并经签字批准；

（十）所有印刷包装材料和待包装产品的名称、代码，以及发放、使用、销毁或退库的数量、实际产量以及物料平衡检查。

第六节　操作规程和记录

第一百八十一条　操作规程的内容应当包括：题目、编号、版本号、颁发部门、生效日期、分发部门以及制定人、审核人、批准人的签名并注明日期，标题、正文及变更历史。

第一百八十二条　厂房、设备、物料、文件和记录应当有编号（或代码），并制定编制编号（或代码）的操作规程，确保编号（或代码）的唯一性。

第一百八十三条　下述活动也应当有相应的操作规程，其过程和结果应当有记录：

（一）确认和验证；

（二）设备的装配和校准；

（三）厂房和设备的维护、清洁和消毒；

（四）培训、更衣及卫生等与人员相关的事宜；

（五）环境监测；

（六）虫害控制；

（七）变更控制；

（八）偏差处理；

（九）投诉；

（十）药品召回；

（十一）退货。

▶ 情境导入

情境：GMP要求"文件应当定期审核、修订，文件修订后，应当按照规定管理，防止旧版本文件的误用。分发、使用的文件应当为批准的现行版本，已撤销的或旧版本文件除留档备查外，不得在工作现场出现。"国内某企业在一次GMP认证检查时，专家在车间压片岗位发现了两个版本（2002版和2003版）的《×××压片机标准操作规程》，岗位操作人员解释为2003版是前两天生效的现行版本，2002版没来得及上交，但现在不用了。依此专家认为：①该企业没有执行良好的文件管理流程，没有严格控制文件的分发、使用，以及收回销毁并建立相应记录追溯；②压片岗位操作人员有可能按照失效版本的规程操作压片机，生产出的产品可能存在质量风险。这是一个文件管理的GMP认证缺陷，文件管理失控，企业员工的操作标准将会混乱，不唯一，这会导致企业产品质量的不稳定性，甚至产出不合格品。

问题发生后，该企业对文件的管理进行整改：修订了公司文件的管理流程，细化了文件修订、审核、批准、分发、使用以及收回销毁作业要求，建立了文件受控发放记录、文件收回销毁记录和文件变更记录，以确保工作现场的文件仅为现行版本，员工的作业标准是唯一的。

思考：该案例对文件规范管理有何启示？

任务一　GMP 对文件管理的基本要求

PPT

一、GMP 文件的内涵

文件系统是制药企业GMP软件的基础，一个运行良好的制药企业不仅要有先进的设备设施等硬件支撑，也要有管理软件来保证，而管理软件的基础就是GMP管理的文件系统。GMP文件系统是制药企业绝对不可缺少的。

《中华人民共和国药品管理法》规定：药品生产企业必须按照国家药品监督管理部门制定的《药品生产质量管理规范》（GMP）的要求，配备相应的设施和设备，制定和执行保证药品质量的规章制度、卫生要求。在这里"规章制度、卫生要求"可以视为GMP的软件，而这个软件的核心是文件系统的完善和执行。GMP文件是指一切涉及药品生产管理、质量管理的书面标准和实施中的记录结果。

▪ 知识链接

世界卫生组织对 GMP 中文件的要求

世界卫生组织（Word Health Organization，WHO）对药品生产质量管理规范中文件的原则提法是：文件是质量保证体系的基本部分，它涉及GMP的所有方面，其目的在于确定所有物料的规格标准、生产工艺规程和检验方法；保证与生产有关的所有人员知道做什么，在什么地方做、何时做，为什么做；保证质量授权人具有足够的资料决定一批药品是否放行；提供可对怀疑有缺陷产品的历史进行调查的线索；GMP文件没有固定的格式，它的设计和使用取决于生产企业；企业根据自身的规模、产品工艺复杂程度和有限的资源等特定条件量身制定相应的文件管理系统。需要考虑的主要因素：企业的规模和组织结构（包括外包活动）；企业环境；企业的目标（质量目标、经营目标）；企业生产的产品；企业管理流程；企业发展的需求。

1. GMP 文件系统 是指制药企业内的所有 GMP 文件相互关联或相互作用的一组因（要）素，由标准和记录构成。标准包括管理标准、技术标准、工作标准。标准是指制定某一范围内的活动及其结果的规则、指导或特性定义的技术规范或其他精确准则，其目的是确保材料、产品、过程和服务能够符合要求。记录是指实际活动中执行标准情况的结果文件，包括各种表格记录、台账、报告。制药企业的文件系统是贯穿于药品生产管理、质量管理全过程，连贯有序的系统文件。GMP 文件系统见图 6 - 1。

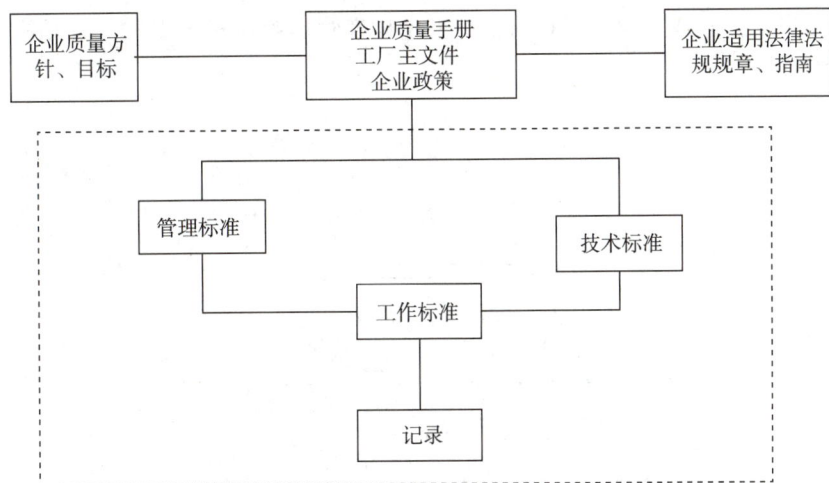

图 6 - 1 药品生产企业 GMP 文件系统结构示意

2. GMP 文件的意义 是企业生产运营的依据，使企业生产、质量管理全过程"有章可循"；为企业迎接 GMP 认证、外部客户审计及内部自检提供证据，使企业从管理到操作处于"有案可查"的状态，企业生产、质量管理全过程可追溯；为企业质量管理持续改进提供数据，原始的记录文件能真实反映标准操作和控制的结果，从这些结果反映出：对产品工艺影响的参数、环保影响的参数、设备问题的参数、质量指标甚至成本指标等，从而发现需要质量改进的控制点；企业员工培训的根据，文件是员工实际操作培训的组成部分。

二、文件管理的内容

文件管理是企业质量管理系统的基本组成部分，涉及到 GMP 的各个方面，与生产、质量、存储和运输等相关的所有活动都应在文件系统中明确规定。所有活动的计划和执行都必须通过文件和记录证明。良好的文件和记录是质量管理系统的基本要素，应精心设计、制定、审核、批准和发放。

GMP 文件管理为企业产品的质量实现服务，应从人（人员）、机（设施设备）、料（物料）、法（方法）、环（环境）、测（检测）等方面建立质量活动标准，重点关注内容包括以下几项。

1. 人员培训 GMP 培训管理，包括培训类型、培训计划、实施、报告等。

2. 基础设施（包括厂房设施设备） 生命周期管理及其要素，包括用户需求、校准、维护等。

3. 物料管理　供应商管理、原辅料和包装材料的质量控制、生产物料管理、储运等。

4. 工艺过程　产品技术转移、生产过程控制、返工和重新加工等。

5. 环境控制　洁净区级别管理、环境监控、趋势分析等。

6. 质量控制和产品放行　质量标准的建立、质量控制、产品放行流程等。

7. 确认与验证　验证主计划、确认验证流程、工艺验证、清洁验证、计算机化系统验证等。

任务二　GMP 文件的分类

PPT

一、GMP 文件类别

制药企业为有效管理企业数量庞大的文件，可将文件分为四个层次进行管理，见图 6-2、表 6-1。

根据公司的规模、组织结构和活动范围，这四类文件可以有交叉和合并，如指导文件和标准规程合并为一体，称为规程。一些企业根据自身情况使用标准管理规程和 SOP 的文件结构。

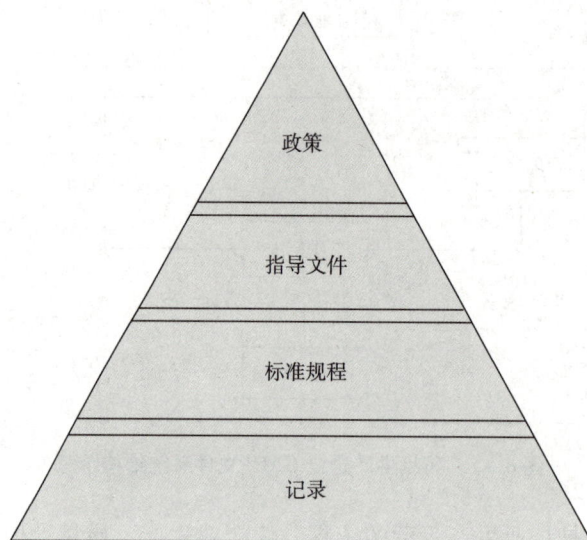

图 6-2　企业文件管理的四个层次示意

表 6-1　制药企业文件类型

文件类别	描述	
政策	公司政策综述：定义了公司管理框架、基本原则和目标；不涉及具体的系统、工艺或要求	SMP
指导文件	系统、通用性工艺、总体要求：定义了通用性工艺和总体要求/职责	SOP
标准规程	详细的操作标准要求和规程：基于相应的指导文件，详细的操作要求和规程包括 ——生产工艺的详细说明 ——公司或（和）某职能的标准操作	SOP
记录	所有与 GMP 相关活动的记录文件，提供这些活动的历史和相关情况	RD

注：SMP，标准管理规程/程序；SOP，标准操作规程/程序；RD，记录文件。

根据建立的四级文件类别，需要确定每一类别中具体需要编写和执行的文件，举例见表 6-2。

表 6 - 2　制药企业文件管理主要类型

文件类别	文件举例	说明
政策	工厂主文件	公司最高管理层负责批准此类文件，此类文件一般不需要频繁修订
	质量手册	
	部门职责	
	质量方针、目标	
指导文件	生产处方	基于政策内容，相关管理人员负责编写；根据政策变化、注册要求、法规更新和新客户的要求进行修订或定期回顾修订
	设备维护、校准管理	
	确认与验证管理	
	变更控制管理	
	偏差管理	
	质量标准、环境监测	
标准规程	产品工艺规程	基于指导文件由实施部门负责编写；根据实际情况随时进行修订和定期回顾修订
	标准操作程序/规程	
记录	批生产、包装记录	基于规程内容由使用部门负责编写；根据实际情况随时进行修订或定期回顾修订
	批检验记录、其他表格记录	

知识链接

工厂主文件

工厂主文件（site master file，SMF）是描述制药企业 GMP 相关活动的一个文件。SMF 在中国 GMP（2010 年修订）中没有明确提到，它在欧盟 GMP 中有明确要求。作为企业质量管理体系中文件部分，SMF 可以说成为国内企业迎接国外 GMP 认证和客户审计必备的一个文件，该文件的内容组成主要包括企业的基本信息、人员、厂房设备、生产质量管理及附录部分，见表 6 - 3。

表 6 - 3　工厂主文件主要内容及说明

主要内容	说明
基本信息	·工厂的简要描述 ·工厂药品生产许可范围 ·工厂任何其他的生产行为（包括制药和非制药的行为）说明 ·工厂的名称和确切的地址，包括邮箱、传真和 24 小时接听电话的号码 ·描述工厂实际生产的产品，包括有毒或有害物质处理及生产的方式（用专用设备生产或连续生产）；工厂是否既生产人用药又生产兽药等 ·描述工厂规模、位置和周边环境 ·运用外部的科学方法、分析技术或其他技术进行的生产和检验的说明 ·简要描述工厂的质量管理体系，包括质量政策、QA 职责、审计检查程序、供应商评估程序、产品放行程序等
人员	·QA、生产、QC、储运部门的组织架构及员工人数 ·关键人员的资质、经历和职责 ·员工培训管理 ·生产相关人员的卫生健康要求（包括着装要求、体检、疾病汇报系统）
厂房与设备	·厂房的建筑及其表面机构的特性 ·简要描述厂房通风系统，生产洁净区洁净级别 ·简要描述水系统，包括制水流程和清洁消毒程序 ·厂房、设备的维护（维护计划和维护记录） ·简要描述主要的生产和实验室设备 ·设备确认、验证和校准要求 ·厂房、设备有效地清洁标准规程

续表

主要内容	说明
生产与质量	·简要描述生产操作，用流程图的方式描述并指出重要参数 ·生产物料、产品的取样、待验、放行和存储的要求 ·产品返工和重新加工的要求、不合格品的处理要求 ·产品工艺验证的基本要求 ·简要描述质量控制系统、文件管理系统、企业内部自检的要求 ·委托生产和委托检验的说明 ·产品发货、客户投诉与产品召回的管理要求
附录	·工厂位置平面图 ·企业产品清单 ·企业生产许可证和 GMP 证书复印件 ·生产洁净级别图 ·企业组织机构图 ·有关流程图（生产工艺、变更控制、偏差管理、投诉等） ·主要 SOP 文件清单

二、标准

（一）管理标准（SMP）

管理标准是指对企业运营中需要统一协调的管理事项所制定的标准规则或程序，亦称标准管理规程（程序）（standard management procedures，SMP）。管理标准能使企业中不同岗位之间的工作相互衔接，协调一致，形成一个全员的目标保证系统，发挥企业的整体优化效应和系统功能；是企业规定计划、生产管理、质量管理和市场营销等管理职能而制定的规程（程序）。对不成熟的重复性管理事项不宜制定企业管理标准。

药品生产企业质量管理体系的 GMP 文件系统，管理标准的制定必须涉及的管理事项：文件的管理、员工培训、物料供应商的评估和批准、仓储管理、生产计划制定与实施、不合格品的控制、产品放行、变更控制、变差管理、厂房与设备的维护与校准、确认与验证、环境监测、虫害控制、实验室管理、客户投诉处理、产品退货和召回管理、自检程序、委托生产和委托检验管理等。

（二）技术标准

技术标准（technical specification，TS）是指企业在生产技术活动中，由政府主管部门及企业制定和颁布的技术性规范、准则、办法、指南、标准、规程和程序等书面要求。药品生产企业的技术标准是指对药品生产中需要协调统一的技术事项所制定的标准，它是企业从事厂房设施建设、药品生产及流通需共同遵守的技术依据。

技术标准是以物料（包括原料、辅料及包装材料）、产品（包括中间产品、待包装产品及成品）、制药用水、制造用压缩空气和氮气（若需要）等为对象，对它们的质量及生产中涉及的工艺过程、生产环境、技术安全、生产设备、物料平衡、产品收率等的描述和规定；是制定各种操作规程的依据。GMP 文件系统中，技术标准可分为工艺规程和质量标准，质量标准包括原辅料质量标准、包装材料质量标准、中间产品质量标准、待包装产品质量标准、成品质量标准、制药用水质量标准、压缩空气（氮气）质量标准等，如×××产品的工艺规程，×××产品的质量标准。

1. 产品工艺规程 GMP（2010 年修订）关于工艺规程的定义：为生产特定数量的成品而制定的一个或一套文件，包括生产处方、生产操作要求和包装操作要求，规定原辅料和包装材料的数量、工艺参数和条件、加工说明（包括中间控制）、注意事项等内容。

工艺规程是产品设计、质量标准和生产、技术、质量管理的汇总，是企业组织和指导生产的主要依据和技术管理工作的基础。保证生产的批与批之间，尽可能地与原设计吻合，保证每一药品在有效期内保持预定的质量。根据 GMP（2010 年修订）及企业通常的文件规定的要求，工艺规程应包括的内容，见表 6-4，工艺规程应定期回顾，按变更管理控制其改变。

表 6-4　产品工艺规程主要内容

工艺规程	主要内容
生产处方	·产品名称和产品代码 ·产品剂型、规格和批量 ·所用原辅料清单（包括生产过程中使用，但不在成品中出现的物料），阐明每一物料的指定名称、代码和用量；如原辅料的用量需要折算时，还应当说明计算方法 △ 产品特性描述（包括物理特性，如外观、颜色，形状，单位重量等等） △ 针对需要按照效价调整的物料，可描述调整需要的计算方法 △ 产品质量标准编号，注册标准编号；
生产操作要求	·对生产场所和所用设备的说明（如操作间的位置和编号、洁净度级别、必要的温湿度要求、设备型号和编号等） ·关键设备的准备（如清洗、组装、校准、灭菌等）所采用的方法或相应操作规程编号 ·详细的生产步骤和工艺参数说明（如物料的核对、预处理、加入物料的顺序、混合时间、温度等） ·所有中间控制方法及标准 ·预期的最终产量限度，必要时，还应当说明中间产品的产量限度，以及物料平衡的计算方法和限度 ·待包装产品的贮存要求，包括容器、标签及特殊贮存条件 ·需要说明的注意事项
包装操作要求	·以最终包装容器中产品的数量、重量或体积表示的包装形式 ·所需全部包装材料的完整清单，包括包装材料的名称、数量、规格、类型以及与质量标准有关的每一包装材料的代码 ·印刷包装材料的实样或复制品，并标明产品批号、有效期打印位置 ·需要说明的注意事项，包括对生产区和设备进行的检查，在包装操作开始前，确认包装生产线的清场已经完成等 ·包装操作步骤的说明，包括重要的辅助性操作和所用设备的注意事项、包装材料使用前的核对 ·中间控制的详细操作，包括取样方法及标准 ·待包装产品、印刷包装材料的物料平衡计算方法和限度

注：·为 GMP（2010 年修订）的要求；△为企业通常要求。

2. 质量标准　企业应根据产品生产工艺、成品质量需求及物料供应商体系评估制定企业物料、产品的内控质量标准，一般而言，企业内控质量标准高于法定标准以确保产品质量。质量标准应详细阐述生产过程中所有物料或所得产品必须符合的技术要求。质量标准是质量评价的基础，是保证产品质量安全性、有效性和一致性的重要因素。

根据 GMP（2010 年修订）的要求，质量标准制定依据有：①国家药品标准（包括中国药典和部颁药品标准）；②中国国家标准（GB）；③中国行业标准（例如，药包材行业标准，YBB）；④产品的其他官方注册文件。

说明：①根据药品的销售地点，需考虑其他各国药典，如欧洲药典、美国药典、日本药典、英国药典或国际标准；②进口药品包装材料须同时符合进口药品包装材料标准。

质量标准需要根据药典、国家标准或注册文件的变化进行相应的修订，当药典或有关文件更新时，应检查每个物料相对应的专论、方法等，确定是否需要更新质量标准。

物料质量标准 GMP（2010 年修订）中物料指原料、辅料及包装材料。包装材料指与药品直接接触的包装材料和容器、印刷包装材料。物料质量标准所包含的主要信息，见表 6-5。

表 6-5 物料质量标准主要信息

物料标准项	主要信息
物料的基本信息	·企业统一指定的物料名称和内部使用的物料代码 ·质量标准的依据 ·经批准的供应商 ·印刷包装材料的实样或样稿
取样、检验方法或相关操作规程编号	·取样方法、取样工具、容器、数量及地点 ·取样时物料外观特性
定性和定量的限度要求	·标准品、对照品、样本的编号 ·所用仪器型号，编号
贮存条件和注意事项 有效期或复验期	
中药材标准	·采购原料规定的商品等级 ·加工标准及加工地点 ·炮制标准及炮制地点
印刷包装材料标准	·识别品种、包装配套、印刷版次 ·文字标准，及文字设计的墨稿及复印件 ·印刷用色标 ·规格、质量控制项目、合格水平、判定方法及说明 ·条形码基准、商标基准及标准样板

成品的质量标准 GMP（2010 年修订）中成品是指已完成所有生产操作步骤和最终包装的产品。企业成品的质量标准为产品放行的主要依据之一，只有符合成品质量标准的产品才能放行销售。GMP（2010 年修订）规定成品的质量标准应当包括：①产品名称以及产品编码；②标准的法定依据；③对应的产品处方编号；④产品规格和包装形式；⑤产品取样、检验方法或相关操作规程编号；⑥定性和定量的限度要求；⑦存储条件和注意事项；⑧有效期或保质期。

（三）工作标准（SOP）

GMP（2010 年修订）中工作标准主要指操作规程，亦称 SOP，是批准用来指导设备操作、维护与清洁、验证、环境控制、取样和检验等药品生产活动的通用性文件。SOP 指以人的工作为对象，对工作范围、人员职责与权限、工作方法及内容等所制定的标准、程序等书面要求，是企业活动和决策的基础，确保每个人能及时正确地执行质量相关的活动和流程。

SOP 根据企业的规定应该有相应的模板和编写要求，一般情况下，应包括如表 6-6 所示的内容。

表 6-6 SOP 的主要内容

页面	内容
每页	文件的题目、编号和版本号（＊） 页码标注：第几页/共几页（＊）
封面页	公司名称 文件类型——SOP 生效日期（＊） 评估日期 编写人、审核人和批准人签名/日期（＊） 文件颁发部门（＊） 文件分发部门（＊）

页面	内容
正文（*）	（1）目的：描述文件的目标 （2）适用范围：描述文件的适用范围 （3）职责 ①描述规程中执行者与参与者的责任，如果任务可授权需要明确说明 ②文件修订、检查和批准的职责 （4）定义/缩略语：解释文件中的定义和缩略语，便于理解 （5）设备及材料：描述规程中需要使用的设备与材料 （6）操作步骤 ①描述需要完成的任务和达成的目标 ②使用物料和设备的质量标准 ③可接受标准，时间要求 ④使用的文件、表格和模板 ⑤偏差处理（如需要） （7）附件：数据信息、工作流程，如表格、清单等 （8）培训要求：需要培训的岗位 （9）相关文件：描述相关其他文件的名称，如规程和记录 （10）变更历史：变更描述、变更后版本号、生效日期

注："*"为 GMP 要求的必需内容。

三、记录

记录是反映实际生产活动实施结果的书面文件，包括批记录、各种台账、设备使用记录、工作日志、取样证、合格证、检验报告、确认报告、验证报告等，记录是药品制造过程中各种生产和质量活动结果的证据。GMP 原则要求，有操作就应有记录，且必须真实、完整，体现产品生产过程的实际情况，以便查证追溯产品的生产历史。

GMP（2010 年修订）中关于批记录的定义为用于记述每批药品生产、质量检验和放行审核的所有文件和记录，可追溯所有与成品质量有关的历史信息。批记录主要包括批生产记录、批包装记录、批检验记录和成品放行记录。批生产记录和批包装记录应根据批准的工艺规程的相关内容制定，GMP（2010 年修订）中要求批生产记录和批包装记录必须包含的内容，见表 6-7。

表 6-7 批生产记录和批包装记录主要内容

项目	内容
批生产记录	产品名称、规格、批号 生产以及中间工序开始、结束的日期和时间 每一生产工序的负责人签名 生产步骤操作人员的签名；必要时，还应当有操作（如称量）复核人员的签名 每一原辅料的批号以及实际称量的数量（包括投入的回收或返工处理产品的批号及数量） 相关生产操作或活动、工艺参数及控制范围，以及所用主要生产设备的编号 中间控制结果的记录以及操作人员的签名 不同生产工序所得产量及必要时的物料平衡计算 对特殊问题或异常事件的记录，包括对偏离工艺规程的偏差情况的详细说明或调查报告，并经签字批准
批包装记录	产品名称、规格、包装形式、批号、生产日期和有效期 包装操作日期和时间 包装操作负责人签名 包装工序的操作人员签名 每一包装材料的名称、批号和实际使用的数量 根据工艺规程所进行的检查记录，包括中间控制结果 包装操作的详细情况，包括所用设备及包装生产线的编号 所用印刷包装材料的实样，并印有批号、有效期及其他打印内容；不易随批包装记录归档的印刷包装材料可采用印有上述内容的复制品 对特殊问题或异常事件的记录，包括对偏离工艺规程的偏差情况的详细说明或调查报告，并经签字批准 所有印刷包装材料和待包装产品的名称、代码，以及发放、使用、销毁或退库的数量、实际产量以及物料平衡检查

任务三　文件管理的生命周期

PPT

一、文件管理的目的

实施 GMP 的一个重要特点就是要做到一切行为以文件为准。按照 GMP 的要求，生产管理和质量管理的一切活动，均须以文件的形式来体现，行动可否进行，要以文件为依据。建立一套完备的文件系统可以避免语言上的差错或误解而造成事故，一个行动如何进行只有一个标准，而且任何行动后，都有文字记录可查，做到"查有据，行有迹，追有踪"。建立完备的文件系统可以明确质量管理系统的保证作用，提供各种标准规定，追踪有缺陷的产品，也可以使企业管理走上规范化、程序化道路。其主要目的如下。

（1）明确规定企业的质量管理体系，这是 GMP 三大目标要素之一。

（2）行动以文件为依据，且一个行动只有一个标准，保证所有有关人员收到有关指令并切实执行，规范操作者的行为。

（3）任何行动后均有记录可查，可以对质量缺陷产品进行调查和跟踪，为追究责任、改进工作提供依据。

（4）书面的文件系统有助于对企业员工进行系统的 GMP 培训，保持企业内部良好的联系。

（5）文件系统的建立和完善，促使企业实施规范化、科学化、法制化管理。

制药企业建立和完善文件系统，加强文件管理，既是实施 GMP 的需要，也是 GMP 认证的需要，归结到一点，是保证人民群众用药安全的需要。

二、文件管理生命周期的要求

（一）概述

文件管理有其相应的生命周期过程，包括文件起草/修订、审核、批准、发放、培训、生效、失效及归档的全过程，如图 6-3 所示。通过对整个生命周期过程的分阶段控制，确保文件管理符合相应的法规和程序要求。

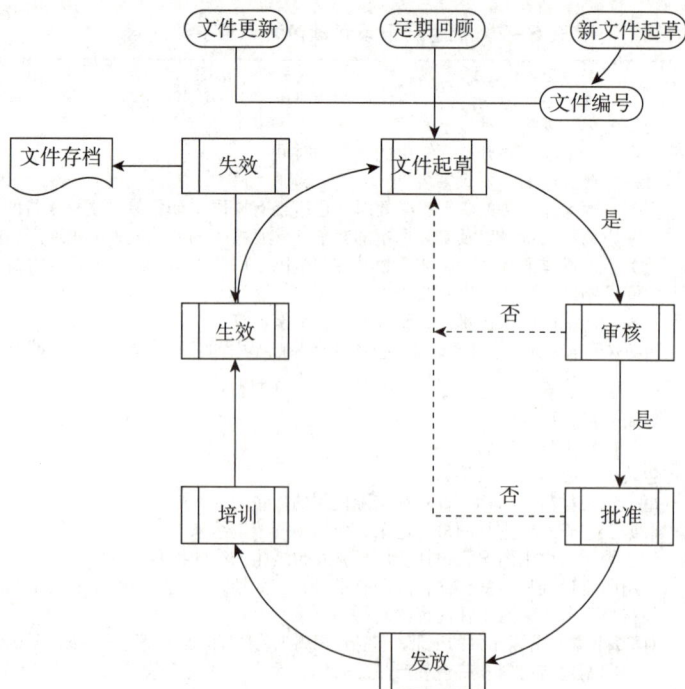

图 6-3　文件管理的生命周期

（二）文件管理的内容

药品生产企业文件管理是指文件的设计、制定、审核、印制、批准、分发、培训、生效执行、变更、修订、失效和归档的一系列过程的管理活动，即对文件管理的生命周期进行管理。GMP（2010年修订）要求企业须根据自身情况和管理需要制定文件管理的管理规程/程序，该规程/程序在文件生命周期不同阶段应遵循的要求见表6-8。

表6-8　GMP文件管理生命周期的要求

生命周期阶段		要求描述
起草		建立新文件：起草之前要精心设计 已有文件的定期回顾、评估，若需要进行修订升级 文件的起草遵循"谁使用谁起草""谁颁发谁起草"的原则
审核		格式审核：对照已规定的文件标准格式检查相关内容，包括：文件编号/版本号、字体、字号；一般由企业文件管理员负责 内容审核：从法规、技术和管理的角度检查相关内容，文件的内容应与药品生产许可证、注册要求相一致；一般由部门技术专家和管理负责人负责 药品生产管理、质量管理的所有文件需企业质量管理部门的审核
批准		文件在使用前必须经过批准，批准人应当是部门负责人（含）以上的管理负责人 质量管理文件由企业质量管理负责人批准；生产管理文件由企业生产管理负责人批准，也可由质量管理负责人批准 批准后的文件可以用于培训 不能同时有两个版本的文件在工作现场出现
发放培训生效	发放	确保工作现场文件的获取，可根据需要向现场发放文件的纸质版本（复印件） 工作现场可被授权查阅计算机化管理的文件电子版本 若需要对企业外部提供文件，应有明确的规定 按需要的份数印制 文件的发放应有记录
	培训	为保证文件内容的执行，必须明确文件的培训要求；在文件正式生效前，相关人员要接受培训 文件的培训应有记录 生效日期当天文件生效，按文件要求的内容执行
	生效	通常情况下，文件批准日期后至生效日期前有一段时间间隔，用于文件的培训，即设定"批准日期"规定时间段后为文件的生效日期，一般可由企业文件管理员根据批准日期设定；但根据实际情况也可另行规定，如批准日期即为生效日期
失效		失效文件应及时撤销，防止工作现场错误使用失效文件（版本）
存档		按规定对失效文件进行保存归档，以便查阅 企业应根据文件性质和自身需求制定文件存档保存期限
定期回顾		应规定文件的回顾周期并定期评估，以确保文件内容为最新的要求并适用。文件的定期回顾周期由企业根据自身情况制定，一般而言，产品工艺规程每三至五年评估一次，SOP每2年评估一次，若需要进行修订 政策、法规更新时，或变更原辅料、与药品直接接触的包装材料、生产工艺、主要生产设备以及其他影响药品质量的主要因素时，应根据规定要求立即评估修订

1. 文件编制的原则　企业文件的编制一般由使用部门或颁发部门完成，必要时，可由质量管理部门协助完成。如果需要按GMP或法规的要求制定或修订较大量的文件时，可组建一个文件编制小组，该小组一般由企业质量管理负责人负责，由生产、设备、质量保证（QA）、质量控制（QC）、物料管理、人力资源管理等部门的专业技术人员和部门负责人组成，形成一个文件编制体系。该系统的工作需要高效、协调、运行良好，具有权威性，职责明确。文件的编制应符合下列原则。

（1）目标性　文件的目标应明确且无歧义，以便于理解、交流和管理。

（2）统一性　每个文件的文体和术语应保持一致。系列文件的结构及其章、节的编号应尽可能相同，类似（相同）的条款应使用类似（相同）的词语来表达。对于同一个概念应使用同一个术语，每个术语应尽可能只有唯一的含义。

（3）协调性　为了达到所有文件整体协调的目的，文件的编制应遵守现行基础标准，如标准化原理和方法。

（4）适用性　文件的内容易懂以便于实施，并易于被其他文件所引用。

（5）一致性　如果有相应的国际文件，编制文件时应以其为基础并尽量能保持与国际文件相一致。

（6）规范性　在编制文件之前应确定标准的预计结构和内在联系，尤其要考虑内容划分。如果标准分为多个部分，则应预先确定各个部分的名称。

记录文件使用的一般要求 GMP（2010 年修订）对记录文件的使用要求有明确的规定，企业应根据 GMP 要求制定记录文件使用的标准要求，标准要求概括为以下几项。

①使用的记录格式为经过批准的格式。

②记录中需要记录的项目是预先设计并经过批准的。

③所记录的信息应及时、真实、清晰、正确、完整。

④不可使用不规范的缩写来记录文字或单位（如物理或化学单位），填写记录时应注意数字单位及有效数字与要求一致。

⑤记录时应工整地书写，正常情况下应使用蓝色或黑色，应使用字迹不能擦掉或消褪的笔，一般使用签字笔。

⑥内容与上项目相同时应重复抄写，不得使用"…"或"同上"等表示。

⑦文件记录不可使用废纸。

⑧只有操作者本人获取的数据，才能填入记录中。

⑨记录应按表格内容填写齐全，如果操作不需执行，相应的记录空格应用斜线划掉，应签名和日期，必要时还需注明不需操作填写的原因。

⑩所有文件和记录必须有总页数和页码，如果页数不够，可加附页。

⑪产品放行的数据从原始数据记录转移到报告单/数据处理系统时，如果数据转移人没有进行测量（测试或运行操作），或转移的时间超过一天，需要经过第二人的复核签名。结果页需要和该文件记录一起保存，如果单独保存，需要说明保存地点和保存期限。

⑫理论上，原始数据的更改是不应该和不可能发生的。原始数据只能在特殊的情况下允许被更改，如书写错误和输入错误。但是被更改的信息仍然清晰可读，更改人应签名和日期，同时注明更改的原因，如抄写错误、输入错误、数字调换等。

⑬禁止覆盖、删除或涂抹已填写好的记录数据信息，被更改的数据信息应用单线划掉，在其上或下或旁边写下正确内容，并签名和日期，同时注明原因。

2. 文件的归档及保存期限　文件记录的保存的形式可以是纸质原件或准确的副本，如影印件、缩影胶片、单片缩影胶片，或原件的其他精确复制品。关于文件记录的保存期限，对批产品相关文件和不相关文件有不同的要求。批产品相关文件包括：批生产记录、批包装记录和批产品涉及采购、收货、生产（包括清洁、批相关偏差和监测记录），批检验记录、批放行记录、批拒收、返工、再加工、存储、发货和退货等记录。对批产品相关的文件保存期限，GMP（2010 年修订）是这样描述的："与批相关的每项活动均用有记录，所有记录至少应保存至药品有效期后一年，确认和验证、稳定性考察的记录和报告等文件应长期保存，以保证产品生产、质量控制和质量保证等活动可以追溯。"对批产品不相关的文件保存期限，GMP（2010 年修订）没有明确规定，企业需要根据产品、工艺的特点，制定相应的保存期限，有一些文件，如政策、指导文件、SOP 和基础批记录等，应有变更历史的记录，该记录应长期保存。

不同物料、产品相关文件的建议保存期限

参考欧盟 GMP 和美国 FDA 的相关规定，不同物料、产品批相关文件的建议保存期限见表 6 - 9。

表 6 - 9 不同物料、产品相关文件的建议保存期限

批相关文件	建议保存期限	法规依据
中间产品	有效期后 1 年或 5 年，选择较长者	Directive 2003/94/EC 人用药 GMP 指导原则第 9.1 条
半成品、成品		21 CFR211.180（a）
活性成分 辅料 包装材料	与活性成分、辅料和包装材料有关的产品有效期后 1 年	21 CFR211.180（b）
用于销售的活性成分	有效期后 1 年或如果有复验期，发货后 3 年	欧盟 GMP 指南 人用药品及兽药第二部分，6.13 章
用于临床试验半成品和成品	临床试验完成或正式终止后 5 年	Directive 2003/94/EC 人用药 GMP 指导原则第 9.1 条

任务四　GMP 文件的编号管理

PPT

一、文件的编号系统 微课

GMP（2010 年修订）明确要求制药企业所有文件应有文件编号和版本号，并且整个企业内部要保持一致，以便于识别、控制及追踪，同时避免发放、使用过时的文件。企业文件编号系统的原则如下。

1. 系统性　统一分类、编号，指定专人负责给定编号，同时进行记录。

2. 准确性　文件与编号一一对应。一旦某一文件终止使用，此文件编号立即作废，并不得再使用。

3. 追溯性　根据文件编号系统规定，可随时查询文件变更历史。

4. 稳定性　文件编号系统一旦确定，一般情况不得随意变动，应保持系统的稳定性，以防止文件管理的混乱。

5. 相关性　文件一旦经过修订，必须给定新的版本号，同时对其相关文件中出现的该文件号同时进行修正。

二、GMP 文件系统的编号

GMP 文件系统的编号不是千篇一律的，企业根据自身的实际情况制定文件系统的编号，以下举例某一企业的文件编号系统，供学习。

1. 文件的编号　由四大部分组成，分别是：文件类别、文件次类别、文件序号及版本号。

2. 文件类别　现有文件类别、类别英文说明、类别代码如表 6 - 10 所示。

表6-10 文件类别及英文说明和类别代码汇总表

文件类别	英文说明	类别代码
公司主文件	mast file	MF
标准操作规程/程序	standards operation procedure	SOP
技术标准	technical standards	TS
记录文件	record document	RD
验证文件	validation document	VD
验证主计划	validation master plan	VMP
风险分析文件	risk analysis & control	RAC
岗位说明书	job description	JD
安全职责	safe responsibilities	HASO
…	…	…

3. 文件次类别 文件次类别用 "01. 02……" 两位阿拉伯数字表示，不同类别的文件中的次类别代号可以相同。不同文件次类别的编码见表6-11。

表6-11 文件次类别编码表

文件类别	文件次类别	编码
公司主文件（MF）	工厂主文件	01
	质量管理手册	02
	安全健康管理手册	03
	环境保护管理手册	04
	…	…
标准操作规程/程序（SOP）	人力资源	01
	设施与设备	02
	仓储管理	03
	生产加工	04
	质量保证 QA	05
	实验室 QC	06
	成品发运	07
	计量管理	08
	计算机化系统	09
	环境保护	10
	安全健康	11
	…	…
技术标准（TS）	产品工艺规程	01
	成品质量标准和检验方法	02
	中间产品质量标准和检验方法	03
	物料质量标准和检验方法	04
	通用质量标准和检验方法	05
	…	…

续表

文件类别	文件次类别	编码
职位说明书（JD）	高级管理者	01
	中层管理者	02
	基层管理者	03
	基层员工	04
	…	…
记录文件（RD）	人力资源	01
	设施及设备	02
	仓储	03
	生产加工	04
	质量 QA 记录	05
	实验室 QC	06
	成品发运	07
	计算机化系统	08
	计量	09
	环境保护	10
	安全健康	11
	批生产记录	12
	批包装记录	13
	检验记录	14
	技术转移	15
	…	…

4. 文件的序号　以三位阿拉伯数字表示，以文件制定的先后顺序流水编号。

5. 文件版本号　用不限位数的阿拉伯数字表示文件的修订次数，如"1"表示为第一个版本，2表示第二个版本，依此类推。

6. 间隔号　如果同时书写文件编号和版本号的时候，文件编号与版本号之间用分隔符"－"分隔。

7. 举例说明　见图 6 - 4。

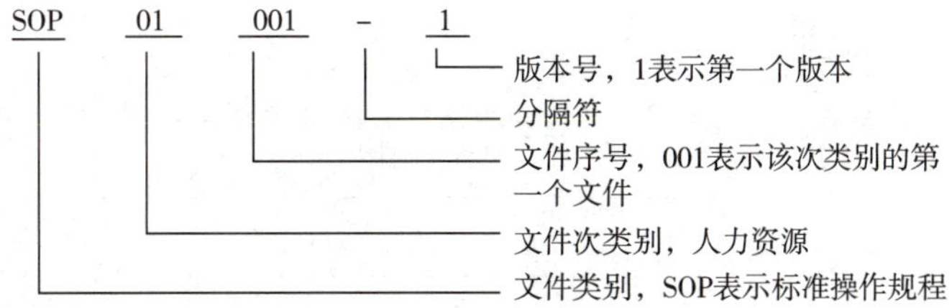

SOP　　01　　001　－　1

```
SOP    01    001  -  1
                      └── 版本号，1表示第一个版本
                  └──── 分隔符
             └──────── 文件序号，001表示该次类别的第
                       一个文件
       └────────────── 文件次类别，人力资源
  └─────────────────── 文件类别，SOP表示标准操作规程
```

图 6 - 4　文件编号示例

实训任务八　填写生产文件

【实训目标】

掌握批生产文件称量工序记录的填写方法。

【实训准备】

1. 打印称量工序记录表，准备称量物料和称量设备，准备记录工具。
2. 学生分组，选择小组负责人。

【实训内容及步骤】

1. 记录的填写要求

（1）记录内容要真实，及时记录防止超前填写和回忆填写。

（2）使用中性笔填写，不得使用铅笔、圆珠笔等易于擦洗笔记的记录工具。

（3）按照药品的全名进行填写，不得填写简称。

（4）表格内容要求全部填写，如无内容时，应以"—"代替，相同内容不得用简写符号和"同上"代替。

（5）不得任意涂改、撕毁文件，需要更改时，应划去后在旁边重写，并有更改者签名同时标注日期。

2. 填写记录实例 某一产品批生产的称量工序记录见表 6-12~表 6-15。

表 6-12 批产品称量检查记录

品名		规格	5mg/以	计	批号		批量	150 万片
生产前检查：需填写数据在确认记录栏内如实填写					确认记录			
确认称量间（房间号：×××）已清场并检查合格					称量间：清场合格□			
称量间相对工艺走廊为负压且压差≥5Pa					称量间压差：_____ Pa			
称量间温度、湿度是否符合要求 温度：18~26℃；相对湿度：45%~65%					温度：_____ ℃ 湿度：_____ %			
确认层流设备已开启且开启自净时间在半小时以上					是□ 否□			
确认称量间层流罩上的压差表压差在 60~80Pa					Pa			
电子秤已清洁并已校准：A 物料的称量选用分度值不低于 50g 的电子秤，B 物料的称量选用分度值不低于 0.5g 的电子秤					电子秤编码：_____ 清洁□ 校准□ 清洁□ 校准□			
原辅料暂存间所备物料是否与工艺规程相符					是□ 否□			
操作规程、生产指令、当批生产记录是否在岗					是□ 否□			
是否有足够数量的相关记录、标签、原辅料盛装袋、手套					是□ 否□			
生产前检查：需填写数据在确认记录栏内如实填写					确认记录			
是否有适当且足够的容器具，容器具是否清洁					是□ 否□			

检查合格后，填写当班的生产状态标识卡，替换称量间门上的清场合格副本，将清场合格证副本贴于本岗位指定位置。

检查人/日期：　　　　　　　　　　　　　　　复核人/日期：

清场合格证

副本粘贴处

表 6 – 13　批产品称量记录 1

品名			规格	5mg/以	计	批号			批量	150 万片
名称：A 物料			物料编码：08020025			理论投料量：37.5kg 分三料，每料 12.5kg			电子秤编码：	
皮重	称量序号		/			/			/	
	是否去皮		是□　否□			是□　否□			是□　否□	
	操作人									
	复核人									
净重	物料批号									
	称量重量									
	操作人									
	复核人									

称量过筛结束后是否清洁：是□　　否□

A 物料称量标签共_____枚

操作人/日期：　　　　　　　　　　　　　　　复核人/日期：

A 物料称量打印凭条黏贴处

第一料	第二料	第三料

表 6 – 14　批产品称量记录 2

品名			规格	5mg/以	计	批号			批量	150 万片
名称：B 物料			物料编码：08020017			理论投料量：6.6kg			电子秤编码：	
皮重	称量序号		/			/			/	
	是否去皮		是□　否□			是□　否□			是□　否□	
	操作人									
	复核人									
净重	物料批号									
	称量重量									
	操作人									
	复核人									

称量过筛结束后是否清洁：是□　　否□

B 物料称量标签共_____枚

操作人/日期：　　　　　　　　　　　　　　　复核人/日期：

B 物料称量打印凭条黏贴处

续表

```
┌───────────┐
│           │
│   打印     │
│   凭条     │
│           │
└───────────┘
```

表 6 – 15　批产品称量清场记录

品名		规格	5mg/以	计	批号		批量	150 万片
称量结束后清场（用 "√" 表示合格）								

清洁溶剂：_____		是 □	否 □	清洁剂：_____		是 □		否 □
清场项目		清洁结果	清场人		复核人		QA 检查	
本次生产用物料已清理出操作间								清场日期：
×××设备已按清洁规程（SOP×××）清洁								
所用工器具容器已经移至清洁间清洁								
地面、门窗、工作台是否清洁干净								
生产过程产生的废弃物已清理至废弃物暂存间								QA 人员签字/ 日期：
设备态运行及清洁状态标识已悬挂并填写正确								
称量间生产状态标示更换为本批清场合格证副本								

```
┌───────────────┐
│   清场合格证    │
│   正本粘贴处    │
└───────────────┘
```

备注：

记录人：　　　　　　　　日期：

工序审核

审核意见：本工序生产是否符合工艺要求　是□　　否□
　　　　　是否有特殊事项记录的附页，无□　有□　共　　页
本工序负责人审核：_____　　日期：_____年_____月_____日

3. 上交记录　各组同学填写完成后，由小组长收集，共同判断填写正确与错误情况，由指导老师评分记录。

【实训注意】

（1）实训过程搞好分组，做好准备。

（2）搞好整个实训过程的布置、实施、落实。

（3）实训前对记录相关的称量内容做好预习。

目标检测

一、单项选择题

1. 以下关于 GMP 文件系统的叙述，正确的是（ ）

    A. 指制药企业内的所有 GCP 文件相互关联或相互作用的一组因（要）素，由标准和记录构成

    B. 指制药企业内的所有 GMP 文件相互关联或相互作用的一组因（要）素，由标准和记录构成

    C. 指制药企业内的所有 GCP 文件相互关联或相互作用的一组因（要）素，由规程和记录构成

    D. 指制药企业内的所有 GMP 文件相互关联或相互作用的一组因（要）素，由标准和规程构成

2. 标准是指制定某一范围内的活动及其结果的规则、指导或特性定义的技术规范或其他精确准则。标准包括（ ）

    ①管理标准　　②操作标准　　③技术标准　　④工作标准

    A. ①②④　　　　　　　　　B. ②③④

    C. ①③④　　　　　　　　　D. ①②③

3. 制药企业为有效管理企业数量庞大的文件，可以将文件按照（ ）进行管理。

    A. 政策、标准、记录　　　　　B. 政策、指导文件、标准规程、记录

    C. 指导文件、标准规程、记录　　D. 政策、指导文件、记录

4. 以下关于产品工艺规程的说法，错误的是（ ）

    A. 为生产特定数量的成品而制定的一个或一套文件，包括生产处方、生产操作要求和包装操作要求等内容

    B. 是产品设计、质量标准和生产、技术、质量管理的汇总

    C. 是企业组织和指导生产的主要依据和技术管理工作的基础

    D. 可以保证生产的批与批之间，尽可能地与原设计不相同，保证每一药品在有效期内提升预定的质量

5. 记录是反映实际生产活动实施结果的书面文件，以下属于记录的是（ ）

    A. 批记录、各种台账、设备使用记录、工作日志

    B. 设备使用记录、工作日志、取样证、检验证

    C. 工作日志、取样证、合格证、实验报告

    D. 批记录、各种台账、设备使用记录、在线报告

6. 以下不属于 GMP 文件管理目的的是（ ）

    A. 明确规定企业的质量管理体系，这是 GMP 三大目标要素之一

    B. 任何行动后均有记录可查，可以对质量缺陷产品进行调查和跟踪，为追究责任、改进工作提供依据

    C. 书面的文件系统不利于对企业员工进行系统的 GMP 培训，不利于保持企业内部联系

    D. 文件系统的建立和完善，促使企业实施规范化、科学化、法制化管理

二、简答题

1. GMP 文件管理的生命周期主要包括哪几个阶段？

2. GMP 文件的编制原则是什么？

3. GMP 文件编号系统的原则是什么？

书网融合……

| 重点小结 | 微课 | 习题 |

项目七 生产管理

学习目标

知识目标 通过本项目的学习，应能掌握工艺规程、物料平衡、批生产记录管理要求；药品批号划分的原则；生产操作中防止混淆、污染和交叉污染的措施；工艺规程、岗位操作法、SOP、物料平衡、批生产记录、批包装记录、批号和清场的概念；熟悉GMP对生产管理的基本要求。

能力目标

1. 能够解释工艺规程、岗位操作法、SOP、物料平衡、批生产记录、批包装记录、批号、清场的含义。

2. 能明确生产过程管理要求，处理和解决在生产现场检查中遇到的实际问题；能运用生产管理知识开展生产过程控制；熟悉关键环节并灵活运用于实际。

素质目标 通过本项目学习，培养学生安全生产；注重防范的职业意识；明确生产过程中污染、混淆、危险的防止措施。

法规要求

GMP（2010年修订）

第九章 生产管理

第一节 原 则

第一百八十四条 所有药品的生产和包装均应当按照批准的工艺规程和操作规程进行操作并有相关记录，以确保药品达到规定的质量标准，并符合药品生产许可和注册批准的要求。

第一百八十五条 应当建立划分产品生产批次的操作规程，生产批次的划分应当能够确保同一批次产品质量和特性的均一性。

第一百八十六条 应当建立编制药品批号和确定生产日期的操作规程；每批药品均应当编制唯一的批号；除另有法定要求外。生产日期不得迟于产品成型或灌装（封）前经最后混合的操作开始日期，不得以产品包装日期作为生产日期。

第一百八十七条 每批产品应当检查产量和物料平衡，确保物料平衡符合设定的限度；如有差异，必须查明原因，确认无潜在质量风险后，方可按照正常产品处理。

第一百八十八条 不得在同一生产操作间同时进行不同品种和规格药品的生产操作，除非没有发生混淆或交叉污染的可能。

第一百八十九条 在生产的每一阶段，应当保护产品和物料免受微生物和其他污染。

第一百九十条 在干燥物料或产品，尤其是高活性、高毒性或高致敏性物料或产品的生产过程中，应当采取特殊措施，防止粉尘的产生和扩散。

第一百九十一条 生产期间使用的所有物料、中间产品或待包装产品的容器及主要设备、必要的操作室应当贴签标识或以其他方式标明生产中的产品或物料名称、规格和批号，如有必要，还应当标明生产工序。

第一百九十二条 容器、设备或设施所用标识应当清晰明了，标识的格式应当经企业相关部门批准；除在标识上使用文字说明外，还可采用不同的颜色区分被标识物的状态（如待验、合格、不合格或已清洁等）。

第一百九十三条 应当检查产品从一个区域输送至另一个区域的管道和其他设备连接，确保连接正确无误。

第一百九十四条 每次生产结束后应当进行清场，确保设备和工作场所没有遗留与本次生产有关的物料、产品和文件；下次生产开始前，应当对前次清场情况进行确认。

第一百九十五条 应当尽可能避免出现任何偏离工艺规程或操作规程的偏差；一旦出现偏差，应当按照偏差处理操作规程执行。

第一百九十六条 生产厂房应当仅限于经批准的人员出入。

第二节 防止生产过程中的污染和交叉污染

第一百九十七条 生产过程中应当尽可能采取措施，防止污染和交叉污染，如：

（一）在分隔的区域内生产不同品种的药品；

（二）采用阶段性生产方式；

（三）设置必要的气锁间和排风；空气洁净度级别不同的区域应当有压差控制；

（四）应当降低未经处理或未经充分处理的空气再次进入生产区导致污染的风险；

（五）在易产生交叉污染的生产区内，操作人员应当穿戴该区域专用的防护服；

（六）采用经过验证或已知有效的清洁和去污染操作规程进行设备清洁；必要时，应当对与物料直接接触的设备表面的残留物进行检测；

（七）采用密闭系统生产；

（八）干燥设备的进风应当有空气过滤器，排风应当有防止空气倒流装置；

（九）生产和清洁过程中应当避免使用易碎、易脱屑、易发霉器具；使用筛网时，应当有防止因筛网断裂而造成污染的措施；

（十）液体制剂的配制、过滤、灌封、灭菌等工序应当在规定时间内完成；

（十一）软膏剂、乳膏剂、凝胶剂等半固体制剂以及栓剂的中间产品应当规定贮存期和贮存条件；

第一百九十八条 应当定期检查防止污染和交叉污染的措施并评估其适用性和有效性。

第三节 生产操作

第一百九十九条 生产开始前应当进行检查，确保设备和工作场所没有上批遗留的产品、文件或与本批产品生产无关的物料，设备处于已清洁及待用状态；检查结果应当有记录；

生产操作前，还应当核对物料或中间产品的名称、代码、批号和标识，确保生产所用物料或中间产品正确且符合要求。

第二百条 应当进行中间控制和必要的环境监测，并予以记录。

第二百零一条 每批药品的每一生产阶段完成后必须由生产操作人员清场，并填写清场记录；清场记录内容包括：操作间编号、产品名称、批号、生产工序、清场日期、检查项目及结果、清场负责人及复核人签名。清场记录应当纳入批生产记录。

第四节　包装操作

第二百零二条　包装操作规程应当规定降低污染和交叉污染、混淆或差错风险的措施。

第二百零三条　包装开始前应当进行检查，确保工作场所、包装生产线、印刷机及其他设备已处于清洁或待用状态，无上批遗留的产品、文件或与本批产品包装无关的物料。检查结果应当有记录。

第二百零四条　包装操作前，还应当检查所领用的包装材料正确无误，核对待包装产品和所用包装材料的名称、规格、数量、质量状态，且与工艺规程相符。

第二百零五条　每一包装操作场所或包装生产线，应当有标识标明包装中的产品名称、规格、批号和批量的生产状态。

第二百零六条　有数条包装线同时进行包装时，应当采取隔离或其他有效防止污染、交叉污染或混淆的措施。

第二百零七条　待用分装容器在分装前应当保持清洁，避免容器中有玻璃碎屑、金属颗粒等污染物。

第二百零八条　产品分装、封口后应当及时贴签；未能及时贴签时，应当按照相关的操作规程操作，避免发生混淆或贴错标签等差错。

第二百零九条　单独打印或包装过程中在线打印的信息（如产品批号或有效期）均应当进行检查，确保其正确无误，并予以记录；如手工打印，应当增加检查频次。

第二百一十条　使用切割式标签或在包装线以外单独打印标签，应当采取专门措施，防止混淆。

第二百一十一条　应当对电子读码机、标签计数器或其他类似装置的功能进行检查，确保其准确运行。检查应当有记录。

第二百一十二条　包装材料上印刷或模压的内容应当清晰，不易褪色和擦除。

第二百一十三条　包装期间，产品的中间控制检查应当至少包括下述内容：

（一）包装外观；

（二）包装是否完整；

（三）产品和包装材料是否正确；

（四）打印信息是否正确；

（五）在线监控装置的功能是否正常；

样品从包装生产线取走后不应当再返还，以防止产品混淆或污染。

第二百一十四条　因包装过程产生异常情况而需要重新包装产品的，必须经专门检查、调查并由指定人员批准。重新包装应当有详细记录。

第二百一十五条　在物料平衡检查中，发现待包装产品、印刷包装材料以及成品数量有显著差异时，应当进行调查，未得出结论前，成品不得放行。

第二百一十六条　包装结束时，已打印批号的剩余包装材料应当由专人负责全部计数销毁，并有记录。

如将未打印批号的印刷包装材料退库，应当按照操作规程执行。

说明：《GMP 指南》（2023 年版）并未对以上相关内容进行调整，延用了 GMP（2010 年修订）的相关规定

》》情境导入》

情境：2017 年，美国 FDA 官网发布安全警报显示：某公司误将奥坦西隆注射液产品标签贴为咪达唑仑注射液，导致全批次召回。根据该公告，这种误贴标签可能导致患者术前镇静作用失效和（或）焦虑及严重的心律失常，甚至引起血清综合征，这将是致命的。按照中国现行的《药品管理

法》和 GMP 生产规范；贴错标签的药，当以假药论处。

  思考：1. 为什么已经获得 GMP 认证证书的正规药企还会发生上述严重质量事故？

     2. 贴错标签的原因可能有什么？

     3. 在药品生产管理中应如何防止药害事故发生？

任务一　GMP 对生产管理的基本要求 🅴微课

PPT

  生产管理的目的就是采取有效措施，最大限度地降低药品生产过程中混淆、差错以及污染和交叉污染等风险。药品商业生产阶段质量管理的目的是对药品的工艺性能和产品质量进行监测，确保生产工艺处于一个稳定、可控的状态并持续进行改进。

  药品质量源于设计，但实现于制造过程，因此生产管理是保证药品质量形成的关键过程。药品的生产是按照生产工艺以工序为基础的连续生产过程，生产过程中某一工序或影响这些工序的因素出现变化，如设备、方法、物料、操作人、环境、控制等，必然要引起生产过程及药品质量的波动。因此，只有在药品的成品符合质量标准，同时药品的生产全过程也符合 GMP 要求的情况下生产出来的药品才是完全合格的药品。

  GMP（2010 年修订）对生产管理的规定有 33 条，包括原则、防止生产过程中的污染和交叉污染、生产操作、包装操作四节；其中"原则"一节有 13 条，强调药品生产管理应该要把握的基本原则，给企业的药品生产管理提供了科学指导依据。值得一提的是，《GMP 指南》（2023 年版）并未对相关内容进行调整，延用了 GMP（2010 年修订）的相关规定。

  GMP 对生产管理的基本要求：为使药品设计安全、有效和质量可控，所有药品的生产和包装均应当按照批准的工艺规程、操作规程和质量标准等文件进行操作并有相关记录；对药品生产全过程控制，实现药品制造过程的有效性和适宜的确认、执行和控制；在生产管理中应设定关键的控制参数和可接受的控制范围，实现生产条件受控和状态的可重现，最大限度减少生产过程中污染、交叉污染以及混淆、差错的风险，确保最终产品达到规定的质量标准，并符合药品生产许可和注册批准的要求。

  在药品生产过程中通过对人员、硬件、软件的严格管理和实施，力求达到：一切行为有标准、一切行为有监控、一切行为有记录、一切行为可追溯，从而保证产品质量。

▎知识链接

生产管理五要素

1. 人　是指生产现场的所有人员。

2. 机　是指生产中所使用的设备、工具等辅助生产用具。

3. 料　是指物料等。

4. 法　是指标准，生产过程中所需遵循的操作规程等。

5. 环　是指产品制造过程中所处的生产环境。

任务二　生产操作规程

PPT

一、生产操作的主要规程和指令

所有药品的生产和包装均应当按照批准的工艺规程和操作规程进行操作。药品生产操作中的主要规程和指令包括：生产工艺规程、岗位操作法和SOP，它们在生产中起着非常重要的作用。

（一）生产工艺规程

1. 概念

（1）工艺规程　指为生产特定数量的成品而制定的一个或一套文件，包括生产处方、生产操作要求和包装操作要求，规定原辅料和包装材料的数量、工艺参数和条件、加工说明（包括中间控制）、注意事项等内容。

由上述概念可知，生产工艺规程是产品设计、质量标准和生产、技术、质量管理的汇总，是药品生产企业规定药品制造工艺过程和操作方法等的工艺文件，是企业组织与指导生产的主要依据和技术管理工作的基础。制定生产工艺规程的目的是为药品生产各部门提供必须共同遵守的技术准则，以保证生产的药品尽可能地与原设计相符，保证每一药品在有效期内保持规定的质量。如果没有一个完整、科学的生产工艺规程，生产和质量管理就无法正常进行。所以工艺规程是产品质量的工艺控制保证措施。

生产工艺规程一般根据产品的开发报告和产品的验证结果来制定，内容应和注册要求一致，通常由生产部门编写，当有多个生产地点，使用同样的生产工艺，生产同样的产品，也可由技术部门编写，由质量部门及其他相关部门审核，由生产管理负责人和质量管理负责人共同批准。

（2）制定依据　工艺规程应根据《中华人民共和国药品管理法》、GMP、《中国药典》、药品监督管理部门的产品批文、研究开发过程的技术资料、设备操作规程（设备说明书）以及设备、工艺验证的结果等编制。

欧盟GMP法规和ICH均对生产工艺规程应包括的内容进行阐述，基本上和国内法规要求一致。

> **知识链接**
>
> **GMP中的常用术语**
>
> **1. 产品**　包括药品的中间产品、待包装产品和成品。
>
> **2. 中间产品**　指完成部分加工步骤的产品，尚需进一步加工方可成为待包装产品。
>
> **3. 物料**　指原料、辅料和包装材料等。
>
> **4. 原辅料**　指除包装材料之外，药品生产中使用的任何物料。
>
> **5. 原料**　化学药品制剂的原料是指原料药；生物制品的原料是指原材料；中药制剂的原料是指中药材、中药饮片和外购中药提取物；原料药的原料是指用于原料药生产的除包装材料以外的其他物料。

2. 生产工艺规程的格式和内容　根据GMP的要求，生产工艺规程的内容和格式可分为以下三个部分。

（1）概述　封面上应明确本工艺是某一产品的生产工艺规程，首页内容相当于说明或企业通知各下属部门执行本规程的文件，包括批准人签章及批准执行日期等。工艺规程内容可划分若干单元，目次中注明标题及所在页码。

（2）正文　正文是生产工艺规程的核心部分，主要有生产处方和生产工艺、生产操作要求和包装操作要求等组成。

生产处方和生产工艺包括：①产品名称和产品代码；②产品剂型、规格和批量；③生产处方所用原辅料清单（包括生产过程中使用，但不在成品中出现的物料），阐明每一物料的指定名称、代码、规格、质量标准代码和用量；如原辅料的用量需要折算时，还应说明计算方法；④产品特性概述（包括产品的物理特性描述，如外观、颜色、形状、单位重量等）；产品质量标准编号，注册标准编号。

生产操作要求包括：①对生产场所和所用设备的说明（如操作间的位置和编号、洁净度级别、必要的温湿度要求、设备型号和编号等）；②关键设备的准备（如清洗、组装、校准、灭菌等），所采用的方法或相应操作规程编号；③生产流程图及详细的生产过程、步骤和工艺参数说明（如物料的核对、预处理、加入物料的顺序、混合时间、温度等）；④所有中间产品、待包装产品和成品控制方法及质量标准；⑤预期的最终产量限度，必要时还应说明中间产品、待包装产品、成品的产量限度，以及物料平衡的计算方法和限度；⑥待包装产品的贮存要求，包括容器、标签及特殊贮存条件；⑦需要说明的特别注意事项。

包装操作要求包括：①以最终包装容器中产品的数量、重量或体积表示的包装形式；②所需全部包装材料的完整清单，包括包装材料的名称、数量、规格、类型以及与质量标准有关的每一包装材料的代码；③印刷包装材料的实样或复制品，并标明产品批号、生产日期、有效期打印位置；④需要说明的特别注意事项，包括对生产区和设备进行的检查，在包装操作开始前，确认包装生产线的清场已经完成等；⑤包装操作步骤的说明，包括重要的辅助性操作和所用设备的注意事项、包装材料使用前的核对；⑥中间控制的详细操作，包括取样方法及标准；⑦待包装产品、印刷包装材料的物料平衡计算方法和限度。

实际上，原料药生产工艺规程、制剂生产工艺规程以及中成药生产工艺规程内容和格式由于自身的特点而有所不同。

（3）补充部分　包括附录、附加说明和附页。①附录：一是对正文内容所做的补充；二是用以帮助理解正文中的有关内容，以便于正确理解、掌握和使用生产工艺规程，包括如理化常数、曲线、图表、计算公式、换算表等。②附加说明：说明生产工艺规程起草的单位和部门，负责解释的单位和部门。③附页：供修改时登记批准日期、文号、内容等使用。

3. 实施指导　生产工艺规程应该包括所有的工艺信息、物料信息、设备信息以及其他的法规要求的相关信息，具体如下。

（1）所生产的中间产品或原料药的名称和工艺代码。

（2）原料、包装材料和中间产品清单：包括名称、代码、供应商、供应商地址、生产商、生产商地址，如涉及过滤膜芯，需注明膜芯规格、材质、型号。

（3）生产批量。

（4）每个步骤的生产地点、主要设备（设备名称、型号、材质、设备编号等）。

（5）工艺流程图，包括具体反应的物料、时间、温度、回收溶剂、关键工艺参数等。

（6）化学流程图，包括合成路线、各合成组分的化学名称、结构式、分子式等。

（7）生产操作的详细说明，包括：①所用工艺参数的范围；②每种原料/中间产品的投料量（包括计量单位）或投料比、投料顺序，如果投料量不固定，应当写明其计算方法和计算过程；如有正当理由，可制定投料量合理变动的范围；若工艺中使用回收溶剂，需描述回收溶剂的套用比例；③取样方法、取样频率和可接受标准；④所用原料、中间产品及成品的质量标准；⑤中间步骤的预期批量和收率范围。

（8）中间料液或中间产品的储存条件，包括储存温度、期限和地点。

（9）原料药的包装方式、储存条件。

（10）完成单个步骤或整个工艺过程的时限。

（11）必要时，规定 EHS 相关要求，如特殊预防措施、注意事项等。

4. 范例　原料药生产工艺规程的内容和格式如下。

（1）产品概述。

（2）原辅料、包装材料的规格、质量标准。

（3）化学反应过程（包括副反应）及生产流程图。

（4）工艺过程。

（5）生产工艺和质量控制检查，中间产品和成品质量标准。

（6）技术安全与防火（包括劳动保护、环境卫生）。

（7）综合利用（包括副产品回收处理）与"三废"治理（包括"三废"排放标准）。

（8）操作工时与生产周期。

（9）劳动组织与岗位定员。

（10）设备一览表及主要设备生产能力（设备包括规格、型号）。

（11）原材料、动力消耗定额和技术经济指标。

（12）物料平衡（包括原料利用率的计算）。

（13）附录（包括理化常数、曲线、图表、计算公式、换算表等）。

（14）附页（供修改时登记批准日期、文号和内容等）。

（二）岗位操作法

1. 概念　岗位操作法是对各具体生产操作岗位的生产操作、技术、质量管理等方面所做的进一步详细要求，是生产工艺规程的具体体现。

岗位操作法一经批准执行不得任意更改，应与工艺规程保持一致，随工艺规程的变更而修订，修订稿的编写、审批程序应与制定时相同。

2. 岗位操作法的内容　岗位操作法内容虽然不同于生产工艺规程，但格式上也可分为概述、正文、补充三个部分。

概述、补充部分和生产工艺规程基本一致。正文内容由于不同药品种类的生产，要求也各有侧重；如原料药岗位操作法内容：①主要包括原料药规格、性能；②本岗位化学反应及副反应；③生产操作方法与要点（包括停、开设备注意事项）；④重点操作的复核制度；⑤安全防火和劳动保护；⑥异常情况的处理；⑦本岗位中间产品质量标准及控制；⑧主要设备维修、使用与清洗；⑨度量衡器的检查与校正；⑩综合利用与"三废"治理；⑪工艺卫生和环境卫生；⑫附录（包括计算公式、换算表等）；⑬附页（供修改时登记批准日期、文号和内容等）。

（三）SOP

1. 概念　GMP 中明确，"操作规程是指经批准用来指导设备操作、维护与清洁、验证、环境控制、取样和检验等药品生产活动的通用性文件，也称标准操作规程（SOP）。"标准操作规程是企业活动和决策的基础，确保每个人正确、及时的执行质量相关的活动和流程。

SOP是企业活动和决策的基础，它是组成岗位操作法的基础单元，是药品生产员工的操作指南，确保每个人正确、及时地执行质量相关的活动和流程。SOP一经批准发布，生产操作人员必须严格按照SOP进行操作，任何人不得任意改动。SOP结合工艺规程、设备、新技术的变动情况可作相应调整修订，且关键的修订需经验证。修订SOP时的编写、审批程序应与制定时相同。

2. SOP的分类 SOP描述与实际操作有关的详细、具体工作，是文件体系的主要组成部分，主要有通用技术方面的SOP；生产部门的SOP；质量保证的SOP；质量控制的SOP；物料处理的SOP；工程部的SOP；行政管理的SOP等，如生产操作SOP、检验操作SOP、设备操作SOP、设备维护保养SOP、环境监测和质量监控SOP、清洁SOP等。

3. SOP的内容 SOP属于标准类文件，SOP的编写应使用统一的模板，每一个标准文件应有统一的格式文头。

企业应规定标准操作规程的固定内容和模板，推荐包含表7-1所列要素。

表7-1 标准操作规程的要素

封面页	每页	正文
公司名称	公司名称	目的
文件类型	文件标题	适用范围
文件标题*	编号*	职责
编号*	版本号	程序中各项活动的职责分配
版本号*	页码	术语和缩略语
生效日期*		对术语和缩略语做出解释说明；参考；法规、指南、技术指
回顾日期		导原则；药典等权威技术标准
编制人、审核人、批准人签名和日期*		程序
颁发部门*		需要完成的任务和达成的目标；必需的物料、设备等方面的
分发部门*		准备；分步骤描述各操作过程及标准、时限产生的文件，
		数据处理及记录要求；与本程序执行相关的其他文件；偏
		差处理（必要时）；附件；空白记录、流程图、工作表、清单
		培训要求
		培训对象、培训方式
		变更历史*
		修订时间、修订内容

注：*表示GMP要求必须包含的项目。

二、生产规程和指令的编制

生产操作中所用的规程和指令的制订和修改应有一个科学规范的起草、审查、批准和修订的程序。

（一）编制程序

编写生产操作中的有关规程和指令等文件，首先要做好文件的标准化工作，应有充分、合理的依据，应根据国家有关法律法规、药品标准、GMP，并结合本企业实际情况及分析方法验证的基础上进行编制。不得与国家的法律法规相抵触。

1. 准备阶段 由企业的技术管理部门组织编写人员学习有关药品生产管理的法律法规、上级有关部门颁发的技术管理等方面文件，尤其是GMP等有关内容，拟订编写大纲，统一编写格式与要求，做好文件的标准化工作。

2. 组织编写 根据谁使用谁编写的原则，生产技术部门和具体负责生产的车间负责人组织有关技术人员、设备员、质量控制人员和生产操作人员进行工艺操作规程、岗位操作法、SOP 初稿的编写。质量管理部门根据工艺规程中的要求，制定其中间产品和成品质量标准、检测方法和监督频次。

编写时注意药品名称应按《中国药典》或药品监督管理部门批准的法定名称，而不能用商品名、代号等。无法定名称的一律用通用的化学名称，可附注商品名。文件中常用名词、术语、符号应统一、简化，做到以最少的文件格式，统一的专业术语正确地传递有关信息。各种工艺技术参数和技术经济定额中所用的计量单位均应使用国家规定的计量单位。文件使用的语言应确切、易懂，避免歧义，对规程的描述应清晰明了，可操作性强。

3. 讨论初审　初稿编写完成以后，由具体负责生产的车间负责人组织有关人员和生产员工进行讨论修改，车间负责人初审签署意见后将讨论的初审稿报技术管理部门。

4. 专业审查　由企业技术管理部门组织质量管理、工程设备、物资供应、生产车间等部门讨论初稿，对其涉及各类数据、参数、工艺、标准、设备、仪器、安全措施等方面进行全面审核，再一次修订。

5. 修改定稿　由技术管理部门对再一次的修订稿进行整理，并报企业有关负责人。

6. 审定　批准和发放企业负责人对技术管理部门呈报的修订稿进行最后的审定，由企业负责人、技术管理部门负责人、生产车间负责人签章，确定文件编码，打印盖章后批准执行，并注明批准日期和执行日期。

批准生效的生产文件，应建立编号，确定保密级别、打印数量及发放部门，并填写文件发放登记表。初稿及各种修改稿和正式文件交技术档案室存档。

工艺规程是企业内部保密性技术资料，必须编号登记，控制发放范围，妥善保管。

（二）变更与修订

如果客观生产的条件发生变更，就有必要对生产操作中的有关规程和文件进行修订，修订也必须按规定的程序进行。这个程序和编制时的程序基本一致，根据变更所在生产部门，根据实际需要提出变更书面申请，申请人填写变更审批表，说明变更的题目、对象、变更的内容及理由并附技术依据资料，按上述审批权限和程序办理修改内容，由企业生产技术部门组织修订，报质量管理部门审核备案，经有关负责人批准后执行。在文件中注明变更日期、实施日期、审批人签章并更改文件编码等。

重要变更必须提交随同变更审批表提供相关的稳定性数据、验证情况或其他有关数据，特别是对变更内容所造成的潜在影响的分析。重要变更经生产技术部、质量管理部审核后报药监部门审批后及时备案。

（三）培训与实施

任何有关生产操作的规程和指令在正式下达实施之前，都必须由企业技术、质量管理、教育部门组织操作人员和管理人员进行学习和培训，尤其是新员工必须经过岗前培训，经考核合格后方能上岗。

生产操作中的有关规程和指令一经批准实施，各级操作人员和管理人员都应严格执行，不得任意更改。对不符合生产操作规程的指令，操作人员应拒绝执行，对无批准手续变更操作的指令，操作人员应拒绝执行。技术、质量管理等部门应经常进行追踪随访，了解其执行情况，并给予必要的指导、帮助和纠正。

对非正常情况下不能按正常的规程和指令操作时，操作人员应作紧急处理，并记录，及时上报，由生产技术管理、质量管理部门提出处理方案，经批准后方可继续生产。

▶▶情境导入◀◀

情境： 2020 年，某省药监局发布了《行政处罚决定书（×药监药行罚【2020】CC2 号）》，某药业有限公司因编造批记录，处罚了 226 万。该药企因压片过程中，出现片重差异不符合内控标准，挑出一袋（重 25kg）。经粉碎后重新压片，并到另一批次合格药片。但记录没有显示这个过程，导致编造记录，被国家药监部门发现，最终按新《药品管理法》"编造生产、检验记录"被处罚 22.5 倍（按十万元计算），罚没合计约 226 万。

思考： 1. 如何填写批生产记录管理？

　　　2. 如何加强对批生产记录管理？

任务三　批生产记录

PPT

一、编制原则

批生产记录是一个批次的待包装品或成品的所有生产记录。批生产记录能提供该批产品的生产历史以及与质量有关的情况。对于每一种产品都应有一份反映各个生产环节实际情况的批生产记录，它应该包括跟每一批产品有关的完整的信息。

批生产记录的编制原则：依据现行批准的产品工艺规程、SOP 和技术参数等内容进行设计、编制。批生产记录的设计应体现剂型的特点，并避免填写差错。设计的原版空白批生产记录须经企业生产管理负责人和质量管理负责人审核批准后方可使用，并应留样存档。批生产记录应统一编码，其内容应具有质量的可追踪性。

二、批生产记录的管理

批生产记录是该批药品生产全过程（包括中间产品检验）的完整记录，是企业药品质量改进的工具，也是质量投诉及食品药品监督管理人员检查的重要资料。

批生产记录的复制和发放均应按照操作规程进行控制并有记录，每批产品的生产只能发放一份原版空白批生产记录的复制件。在生产过程中，进行每项操作时应当及时记录，操作结束后，应当由生产操作人员确认并签注姓名和日期。生产结束后由生产部门技术人员汇总，生产部门有关负责人审核并签字后送质量管理部门。质量管理部授权人对该批产品进行评价，做出放行与否判断。

批生产记录由质量管理部门按批号归档，保存至药品有效期后一年，未规定有效期的药品，批生产记录应保存三年。

三、批生产记录的内容和格式

批生产记录包括产品制造过程中使用的所有物料和进行的所有岗位操作的文件。它由生产指令、有关岗位生产原始记录、清场记录、偏差调查处理情况、检验报告单等汇总而成。通过记录，可以准确地反映生产中各个工序的实际情况，同时也能反映出质量管理部门对生产过程的监控情况。空白批生产记录的要素见表7-2所列。

表7-2 空白批生产记录的要素

封面页	每页	正文
产品代码	产品代码	批生产总结
产品名称	产品名称	由生产和质量相关负责人员对整批进行最终评估
规格、批量	规格	批记录内容列表
生产批号	生产批号	安全警告（必要时）
生产日期	文件编号	如物料 MSDS，防护穿戴，操作注意事项
文件编号	版本号	物料清单
版本号	页码	清场及设备清洁检查
编制、审核、批准人签名及日期		设备安装和功能测试
		如安装指导，必要的设备功能测试和结果
		物料的接收
		对照物料接收清单双人复核
		操作步骤
		操作指导及标准
		操作过程记录，包括起始、完成时间，操作人签名，关键操作的复核及签名
		收率和物料平衡
		中间过程控制（IPC）
		取样计划及实施，测试结果
		转移文件
		如印刷包装材料的实样、物料标签、设备清洁标签、机器打印信息、称量表等
		附录
		其他批相关的文件，如偏差报告、检验报告书

批生产记录的每一页均应当标注产品的名称、规格和批号。其主要内容如下。

（1）生产品种一般情况，如产品名称、编号、剂型、规格、批号等。

（2）生产以及中间工序开始、结束的日期和时间。

（3）每一生产工序的负责人签名。

（4）生产中各工序卫生管理和清场操作记录、操作者及复查者姓名。

（5）各工序生产步骤操作人员及检查员的签名。必要时，还应当有操作如称量．复核人员的签名。

（6）采用的每一原辅料名称、批号、规格、质量情况以及实际称量的数量包括投入的回收或返工处理产品的批号及数量。

（7）相关生产操作或活动、工艺参数及控制范围，以及所用主要生产设备的编号。

（8）中间控制结果的记录以及操作人员的签名。

（9）不同生产工序所得产量及必要时的物料平衡计算。

（10）对特殊问题或异常事件的记录，包括对偏离工艺规程的偏差情况的详细说明或调查报告，并经签字批准。

（11）本批产品成品检验记录及检验报告单号码。

（12）该产品生产负责人审核签名。

四、批生产记录的填写

在药品生产中，操作人员应按规定要求认真及时填写批生产记录，填写时应做到字迹清楚、内容真实、数据完整，并由操作人和复核人签名。不得提前填写或事后补录，更不得伪造记录。

批生产记录应保持整洁，不得撕毁和任意涂改。更改错误时，应在原错误地方画一横线，在上方或旁边填写上正确的数据，并签上修改人的姓名及修改日期，修改后原来的数据或文字应清晰可见。记录表格不应有未填的空项，如无内容可填时，可在该项中画一斜线或横线。

知识链接

批记录

批记录用于记述每批药品生产、质量检验和放行审核的所有文件和记录，可追溯所有与成品质量有关的历史信息。每批药品都应有批记录，包括：批生产记录、批包装记录、批检验记录药品放行审核记录、其他与本批产品有关的记录文件。

批生产记录和批包装记录根据现行批准的工艺规程和岗位操作法的相关内容制定。制定好的批生产记录和批包装记录经批准后，以原版空白批记录的形式存在。使用时，在受控的条件下复制和发放，或采用其他方式受控发放。

情境导入

情境：2018年5月，国家药品监管局通报，对辽宁某制药有限公司进行的现场检查发现，磷酸铝产品放行审核由原料药车间主任对《批生产记录审核》和《批包装记录审核》进行审核签字，《批质量评价放行表》由QA主任审核放行。关键操作未在生产记录中体现，《磷酸铝生产工艺规程》要求对中间品干燥X小时，隔Y小时适当降温后搅拌一次，但在生产记录中未有体现搅拌的操作。《磷酸铝烘干岗位标准操作规程》中规定的磷酸铝湿品烘干前的处理步骤未在干燥工序的批生产记录中写明，操作工人实际处理过程未记录。辽宁省食品药品监管局已经收回该药企的相关药品GMP证书。

思考：如何加强对批包装记录管理？

任务四　批包装记录

PPT

一、药品包装的分类

药品包装是指采用适当的材料或容器、运用包装技术对药物制剂的待包装产品或成品进行分（灌）、封、装、贴签等操作，为药品提供品质保证、鉴定商标与说明的一种加工过程的总称。从静态角度看，包装是用有关材料、容器和辅助物等材料将药品包装起来，起到应有的功能。从动态角度看，包装是采用材料、容器和辅助物的技术方法，是工艺及操作。按药品包装在流通领域中的作用主要分为内包装和外包装。

知识链接

包装

包装待包装产品变成成品所需的所有操作步骤，包括分装、贴签等。但无菌生产工艺中产品的无菌灌装，以及最终灭菌产品的灌装等不视为包装。

药品包装所用的材料，包括与药品直接接触的包装材料和容器、印刷包装材料，但不包括发运用的外包装材料。

印刷包装材料指具有特定式样和印刷内容的包装材料，如印字铝箔、标签、说明书、纸盒等。

1. 内包装　内包装指直接与药品接触的包装用材料和容器，即药包材。如安瓿瓶、胶塞盖子、直接接触药品的 PPT 复合膜、PET 瓶等。内包装（药包材）须符合国家药品监督管理局颁布的《国家药品包装容器（材料）标准》（YBB 标准）的要求，必须在经批准注册、具有药包材批准文号的药包材生产企业采购。

药品包装材料（简称药包材）可分为Ⅰ、Ⅱ、Ⅲ类。①Ⅰ类药包材指直接接触药品且直接使用的药品包装用材料、容器。②Ⅱ类药包材指直接接触药品，但便于清洗，在实际使用过程中，经清洗后需要并可以消毒灭菌的药品包装用材料、容器。③Ⅲ类药包材指Ⅰ、Ⅱ类以外其他可能直接影响药品质量的药品包装用材料、容器。

2. 外包装　外包装指不直接与药品接触的包装材料，是将已完成内包装的药品装入盒，再装入袋、桶和罐及箱等容器中的过程。外包装按由里向外分为中包装和大包装。进行外包装的目的是将内包装的药品进一步集中于较大的容器内，以便药品的贮存和运输。

外包装如包装盒、外箱样式及实物样品须经所在省、自治区、直辖市备案，不能随意更改，更改要向省药品监督管理部门提出更改备案。其包装颜色、文字、图案及商标等必须符合相关国家标准要求。

二、包装的作用

包装的作用主要体现在以下三个方面：保护药品、实现商品价值和使用价值、方便流通。

1. 保护药品　使药品免受日晒、风吹、雨淋、灰尘沾染等自然因素的侵袭，防止挥发、渗漏、溶化、沾污、碰撞、挤压、变质等损失，保护药品质量。

2. 实现商品价值和使用价值　药品包装可传递信息，其独特的包装图案、商标不仅是产品差异化的手段，且能提高产品价值，增加利润。包装上的文字说明等信息展示了药品名称、规格、作用、用法用量、注意事项、有效期、批准文号等内容，向医生、护士和患者提供详尽信息，便于识别、购买以及合理使用。合理的包装方便患者携带和使用，亦适合于药房发售药品。

3. 方便流通　合理的包装给流通环节贮存、装卸、运输、销售带来方便，降低费用。

三、批包装记录的管理

1. 编制原则　批包装记录应当依据工艺规程中与包装相关的内容制定。记录的设计应当避免填写差错。批包装记录的每一页均应标注包装产品的名称、规格、包装形式和批号。

2. 批包装记录的管理　批包装记录是该批产品包装全过程的完整记录。每批产品或每批中部分产品的包装，都应当有批包装记录，以便追溯该批产品包装操作以及与质量有关的情况。

原版空白的批包装记录的审核、批准、复制和发放的要求与原版空白的批生产记录相同。包装操作完成后所形成的批包装记录，应与批生产记录一起进行保管。

3. 批包装记录的内容　根据 GMP 及国际组织和药品监管机构发布的相关法规、指南，空白批包装记录通常应包含表 7-3 所列要素。

表 7 - 3 空白批批包装记录的要素

封面页	每页	正文
产品代码 产品名称 规格、批量 包装形式 生产批号 生产日期 文件编号 版本号 编制、审核、批准人签名及日期	产品代码 产品名称 规格 包装形式 生产批号 文件编号 版本号 页码	批记录内容列表 安全警告（必要时） 　　如物料 MSDS，防护穿戴，操作注意事项 印刷包装材料和待包装产品的名称、代码，以及发放、使用、 　　销毁或退库的数量，实得产量以及物料平衡检查。 清场及设备清洁检查 设备安装和功能测试 　　如安装指导，必要的设备功能测试和结果 物料的接收 　　对照物料接收清单双人复核 操作步骤 　　操作指导及标准 　　操作过程记录，包括起始、完成时间，操作人签名，关键 操作的复核及签名 　　收率和物料平衡 中间过程控制（IPC） 　　取样计划及实施，测试结果 转移文件 　　如印刷包装材料的实样、物料标签、设备清洁标签、机器 　　打印信息、称量表等 附录 　　其他批相关的文件，如偏差报告、检验报告书

批包装记录的设计应覆盖生产过程中的每项操作，确保产品的生产历史以及与质量有关的情况可被追溯。其主要包括以下内容。

（1）包装产品的名称、规格、包装形式和批号、生产日期及有效期。

（2）包装操作日期及时间，在包装过程中，进行每项操作时应当及时记录，包装工序负责人及包装操作人员签名。

（3）每一包装材料的名称、批号和实际使用的数量及已包装产品数量。

（4）根据工艺规程所进行的检查记录，包括中间控制结果。

（5）包装操作的详细情况，包括所使用的主要设备编号、包装生产线编号。

（6）所用印刷包装材料的实样，并印有产品批号、生产日期、有效期及相关的打印内容，如印有批号的标签、使用说明书和产品合格证。不易随批包装记录归档的印刷包装材料可采用印有上述内容的复制品归档。

（7）对特殊情况及异常事件的记录，包括对偏离工艺规程的偏差情况的详细说明或调查报告，并经 QA 审核签字批准。

（8）前次包装操作的清场记录（副本）及本次包装清场记录（正本）。

（9）所有印刷包装材料和待包装产品的名称、代码，以及发放、使用、销毁或退库的数量、实际使用量以及物料平衡检查，并有发放人、领用人、核对人、监督人等签名。

任务五　生产过程的混淆、污染和交叉污染的管理

一、混淆的概念及防混淆管理

（一）混淆的概念

混淆是指一种或一种以上的其他原材料或成品与已标明品名的原材料或成品相混。混淆包括几种

情况：①两种不同的原辅料混在一起；②两种不同编码的同类包材及标签等混在一起；③两种不同的产品、不同批号的同种产品，或同种（同批）而所用包材不同的产品相混；④合格品与不合格品，或已检品与待检品相混等。

（二）产生混淆的主要原因

1. 厂房　生产区域过于狭小，同一区域有不同规格、品种、批号的产品同时生产；生产中的物料流向不合理，生产线交叉等。

2. 设备　生产中使用的设备、容器无状态标志，清场不彻底等造成混淆。

3. 物料　原辅料、包装材料、中间产品等无明显标志，放置混乱，散装或放在易破损的包装中。印刷性包装材料管理不善等。

4. 人员　由于生产人员未经培训上岗，工作责任心不强，不按规定的操作规程操作，操作人员的随意性或主观性操作等原因造成。非生产人员进入等造成有意或无意的混淆。

5. 制度　管理制度不健全或执行不力，无复核、统计、监督，发现问题未及时查找原因等，特别是配料、包装等过程管理不严格造成。

（三）防止混淆管理

1. 生产区域　生产应专一，工序衔接合理在同一生产区域中，不得同时进行不同品种和规格药品的生产操作，只能生产同一批号、同一规格的相同产品；对于有数条包装线同时进行包装时，要有一定的间隔距离，并采取有效的隔离措施，原则上每个包装间每次只能包装一个品种、规格的产品。

生产区域应根据生产工艺合理布局。生产流程应顺向布置，衔接合理，防止物料、中间产品和待包装产品在进入下道工序时的路径出现交叉，造成混淆。提供适当的原辅料、包装材料处理区，原辅料和包装材料入口分开设置，防止因物流不合理产生混淆。各功能间的大小根据产量合理布局，并定置管理到位。例如中间产品贮存间有时在同一时间存放不同的产品，且不同的产品，还会有不同状态，为了有效管理，防止产品的混淆，产品贮存间面积应适宜，便于进行有效的物理隔断，防止软隔断易产生的混淆。设置不同净化级别的清洁区和通道，减少人流物流混杂也是防止混淆的有效方法。

2. 生产前应认真检查　生产前应该认真检查、核对生产指令、物料，应确认生产区域无上批生产的遗留物，确认设备、容器等已洁净或灭菌，确认上次生产结束已做好清场工作并复核。

3. 状态标识应明确　生产中状态标识不明确是造成混淆的主要原因之一。生产区域每一操作间、每一台生产设备、每一盛物容器均应有能够指明正在生产的品名、批号、规格、数量（批量）等的状态标识。如已清洁、已消毒、已清场等。各固定管道应标明内容物的名称及流向。

4. 人员要控制　在生产区和辅助生产区进行生产操作的人员要严格进行控制。仅限于经批准的人员出入，防止其他或外来人员行为不规范或有意无意造成的差错和混淆。

5. 管理制度应健全　各项管理制度及操作规程是实施 GMP 的关键操作依据，因此应将防止产品污染及混淆的各项措施及细节在各项管理制度及操作规程文件中予以体现，使每个相关人员都能正确规范操作，严格执行。形成按规程办事、按规定填写记录、发生偏差应及时汇报相关负责人的良好习惯，从而最大限度地预防人为的混淆和污染因素。

6. 人员有效培训　人是 GMP 实施过程中的一个重要因素，其一切活动都决定着产品的质量。药品生产企业所有生产操作人员（包括维修人员）均应定期接受培训，增强生产人员的工作责任心。培训内容除应包括 GMP 基本知识的培训外，还应有 SOP 培训，为了评估培训的有效性，在人员正式上岗前，必须经考核合格。在上岗后，还须定期不断地对其抽查复试，评估效果，最大限度地防止发生污染、混淆的人为因素。

二、污染和防污染管理

（一）概念

1. 污染　指在生产、取样、包装或重新包装、贮存或运输等操作过程中，原辅料、中间产品、待包装产品、成品受到具有化学或微生物特性的杂质或异物的不利影响。

2. 交叉污染　指不同原料、辅料及产品之间发生的相互污染。

（二）防止污染和交叉污染管理

生产操作中的可能的污染主要有以下四个途径：人员、设备、环境、物料。污染可以是交叉污染、灰尘污染或微生物污染。对于许多外来物质的污染，无法通过最终检验来识别，这样就给产品带来巨大的质量风险。生产管理人员应从人员、设备、环境、物料、生产过程、状态标识等方面来采取措施，避免污染和交叉污染。并定期对污染和交叉污染的措施的适用性和有效性进行评估。

1. 设备和工器具

（1）选用表面光洁、平整、易清洗或消毒、耐腐蚀，不与药品发生化学变化或吸附药品的设备。设备所用的润滑剂、冷却剂等不得对药品或容器造成污染。使用筛网时，应当有防止因筛网断裂而造成污染的措施，如使用金属筛网应添置在线的金属探测器来控制。所有管道的设计和安装应避免死角，且无盲管的存在。

（2）对于非最终灭菌药液用除菌过滤设备，滤芯在使用前后均应做完整性测试，确保除菌效果。滤芯的除菌效果要进行过验证确认。进行系统的完整性测试。对过滤器进行有效的灭菌。

（3）对于干燥、干热灭菌设备，及时清理隧道内传送带下的碎玻璃和微粒，防止污染。其设备的进风要有空气过滤器，在排风口应当有防止空气倒流装置，防止外部空气进入污染。定期检查高效过滤器的完整性以及透风率，保证净化级别。

（4）尽量采用密闭的配液系统生产，减少污染的产生。灌装设备采用自动化程度高的密闭设备，减少人员参与，减少污染概率，防止微生物污染风险。

（5）对关键设备进行验证，并保持验证状态。设备要制定使用、清洁、维护保养规程，并严格按规程实施，保证设备的良好状态。生产用的设备按验证的清洁规程进行清洁，减少污染的发生。

（6）应当降低未经处理或未经充分处理的空气再次进入生产区导致污染的风险。如与药品直接接触的压缩空气应经净化处理，并符合生产要求。定期对压缩空气系统进行运行、维护，监测压缩空气的微生物数。

2. 人员

（1）对生产人员培训上岗，使其熟练地掌握生产区域人员更衣、卫生、操作规范，减少人员的污染。选用洁净服应符合要求，洁净服穿戴符合规范。在易产生交叉污染的生产区内，操作人员穿戴该区域专用的防护服。无菌区要严格控制人员数量，尤其是要对关键操作区域人员数量作确认，可在洁净区醒目位置做动态提示性标识，显示当前人数状态，防止超员。进入关键操作区人员需要作更衣确认（表面微生物检测），连续三次，每年重复一次，合格后由 QA 颁发合格证准许进行关键操作。生产厂房仅限于经批准的人员出入，对非生产人员（外来人员、设备维修人员、实习学生等）要进行指导和监督。

（2）每年对从事药品生产、检验、维修等与药品接触的人员进行一次体检，防止人员对药品产生污染。

3. 环境

（1）洁净区　控制洁净区设立气锁间对空气系统进行有效隔离，产尘部位设立排风除去尘粒。

空气洁净度级别不同的区域应当有压差控制。保证不同级别压差要求，洁净区与非洁净区之间、不同洁净区之间压差不低于10Pa。必要时相同洁净区的不同功能区之间也要保持一定的压差。生产过程中防止粉尘飞扬，产尘操作间（如干燥、取样、称量、混合等生产操作间）应保持相对负压，有粉尘的岗位要安装捕尘设施，并采取专门的措施避免交叉污染并便于清洁。

（2）净化空调系统　对洁净空调系统进行确认，包括断电恢复确认。无菌药品的生产需要确认现有空调系统的自净能力，在实际的生产遵循自净时间，必须保证洁净级别的悬浮粒子和微生物不超过标准，对其进行监控，确保净化空调系统达到洁净级别标准。定期检测生产环境的洁净状况，检查净化系统的密封性、高效过滤器的完整性，降低未经处理或未经充分处理的空气再次进入生产区导致污染的风险。产尘量大的洁净室（区）经捕尘处理仍不能避免交叉污染时，其空气净化系统不得利用回风。切实做好净化空调系统的维护，根据环境检测数据和规定更换初效、中效及高效过滤器。保证洁净空气的进风量，保证有效的换气次数和自净时间。并对洁净区按验证有效的规程进行清洁和消毒，减少微生物的滋生。

（3）清洁　建立洁净室（区）、工艺卫生等的检测制度并定期检测。采用经过验证或已知有效的清洁和去污染操作规程对操作间、设备和容器进行清洁。必要时，要对与物料直接接触的设备表面的残留物进行检测。无菌区域的生产设备、器具、清洁工具清洗后要灭菌。无菌区域的消毒剂配制用水采用注射用水。固体制剂消毒剂配制最低用纯化水。生产和清洁过程中要避免使用易碎、易脱屑、易发霉器具。严格控制清洁（灭菌）的物品的存放要求以及存放时间，超过规定时间要再次清洁（灭菌）。

> ■ **知识链接**
>
> 气锁间
>
> 气锁间置于两个或数个房间之间（如不同洁净度级别的房间之间）的具有两扇或多扇门的隔离空间。设置气锁间的目的是在人员或物料出入时，对气流进行控制。气锁间有人员气锁间和物料气锁间。
>
> 阶段性生产方式指在共用生产区内，在一段时间内集中生产某一产品，再对相应的共用生产区、设施、设备、工器具等进行彻底清洁，更换生产另一种产品的方式。

4. 物料　在生产的每一阶段，都应当保护产品和物料免受微生物和其他污染。制剂生产所用的原辅料要控制微生物限度，以有效地减少微生物造成的污染及内毒素的产生。生产操作应当能够防止中间产品或原料药被其他物料污染。原料药精制后的操作，应当特别注意防止污染。

生产过程中应防止物料及产品所产生的气体、蒸汽、喷雾或生物体引起的交叉污染，应安装排风等相应的设备防止粉尘飞扬。特别对高活性、高毒性或高致敏性物料或产品的操作，要有防止污染和交叉污染的措施。尤其是高活性、高毒性或高致敏性等干燥物料或产品的生产过程中，应当采取特殊措施，防止粉尘的产生和扩散。对毒性中药材和中药饮片的中药提取用溶剂需回收使用的，要制定回收操作规程；回收后溶剂的再使用不得对产品造成交叉污染，不得对产品的质量和安全性有不利影响。拣选后药材的洗涤应使用流动水，用过的水不得用于洗涤其他药材。不同药性的药材不得在一起洗涤。软膏剂、乳膏剂、凝胶剂等半固体制剂以及栓剂的中间产品应当规定贮存期和贮存条件。要有明确的物料状态标识。原辅料配料室的环境和空气洁净度要与生产一致，并有捕尘和防止交叉污染措施。

5. 生产区域管理　不同品种、规格药品的生产操作不能在同一生产操作间同时进行，除非没有发生混淆或交叉污染的可能，可采用阶段性生产方式。对于阶段式生产，注射剂原则每班只安排一个品种的生产。原料药生产一个单元操作只进行一个批号；固体制剂每个操作间只生产一个批次和单品种。安排不同品种的药品生产必须在分隔的区域内进行，应当采取严格的规程和措施，避免在生产操作中原料和中间产品的误用。

无菌药品生产用物料、容器、设备或其他物品需进入无菌作业区时应经过消毒或灭菌处理。严格按产品工艺要求在规定的洁净级别条件的生产场所操作，并定期监控生产环境的清洁及卫生状态。

▨ 知识链接 ⋯⋯⋯⋯⋯⋯⋯⋯⋯⋯⋯⋯⋯⋯⋯⋯⋯⋯⋯⋯⋯⋯⋯⋯⋯⋯⋯⋯⋯⋯⋯⋯⋯⋯⋯⋯⋯⋯

风险评估

对于同一品种、同一规格产品的不同生产工序，在同一操作时间内进行生产应进行必要的风险评估，针对可能的风险进行必要的控制，防止不同工序间的交叉污染和混淆。如工序高 API（活性成分）含量的物料交叉污染低 API 含量的工序，对产品质量、工艺过程产生影响。

⋯⋯⋯

6. 状态标识管理

（1）管理规程　药品生产企业应制订状态标识管理规程，并经企业相关部门批准。管理规程中应明确规定各类状态标识的格式、文字等内容，除在标识上使用文字说明外，还可采用不同的颜色区分被标识物的状态（如待验、合格、不合格或已清洁等），并在文件后附样张。容器、设备或设施所用标识的设计应清晰明了。对于状态标识的印制、登记、领用、签发、归档、处理等管理工作，由生产管理部门在管理规程中做出明确统一规定并组织实施。

（2）状态标识贴签使用范围及内容　生产期间生产区域及辅助区域各工序操作间、设备、管道及所有物料、中间产品或待包装产品的容器都应贴签明显的状态标识，以防止混淆或差错。①生产操作间必须有生产状态标识，标明正在生产的情况，内容包括正在生产的品名、规格、批号、生产工序和批量等。②生产设备须有状态标识，标明设备名称、设备性能状况、负责人等，停运的设备标明其性能状况，能用与否，待修或维修，对已损坏报废的设施，必须从生产线上搬出。③容器须有状态标识，标明内容物的情况，如品名、规格、批号、状态（中间产品、回收料等）。④须有卫生状态标识，标明生产操作间、生产线、设备、容器等卫生状况，如已清洁、已消毒、已清场等。

（3）颜色管理　固定的管道可按《医药工业设备及管路涂色的规定》喷涂不同的颜色，与设备连接的主要管道应标明管内物料名称及流向，如表 7 – 4 所示。

表 7 – 4　管道及管道喷涂颜色

管道名称	纯水管道	蒸汽管道	常水管道	真空管道	压缩空气管道	三废排气管道
喷涂颜色 流向	浅绿色	红色	绿色	白色	蓝色	黑色流向
	→	→	→	⇒	→	→

洁净室（区）内管道可不涂色，但必须注明内容物及流向，流向以箭头"→"表示。

（4）生产中的各种状态标识　①生产设备状态标识：完好、运行中、待维修、停用、已清洁、待清洁等，如图 7 – 1 所示。②生产区域状态标识：生产中、清场中、待清场、相关生产区域使用情况，如图 7 – 2 所示。③容器状态标识：已清洁、待清洁、有效期限等。④卫生状态标识：已清洁、已消毒、待清洁等，如图 7 – 3 所示。⑤文件、记录标识：有效版本控制。⑥计量标识：校验合格、有效期、停用、校验不合格，如图 7 – 4 所示。⑦物料的状态：合格、待验、不合格等，如图 7 – 5 所示。

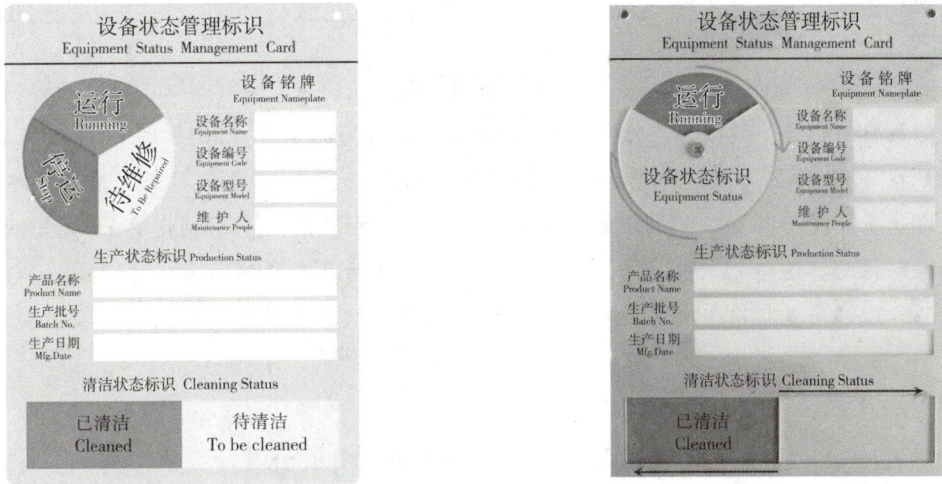

图 7 – 1　生产设备状态标识牌

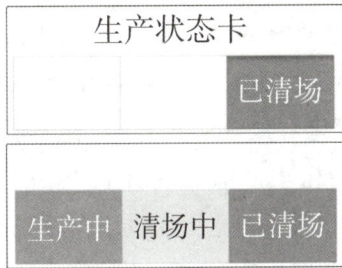

图 7 – 2　生产区域状态标识牌

图 7 – 3　卫生状态标识牌

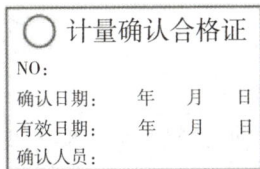

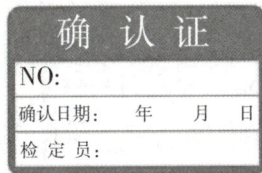

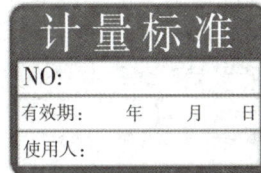

图 7 – 4　计量标识牌

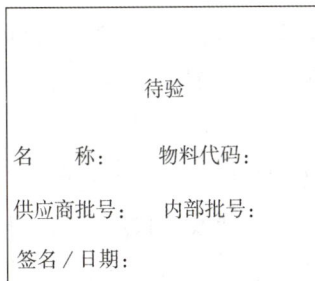

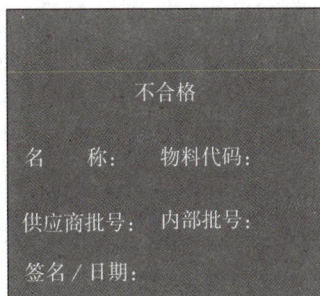

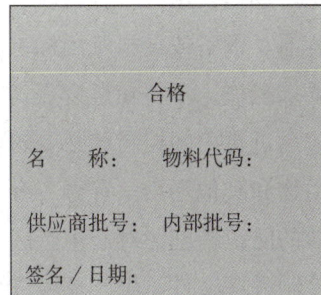

图 7 – 5　物料的状态标识牌

污染控制策略

污染控制策略（CCS）的概念在欧盟 GMP 附录 1《无菌药品生产》2017 年 12 月发布的修订草案中提出，并且在 2020 年 2 月经过完善后再次公开征求意见，于 2022 年 8 月正式发布。根据其定义，污染控制策略是基于对产品和工艺的理解，为确保工艺性能和产品质量而制定的一整套对微生物、热原和微粒的控制措施。这些控制包括与活性成分、辅料、药物及其包装容器组件，设施和设备的运行状态、中间品、成品质量标准等相关的参数和属性的设定，以及监控方法和频次。

任务六　生产过程的管理

PPT

生产过程是药品制造全过程中决定药品质量的最关键和最复杂的环节之一。药品生产过程实际上包含两种同时发生的过程：一是产品的生产过程；二是文件记录的传递过程。产品的生产过程是物料投入，目标产物的生成以及后续处理的过程。以典型合成药为例，生产前准备（原材料领发料、设备设施检查等）、投料、化学反应、提取（分离）、纯化（结晶、干燥）、过程控制、包装、待验，直至检验合格后入库、清场。文件记录传递过程是指由生产部门发出生产指令，确定批号和签发批生产记录，并在生产过程中由操作人员完成各种批生产记录、批包装记录以及其他辅助记录（如设备使用记录、清洁记录等），中间产品检验人员完成检验记录，原料药检验人员完成成品检验记录，该记录经部门负责人或者授权人员审核并归档。质量管理人员对这些记录审核，作为批放行的一部分。

一、GMP 对生产过程的要求

生产开始前应当进行检查，确保设备和工作场所没有上批遗留的产品、文件或与本批产品生产无关的物料，设备处于已清洁及待用状态。检查结果应当有记录。还应当核对物料或中间产品的名称、代码、批号和标识，确保生产所用物料或中间产品正确且符合要求。

生产期间使用的所有物料、中间产品或待包装产品的容器及主要设备、必要的操作室应当贴签标识，容器、设备或设施所用标识应当清晰明了。生产过程严格按批准的生产工艺规程、SOP、批生产记录要求操作，不得随意变更。测量、称重或分装等关键工序操作要有第二人现场复核。

应当进行中间控制和必要的环境监测，并予以记录。在生产的每一阶段，应当保护产品和物料免受微生物和其他污染。有毒、有害、高活性、易燃、易爆等危险岗位要严格执行安全操作规程，并采取有效的防范措施。对于生产区的微生物控制，应从进入生产区的人员、生产设备设施器具、物料、相关控制程序文件、生产环境五个方面进行控制。

每批药品的每一生产阶段完成后必须由生产操作人员清场，并填写清场记录。清场记录内容包括：操作间编号、产品名称、批号、生产工序、清场日期、检查项目及结果、清场负责人及复核人签名。清场记录应当纳入批生产记录。

每批产品应当检查产量和物料平衡，确保物料平衡符合设定的限度。如有差异，必须查明原因，确认无潜在质量风险后，方可按照正常产品处理。

二、生产过程的控制

生产过程控制的目的是为了确保产品质量满足规定的质量标准要求，对生产过程中影响产品质量的各个因素进行控制。

（一）生产前准备

在生产操作开始前应当进行检查，操作人员必须对生产所用文件、物料、生产场所、工艺卫生、设备状态等进行检查，作好生产前的准备，检查结果应当有记录。主要内容如下。

1. 生产文件准备　正确理解生产指令内容要求，检查与生产品种相关的生产管理文件是否齐全。应有生产管理部门下达的生产指令单（包括包装指令单），并附该生产品种的生产工艺规程、岗位操作法、标准操作规程及批生产记录（包括批包装记录）等文件。

2. 物料准备　生产车间各工序根据下达的生产指令单编制的限额领料单，向仓库或中间站领取原辅料、包装材料、中间产品，记录登记并办理交接手续。标签要凭批包装指令按实际需用数额由专人领取、计数发放，发料人、领料人均要在领料单上签名。在领取物料或中间产品时，应核对其品名、规格、代码、批号、生产厂家、数量、标识和包装情况等，确保生产所用物料或中间产品正确且符合要求。对生产所用各种物料，按质量标准核对检验报告单或放行证，中间产品有质量监控员签字的传递单。检查盛装容器、桶盖编号要一致，并贴有明显标识。

3. 生产场所　生产操作开始前，操作人员必须对工艺卫生、设备状况等进行检查，检查内容有：

（1）检查生产场所是否符合该区域清洁卫生要求，是否有"已清洁"状态标识。

（2）更换生产品种、规格及批号前是否已清场，进行清场确认。更换生产品种前应确认是否有上次生产的"清场合格证"、工作场所无上批遗留的产品、文件或与本批产品无关的物料等，作好清场检查记录，清场人、检查人应签字，如未取得"清场合格证"不得进行下一个品种的生产。

（3）严格检查设备状态是否符合生产要求。对设备的保养、完好度、卫生状况等进行全面检查，试运行状况是否良好，必要时进行检修、清洗、消毒等，并做好记录。应有设备"已清洁"状态标识，并有设备"完好"状态标识且处于待用状态。对于正在检修或停用的设备应挂上"不得使用"的状态标识，检修完毕应由设备员验收合格并清洁干净、符合要求，具有设备完好和清洁状态标识才允许使用。应当检查产品从一个区域输送至另一个区域的管道和其他设备连接，确保连接正确无误。

（4）使用的容器、工具应洁净、无异物。备齐操作所必要的安全防护用具。

（5）计量器具的称量范围应与物料称量相符，计量器具清洁完好，"计量检定合格证"应在校验有效期内。生产用计量器具、度量衡器应由计量部门专人定期校验，并作好校验记录，在已校验的衡器上贴上"计量检定合格证"，使用前应由操作人员进行校正。对生产上用于测定的测试仪器、仪表、衡器，使用前应进行必要的调试。

（6）生产人员均应持有"上岗证"，符合个人卫生管理规程的规定，如检查工作服的穿戴是否符合要求。

4. 证件要求　具有质量管理部门监控员签发的"生产许可证"。

（二）生产过程管理

（1）生产现场须悬挂工序状态标识，设备和物料有状态标识。

（2）生产全过程必须严格按照工艺规程、岗位操作法或 SOP 执行，不得任意更改。

（3）主配方计算、称量配制及投料必须复核，操作者及复核者均应在记录上签名。配好的物料装在清洁的容器里，容器内、外都应有标签，写明物料品名、规格、批号、数量、日期和操作者、复核者姓名。称量后剩余的散装原辅料应及时密封，由操作人在容器上注明启封时间、剩余的数量、毛重，经操作者、复核人签字后，由专人办理退料手续。

配制或投料前先对照物料的品名、数量及外观质量，核对称量后的容器状态标识，经两人核对无误后，方可按该品种处方规定的配制方法进行配料或投料。

毒性药品、麻醉药品、精神药品、贵细药品等必须在质量部门监控员的监控下称量或投料，并有记录和操作者、监控者签字。

（4）直接接触药品的包装材料、设备容器的清洗、干燥、灭菌到使用时间应按相关规定进行。

（5）生产中应尽可能避免出现任何偏离工艺规程或操作规程的偏差，如有偏差，要按偏差处理操作规程执行。无菌药品的药液从配制到灭菌（或除菌过滤）的时间间隔要按规定执行。液体制剂的配制、过滤、灌封、灭菌等工序应当在规定时间内完成。

（6）生产过程、各种物料的传递、加工、文件的填写、记录和流转都必须接受QA监控员的严格监控。生产过程中的产品应按工艺规程规定的质量标准作为上下工序交接验收的依据。存放产品的中转站，要按"待验""合格""不合格"分别堆放，"不合格"者不得流入下道工序。

（7）生产过程各关键工序要严格进行物料平衡检查，符合规定的范围方可递交下一工序继续操作。若超出规定范围，必须查明原因，在得出合理解释，确认无潜在的质量事故后，经质量管理部门负责人批准，方可递交下一工序。

（8）生产过程应按工艺规定及控制要点进行中间控制和必要的环境监测，填写生产记录和检查记录，并归入批生产记录中。生产过程应严格按产品工艺规程、质量控制要点进行自检、互检及质监员专检，要进行工艺查证并记录，及时预防、发现和消除事故差错并做好记录。工艺查证内容由企业按各岗位操作规程的要求，检查生产管理文件及各工艺参数执行情况、洁净室（区）温度、相对湿度，定期检查尘埃粒子数、微生物数、质量抽查记录、工艺卫生及批生产记录等。

（9）各关键工序，如起草生产指令、称量、投料、灌装、消毒、灯检、包装等均要严格复核并记录，防止差错与混淆。

（10）生产中发生事故，应按事故管理的有关规定及时报告、处理和记录。

（三）包装过程管理

（1）包装操作应按经批准的产品包装操作规程进行作业，包装操作规程中应当规定降低污染和交叉污染、混淆或差错风险的措施。

（2）包装开始前应当进行检查，确保工作场所、包装生产线、印刷机及其他设备已处于清洁或待用状态，无上批遗留的产品、文件或与本批产品包装无关的物料。检查结果应当有记录。

（3）包装操作前，还应当检查所领用的包装材料正确无误，核对待包装产品和所用包装材料的名称、规格、数量、质量状态，且与工艺规程相符。

（4）包装操作时，在每一包装操作场所或包装生产线，都应有标识标明包装中的产品名称、规格、批号和批量的生产状态。

（5）对于有数条包装线同时进行包装时，应当采取隔离措施，有效防止污染、交叉污染或混淆。

（6）应检查待用分装容器，避免容器中有玻璃碎屑、金属颗粒等污染物，在分装前应当保持清洁。

（7）产品分装、封口后应当及时贴签。未能及时贴签时，应当按照相关的操作规程操作，避免发生混淆或贴错标签等差错。

（8）对于单独打印或包装过程中在线打印产品批号或有效期等关键操作，均应严格进行检查，确保其正确无误，并及时记录。如手工打印，应当增加检查频次。检查包装材料上印刷或模压的内容，应当清晰、不易褪色和擦除。对使用切割式标签或在包装线以外单独打印标签，应当采取专门措施，防止混淆。

（9）对电子读码机、标签计数器或其他类似装置的功能应当进行检查，确保其准确运行。检查应有记录。

（10）包装期间，产品的中间控制检查应当至少包括：①包装外观；②包装是否完整；③打印信息是否正确；④在线监控装置的功能是否正常；⑤产品和包装材料是否正确。

（11）对于从包装生产线取走的样品不应当再返还，以防止产品混淆或污染。

（12）因包装过程产生异常情况而需要重新包装产品的，必须经专门检查、调查并由指定人员批准。重新包装应有详细记录。

（四）生产结束

（1）每批药品的每一生产阶段完成后必须由生产操作人员按清场管理规定及各清洁 SOP 规定对生产现场进行清场，并填写清场记录。清场记录内容包括：操作间编号、产品名称、批号、生产工序、清场日期、检查项目及结果、清场负责人及复核人签名。清场记录应当纳入批生产记录。

（2）每批生产结束后，剩余物料经质量监控员核对后，包装，内外包装容器上均贴上状态标识，标明品名、规格、数量、日期、签名，严格按规定办理退库手续，填写退库记录。中间产品、待包装产品入中间贮存站，必须悬挂待检状态标识，经请验、取样检验合格发放检验报告书后，悬挂合格状态标识方可流转或入库，若检验不合格则按不合格品处理规程处理。对于成品应办理寄库手续，在仓库内定置待检，待该批产品检验合格，并取得成品批包装质量评价报告后，由包装工序负责人办理成品入库手续。

（3）每批产品生产过程结束后，要对所使用的物料和产品的数量进行物料平衡检查。若发生偏差应按偏差处理程序执行，如发现物料、中间产品、待包装产品、印刷包装材料以及成品数量有显著差异时，应当记录并进行调查，未得出结论前，产品不得放行。

包装过程结束时，对已打印批号的剩余包装材料应当在质量管理部门监督下由专人负责全部计数销毁，并有记录。如将未打印批号的印刷包装材料退库，应当按照操作规程执行。

（4）整理批生产记录（批包装记录）。在该批产品生产或包装结束后，车间管理人员按工艺流程依次整理各岗位生产记录、签名。车间负责人审核、签名。生产管理部应完成该批产品的批生产记录和批包装记录的审核、签名。交质量管理部进行审核评价，质量管理部门负责人终审，合格由质量受权人签发放行单。

》》**情境导入**///

情境：2007 年 7 月，国家药品不良反应监测中心陆续接到报告，广西、上海、北京、安徽等地部分医院的白血病患儿，在使用了标示为某制药厂生产的两个批号的注射用甲氨蝶呤后，出现下肢疼痛、乏力、行走困难等不良反应症状。经最终查明是该制药厂在生产过程中，现场操作人员将硫酸长春新碱尾液混于注射用甲氨蝶呤、盐酸阿糖胞苷等批号药品中，导致多个批次的药品被硫酸长春新碱污染。这起造成全国上百名白血病患者下肢伤残药害事件，被原国家食品药品监督管理总局认定为"重大的药品生产质量责任事故"，并立即注销了这家药厂相关品种的药品批准文号，其《药品生产许可证》被依法吊销，并给予《药品管理法》规定的最高处罚。企业相关责任人被公安部门刑事拘留，并依法追究其刑事责任。

　　思考：1. 这起事故发生的主要原因是什么？

　　　　　2. 在药品生产过程中，能不能避免发生这些事故？

　　　　　3. 怎样避免发生类似事故？

（五）清场管理

　　1. 清场的概念　清场是对生产现场（包括设施、设备等）进行的清洁及清理工作，是生产过程中的一道特殊的工序，是药品生产和质量管理的一项重要工作内容。为了防止药品生产中不同批号、品种、规格之间的混淆、污染和交叉污染，各生产工序在生产结束、更换品种及规格或换批号前，应彻底清理及检查作业场所。

　　2. 清场的范围　清场的范围包括生产操作的所有区域和空间，包括生产区、辅助生产区，以及涉及的一切设施、设备和物料等。

　　3. 清场工作内容　GMP第一百九十四条规定：每次生产结束后应当进行清场，确保设备和工作场所没有遗留与本次生产有关的物料、产品和文件。下次生产开始前，应当对前次清场情况进行确认。

　　清场工作主要涉及以下三个方面的内容。

　　（1）物料清理　物料清理是对生产中所用到的物料，包括原辅料、中间产品、成品、包装材料及剩余物料等的清理和退库、贮存和销毁等工作。如调换生产品种、规格时，必须对原料、辅料、包装材料、标签、说明书等的领用数、使用数和剩余数认真核对，核对无误后认真填写记录，对不再使用的原料、辅料、包装材料、标签、说明书要及时清场，返回库里。对印有批号的标签、包装材料不得涂改使用，应由专人负责及时销毁，并做好记录。

　　（2）文件清理　文件清理是对生产中所用到的各种规程、制度、指令、记录，包括各种状态标识等的清除、交还、交接和归档等工作。

　　（3）清洁卫生　清洁卫生是对生产区域和辅助生产区域现场（包括设施、设备等）按经验确认的方法进行清洁、整理和消毒灭菌等工作。清洁是去除残留，防止交叉污染的关键工艺，清洁主要是清除上批产品的残留污染，使上批产品残留的活性成分对后续生产的污染控制在安全限度内。从卫生角度而言，清洁也可以去除关键操作区的微生物污染和非活性微粒污染，有助于设备消毒和灭菌，因此清洁和消毒往往是紧密相连的。

　　4. 清场工作规程　清场工作必须按企业生产和质量管理部门根据企业的生产实际情况制订的清场工作管理规程进行。规程的主要内容包括：清场的目的、要求、时间、方法、检查、记录以及实施人、核对人和负责人签名等。规程规定清场的每个细节，以及实施清场的人员和复核人员的资格。这个规程应经过企业负责人批准，并形成正式文件下达，供生产操作和检查人员共同遵守。有效的清场工作管理程序，可以防止混药事故的发生。

　　5. 清场记录　清场结束后，必须填写清场记录并双人复核。为了便于填写，清场记录应根据清场规程设计合适的表格供有关人员填写。清场及清场复查人员不得由同一人担任。清场的每一步作业都必须记录并签名。清场结束由QA复查合格，对清场记录签字确认和发放清场合格证。清场记录或清场合格证应有正副本，正本纳入本次批记录中，副本纳入下次产品的批记录中。

　　清场记录式样如表7-5、7-6所示。

表 7 – 5 清场记录

_____岗位清场检查记录

编号：_____ 日期：_____年_____月_____日 房间名称：_____ 房间编号：_____

清场前品种		批号		清场后品种		批号	
项目	清场标准	清洁项目		检查结果	自检人签字/日期	检查结果	检查人签字/日期
		同品种换批	其余类型				
文件	无上品种、批次相关文件						
物料	无上品种、批次物料						
	压片、胶囊料斗内剩余物料约（ ）kg		N/A				
顶棚、进风口、日光灯	洁净、无粉尘、无料迹	N/A					
门窗、壁板	洁净、无粉尘、无料迹						
回风口	洁净、无粉尘、无料迹						
容器具	洁净、无粉尘、无料迹						
设备	外观洁净、无粉尘、无料迹						
	整体洁净、无粉尘、无料迹	N/A					
电子天平及其他仪器	外观洁净、无粉尘、无料迹						
	整体洁净、无粉尘、无料迹	N/A					
记录桌、凳	洁净、无粉尘、无料迹						
水池、地漏	洁净、无粉尘、无料迹且用消毒液灌封						
地面	洁净、无粉尘、无料迹						

注：1. 检查结果合格用"√"表示，不合格用"×"表示。
2. 压片、胶囊岗位同品种换批填写料斗内剩余物料重量，其余岗位同品种换批不得有上批次物料。

表 7 – 6 清场合格证

清场合格证	编码：
品名_____ 批号_____	

清场岗位_____   规格_____

清场人_____   清场完成时间_____年_____月_____日

检查人_____   检查完成时间_____年_____月_____日 有效期至_____

知识链接

清 场

为了防止药品生产中不同批号、品种、规格之间的污染和交叉污染，各生产工序在生产结束、更换品种及规格或换批号前，应彻底清理及检查作业场所。有效的清场管理程序，可以防止混药事故的发生。清场分为同品种批与批之间的清场、同品种周期性清场和换品种清场。

（六）物料平衡及偏差处理

物料平衡是生产管理过程中避免差错、混淆的一项重要措施。加强物料平衡的管理有利于及时发现生产过程中有无异常情况发生，确保药品的生产质量。在每个品种各关键生产工序的批生产记录或批包装记录都要明确规定物料平衡的计算方法，物料平衡应符合设定的限度且其限度范围应经过工艺验证，超出范围要进行偏差调查。

1. 概念 物料平衡指产品或物料实际产量或实际用量及收集到的损耗之和与理论产量或理论用量之间的比较，并考虑可允许的偏差范围。

所有工序都应有物料平衡的计算公式，并制定接收的限度。公式如下

$$物料平衡\% = \frac{实际产出 + 样品 + 废品}{投入量} \times 100\%$$

式中，实际产出，用于下一步工序或商业销售的产出数量；样品，在线检查样品、QC样品、文件留样、其他样品；废品，含活性成分或药品的废品、包装材料废品。

预期收率：在任何合适的生产步骤中所预期得到的物料的量或理论百分比，它是基于前期实验、中试或生产的数据推测出来的。

理论收率：不考虑任何损失或操作失误，已实际投入物料量计，在任何合适的生产步骤中应得到的产量。

收率目的是反映批生产的经济指标。物料平衡与收率的计算的差异，在于物料平衡是否包括可收集的废品及生产过程、成品取样的数量，物料平衡可以准确反映物料的使用情况和去向。而收率因计算方式、设备装备水平、生产管理水平，生产作业方式不同受到干扰影响，难以发现混淆差错缺陷的出现。

2. 物料平衡的意义 对于每一个工序产出数量（实际产出、样品、废品）与投入量的比值应该在规定的范围内，这是实施良好的生产质量管理规范的基本要求。保证物料平衡可以有效防止和发现制药过程中可能的污染，交叉污染，混淆。

在药品生产的每个关键工序计算收率并进行物料平衡，不仅可计算生产效能，同时可避免或及时发现差错与混淆。当生产过程处在受控的情况下，物料平衡的结果是比较稳定的，一旦生产过程中物料出现差错，物料平衡的结果将超出正常范围，所以物料平衡比收率更能体现差错的发生。

当物料平衡的数值过高时，分析有可能是有上一批生产的物料混入本批产品，该批次产品则不能继续生产加工，必须找出原因，予以解决。

当物料平衡过低时，分析有可能是本批次物料存在跑料损失、混入下批次产品、丢失等多方面原因，同样不能继续加工，也必须分析原因，予以处理。

3. 物料平衡及偏差管理

（1）制剂生产必须按照处方量的100%（标示量）投料。

（2）产品或物料的理论产量或理论用量与实际产量之间的比值应有可允许的正常偏差。

（3）每批产品应在生产作业完成后，填写岗位物料结存卡并作物料平衡检查。

（4）出现以下偏差必须及时处理：物料平衡率超出规定范围；生产过程时间控制超出工艺规程范围；生产过程工艺条件发生偏移、变化；生产过程中设备突发异常，可能影响产品质量；产品质量（含量、外观）发生偏移；跑料；标签实用数、损耗数、剩余数与领用数发生差额；生产中其他异常情况等。

（5）生产中发生超限偏差时，必须要严格执行"偏差处理规程"，并履行审批手续。车间管理人员必须填写偏差处理记录（两份），写明品名、批号、规格、批量、工序、偏差内容、发生的过程及原因、地点、填表人签名、注明日期。将偏差处理记录交给生产技术及质量管理部门人员按规定

处理。

（6）对于物料平衡在正常范围之外的情况，要认真调查分析，得出合理解释、确认无潜在质量事故后，方可按正常产品处理。超限偏差原因应清楚，解释应合理，经 QA 确认，产品经全项检验并符合内控标准，才能批准放行。

▌知识链接

物料平衡

物料平衡是产品生产过程中出现异常情况时质量控制的重要手段，可以有效地预防物料、不合格品、印字包材的流失失控以及混淆。当出现物料平衡超限，说明生产过程出现了异常状况。可根据批生产记录确定超限的工艺区间，应重点调查物料数量，包括供应商供应的数量、称量/计量的准确性，生产过程、称量过程是否有抛撒、残留、挥发，是否有与其他产品的混淆等因素。

物料平衡的限度需考虑实际设备、工艺的状况以及历史数据来制定。调整必须有依据，并经过批准。新增工艺产品或者新增不同主设备，初期物料平衡可以根据工艺验证数据制定，待有足够历史数据后再进行修订。

（七）批号管理

在生产过程中，药品批号主要起标识作用，它在药品生产计划阶段产生，并可随着生产流程的推进而增加相应的内容，同时形成与之对应的生产记录。根据生产批号和相应的生产记录，可以追溯该批产品原料来源（如原料批号、制造者等）、药品形成过程的历史（如片剂的制粒、压片、分装等）。在药品形成成品后，根据销售记录，可以追溯药品的市场去向。药品进入市场后的质量状况。在需要的时候可以控制或回收该批药品。因此，通过药品生产批号可以追溯和审查该批药品的完整生产历史。

▌知识链接

批

批指经一个或若干加工过程生产的、具有预期均一质量和特性的一定数量的原辅料、包装材料或成品。为完成某些生产操作步骤，可能有必要将一批产品分成若干亚批，最终合并成为一个均一的批。在连续生产情况下，批必须与生产中具有预期均一特性的确定数量的产品相对应，批量可以是固定数量或固定时间段内生产的产品量。

1. 批号概念　批号指用于识别一个特定批的具有唯一性的数字和（或）字母的组合。据此能查明该批产品的生产日期和生产、检验、销售等记录。物料和产品应给予专一性的批号，满足物料和产品的系统性、追溯性要求。

2. 批号设计原则　批号设计的原则与物料代码设计的基本原则相同，即需要考虑批号的唯一性、通用性、易记性、扩展性和效率性。

3. 批号的表示方式　批号通常用由数字表示或由字母＋数字表示。它用一组字或字母＋数字来代表一批物料或产品，保持物料和产品的唯一性。物料和产品批号必须是唯一的，即一个批次的物料或产品只有一个对应的批号。

表示方式举例说明如下：

批号表示方式一：物料批号由数字表示。例如，采用"年份＋3 位数的年流水号"表示物料批号。如 2022 年 5 月 29 日某企业按照收货顺序，蔗糖和糊精各一个批号，给定的内部物料批号为：蔗糖批号：22110，糊精批号：22111。

批号表示方式二：物料批号由字母＋数字组成。例如，采用"（Y，F，B，Q）＋年份＋月份＋3位数的月流水号"表示物料批号，其中：Y代表化工原料、原料药；F代表辅料；B代表包装材料；Q代表其他材料；年份用2位数字表示；月份用2位数字表示；流水号用3位数字表示。

例如：F2205136，代表该批辅料是2022年5月接收的第136批。

此外，对于原料药、大输液等生产企业，为便于质量管理，可在批号后面加横线再加数字或字母的方式表示亚批号，例如：××原料药产品批号为22132，其第一步中间体批号为22132－01，第二步中间体分二次合成，批号则分别22132－02和22132－03，第三步中间体将22132－02和22132－03同时加入参与合成反应，所得的第三步中间体为22132－04。

4. 批号的使用和管理　企业应制定批号系统管理程序，明确批号定义、批的划分原则、批号设计原则、批号发放、使用和管理程序。企业应由指定的部门负责批号系统的制定、发放、使用等系统管理和维护，并根据批号系统管理程序执行批号发放、使用和管理操作，并完成相关记录。

企业应建立批号发放清单或索引表，以便控制批号的发放和使用，发放批号应有复核，防止重复给号。

批号系统的管理和控制可以通过计算机化管理系统实现或其他等同性方式实现，确保物料和产品的追踪性。

（八）定置管理

（1）各类物品、用具分类定置，定置区标识线清楚、明显，物品摆放整齐有序，品名有标示。

（2）定置区域，严禁摆放不属于本定置区的非定置物品。

（3）工具及用具按部就位，使用完毕后及时归位。

（4）设备应按工艺流程合理布局，使加工产品按同一方向顺序流动，避免重复往返，且不遗漏任何工序。

（5）设备应划定足够的地面位置放置或在工作台（架）上定位，有定置图或定位划线。定位恰当，使平均占用地面面积或空间优化合理，不拥挤，便于加速物料流动，减少操作者体能消耗。在同一操作间内安装多台设备时，应考虑操作的方便和整体布局美观合理。

（九）筛网、滤器的管理

1. 筛网的管理　使用部门应做好筛网的领取、发放、清洁、使用管理；应对筛网本身进行永久性的编号或标识，使操作人员可以方便快捷的确认使用的筛网正确；使用部门应建立筛网检查记录并制订相应的检查流程，应制定筛网使用过程中的检查周期，并在生产记录中建立使用前后对筛网完整性检查的活动和记录，并有对筛网破损后产品的处理措施。确保无使用差错和污染的风险。

2. 滤器的管理　用于过滤的过滤器使用前必须检查滤器的完整性，滤器性能和规格必须与工艺要求相适应。不同规格滤器要分别存放。所有除菌过滤器都应定期进行完整性测试，定期更换，产品生产过程使用的除菌过滤器使用前应进行必要的试验或验证，通过验证者方可应用。对用于无菌制剂生产的滤器需作灭菌处理。

三、不同制剂产品的生产控制过程

1. 无菌药品　无菌药品分为最终灭菌产品、非最终灭菌产品。最终灭菌产品剂型一般为大容量注射剂和小容量注射剂，非最终灭菌产品剂型一般包括小容量注射剂、滴眼剂、冻干粉针剂和无菌粉针剂。非最终灭菌产品中分为无菌制备、药液的过滤除菌生产两种方式。无菌药品是制药生产过程控制最为严格的生产方式。无菌生产工艺的特殊性与无菌检查的局限性，决定了无菌药品制造时对生产条件的特殊要求，根据质量风险评估的结果确认关键质量控制系统和关键点，并采取相应的监控措施以达到规定的无菌保证水平，从而保证产品质量。

和其他剂型相比，无菌制剂的生产过程有以下几个难点：①发生微生物污染、细菌内毒素污染和微粒污染后会对使用者造成严重后果，而降低微生物、细菌内毒素和微粒污染的技术复杂性较高；②维持厂房洁净度的难度大、成本高；③通常情况会配备在线清洁和灭菌，工艺管道连接复杂，导致发生污染和交叉污染的风险大；④无菌药品生产控制的重点在于微生物、细菌内毒素和微粒的污染控制，同时也需要关注混淆和交叉污染。为了降低微粒、微生物和内毒素污染的风险，无菌药品的生产应有各种特殊要求，如洁净度级别及监测、隔离操作技术、培养基模拟灌装试验、人员更衣确认等。无菌药品的生产过程中还应考虑各种接触品的潜在污染，如清洗用水、直接（间接）接触物料、器具、零件的清洗过程、灭菌过程、灭菌后存放条件，从污染物的来源、灭菌方法的有效性、容器密封性等方面采取措施降低污染风险。这在很大程度上取决于生产人员的技能、所接受的培训及其工作态度。故无菌药品生产应当精心设计并按照验证过的方法和规程进行。

（1）人员风险控制　基本方法是建立并保持良好的质量保证系统；应配备足够数量并具有适当资质的人员完成各项操作；生产操作人员应掌握微生物的基本知识，养成良好的卫生习惯；所有人员应明确理解自己的职责；应配备质地良好的个人防护服装，所有进入洁净区的人员需要经过更衣培训，制定合理的洁净服管理规范；工艺及生产操作设计应能尽量降低人员和生产操作导致污染的风险，要穿着、移动、行动和操作正确；掌握与之相关的 GMP 原则。接受良好的培训并通过考核。

（2）时限管理　应当尽可能缩短包装材料、容器和设备的清洗、干燥和灭菌的间隔时间以及灭菌至使用的间隔时间；应当建立规定贮存条件下的间隔时间控制标准；尽可能缩短药液从开始配制到灭菌（或除菌过滤）的间隔时间；应根据产品的特性及贮存条件建立相应的间隔时间控制标准。

（3）微生物、内毒素控制　应当定期监测制药用水的细菌内毒素，保存监测结果及所采取纠偏措施的相关记录。应当尽可能减少物料的微生物污染程度。物料的质量标准中应包括微生物限度、细菌内毒素或热源检查项目。应根据所用灭菌方法的效果确定灭菌前产品微生物污染水平的监控标准，并定期监控。还应当监控热原或细菌内毒素。

2. 中药产品　中药生产的原料来源大都是原药材，要达到投料的净药材要求，一般都需要进行药材的前处理。前处理主要是进行药材的净制和干燥过程的二次污染防范。炮制必须按照规定的炮制规范进行，产品的炮制工艺应该得到验证，因为炮制工艺的偏移，会影响炮制后药材的质量和药效，对制剂产品质量影响重大。

在完成药材的提取、浓缩或喷雾干燥制粒后，应将该生产阶段的产品（中药提取的浸膏或浓缩液、喷雾干燥药粉等）按照中间产品的要求进行管理。因此，除了产品工艺控制所需的中间产品质量标准的制定与监测外，还要关注在贮存过程中的包装方式、贮存的温度以及贮存的时间，防止由于贮存不当而发生质量的改变。

3. 生物制品　生物制品是以微生物、细胞、动物或人源组织和体液等为原料，应用传统技术或现代生物技术制成，用于人类疾病的预防、治疗和诊断的药品。生物制品具有以下特殊性。①生物制品的生产涉及生物过程和生物材料，如细胞培养、活生物体材料提取等。这些生产过程存在固有的可变性，因而其副产物的范围和特性也存在可变性，甚至培养过程中所用的物料也是污染微生物生长的良好培养基。②生物制品质量控制所使用的生物学分析技术通常比理化测定具有更大的可变性。③为提高产品效价或维持生物活性，常需在成品中加入佐剂或保护剂，致使部分检验项目不能在制成成品后进行。因此，应当对生物制品的生产过程和中间产品的检验进行特殊控制，以确保产品符合规定的质量标准要求。

（1）当原辅料的检验周期较长时，允许检验完成前投入使用，但只有全部检验结果符合标准时，成品才能放行。

（2）应当通过连续批次产品的一致性确认种子批、细胞库的适用性。种子批和细胞库建立、保存和使用的方式，应当能够避免污染或变异的风险。

（3）种子批与细胞库的来源、制备、贮存及其稳定性和复苏情况应当有记录。储藏容器应当在适当温度下保存，并有明确的标签。冷藏库的温度应当有连续记录，液氮贮存条件应当有适当的监测。任何偏离贮存条件的情况及纠正措施都应记录。库存台账应当长期保存。

（4）在贮存期间，主代种子批和工作种子批贮存条件应当一致；主代细胞库和工作细胞库的储存条件应当一致。一旦取出使用，不得再返回库内贮存。

（5）中间产品的检验应当在适当的生产阶段完成，当检验周期较长时，可先进行后续工艺生产，待检验合格后方可放行成品。

知识链接

人用生物制品

人用生物制品包括：细菌类疫苗（含类毒素）、病毒类疫苗、抗毒素及抗血清、血液制品。细胞因子、生长因子、酶、体内及体外诊断制品，以及其他生物活性制剂，如毒素、抗原、变态反应原、单克隆抗体、抗原－抗体复合物、免疫调节及微生态制剂等。

根据生物制品的用途可分为预防用生物制品、治疗用生物制品和诊断用生物制品三大类。

实训任务九　填写批生产记录和批包装记录

【实训目标】

1. 掌握批生产记录和批包装记录书写规范。
2. 掌握批生产记录和批包装记录的填写。

【实训器材】

30B 型吸尘粉碎机；ZS－515 型高效旋振筛；电子秤；黑（蓝）色中性笔；容器；清洁毛巾、拖把等卫生工具。

【实训内容】

批生产记录是一个批次的待包装品或成品的所有生产记录，批生产记录能提供该产品的生产历史，以及与质量有关的情况。对于每一种产品都应准备批生产记录，它应该包括跟每一批产品有关的完整的信息。

（一）批生产记录和批包装记录书写规范

1. 操作人员应按要求认真适时填写，填写时做到字迹清楚、内容真实，数据完整，并由操作者及复核人签字。

2. 记录应保持整洁，不得撕毁和任意涂改，任何隐去原有记录进行的修改行为均是不允许的。更改错误时应在原错误地方画一横线，在上方或旁边填写上正确的数据，并签上修改人的姓名及修改日期。修改后原来的数据或文字应清晰可见。按表格内容填写齐全，不得留有空格，如无内容可填时，可在该项中画一斜线或横线。如有与上项相同内容不得填写为"同上"，或打上"……"。

3. 记录应现场及时记录；不允许进行事后补写；更不允许超前记录。

4. 填写记录时应记录完全，操作者、复核者均应填写姓名，不得只写姓或名。不得简写、缩写。

5. 记录过程中的数据处理：书写任何数据及文字包括签名时应尽量做到清晰易读，且不易擦掉，不得用铅笔或具有挥发性物质的笔填写。数据与数据之间应留有适当的空隙。书写时应注意不要越出对应的表格。

6. 书写中出现任何书写错误均不得进行涂黑原数据后书写新数据、采用涂改液修改错误数据后书写或用刀片刮掉错误数据后书写等行为。

7. 日期书写格式应按 2012 年 12 月 16 日或 20121216 的样式进行书写，不得写为 16/12 – 12、12 – 12 – 16 等。

8. 数据的真实性批记录要求真实、客观地重现生产及检验过程中所有操作行为的数据，记录中的任何数据均应真实有效，不允许存在任何形式的假造数据、估计数据等行为。

9. 签名的真实性批记录中的任何签名必须保证是本人签名，任何情况下均不允许代签，签名必须工整，易于识别。

10. 记录的书写应使用简体中文不得使用繁体字、不规范简化字等。数据的填写应由该生产步骤的操作人员进行，并签名及签署开始日期及时间后由复核人进行复核并签名，签署日期及时间。

（二）记录填写

1. 批生产记录及清场记录的填写 作为下列岗位的操作人，写出 2014 年 6 月 26 日维生素 C 片（规格 100mg），批量 100kg，过筛目数 100 目粉筛的原始记录。记录中的人员用本人真实姓名填写。（相关条件：操作人领取维生素 C 原料 100kg，粉筛完药粉收得量 93kg，收集的废料为 4kg，本岗位物料平衡范围为 90% ~110%）。

（1）粉碎过筛岗位生产记录填写（表 7 – 7）

表 7 – 7 ××××制药有限公司
粉碎过筛岗位生产记录

编号：

产品名称		代码		
批号		规格		

按粉碎过筛岗位 SOP 规定操作

生产前检查	操作要求		执行情况
	1 是否有生产指令 2 清场合格证是否在有效期内 3 计量器具校验合格证是否在效期内 4 按批生产指令核对物料名称、规格、批号、数量、外观质量 5 检查设备内应无异物		1 是□ 否□ 2 是□ 否□ 3 是□ 否□ 4 是□ 否□ 5 是□ 否□

粉碎机名称编号		筛粉机名称编号		筛网目数	

操作过程

操作步骤	工艺要求	操作记录	操作人	复核人
核对物料	批号、数量正确，外观质量无异常	____日____时____分 结果：____		
检查粉筛机	洁净、完好	____日____时____分 结果：____		
粉筛完毕	做好标记送包装岗位	____日____时____分 粉筛完毕送包装岗位		

续表

生产操作	物料名称	批号	领取量（kg）	粉筛收得量（kg）	废料量（kg）
	投料总量（kg）			物料件数	

物料平衡	限度：≤限度　　　≤实际为:% 符合限度□　　　不符合限度□ 公式：（收得量＋废料量）／领取量×100% 计算： 　　　　　　×100% ＝ % 计算人：　　　复核人：

传递	交接量：　　　kg　　物料件数：　　　件
	接收人：　　　移交人：
	日期：　年　月　日　车间负责人：　　质检员：

备注	偏差分析及处理：

（2）清场记录填写（表7-8）

表7-8　××××制药有限公司清场纪录

编号：

产品名称		批号		规格	
工序		操作间编号		清场日期	

	清场项目及要求	检查情况	清场人	复核人
1	生产操作间无前次生产遗留的原辅料、包装材料、标签、中间产品、成品、废弃物料等与生产无关的杂品			
2	生产操作间无与下一批次生产无关的文件、记录等			
3	废弃物、垃圾清离现场、置规定地点			
4	生产设备及部件内外无油污、表面清洁			
5	生产用工具、容器清洁、无异物；清洁后置生产工器具间存放；摆放整齐			
6	地面、墙壁、门窗、天棚、回风口、排风管道表面、开关箱外壳、灯具等设施清洁、干净无积灰、无积水、无污迹			
7	管道、地漏清洁、消毒			
8	清洁毛巾、拖把等卫生工具清洁，按定置放置			
9	状态标识更换			

续表

10	其他		
检查结果	QA 监督员		合格（√）　不合格（×）

2. 批包装记录填写　写出 2014 年 6 月 28 日维生素 C 片（规格 100mg，包装规格 100 片/瓶），批号为 20140622 的包装原始记录，记录中的人员用本人真实姓名填写。（相关条件：操作人领取维生素 C 素片 90 万片，内包装后剩余 20 片，收集的废片为 2280 片，本工序内包装平衡范围为 99.5% ~ 100%，外包装平衡范围为 100%）。岗位生产记录见表 7-9、表 7-10。

包装要求：①塑料瓶每瓶装 100 片、塞纸、加盖，经传递窗送入外包室，采用 20ml 塑料瓶；②药瓶外贴标签装入中盒，每 10 瓶为一中盒，放 10 张说明书，外贴封签；③纸箱每箱装 30 中盒，放产品合格证一张；用专用封箱带封口，捆扎机捆扎。

表 7-9　××××制药有限公司

维生素 C 片塑瓶内包装岗位生产记录

编号：　　　　　　　　　　　　　　　　　　　　　　　　　　　　年　　月　　日　班　次

产品名称		代码		规格	
批号		理论量		生产指令单号	

生产前检查	操作要求			执行情况		
	1　生产相关文件是否齐全			1　是□　　否□		
	2　清场合格证是否在有效期内			2　是□　　否□		
	3　按包装指令领取待包装产品，核对品名、规格、批号、数量			3　是□　　否□		
	4　按包装指令领取内包装材料，核对品名、规格、批号、数量			4　是□　　否□		
	5　设备是否完好			5　是□　　否□		

生产操作	时间	装量准确	封口严密	时间	装量准确	封口严密
		是□　否□	是□　否□		是□　否□	是□　否□
		是□　否□	是□　否□		是□　否□	是□　否□
		是□　否□	是□　否□		是□　否□	是□　否□
		是□　否□	是□　否□		是□　否□	是□　否□
		是□　否□	是□　否□		是□　否□	是□　否□
		是□　否□	是□　否□		是□　否□	是□　否□
		是□　否□	是□　否□		是□　否□	是□　否□
		是□　否□	是□　否□		是□　否□	是□　否□
		是□　否□	是□　否□		是□　否□	是□　否□
		是□　否□	是□　否□		是□　否□	是□　否□
	物料	领取量		剩余量		损耗量
	素（包）片					
	塑料瓶（ml）					
	塑料瓶产地					
	包装规格	片/瓶		包装数量		
	设备名称		设备编号		模具型号	
	内包装完毕	送外包装间		日　　时　　分		
	操作人：		复核人：			

续表

物料平衡	公式：（包装数量×每瓶片数＋余片量＋损耗量）／领料量×100% 　　　（实用瓶量＋残损瓶数＋退回瓶数）／领取瓶数×100% 计算： 　　　　　　　　　　×100% ＝ 　 % 　　　　　　　　　　　　　　　　　　计算人：　　　　　复核人：				
	≤限度	≤实际为 　 %	符合限度□	不符合限度□	
传递	移交人		交接量	瓶	日期
	接收人		监控人		
备注					

表 7–10　××××制药有限公司
维生素 C 片外包装岗位生产记录

编号：　　　　　　　　　　　　　　　　　　　　　　年　月　日　班次

产品名称		代码		规格	
批号		理论量		生产指令单号	

生产前检查	操作要求	执行情况
	1 是否有生产指令 2 清场合格证是否在效期内 3 设备是否完好 4 核对标签、包材名称、规格、数量是否正确，外观质量是否完好 5 检查打印在标签、包材上的批号、生产日期、有效期是否正确	1 是□　否□ 2 是□　否□ 3 是□　否□ 4 是□　否□ 5 是□　否□

生产操作	包材领用记录						
	包材名称	领取量	使用量	残损量	剩余量	附记录量	取样量
	外包装	贴好标签的药瓶装中盒，中盒内装说明书，贴封签，装箱，并封口打包				日　时　分 至　时　分 外包完毕	
	包装规格：　　　待包装品数量：　　　残损量：　　　成品量：						
	设备名称：　　　　　设备编号：						
	操作人：　　　　　复核人：						

物料平衡	限度：100% 公式：（使用量＋残损量＋剩余量）／领取量×100% 计算： 1. 标签：×100% ＝　　%　　　2. 产品说明书：×100%　　　% 3. 中盒：×100% ＝　　%　　　4. 纸箱：×100%　　　% 5. 产品合格证：×100% ＝　　% 　　　　　　　　　　　　计算人：　　　　　复核人：

续表

	名称	数量	地点	方法	销毁人	监督人
销毁记录						
备注						

【实训注意】

1. 记录填写内容要准确、及时、完整，字迹清晰不潦草，文字应规范、易读；各记录项目及内容用语必须统一规范，不随意编造。

2. 记录用笔不应用红笔或铅笔，尽量选用不带笔帽的记录笔，以免笔帽脱落或丢失而在生产中带来隐患。

3. 如果纵向有几行均无内容填写，可用一斜线代之，但不可以用省略号或波浪线。

实训任务十　标准操作规程（SOP）的起草

【实训目标】

要求起草相应的标准操作规程（SOP）。

【实训内容】

根据下面的内容，写一份生化检定实验室清洁标准操作规程。

1. 清洁工具　抹布、毛刷、百洁布、塑料扫帚、拖把、塑料簸箕、塑料面盆。

2. 清洁剂　饮用水、玻璃清洁剂及纯化水。

3. 清洁次序　清洁次序为从上到下，先里后外。

4. 清洁方法　①实验台的清洁：一般工作台面在实验后及时清场，并用饮用水洗涤后的干净抹布擦干。②自左至右，由上而下擦拭台面；定氮蒸馏台在工作完毕后应及时擦净台上的碱液。③实验仪器及设备的清洁：用饮用水洗净后的抹布擦拭实验仪器及设备表面和内部污垢；水浴箱内的水需每月更换。④水斗的清洁：用百洁布或毛刷擦洗水斗，使水斗各个面及底部角落无污垢。⑤房间环境的清洁：a. 用饮用水拖洗地坪，使地板无灰尘和污迹，平时如发现地板上有污迹，及时拖洗；b. 用饮用水及抹布擦拭工作室内窗。

5. 清洁频度　①每周进行清洁的范围：水斗、毒气柜、工作室内窗；②每个工作日进行清洁的范围：地坪、实验仪器、设备、工作台面。

6. 清洁用工具的清洁及存放　①清洁完毕，抹布及拖把用饮用水洗净并绞干；塑料扫帚、塑料簸箕、塑料桶（盆）及家务手套用饮用水洗净，沥干水分；②清洁工具清洁完毕后，应及时将其放入指定的清洁工具专用贮存地点；③清洁后的检查：a. 每日清洁后自查并及时填写清洁记录；b. 水斗、毒气柜、实验仪器及设备、工作室内窗、工作台面等无污垢黏附，地坪清洁无杂物、无积水。

7. 注意事项　①清洁消毒过程中浸湿抹布、拖把的饮用水应经常更换，直至清洁完毕；②清洁时，清洁人员应戴上手套，以免清洁剂损伤皮肤，应注意安全操作，避免不必要的人身伤害或设备的损坏。

【实训思考】

文件起草的几个关键要素是什么？

···· 目标检测

答案解析

一、单项选择题

1. 所有药品的生产和包装均应当按照批准的工艺规程和操作规程进行操作并有相关记录，以确保药品达到规定的质量标准，并符合药品生产许可和（　　）的要求。
   A. 国家标准　　　　　　　　B. 注册批准
   C. 质量标准　　　　　　　　D. 内控标准

2. 每次生产结束后应当进行（　　），确保设备和工作场所没有遗留与本次生产有关的物料、产品和文件；下次生产开始前，应当对前次清场情况进行确认。
   A. 清场　　　　　　　　　　B. 物料平衡
   C. 贴签标识　　　　　　　　D. 物料核对

3. 在干燥物料或产品，尤其是高活性、（　　）或高致敏性物料或产品的生产过程中，应当采取特殊措施，防止粉尘的产生和扩散。
   A. 高刺激性　　　　　　　　B. 高毒性
   C. 高致畸性　　　　　　　　D. 高耐药性

4. 生产期间使用的所有物料、中间产品或待包装产品的容器及主要设备、必要的操作室应当（　　）或以其他方式标明生产中的产品或物料名称、规格和批号，如有必要，还应当标明生产工序。
   A. 确认　　　　　　　　　　B. 贴签标识
   C. 物料平衡　　　　　　　　D. 清场

5. 有数条包装线同时进行包装时，应当采取（　　）或其他有效防止污染、交叉污染或混淆的措施。
   A. 清场　　　　　　　　　　B. 确认
   C. 隔离　　　　　　　　　　D. 特殊

二、简答题

1. 药品生产操作主要规程和指令有哪些？
2. 产生混淆的主要原因是什么？
3. 什么是污染和交叉污染？有什么区别？
4. 生产过程控制的目的是什么？
5. 什么是工艺规程？

书网融合······

重点小结　　　　　　微课　　　　　　习题

项目八 质量管理与控制

>> 学习目标

知识目标 通过本项目的学习，应能掌握质量保证和质量控制的概念、质量保证系统的目标、药品生产质量管理的基本要求、质量控制的基本要求、物料和样品留样管理、质量风险管理、取样管理、检验操作管理、检验室管理等内容。熟悉质量标准制定、数据可靠性策略、实验室调查、微生物实验管理、供应商管理、原辅料和包装材料的质量控制、物料和产品放行质量管理、中间产品及不合格品的质量管理、变更控制、偏差处理、持续稳定性考察等相关内容。了解质量管理的发展历程，GMP 与质量管理体系的关系，质量目标的制定要求、研发质量体系管理、纠正措施和预防措施、质量自检、产品质量回顾分析、投诉与不良反应处理等内容。

技能目标 能运用 GMP 理念分析解决质量管理中存在的问题，保证产品质量。能根据要求和规程完成取样、留样工作。

素质目标 通过本项目学习，培养学生树立全程掌控，保障质量的职业意识，明确质量管理的层次结构，质量控制和质量保证在宏观决策和具体实施中的要求。

>> 法规要求

GMP（2010 年修订）

第二章 质量管理

第一节 原 则

第五条 企业应当建立符合药品质量管理要求的质量目标，将药品注册的有关安全、有效和质量可控的所有要求，系统地贯彻到药品生产、控制及产品放行、贮存、发运的全过程中，确保所生产的药品符合预定用途和注册要求。

第六条 企业高层管理人员应当确保实现既定的质量目标，不同层次的人员以及供应商、经销商应当共同参与并承担各自的责任。

第七条 企业应当配备足够的、符合要求的人员、厂房、设施和设备，为实现质量目标提供必要的条件。

第二节 质量保证

第八条 质量保证是质量管理体系的一部分。企业必须建立质量保证系统，同时建立完整的文件体系，以保证系统有效运行。

第九条 质量保证系统应当确保：

（一）药品的设计与研发体现本规范的要求；

（二）生产管理和质量控制活动符合本规范的要求；

（三）管理职责明确；

（四）采购和使用的原辅料和包装材料正确无误；

（五）中间产品得到有效控制；

（六）确认、验证的实施；

（七）严格按照规程进行生产、检查、检验和复核；

（八）每批产品经质量受权人批准后方可放行；

（九）在贮存、发运和随后的各种操作过程中有保证药品质量的适当措施；

（十）按照自检操作规程，定期检查评估质量保证系统的有效性和适用性。

第十条　药品生产质量管理的基本要求：

（一）制定生产工艺，系统地回顾并证明其可持续稳定地生产出符合要求的产品；

（二）生产工艺及其重大变更均经过验证；

（三）配备所需的资源，至少包括：

1. 具有适当的资质并经培训合格的人员；

2. 足够的厂房和空间；

3. 适用的设备和维修保障；

4. 正确的原辅料、包装材料和标签；

5. 经批准的工艺规程和操作规程；

6. 适当的贮运条件。

（四）应当使用准确、易懂的语言制定操作规程；

（五）操作人员经过培训，能够按照操作规程正确操作；

（六）生产全过程应当有记录，偏差均经过调查并记录；

（七）批记录和发运记录应当能够追溯批产品的完整历史，并妥善保存、便于查阅；

（八）降低药品发运过程中的质量风险；

（九）建立药品召回系统，确保能够召回任何一批已发运销售的产品；

（十）调查导致药品投诉和质量缺陷的原因，并采取措施，防止类似质量缺陷再次发生。

第三节　质量控制

第十一条　质量控制包括相应的组织机构、文件系统以及取样、检验等，确保物料或产品在放行前完成必要的检验，确认其质量符合要求。

第十二条　质量控制的基本要求：

（一）应当配备适当的设施、设备、仪器和经过培训的人员，有效、可靠地完成所有质量控制的相关活动；

（二）应当有批准的操作规程，用于原辅料、包装材料、中间产品、待包装产品和成品的取样、检查、检验以及产品的稳定性考察，必要时进行环境监测，以确保符合本规范的要求；

（三）由经授权的人员按照规定的方法对原辅料、包装材料、中间产品、待包装产品和成品取样；

（四）检验方法应当经过验证或确认；

（五）取样、检查、检验应当有记录，偏差应当经过调查并记录；

（六）物料、中间产品、待包装产品和成品必须按照质量标准进行检查和检验，并有记录；

（七）物料和最终包装的成品应当有足够的留样，以备必要的检查或检验；除最终包装容器过大的成品外，成品的留样包装应当与最终包装相同。

第四节　质量风险管理

第十三条　质量风险管理是在整个产品生命周期中采用前瞻或回顾的方式，对质量风险进行评估、控制、沟通、审核的系统过程。

第十四条　应当根据科学知识及经验对质量风险进行评估，以保证产品质量。

第十五条　质量风险管理过程所采用的方法、措施、形式及形成的文件应当与存在风险的级别相适应。

第十章　质量控制与质量保证

第一节　质量控制实验室管理

第二百一十七条　质量控制实验室的人员、设施、设备应当与产品性质和生产规模相适应。

企业通常不得进行委托检验，确需委托检验的，应当按照第十一章中委托检验部分的规定，委托外部实验室进行检验，但应当在检验报告中予以说明。

第二百一十八条　质量控制负责人应当具有足够的管理实验室的资质和经验，可以管理同一企业的一个或多个实验室。

第二百一十九条　质量控制实验室的检验人员至少应当具有相关专业中专或高中以上学历，并经过与所从事的检验操作相关的实践培训且通过考核。

第二百二十条　质量控制实验室应当配备药典、标准图谱等必要的工具书，以及标准品或对照品等相关的标准物质。

第二百二十一条　质量控制实验室的文件应当符合第八章的原则，并符合下列要求：

（一）质量控制实验室应当至少有下列详细文件：

1. 质量标准；

2. 取样操作规程和记录；

3. 检验操作规程和记录（包括检验记录或实验室工作记事簿）；

4. 检验报告或证书；

5. 必要的环境监测操作规程、记录和报告；

6. 必要的检验方法验证报告和记录；

7. 仪器校准和设备使用、清洁、维护的操作规程及记录。

（二）每批药品的检验记录应当包括中间产品、待包装产品和成品的质量检验记录，可追溯该批药品所有相关的质量检验情况；

（三）宜采用便于趋势分析的方法保存某些数据（如检验数据、环境监测数据、制药用水的微生物监测数据）；

（四）除与批记录相关的资料信息外，还应当保存其他原始资料或记录，以方便查阅。

第二百二十二条　取样应当至少符合以下要求：

（一）质量管理部门的人员有权进入生产区和仓储区进行取样及调查；

（二）应当按照经批准的操作规程取样，操作规程应当详细规定：

1. 经授权的取样人；

2. 取样方法；

3. 所用器具；

4. 样品量；

5. 分样的方法；

6. 存放样品容器的类型和状态；

7. 取样后剩余部分及样品的处置和标识；

8. 取样注意事项，包括为降低取样过程产生的各种风险所采取的预防措施，尤其是无菌或有害物料的取样以及防止取样过程中污染和交叉污染的注意事项；

9. 贮存条件；

10. 取样器具的清洁方法和贮存要求。

（三）取样方法应当科学、合理，以保证样品的代表性；

（四）留样应当能够代表被取样批次的产品或物料，也可抽取其他样品来监控生产过程中最重要的环节（如生产的开始或结束）；

（五）样品的容器应当贴有标签，注明样品名称、批号、取样日期、取自哪一包装容器、取样人等信息；

（六）样品应当按照规定的贮存要求保存。

第二百二十三条　物料和不同生产阶段产品的检验应当至少符合以下要求：

（一）企业应当确保药品按照注册批准的方法进行全项检验；

（二）符合下列情形之一的，应当对检验方法进行验证：

1. 采用新的检验方法；

2. 检验方法需变更的；

3. 采用《中华人民共和国药典》及其他法定标准未收载的检验方法；

4. 法规规定的其他需要验证的检验方法。

（三）对不需要进行验证的检验方法，企业应当对检验方法进行确认，以确保检验数据准确、可靠；

（四）检验应当有书面操作规程，规定所用方法、仪器和设备，检验操作规程的内容应当与经确认或验证的检验方法一致；

（五）检验应当有可追溯的记录并应当复核，确保结果与记录一致。所有计算均应当严格核对；

（六）检验记录应当至少包括以下内容：

1. 产品或物料的名称、剂型、规格、批号或供货批号，必要时注明供应商和生产商（如不同）的名称或来源；

2. 依据的质量标准和检验操作规程；

3. 检验所用的仪器或设备的型号和编号；

4. 检验所用的试液和培养基的配制批号、对照品或标准品的来源和批号；

5. 检验所用动物的相关信息；

6. 检验过程，包括对照品溶液的配制、各项具体的检验操作、必要的环境温湿度；

7. 检验结果，包括观察情况、计算和图谱或曲线图，以及依据的检验报告编号；

8. 检验日期；

9. 检验人员的签名和日期；

10. 检验、计算复核人员的签名和日期。

（七）所有中间控制（包括生产人员所进行的中间控制），均应当按照经质量管理部门批准的方法进行，检验应当有记录；

（八）应当对实验室容量分析用玻璃仪器、试剂、试液、对照品以及培养基进行质量检查；

（九）必要时应当将检验用实验动物在使用前进行检验或隔离检疫。饲养和管理应当符合相关的实验动物管理规定。动物应当有标识，并应当保存使用的历史记录。

第二百二十四条　质量控制实验室应当建立检验结果超标调查的操作规程。任何检验结果超标都必须按照操作规程进行完整的调查，并有相应的记录。

第二百二十五条　企业按规定保存的、用于药品质量追溯或调查的物料、产品样品为留样。用于产品稳定性考察的样品不属于留样。

留样应当至少符合以下要求：

（一）应当按照操作规程对留样进行管理；

（二）留样应当能够代表被取样批次的物料或产品；

（三）成品的留样：

1. 每批药品均应当有留样；如果一批药品分成数次进行包装，则每次包装至少应当保留一件最小市售包装的成品；

2. 留样的包装形式应当与药品市售包装形式相同，原料药的留样如无法采用市售包装形式的，可采用模拟包装；

3. 每批药品的留样数量一般至少应当能够确保按照注册批准的质量标准完成两次全检（无菌检查和热原检查等除外）；

4. 如果不影响留样的包装完整性，保存期间内至少应当每年对留样进行一次目检观察，如有异常，应当进行彻底调查并采取相应的处理措施；

5. 留样观察应当有记录；

6. 留样应当按照注册批准的贮存条件至少保存至药品有效期后一年；

7. 如企业终止药品生产或关闭的，应当将留样转交授权单位保存，并告知当地药品监督管理部门，以便在必要时可随时取得留样。

（四）物料的留样：

1. 制剂生产用每批原辅料和与药品直接接触的包装材料均应当有留样。与药品直接接触的包装材料（如输液瓶），如成品已有留样，可不必单独留样；

2. 物料的留样量应当至少满足鉴别的需要；

3. 除稳定性较差的原辅料外，用于制剂生产的原辅料（不包括生产过程中使用的溶剂、气体或制药用水）和与药品直接接触的包装材料的留样应当至少保存至产品放行后二年。如果物料的有效期较短，则留样时间可相应缩短；

4. 物料的留样应当按照规定的条件贮存，必要时还应当适当包装密封。

第二百二十六条　试剂、试液、培养基和检定菌的管理应当至少符合以下要求：

（一）试剂和培养基应当从可靠的供应商处采购，必要时应当对供应商进行评估；

（二）应当有接收试剂、试液、培养基的记录，必要时，应当在试剂、试液、培养基的容器上标注接收日期；

（三）应当按照相关规定或使用说明配制、贮存和使用试剂、试液和培养基。特殊情况下，在接收或使用前，还应当对试剂进行鉴别或其他检验；

（四）试液和已配制的培养基应当标注配制批号、配制日期和配制人员姓名，并有配制（包括灭菌）记录。不稳定的试剂、试液和培养基应当标注有效期及特殊贮存条件。标准液、滴定液还应当标注最后一次标化的日期和校正因子，并有标化记录；

（五）配制的培养基应当进行适用性检查，并有相关记录。应当有培养基使用记录；

（六）应当有检验所需的各种检定菌，并建立检定菌保存、传代、使用、销毁的操作规程和相应记录；

（七）检定菌应当有适当的标识，内容至少包括菌种名称、编号、代次、传代日期、传代操作人；

（八）检定菌应当按照规定的条件贮存，贮存的方式和时间不应当对检定菌的生长特性有不利影响。

第二百二十七条 标准品或对照品的管理应当至少符合以下要求：

（一）标准品或对照品应当按照规定贮存和使用；

（二）标准品或对照品应当有适当的标识，内容至少包括名称、批号、制备日期（如有）、有效期（如有）、首次开启日期、含量或效价、贮存条件；

（三）企业如需自制工作标准品或对照品，应当建立工作标准品或对照品的质量标准以及制备、鉴别、检验、批准和贮存的操作规程，每批工作标准品或对照品应当用法定标准品或对照品进行标化，并确定有效期，还应当通过定期标化证明工作标准品或对照品的效价或含量在有效期内保持稳定。标化的过程和结果应当有相应的记录。

第二节 物料和产品放行

第二百二十八条 应当分别建立物料和产品批准放行的操作规程，明确批准放行的标准、职责，并有相应的记录。

第二百二十九条 物料的放行应当至少符合以下要求：

（一）物料的质量评价内容应当至少包括生产商的检验报告、物料包装完整性和密封性的检查情况和检验结果；

（二）物料的质量评价应当有明确的结论，如批准放行、不合格或其他决定；

（三）物料应当由指定人员签名批准放行。

第二百三十条 产品的放行应当至少符合以下要求：

（一）在批准放行前，应当对每批药品进行质量评价，保证药品及其生产应当符合注册和本规范要求，并确认以下各项内容：

1. 主要生产工艺和检验方法经过验证；

2. 已完成所有必需的检查、检验，并综合考虑实际生产条件和生产记录；

3. 所有必需的生产和质量控制均已完成并经相关主管人员签名；

4. 变更已按照相关规程处理完毕，需要经药品监督管理部门批准的变更已得到批准；

5. 对变更或偏差已完成所有必要的取样、检查、检验和审核；

6. 所有与该批产品有关的偏差均已有明确的解释或说明，或者已经过彻底调查和适当处理；如偏差还涉及其他批次产品，应当一并处理。

（二）药品的质量评价应当有明确的结论，如批准放行、不合格或其他决定；

（三）每批药品均应当由质量受权人签名批准放行；

（四）疫苗类制品、血液制品、用于血源筛查的体外诊断试剂以及国家食品药品监督管理局规定的其他生物制品放行前还应当取得批签发合格证明。

第三节 持续稳定性考察

第二百三十一条 持续稳定性考察的目的是在有效期内监控已上市药品的质量，以发现药品与生产相关的稳定性问题（如杂质含量或溶出度特性的变化），并确定药品能够在标示的贮存条件下，符合质量标准的各项要求。

第二百三十二条 持续稳定性考察主要针对市售包装药品，但也需兼顾待包装产品。例如，当待包装产品在完成包装前，或从生产厂运输到包装厂，还需要长期贮存时，应当在相应的环境条件下，评估其对包装后产品稳定性的影响。此外，还应当考虑对贮存时间较长的中间产品进行考察。

第二百三十三条 持续稳定性考察应当有考察方案，结果应当有报告。用于持续稳定性考察的设备（尤其是稳定性试验设备或设施）应当按照第七章和第五章的要求进行确认和维护。

第二百三十四条 持续稳定性考察的时间应当涵盖药品有效期，考察方案应当至少包括以下内容：

（一）每种规格、每个生产批量药品的考察批次数；

（二）相关的物理、化学、微生物和生物学检验方法，可考虑采用稳定性考察专属的检验方法；

（三）检验方法依据；

（四）合格标准；

（五）容器密封系统的描述；

（六）试验间隔时间（测试时间点）；

（七）贮存条件（应当采用与药品标示贮存条件相对应的《中华人民共和国药典》规定的长期稳定性试验标准条件）；

（八）检验项目，如检验项目少于成品质量标准所包含的项目，应当说明理由。

第二百三十五条　考察批次数和检验频次应当能够获得足够的数据，以供趋势分析。通常情况下，每种规格、每种内包装形式的药品，至少每年应当考察一个批次，除非当年没有生产。

第二百三十六条　某些情况下，持续稳定性考察中应当额外增加批次数，如重大变更或生产和包装有重大偏差的药品应当列入稳定性考察。此外，重新加工、返工或回收的批次，也应当考虑列入考察，除非已经过验证和稳定性考察。

第二百三十七条　关键人员，尤其是质量受权人，应当了解持续稳定性考察的结果。当持续稳定性考察不在待包装产品和成品的生产企业进行时，则相关各方之间应当有书面协议，且均应当保存持续稳定性考察的结果以供药品监督管理部门审查。

第二百三十八条　应当对不符合质量标准的结果或重要的异常趋势进行调查。对任何已确认的不符合质量标准的结果或重大不良趋势，企业都应当考虑是否可能对已上市药品造成影响，必要时应当实施召回，调查结果以及采取的措施应当报告当地药品监督管理部门。

第二百三十九条　应当根据所获得的全部数据资料，包括考察的阶段性结论，撰写总结报告并保存。应当定期审核总结报告。

第四节　变更控制

第二百四十条　企业应当建立变更控制系统，对所有影响产品质量的变更进行评估和管理。需要经药品监督管理部门批准的变更应当在得到批准后方可实施。

第二百四十一条　应当建立操作规程，规定原辅料、包装材料、质量标准、检验方法、操作规程、厂房、设施、设备、仪器、生产工艺和计算机软件变更的申请、评估、审核、批准和实施。质量管理部门应当指定专人负责变更控制。

第二百四十二条　变更都应当评估其对产品质量的潜在影响。企业可以根据变更的性质、范围、对产品质量潜在影响的程度将变更分类（如主要、次要变更）。判断变更所需的验证、额外的检验以及稳定性考察应当有科学依据。

第二百四十三条　与产品质量有关的变更由申请部门提出后，应当经评估、制定实施计划并明确实施职责，最终由质量管理部门审核批准。变更实施应当有相应的完整记录。

第二百四十四条　改变原辅料、与药品直接接触的包装材料、生产工艺、主要生产设备以及其他影响药品质量的主要因素时，还应当对变更实施后最初至少三个批次的药品质量进行评估。如果变更可能影响药品的有效期，则质量评估还应当包括对变更实施后生产的药品进行稳定性考察。

第二百四十五条　变更实施时，应当确保与变更相关的文件均已修订。

第二百四十六条　质量管理部门应当保存所有变更的文件和记录。

第五节　偏差处理

第二百四十七条　各部门负责人应当确保所有人员正确执行生产工艺、质量标准、检验方法和操作规程，防止偏差的产生。

第二百四十八条 企业应当建立偏差处理的操作规程，规定偏差的报告、记录、调查、处理以及所采取的纠正措施，并有相应的记录。

第二百四十九条 任何偏差都应当评估其对产品质量的潜在影响。企业可以根据偏差的性质、范围、对产品质量潜在影响的程度将偏差分类（如重大、次要偏差），对重大偏差的评估还应当考虑是否需要对产品进行额外的检验以及对产品有效期的影响，必要时，应当对涉及重大偏差的产品进行稳定性考察。

第二百五十条 任何偏离生产工艺、物料平衡限度、质量标准、检验方法、操作规程等的情况均应当有记录，并立即报告主管人员及质量管理部门，应当有清楚的说明，重大偏差应当由质量管理部门会同其他部门进行彻底调查，并有调查报告。偏差调查报告应当由质量管理部门的指定人员审核并签字。

企业还应当采取预防措施有效防止类似偏差的再次发生。

第二百五十一条 质量管理部门应当负责偏差的分类，保存偏差调查、处理的文件和记录。

第六节　纠正措施和预防措施

第二百五十二条 企业应当建立纠正措施和预防措施系统，对投诉、召回、偏差、自检或外部检查结果、工艺性能和质量监测趋势等进行调查并采取纠正和预防措施。调查的深度和形式应当与风险的级别相适应。纠正措施和预防措施系统应当能够增进对产品和工艺的理解，改进产品和工艺。

第二百五十三条 企业应当建立实施纠正和预防措施的操作规程，内容至少包括：

（一）对投诉、召回、偏差、自检或外部检查结果、工艺性能和质量监测趋势以及其他来源的质量数据进行分析，确定已有和潜在的质量问题。必要时，应当采用适当的统计学方法；

（二）调查与产品、工艺和质量保证系统有关的原因；

（三）确定所需采取的纠正和预防措施，防止问题的再次发生；

（四）评估纠正和预防措施的合理性、有效性和充分性；

（五）对实施纠正和预防措施过程中所有发生的变更应当予以记录；

（六）确保相关信息已传递到质量受权人和预防问题再次发生的直接负责人；

（七）确保相关信息及其纠正和预防措施已通过高层管理人员的评审。

第二百五十四条 实施纠正和预防措施应当有文件记录，并由质量管理部门保存。

第七节　供应商的评估和批准

第二百五十五条 质量管理部门应当对所有生产用物料的供应商进行质量评估，会同有关部门对主要物料供应商（尤其是生产商）的质量体系进行现场质量审计，并对质量评估不符合要求的供应商行使否决权。

主要物料的确定应当综合考虑企业所生产的药品质量风险、物料用量以及物料对药品质量的影响程度等因素。

企业法定代表人、企业负责人及其他部门的人员不得干扰或妨碍质量管理部门对物料供应商独立做出质量评估。

第二百五十六条 应当建立物料供应商评估和批准的操作规程，明确供应商的资质、选择的原则、质量评估方式、评估标准、物料供应商批准的程序。

如质量评估需采用现场质量审计方式的，还应当明确审计内容、周期、审计人员的组成及资质。需采用样品小批量试生产的，还应当明确生产批量、生产工艺、产品质量标准、稳定性考察方案。

第二百五十七条 质量管理部门应当指定专人负责物料供应商质量评估和现场质量审计，分发经批准的合格供应商名单。被指定的人员应当具有相关的法规和专业知识，具有足够的质量评估和现场质量审计的实践经验。

第二百五十八条　现场质量审计应当核实供应商资质证明文件和检验报告的真实性，核实是否具备检验条件。应当对其人员机构、厂房设施和设备、物料管理、生产工艺流程和生产管理、质量控制实验室的设备、仪器、文件管理等进行检查，以全面评估其质量保证系统。现场质量审计应当有报告。

第二百五十九条　必要时，应当对主要物料供应商提供的样品进行小批量试生产，并对试生产的药品进行稳定性考察。

第二百六十条　质量管理部门对物料供应商的评估至少应当包括：供应商的资质证明文件、质量标准、检验报告、企业对物料样品的检验数据和报告。如进行现场质量审计和样品小批量试生产的，还应当包括现场质量审计报告，以及小试产品的质量检验报告和稳定性考察报告。

第二百六十一条　改变物料供应商，应当对新的供应商进行质量评估；改变主要物料供应商的，还需要对产品进行相关的验证及稳定性考察。

第二百六十二条　质量管理部门应当向物料管理部门分发经批准的合格供应商名单，该名单内容至少包括物料名称、规格、质量标准、生产商名称和地址、经销商（如有）名称等，并及时更新。

第二百六十三条　质量管理部门应当与主要物料供应商签订质量协议，在协议中应当明确双方所承担的质量责任。

第二百六十四条　质量管理部门应当定期对物料供应商进行评估或现场质量审计，回顾分析物料质量检验结果、质量投诉和不合格处理记录。如物料出现质量问题或生产条件、工艺、质量标准和检验方法等可能影响质量的关键因素发生重大改变时，还应当尽快进行相关的现场质量审计。

第二百六十五条　企业应当对每家物料供应商建立质量档案，档案内容应当包括供应商的资质证明文件、质量协议、质量标准、样品检验数据和报告、供应商的检验报告、现场质量审计报告、产品稳定性考察报告、定期的质量回顾分析报告等。

第八节　产品质量回顾分析

第二百六十六条　应当按照操作规程，每年对所有生产的药品按品种进行产品质量回顾分析，以确认工艺稳定可靠，以及原辅料、成品现行质量标准的适用性，及时发现不良趋势，确定产品及工艺改进的方向。应当考虑以往回顾分析的历史数据，还应当对产品质量回顾分析的有效性进行自检。

当有合理的科学依据时，可按照产品的剂型分类进行质量回顾，如固体制剂、液体制剂和无菌制剂等。

回顾分析应当有报告。

企业至少应当对下列情形进行回顾分析：

（一）产品所用原辅料的所有变更，尤其是来自新供应商的原辅料；

（二）关键中间控制点及成品的检验结果；

（三）所有不符合质量标准的批次及其调查；

（四）所有重大偏差及相关的调查、所采取的整改措施和预防措施的有效性；

（五）生产工艺或检验方法等的所有变更；

（六）已批准或备案的药品注册所有变更；

（七）稳定性考察的结果及任何不良趋势；

（八）所有因质量原因造成的退货、投诉、召回及调查；

（九）与产品工艺或设备相关的纠正措施的执行情况和效果；

（十）新获批准和有变更的药品，按照注册要求上市后应当完成的工作情况；

（十一）相关设备和设施，如空调净化系统、水系统、压缩空气等的确认状态；

（十二）委托生产或检验的技术合同履行情况。

第二百六十七条 应当对回顾分析的结果进行评估，提出是否需要采取纠正和预防措施或进行再确认或再验证的评估意见及理由，并及时、有效地完成整改。

第二百六十八条 药品委托生产时，委托方和受托方之间应当有书面的技术协议，规定产品质量回顾分析中各方的责任，确保产品质量回顾分析按时进行并符合要求。

第九节　投诉与不良反应报告

第二百六十九条 应当建立药品不良反应报告和监测管理制度，设立专门机构并配备专职人员负责管理。

第二百七十条 应当主动收集药品不良反应，对不良反应应当详细记录、评价、调查和处理，及时采取措施控制可能存在的风险，并按照要求向药品监督管理部门报告。

第二百七十一条 应当建立操作规程，规定投诉登记、评价、调查和处理的程序，并规定因可能的产品缺陷发生投诉时所采取的措施，包括考虑是否有必要从市场召回药品。

第二百七十二条 应当有专人及足够的辅助人员负责进行质量投诉的调查和处理，所有投诉、调查的信息应当向质量受权人通报。

第二百七十三条 所有投诉都应当登记与审核，与产品质量缺陷有关的投诉，应当详细记录投诉的各个细节，并进行调查。

第二百七十四条 发现或怀疑某批药品存在缺陷，应当考虑检查其他批次的药品，查明其是否受到影响。

第二百七十五条 投诉调查和处理应当有记录，并注明所查相关批次产品的信息。

第二百七十六条 应当定期回顾分析投诉记录，以便发现需要警觉、重复出现以及可能需要从市场召回药品的问题，并采取相应措施。

第二百七十七条 企业出现生产失误、药品变质或其他重大质量问题，应当及时采取相应措施，必要时还应当向当地药品监督管理部门报告。

情境导入

情境： 药学专业的毕业生李朝朝揣着梦想与期待，踏上了前往著名药企——××制药公司的应聘之路。作为一名药学专业的毕业生，她深知药品质量对于患者生命安全的重要性，因此她立志要成为一名优秀的QA（质量保证）人员，全程掌控，保障质量，为药品的安全性和有效性保驾护航。面试官询问了关于QA职位的相关问题，提出了许多关于药品质量控制、生产流程监控等方面的问题。李朝朝凭借扎实的药学专业知识、对QA工作的深刻理解和丰富的实践经验，一一回答了这些问题，并给出了自己的看法和建议。给面试官留下了深刻的印象。面试官对李朝朝的表现给予了高度评价。经过几轮面试的激烈角逐，李朝朝终于收到了××制药公司的录用通知。

思考： 1. 什么是质量保证（QA）？什么是质量控制（QC）？

2. 假如你去面试该药企的QA职位，应该做哪些知识和技能上的准备？

任务一　GMP 对质量管理的要求

PPT

质量管理（quality management）系指质量方面指挥和控制组织的协调活动，通常包括制定质量方针和质量目标，以及质量策划、质量保证、质量控制和质量改进。质量管理是为了实现质量目标而进行的所有管理性质的活动，其目的在于防止事故，尽一切可能将差错消灭在萌芽状态，以保证药品质量符合规定要求。

随着现代创新技术的发展和应用，制药企业的质量管理理念也在不断发展，发展的过程可以概括为以下三个阶段。

第一阶段是质量检验阶段。仅对产品的质量实行事后把关，即强调对最终产品的质量检验。对最终产品的质量检验是历史沿袭下来的传统做法。但是仅对产品质量实行事后把关，从统计学的角度来看，无法全部剔除产品中的次品或废品，从根本上确保患者用药的质量和安全，并且造成大量的人力和物力资源的浪费。因此，质量检验阶段只是药品质量管理的初级阶段。

第二阶段是质量保证阶段。强调产品质量不是检验出来的，而是生产制造出来的，因而应对产品生产的全过程进行质量控制，即对产品生产过程中影响产品质量的所有因素进行控制。此阶段产品质量的管理从单纯的产品最终检验合格，扩展到对产品生产全过程的控制管理，包括对生产所使用的厂房、设备和物料的管理，生产过程中的工艺监测和产品放行、储存和运输过程的管理。

第三阶段是质量体系化管理阶段。质量管理体系是通过对产品的整个生命周期（包括产品开发、技术转移、商业生产和产品终止）中影响产品质量的所有因素进行管理，从而对产品的质量提供了全面有效的保证。降低人为错误风险、关注对操作人员资质确认和培训、强化对流程和文档的管理以及加大在质量部门的投入，在很大程度上提高了企业对药品质量的把控，但要从根本上保证药品的质量，还需要充分认识到药品质量的关键在于产品开发、研制、设计的科学性，对物料、设备、工艺在实际生产环境中和随时间可能发生变异的识别和控制的及时性，对产品检验从取样、检测方法至数据处理中不确定因素的判断、把控的合理性，以及产品全生命周期参与人员的质量素质、专业基本知识、技能掌握与需求的符合性。而实现这一切的基础在于企业最高管理者对质量的承诺和兑现、对企业机构和质量部门管理机制设置的有效性、资源配置的合理性和企业各级管理层对质量管理体系运行的实效性的重视和管理。

质量管理体系的建立和不断完善已成为全球药品生产企业进行质量管理的必然趋势，而且近些年美国 FDA 和 ICH 发布了相关的指南，以指导药品生产企业建立和实施质量管理体系。

GMP 第一章总则明确制药"企业应当建立药品质量管理体系"，标志着我国对药品质量管理已进入了体系化监管的阶段。

一、建立质量管理体系

质量体系（quality system，QS）是指为保证产品、过程或服务质量，满足规定（或潜在）的要求，由组织机构、职责、程序、活动、能力和资源等构成的有机整体。《药品生产质量管理规范（2010 年修订）》（GMP）第二条明确规定：企业应当建立药品质量管理体系，该体系应当涵盖影响药品质量的所有因素，包括确保药品质量符合预定用途的有组织、有计划的全部活动。

GMP 将药品生产质量管理体系的建立提到了新的高度，大幅提高了对企业质量管理的具体要求，包括：质量管理的原则、质量保证、生产质量管理、质量控制等。细化了对构建实用、有效质量管理体系的要求，强化药品生产关键环节的控制和管理，以促进企业质量管理水平的提高。

GMP 是质量管理体系的一部分，是药品生产管理和质量控制的基本要求，旨在最大限度地降低药品生产过程中污染、交叉污染以及混淆、差错等风险，确保持续稳定地生产出符合预定用途和注册要求的药品。

药品生产企业建立健全完善的质量管理体系，是保证其所生产药品质量、工作与服务质量最优化的重要手段。建立健全的质量管理体系为提高和保证产品质量奠定了基础，同时也有利于企业改善管理、增强应变能力。产品质量是市场竞争的基础，质量过硬，适销对路，企业才可以在激烈的市场竞争中立于不败之地。要长期稳定地生产高质量的产品并不断提高产品质量，最重要的一点就是企业必须建立健全质量管理体系。生产企业各部门的生产技术活动要有机地组织起来，采取必要的良好的质量监控措施，形成和完善药品生产的质量管理体系。

全面贯彻 GMP、建立质量管理体系应具备的先决条件：一是要有企业负责人的决心和决策，企业最高领导应对建立质量管理体系有清晰的认识，明确搞好这项工作对企业生存和发展的意义，以及这项工作的长期性和艰巨性，并在此基础上，下定决心并做出决策；二是要审定组织机构，并保持其阶段性的稳定。企业领导应亲自主持审定企业现有的组织机构，对不适应的应及时进行调整，在一定时期内，保证企业组织机构不会有较大的调整和变更，否则需要频繁地修改编制好的体系文件，而质量活动也要相应地变动，影响质量管理体系的有效性。

药品质量管理体系适用于药品全生命周期，包括：产品设计和开发、技术转移、商业生产、产品终止（包括药品退市或转型）等四个阶段。对药品全生命周期过程中药品质量的系统化管理，就是以产品为主线，对药品全生命周期的四个阶段中的每一过程、环节、关键节点，依据风险、全方位流程化系统性有效衔接的管理；是以科学为基础，对各个环节中可能出现的风险预判、监测和把控的管理；是对自研发阶段积累的药品科学认知和药品生产实践中不断丰富的经验的管理。

二、制订适当的质量目标

GMP 规定，企业应当建立符合药品质量管理要求的质量目标，将药品注册的有关安全、有效和质量可控的所有要求，系统地贯彻到药品生产、控制及产品放行、贮存、发运的全过程中，确保所生产的药品符合预定用途和注册要求。质量目标（quality objective）是指在质量方面所追求的目的，质量目标的核心思想是以系统论思想作为指导，从实现企业总的质量目标出发，去协调企业各个部门乃至每个人的活动。质量目标应与质量方针保持一致、与相关部门和人员职责对应，因此质量目标通常依据企业的质量方针来制定，对企业及部门的相关职能和层次分别规定质量目标。明确的质量目标可以激发员工的工作热情，引导员工自发地努力为实现企业的总体目标做出贡献，对提高产品质量、改进作业效果有其他激励方式不可替代的作用。

质量目标按时间可分为中长期质量目标、年度质量目标和短期质量目标；按层次可分为企业质量目标、各部门质量目标以及班组和个人的质量目标。企业高层管理者应当确保实现既定的质量目标，不同层次的人员以及供应商、经销商都应当共同参与并承担各自的责任。企业质量目标的建立为企业全体员工提供了其在质量方面关注的焦点，质量目标可以帮助企业有目的地、合理地分配和利用资源，以达到策划的结果。企业应当配备足够的、符合要求的人员、厂房、设施和设备，为实现质量目标提供必要的条件。

▪ **知识链接** ┈┈

药品质量控制

有关药品安全、有效和质量可控的所有要求是贯穿于药品生产的全过程的，应根据各质量要素建立具体的质量目标和对应的职责范围。①原辅料控制目标：从经过确认的供应商处采购符合标准的原辅料；责任部门为采购部、质量部等。②生产控制目标：按照验证过的工艺和确认的设备生产出符合要求的产品；责任部门为生产部、工程部等。

三、质量保证

质量保证（quality assurance，QA）是为确保药品符合其预定用途并达到规定的质量要求所采取的所有措施的总和。质量保证是质量管理体系的一部分，企业必须建立质量保证系统，同时建立完整的文件体系，以保证系统有效运行。质量保证实际上就是通过建立由机构与人员、硬件和软件等各个资源组成的质量管理体系来确保产品质量没有问题。

（一）质量保证系统的目标

质量保证系统应确保：①药品的设计与研发体现 GMP 的要求；②生产管理和质量控制活动符合 GMP 的要求；③管理职责明确；④采购和使用的原辅料和包装材料正确无误；⑤中间产品得到有效控制；⑥确认、验证的实施；⑦严格按照规程进行生产、检查、检验和复核；⑧每批产品须经质量受权人批准后方可放行；⑨在贮存、发运和随后的各种操作过程中有保证药品质量的适当措施；⑩按照自检操作规程，定期检查评估质量保证系统的有效性和适用性。

（二）药品生产质量管理的基本要求

①制定生产工艺，系统地回顾并证明其可持续稳定地生产出符合要求的产品；②生产工艺及其重大变更均经过验证；③配备所需的资源（至少包括：具有适当的资质并经培训合格的人员；足够的厂房和空间；适用的设备和维修保障；正确的原辅料、包装材料和标签；经批准的工艺规程和操作规程；适当的贮运条件）；④应当使用准确、易懂的语言制定操作规程；⑤操作人员经过培训，能够按照操作规程正确操作；⑥生产全过程应当有记录，偏差均经过调查并记录；⑦批记录和发运记录应当能够追溯批产品的完整历史，并妥善保存、便于查阅；⑧降低药品发运过程中的质量风险；⑨建立药品召回系统，确保能够召回任何一批已发运销售的产品；⑩调查导致药品投诉和质量缺陷的原因，并采取措施，防止类似质量缺陷再次发生。

四、质量控制

质量控制（quality control，QC）是指按照规定的方法和规程对原辅料、包装材料、中间品和成品进行取样、检验和复核，以保证这些物料和产品的成分、含量、纯度和其他性状符合已经确定的质量标准。质量控制也是质量管理体系的一部分，强调的是质量要求。质量控制包括相应的组织机构、文件系统以及取样、检验等，确保物料或产品在放行前完成必要的检验，确认其质量符合要求。质量控制涵盖了药品生产、放行、市场质量反馈的全过程，负责原辅料、包材、工艺用水、中间体及成品的质量标准和分析方法的建立、取样和检验，及产品的稳定性考察和市场不良反馈样品的复核工作等。

（一）质量控制基本要求

质量控制的基本要求：①应当配备适当的设施、设备、仪器和经过培训的人员，有效、可靠地完成所有质量控制的相关活动；②应当有批准的操作规程，用于原辅料、包装材料、中间产品、待包装产品和成品的取样、检查、检验以及产品的稳定性考察，必要时进行环境监测，以确保符合 GMP 的要求；③由经授权的人员按照规定的方法对原辅料、包装材料、中间产品、待包装产品和成品取样；

④检验方法应当经过验证或确认；⑤取样、检查、检验应当有记录，偏差应当经过调查并记录；⑥物料、中间产品、待包装产品和成品必须按照质量标准进行检查和检验，并有记录；⑦物料和最终包装的成品应当有足够的留样，以备必要的检查或检验；⑧除最终包装容器过大的成品外，成品的留样包装应当与最终包装相同。

（二）留样要求

药品生产企业按规定保存的、用于药品质量追溯或调查的物料、产品样品为留样，用于产品稳定性考察的样品不属于留样。企业应当按照操作规程对留样进行管理，用于留样的样品要能代表被取样批次整批物料或产品的质量，也可以抽取其他样品来监控生产过程中最重要的环节（如生产的开始和结束环节）。成品留样应该是最终市售包装形式，原料药的留样如无法采用市售包装形式的，可采用模拟包装。用于药品生产的活性成分、辅料（不包括生产过程所用的溶剂、气体和制药用水）和包装材料均需要留样。

企业应根据各自产品特性，如不影响留样的外观完整性，应制定相应的规程对产品留样进行外观检查，其中应规定目检观察的留样数量、频次、判定标准等。留样需要有相应的记录，留样记录应包括如下信息：产品名称、批号、数量、取样时间、失效日期、贮存条件、贮存地点、贮存时间和留样人签名等。企业应该在每年的年初制定出留样目检观察计划，并遵照执行，留样目检观察的结果可以在年度产品质量回顾报告中体现。

1. 成品的留样　每批药品均应当有留样；如果一批药品分成数次进行包装，则每次包装至少应当保留一件最小市售包装的成品；留样的包装形式应当与药品市售包装形式相同，留样外箱上应有留样标签，标签上标明产品名称、批号、失效期及留样的保留时间；原料药的留样如无法采用市售包装形式的，可采用模拟包装；每批药品的留样数量一般至少应当能够确保按照注册批准的质量标准完成两次全检（无菌检查和热原检查等除外）；如果不影响留样的包装完整性，保存期间内至少应当每年对留样进行一次目检观察，如有异常，应当进行彻底调查并采取相应的处理措施；留样观察应当有记录；留样应当按照注册批准的贮存条件至少保存至药品有效期后一年；如企业终止药品生产或关闭的，应当将留样转交授权单位保存，并告知当地药品监督管理部门，以便在必要时可随时取得留样。

2. 物料的留样　制剂生产用每批原辅料和与药品直接接触的包装材料均应当有留样。与药品直接接触的包装材料（如输液瓶），如成品已有留样，可不必单独留样。物料的留样量应当至少满足鉴别的需要。除稳定性较差的原辅料外，用于制剂生产的原辅料（不包括生产过程中使用的溶剂、气体或制药用水）和与药品直接接触的包装材料的留样应当至少保存至产品放行后两年，如果物料的有效期较短，则留样时间可相应缩短。对于原辅料的留样可以根据物料的性质采用合适的包装形式进行储存，以便于成品质量的追溯。物料的留样应当按照规定的条件贮存，必要时还应当适当包装密封。易挥发和危险的液体样品可以不用留样。所有存放留样的容器必须贴有规定的标签，标签信息一般包括：物料名称、物料进厂批号、取样日期、取样人、留样量、贮存条件、贮存期限（如有必要）。

印字包材如说明书、纸盒等可以附在相应的实验记录后面，与实验记录一起保存、保存时间亦同实验记录一致。

3. 留样的使用　一般情况下，留样仅在有特殊目的时才能使用，例如调查、投诉。使用前需要得到质量管理负责人的批准。

4. 留样的报废　产品或物料已按照相关规定保存并超过保存期后需要进入报废程序。留样的报废应根据各企业规定的药品报废流程进行，并对所有报废进行存档。具体执行时，应由专人定期收集需要报废的留样信息，填写留样报废申请单，得到质量管理部门负责人批准后交由相关部门销毁。

五、质量风险管理

质量风险管理是在整个产品生命周期中采用前瞻或回顾的方式，对质量风险进行评估、控制、沟通、审核的系统化过程。质量风险管理贯穿于整个产品生命周期，已成为一个有效的质量体系的重要组成部分。

在质量体系中，质量风险管理是一种以科学为基础，并且切合实际的决策的过程。有效的质量风险管理能使所做的决策更全面、合理，同时能向管理部门证明企业的风险处理能力，有助于管理部门监督的深度和广度。质量风险管理也有助于各利益相关者更好地利用资源。

质量风险管理有两个基本原则：①对质量风险的评估应以科学知识为基础并最终与对患者安全的保护相关联（其中对于风险不仅关注药品质量，也应关注药品供应可及性可能受到的影响，导致潜在对患者的伤害）；②质量风险管理实施过程的投入程度、正式性程度和文件化程度应与风险水平相匹配。

质量风险管理的严密和正规程度应与涉及问题的不确定程度、复杂性和重要性等相适应。对于确定性高、简单的、非重要的情况而言，非正式方法较为合适。对于不确定性高、复杂程度高、重要性高的情况，应当尽量采取正式性程度高的质量风险管理形式（例如：实施全流程的风险管理流程，采用正式的风险评估工具，跨部门跨职能的风险评估小组的沟通等形式）实施相应的风险评估活动，以确保风险评估的全面性。

质量风险管理工作通常由各领域成员组成的专项小组完成，必要时质量风险管理工作小组的成员还应包括其他适合领域的专家及风险管理的专业人士。风险管理小组一般包括：驱动者、项目专家以及决策者。

质量风险管理的模式由三部分组成（图 8 -1）：①风险评估（risk assessment）；②风险控制（risk control）；③风险回顾（risk review）。

企业实施过程中风险管理相关文件记录、风险沟通（documentation and communication）、风险管理工具均可根据风险管理活动的实施及正式性程度确认。

质量风险管理流程可以概括为以下基本步骤：①风险评估，包括危害源识别、风险分析和风险评价；②风险控制，包括风险降低和风险接受；③风险回顾。

如需要，风险沟通的各方可在风险管理程序的任何阶段进行交流。一个正式的风险沟通过程有时可发展为风险管理的一部分，运用正式流程后，质量风险管理过程的所有结果都应记录。

GMP（2010 年修订）引入了质量风险管理的概念，原辅料采购、生产工艺变更、操作中的偏差处理、发现问题的调查和纠正、上市后药品质量的监控等方面，增加了供应商审计、变更控制、纠正和预防措施、产品质量回顾分析等制度和措施，对各个环节可能出现的风险进行管理和控制，主动防范质量事故的发生。

知识链接

风险等级

通过评价风险的严重性和可能性，确认风险的等级，在风险等级划分中，采用定性描述确定风险等级的"高风险""中风险""低风险"，采用定量描述，则用具体的数字 0 ~ 1 或 0 ~ 100% 的范围来表示其概率，数值越高说明风险越大。药品生产企业应当根据科学知识及经验对质量风险进行评估，以保证产品质量。

企业还应该在以下情况发生时，对质量风险进行再评价：①原料产地或辅料发生变化；②工艺或设备发生变更；③法律法规或技术要求发生变更；④企业的管理层或客户提出对质量更高的要求。

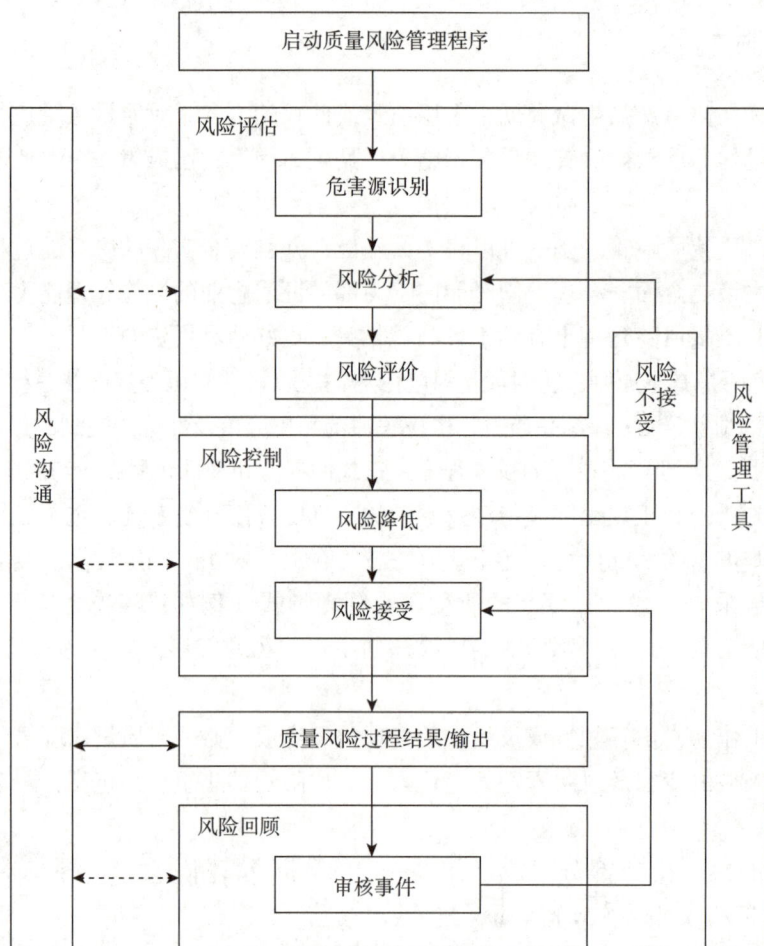

图 8-1 质量风险管理模式图

六、研发质量体系

药品研发同其他产品或行业的研发有共性也有不同。大多数产品的研发都会经历"基础研究、应用研究、早期开发、后期开发、产业化研究、商业化生产"等几个不同的项目阶段，有共性的管理方法，通过一系列管理程序确保研究项目的成功。药品研发的不同点在于从某个阶段开始，实验不仅仅是实验室内的研究项目，而是将研究阶段的产品通过各种给药方式作用于小范围的受试者，这个阶段就是药物的临床试验阶段，不同于其他研发阶段，其对部分人群可能产生安全性影响，风险显著升高。

从监管部门的角度，研发的目的应该是识别出能够持续稳定生产出符合预期目的产品的各要素，并能持续监控。临床阶段的药品会作用于人类受试对象，应参考 GMP 的管理原则，对临床阶段的生产质量管理，美国 FDA 和 EMA 也都出台了相应指南，国家药品监督管理局发布了 GMP 临床试验用药品（试行）附录。

药品研发活动涵盖范围广，这里主要针对工艺开发过程中的质量管理及临床试验用药品的质量管理要求分别进行探讨。

1. 工艺开发过程中的质量管理　采用项目管理的同时，借鉴 GMP 质量系统的主要要素，如变更、偏差/偏离、纠正和预防措施、自检和记录管理等。其目的在于确保项目的顺利进行和关键数据信息的可追溯，但保留研发项目的灵活性，允许部分的可变性。

　　研发活动会从实验室到车间，在这个过程中存在频繁的变更，同时活动总是会涉及人员、设备仪器、厂房设施、物料、分析检测、记录、文件等。这些活动对应"质量管理、物料、设备设施、生产/制备、实验室控制、包装/贴签"六大体系管理，可根据不同阶段，对六大系统建立不同的管理策略。

　　2. 临床试验用药品的质量管理　由于临床批次的研发属性以及多变性，同时随着临床研究的推进，受试人群数量的加大，药学研究不断推进药物的安全性、有效性、疗效等了解程度加深，GMP的管理要求随之加强，需制定不同的管理要求。

　　为降低临床试验用药品在制备环节引入的风险，保障受试者安全，避免制备环节的失控对药品研发形成干扰，确保临床试验结果可靠、有效，临床试验用药品制备应当遵循 GMP 的通用原则。

任务二　质量标准的制定

PPT

　　为保证物料及成品质量而对各种检查项目、指标、限度、范围等所做的规定，称为质量标准。药品质量标准是指国家对药品的质量规格及检验方法所做的技术规定，是药品的生产、流通、使用及检验、监督管理部门共同遵循的法定依据。药品质量标准制订的目的是加强对药品质量的控制及行政管理，保障人民群众用药安全有效。药品生产所用的原辅料、与药品直接接触的包装材料及成品均应符合相应的质量标准。

　　药品标准分为法定标准和企业标准两类。法定标准即为国家药品标准。国家药品标准，是指原卫生部、国家药品监督管理局颁布的《中华人民共和国药典》、药品注册标准和其他药品标准。其内容包括质量指标、检验方法以及生产工艺等技术要求。凡是在我国上市销售的药品必须符合国家药品标准。中药饮片必须按照国家药品标准炮制；国家药品标准没有规定的，必须按照省、自治区、直辖市人民政府药品监督管理部门制定的炮制规范炮制。省、自治区、直辖市人民政府药品监督管理部门制定的炮制规范应当报国务院药品监督管理部门备案。

　　药品注册标准，是指国家药品监督管理局批准给申请人特定药品的标准，生产该药品的药品生产企业必须执行该注册标准。药品注册标准不得低于中国药典的规定。药品注册标准的项目及其检验方法的设定，应当符合中国药典的基本要求、国家药品监督管理局发布的技术指导原则及国家药品标准编写原则。申请人应当选取有代表性的样品进行标准的研究工作。

　　企业标准又称企业内部标准、企业内控标准。由药品生产企业自己制订，仅在本厂或本系统的管理上有约束力，属非法定标准。企业标准各指标不得低于（大都高于）法定标准的要求，主要是增加了检验项目或提高了限度标准，从而保证产品在有效期内均能符合法定标准的要求。

　　质量标准的建立是保证物料和产品的质量、安全、有效和一致性的根本，其详细描述了物料和产品必须遵循的质量属性或关键属性。质量标准主要由检测项目、分析方法和限度三方面内容组成。"符合质量标准"是指物料或产品按照给定的分析方法检测，其结果符合限度要求。

　　质量标准不仅是检验的依据，而且是质量评价的基础。GMP 规定，物料和成品应当有经批准的现行质量标准，中间产品或待包装产品在必要时（如外购或外销的中间产品和待包装产品），也应当有质量标准。企业所有质量标准，包括由生产人员进行中间控制所采用的质量标准，均需经过质量管理部门审核与批准，且所用质量标准必须是经批准的现行文本。质量标准需要定期评估和更新。质量标准的更新需基于实际的生产和检验经验，以及法规或《中国药典》的变化。

一、原辅料质量标准

原辅料是指生产过程中所需要的原料和辅助用料的总称。原辅料质量标准的制定依据为国家药品标准,即《中国药典》和其他法定标准。中药饮片的质量标准应当符合国家药品标准及省(自治区、直辖市)炮制规范,并在现有技术条件下,根据对中药制剂质量的影响程度,在标准中增加必要的质量控制项目。

原辅料的质量标准不应低于注册或申报标准,可以增加注册或申报标准以外的附加检验项目。申报标准是药品在申报时提交的质量标准。注册标准生效后,相应的申报标准则不得继续使用。药品上直接印字所用油墨应符合食用标准要求。进口原辅料应符合国家相关的进口管理规定。

GMP规定,物料的质量标准一般应当包括:①物料的基本信息(企业统一指定的物料名称和内部使用的物料代码;质量标准的依据;经批准的供应商;印刷包装材料的实样或样稿);②取样、检验方法或相关操作规程编号;③定性和定量的限度要求;④贮存条件和注意事项;⑤有效期或复验期。

二、包装材料质量标准

包装材料是指用于制造包装容器、包装装潢、包装印刷、包装运输等满足产品包装要求所使用的材料。药品包装属于专用包装的范畴,除具有一般包装的所有属性外,还具有以下特殊属性:能使药品在贮存、运输和使用过程中不受环境的影响,并保持药品原有属性;药品包装材料自身具有一定的稳定性;药品包装在包裹药品时不能对药品生产环境产生污染;药品包装材料不得带有在使用过程不能消除的对包装药品有影响的物质;药品包装材料与所包装的药品不能发生生物、化学意义上的反应。

包装材料质量标准的主要内容:材质要求、外观质量、尺寸规格、产品规格、理化检测项目等。直接接触药品的包装材料和容器(简称"药包材")的生产、进口和使用,必须符合药包材国家标准。药包材国家标准由国家药品监督管理局组织制定和颁布实施。因此,直接接触药品包装材料,如塑料输液瓶(袋)、固体或液体药用塑料瓶、塑料滴眼剂瓶、软膏管等,质量标准的制订依据为相应产品的药包材国家标准(标准编号:YBB+标准号)。非直接接触药品包装材料,如纸盒、说明书、标签等,质量标准的制订依据为相应产品的国家标准(标准编号:GB+标准号)。

> **知识链接**
>
> ### 药包材的使用规范
>
> 直接接触药品的包装材料和容器,必须符合药用要求,符合保障人体健康、安全的标准,并由药品监督管理部门在审批药品时一并审批。药品生产企业不得使用未经批准的直接接触药品的包装材料和容器。

三、中间产品质量标准

中间产品是继续投入生产过程的初级产品和工业再制品,是经过一些制造或加工过程,但还没有达到最终产品阶段的产品。

外购或外销的中间产品和待包装产品应有质量标准;如果中间产品的检验结果用于成品的质量评价,则应制定与成品质量标准相对应的中间产品质量标准。

中间产品和待包装产品的质量控制是为确保产品符合有关标准,而对生产工艺过程加以监控以便在必要时进行调节而做的各项检查。因而，中间产品和待包装产品的质量标准应根据产品开发和生产验证过程中的数据或以往的生产数据来确定，同时还需综合考虑所生产产品的特性，反应类型以及控制工序对产品质量影响等因素。若中间产品的控制标准也作为注册资料提交批准后，企业执行的标准不得低于注册标准。例如：外观、重量差异、硬度、脆碎度和崩解时限是影响某片剂成品质量的关键因素。因此在压片的开始阶段、生产过程中每隔一定时间以及结束时，均需进行外观、重量差异、硬度、脆碎度和崩解时限的检查，检验方法和限度要求均在批准文件中规定。当检验结果接近限度要求或与以往趋势不同时，则通知生产进行相应的调节。若超出限度要求，则需进行相应的调查。

对于原料药，前期中间产品的控制标准可适当放宽，越接近成品，中间控制的标准越严格。

知识链接

中间产品和待包装产品的检验

中间产品和待包装产品的检验方法可与产品放行的检验方法相同，则中间控制的限度通常比放行标准严格。例如：含量的放行限度为标示量的 90.0 % ~110.0%，而中间控制的限度要求可规定为标示量的 95.0% ~105.0% 。

中间产品和待包装产品的检验方法也可与产品放行的检验方法不同。例如：某企业某片剂成品放行时需按要求进行溶出度的检测，而在中间控制时，规定进行崩解时限的检查。

四、成品质量标准

成品质量标准可以分为成品放行质量标准和成品货架期质量标准。

成品的放行质量标准不应低于注册或申报标准。若产品已上市，成品在放行时应符合成品的放行质量标准。除另有规定外，根据实际检定要求，生物制品成品的申报/注册标准应与申报/批准的制造及检定规程中成品检定部分的内容（包括检测项目、质量标准和分析方法）一致。

成品货架期质量标准系指药品在有效期内执行的质量标准，等同于批准的注册标准，其目的是要确保药品在有效期内质量标准符合安全有效要求。根据所有稳定性资料来制定货架期的质量标准。根据稳定性结果和贮藏期观察到的变化、允许货架期标准和放行标准存在差异，一般放行标准的要求要严于货架期标准。

成品的质量标准制定依据的是《中国药典》和其他法定标准。成品质量标准应对药物成品的全项质量检验做出规定。

GMP 规定，成品的质量标准应当包括：①产品名称以及产品代码；②对应的产品处方编号（如有）；③产品规格和包装形式；④取样、检验方法或相关操作规程编号；⑤定性和定量的限度要求；⑥贮存条件和注意事项；⑦有效期。

原料药质量标准应当包括对杂质的控制（如无机杂质、有机杂质、溶剂残留等）。原料药有微生物或细菌内毒素控制要求的，还应当制定相应的限度标准。

任务三 质量检验

PPT

质量检验就是对产品的一项或多项质量特性进行观察、测量、试验，并将结果与规定的质量要求进行比较，以判断每项质量特性合格与否的一种活动。药品质量检验是指依据药品质量标准规定的各项指标，运用一定的检验方法和技术，对药品质量进行综合评定。药品质量检验是质量体系中的一个重要要素。

药品生产企业检验部门必须按企业检验规程规定的要求进行取样、检验、留样，相关操作方法等不能随意变更，数据应精确、结论清晰、记录准确。检验后的检验报告书应经检验人、复核人、质量管理负责人签名后方可正式生效，及时发放至各使用单位，使用单位依据检验结果是否合格来使用物料，合格的物料方可投放使用，合格的中间产品方可放行进入下道工序，合格的成品方可放行进行销售（图8-2）。每批药品的检验记录应当包括中间产品、待包装产品和成品的质量检验记录，可追溯该批药品所有相关的质量检验情况。

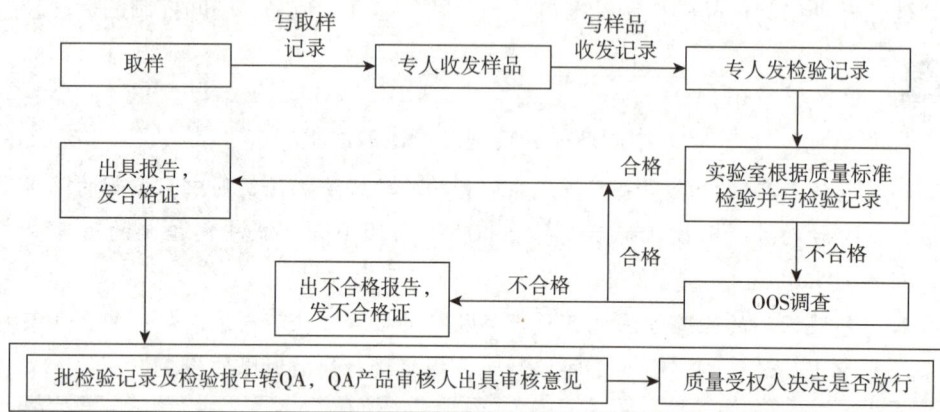

图8-2 质量控制实验室工作流程示例

一、取样管理 🄮 微课

取样是质量控制系统重要一环，取样及样品检验反映物料和产品的质量状态，取样的合理性及样品的代表性间接影响企业对物料和产品的质量状态认识以及放行决策。为确保放行物料和产品质量符合预先制定的质量标准，企业需根据科学合理的取样原则建立适用的取样规程，制定合理的取样方案，并依此有效执行。

质量管理部门的人员有权进入生产区和仓储区进行取样及调查。取样操作应在取样区域内进行，取样区域一般设置在仓储区内，需要在生产线完成的取样（如中间过程控制的样品）可在生产区进行。取样区域应满足GMP取样附录中关于取样设施的相关要求。

对于原料药起始物料的取样，固体物料可以在专用的取样车内进行，大宗固体物料可以在清洁的独立区域内进行，罐车液体物料的取样可以在罐车位置取样。对于制剂产品生产用原辅料取样，一般在取样间内取样，特殊物料如活性炭或盐酸等可以在独立的取样车内取样。对于中间产品或成品取样，可在生产线上进行取样（可以在生产结束时进行，也可以在生产过程的前、中、后期取样），其取样操作可以记录在批记录上。取样间的空气洁净度级别应不低于产品生产区域，并且有足够的空间进行取样操作。

药品生产的各环节可以出于不同目的需要进行取样，此处的取样操作主要服务于以下生产阶段的质量控制：物料的取样；中间产品的取样；中间过程控制的取样；成品，包括留样的取样。

（一）取样人员

取样人员应经过授权，授权的取样人员应为质量管理部门的人员。由经授权的取样人员负责对物料、中间产品、成品和留样观察样本的取样。取样人员应具有良好的视力和对颜色分辨、识别的能力；能够根据观察到的现象做出可靠的质量判断和评估；有传染性疾病和在身体暴露部分有伤口的人员不应该被安排进行取样操作；取样人员还要对物料和产品安全知识、职业卫生要求有一定了解；取样人员应该接受相应的技能培训使其熟悉取样方案和取样流程，必须掌握取样技术和取样工具的使用，必须意识到在取样过程中样品被污染的风险并采取相应的安全防范措施，同时应该在专业技术和个人技能领域得到持续的培训。

（二）取样原则和取样数量

取样时可以遵循基于每个物料供应商级别而制定的取样原则。被抽检的物料与产品如果是均匀的，且来源可靠，应按批取样。假定包装总件数为 N，如果 $N \leqslant 3$，逐件取样；如果 $3 < N \leqslant 300$，按 $\sqrt{N} + 1$ 件随机取样；如果 $N > 300$，按 $\sqrt{N}/2 + 1$ 件随机取样。

若一次接收的同一批号原辅料是均匀的，则可从此批原辅料的任一部分进行取样。若原辅料不具有物理均匀性，则需要使用特殊的取样方法取出有代表性的样品。可以根据原辅料的性质，采用经过验证的措施，在取样前，恢复原辅料的均匀性，如分层的液体可以通过搅拌解决均匀性问题；液体中的沉淀可以通过温和的升温和搅动溶解。

无菌物料、血浆、中药材、中药饮片的取样参照 GMP 及其取样附录中关于取样操作要求进行。

对于鉴别实验，如果要求对多个包装做鉴别实验，必须从要求的多个包装取样并分别进行鉴别实验。如需要可以参照欧盟 GMP 的要求，对于每件物料进行鉴别，以确认物料的正确性。

取样数量应能够满足 GMP（2010 年修订）中检验及留样的要求。

（三）取样的实施

取样应当按照经批准的操作规程进行，操作规程应当详细规定：经授权的取样人；取样方法，应当科学、合理，以保证样品的代表性；所用器具；样品量；分样的方法；存放样品容器的类型和状态；取样后剩余部分及样品的处置和标识；取样注意事项，包括为降低取样过程产生的各种风险所采取的预防措施，尤其是无菌或有害物料的取样以及防止取样过程中污染和交叉污染的注意事项；贮存条件；取样器具的清洁方法和贮存要求。

1. 取样方案　取样方案是根据物料或药品中要取的样品数量（一个或多个样品）而预先制定的取样程序。其中包括取混合样品，例如从 $\sqrt{N} + 1$ 个包装中取样混合进行微生物或理化分析；同时亦包括基于取样量和应取样包装数确定的各初始样品，例如从不同包装中取的单一样品用于鉴别实验；还应该包括留样的取样。样品必须是从整批物料中取出的具有代表性部分（随机样品）。

一般来说，取样方案应该包含以下内容：①取样的方法；②取样的工具；③样品量以及需要取的样品数量；④是否有特殊取样要求，例如分包样品；⑤样品容器；⑥取样完成后被取样包装上的标签；⑦避免交叉污染应该采取的措施，特别是对无菌产品；⑧对人体毒害的防护措施；⑨样品的贮存存条件。

需要取的样品数量应该根据相关标准确定，例如国标 GB/T2828 和 ISO2859 – 1 等，基于统计学原理进行计算确定以确保样品有代表性。中间过程控制的样品应该至少从工艺流程的开始、中间和结束过程进行取样。

2. 取样方法　取样方法必须明确说明样品量，其中信息应该包含样品数量（一个或多个）及每个样品的取样量、样品取样位置（例如底部、中间、表层、里面或者是外围）。如果要取多个样品，应该在取样方法里说明样品是否应该混合。一般用于物料的逐件鉴别实验的样品不允许被混合。样品混合需要在进行实验前根据批准的实验方法进行。

中间过程控制样品的采集一般由中间控制实验室的人员执行，生产单位应制定相应工艺的关键控制点和取样检测频率。

取样时，要注意以下几点：①绝对不允许同时打开两个物料包装以防止物料的交叉污染；②取不同种类的物料时必须更换套袖；③从不同的物料包装中取样时必须更换一次性塑料手套（对于只接触外箱和外层包装的取样协助人员不作此要求）；④在取样开始和结束时检查取样工具的数量，以避免将取样工具遗留在物料中；⑤如果在同一天需要在同一取样间进行不同种类物料取样，最好按照包装材料、辅料、原料药的顺序进行取样操作，不同种类物料之间必须要根据规程要求进行取样间的清洁。

3. 取样后剩余部分的处置和标识 取样完成后，对于袋装物料，需要将取样口用专用封口贴封好，贴上有取样人员签字及日期的取样标签；对于桶装物料，将内层塑料袋用扎丝扎紧，将桶盖封好后，贴上有取样人员签字及日期的取样标签。

4. 样品标识 取回的样品必须贴上标签进行标识，标签上至少应该包括以下内容：样品名称；样品批号；取样日期；样品来源（应具体到包装容器号）；样品储存条件；如需要，应标明取样时间和样品测试允许时间；取样人。

5. 取样记录 取样过程应该被记录在取样报告或取样记录中。取样记录上应该包含取样计划中的所有内容，如样品名称、批号、取样日期、取样量及样品来源（即样品取自哪个包装）、取样工具以及取样人等信息应该清楚的记录在取样记录中，必要的时候还应在取样记录上注明取样时的温度、湿度以样品暴露时间等信息。

6. 取样的异常处理 取样时，取样人员需要对产品（物料）外包装和物料外观进行现场检查，需要检查核对标签，如品名、生产日期和失效日期等信息。如果发现不符合的现象，取样人员应立即停止取样，将观察到的不符合现象记录在取样记录中，并通知公司质量管理相关部门进行调查处理，调查可与采购人员和供应商/生产商一起进行。

二、检验操作

检验应当有书面操作规程，规定所用方法、仪器和设备，检验操作规程的内容应当与经确认或验证的检验方法一致。检验操作必须执行检验操作规程和质量标准。严格按照批准的质量标准和检验方法对药品（包括原料药和制剂）进行全项检验，是保证药品质量的重要措施和有效手段，对防止不合格物料或中间产品进入下一环节，杜绝不合格产品出厂销售等都起到重要作用。

如在检验过程中，有符合下列情形之一的，应当对检验方法进行验证：采用新的检验方法；检验方法需变更的；采用《中国药典》及其他法定标准未收载的检验方法；法规规定的其他需要验证的检验方法。对于不需要进行验证的检验方法，企业应当对检验方法进行确认，以确保检验数据准确、可靠。

检验记录是检验人员对其检验工作的实时记录，检验的内容必须和质量标准及分析方法一致，检验记录应涵盖检验过程的所有信息，应当可追溯。所有检验记录应该受控管理。

检验记录应当至少包括以下内容：①产品或物料的名称、剂型、规格、批号或供货批号，必要时注明供应商和生产商（如不同）的名称或来源；②依据的质量标准和检验操作规程；③检验所用的仪器或设备的型号和编号；④检验所用的试液和培养基的配制批号、对照品或标准品的来源和批号；⑤检验所用动物的相关信息；⑥检验过程，包括对照品溶液的配制、各项具体的检验操作、必要的环境温湿度；⑦检验结果，包括观察情况、计算和图谱或曲线图，以及依据的检验报告编号；⑧检验日期；⑨检验人员的签名和日期；⑩检验、计算复核人员的签名和日期。

检验记录是出具检验报告书的依据，是进行科学研究和技术总结的原始资料。每批物料和产品均需进行检验并出具检验报告书。检验报告书中的结论作为物料和产品放行的依据之一。物料只有经质量管理部门批准放行并在有效期或复验期内方可使用，产品只有在质量受权人批准放行后方可销售。

药品生产企业对本企业放行出厂的产品（包括制剂和原料药）必须按药品标准项下的规定，自行完成或进行部分委托检验以完成注册标准中规定的所有检验项目。企业通常不得进行委托检验，确需委托检验的必须根据现行法规要求进行管理。委托检验必须以制定有效的委托检验合同或者质量协议为前提，明确界定检验内容和责任。委托检验合同应由质量部负责人或企业相关负责人批准。委托检验的所有活动，包括在技术或其他方面拟采取的任何变更，均应符合有关药品注册批准的要求及合同内容。只有合同生效期内所做的委托检验结果是有效的，此结果还必须经委托方确认认可。另外，在委托检验活动中，还应明确界定相关技术的保密属性。

知识链接

更改记录的原则

记录填写的任何更改都应当遵循以下原则：在错误的地方画一条横线并使原有信息仍清晰可辨，书写正确信息后签注姓名和日期。对于更改的记录，可采用必要时说明理由的方式，也可采用所有更改必须加注更改理由的方式。各企业所用的更改方式需要在操作规程中明确规定。为避免文字描述内容过多，可使用缩写形式表示，这种缩写形式也应当在操作规程中明确规定。

三、数据可靠性

GMP 包括纸质数据和电子数据的法规条款，强调了数据从产生到销毁全生命周期内的管理要求。

（一）数据管理的基本原则

数据和记录是药品在研发、生产、经营、使用活动中产生的反映活动执行情况的信息、相关活动执行过程与结果的凭证，而药品质量、安全性和有效性依赖于产品生命周期中产生的大量数据，因此数据应具有可靠性。ALCOA + 原则（即 ALCOACCEA）是实现数据可靠性的关键要素，其中 A 代表可归属性（attributable），L 代表清晰可辨性（legible），C 代表同步性（contemporaneous），O 代表原始性（original），A 代表准确性（accurate），C 代表完整性（complete），C 代表一致性（consistent），E 代表持久性（enduring），A 代表可及性（available）。ALCOA 在历史上被定义为以监管为目的的数据质量属性，其属性已包含完整性、一致性、持久性和可及性的要求，加上"＋"强调要求。

1. 可归属性（attributable） 是指通过数据和记录追溯到产生数据、修改数据的个人或系统，确保数据和记录中的签名与实际操作人员保持一致。

2. 清晰可辨性（legible） 是指数据及记录在整个生命周期内清晰可读取、可追溯、可保存，在数据及记录中清晰地呈现步骤或事件发生的顺序，以保证所有开展的 GMP 活动在 GMP 规定的数据及记录保存期限内，能够完整地重现这些数据及记录。

3. 同步性（contemporaneous） 是指数据在其产生或被观察到的时刻就被记录下来，强调数据生成或获取动作与记录动作同步发生。

4. 原始性（original） 意味着保存的数据与原始数据具有一致性。GMP 对原始数据的要求包括：复核和审核原始数据和记录；保存原始数据和（或）确认真实、准确的副本（副本应保存原始数据的内容及含义）。在记录留存期内，原始记录应当完整、持久而且容易获得、易读。

5. 准确性（accurate） 意味着数据正确、真实、有效、可靠，确保所记录的数据本身接近真实程度及可靠的程度。数据准确性的实现依赖于完善的质量管理体系，包括适当的规程、过程控制、系统和控制等。

6. 完整性（complete） 是指所有数据和元数据都被保留，通过数据可以清晰和完整地了解所有GMP 活动，包括执行的任何重复或重新分析活动。

7. 一致性（consistent） 是指数据能够提供清晰的事件和行动的时间顺序，包括与实际生成逻辑顺序一致、记录人与实际的操作人一致、数据没有矛盾或差异等。

8. 持久性（enduring） 是指数据的保存方式应使其在生命周期内持续使用，且不丧失可读性，意味着其在整个保存期内应不可磨灭/持久、完整地保存，在需要时可被访问。

9. 可及性（available） 是指生命周期中数据应在任何需求的时候都可以被访问，意味着其在整个保存期内应能满足预期用途（如审查、审计或检查等），在需要时可被使用。

（二）数据可靠性的实施策略

1. 数据的生命周期管理策略 数据的生命周期包括数据的产生、记录、数据处理、数据转化和转移、使用、保存、存档/恢复和销毁的整个生命阶段。良好数据管理应考量生命周期每一阶段数据和记录 ALCOA + 原则的符合性，确保每一阶段的数据和记录是可靠的。

2. 全面数据可靠性的评估策略 为了识别人员、设备（包括现存设备以及新采购设备）、管理对 GMP 数据带来的风险，有必要对工厂培训体系、数据可靠性意识以及所有纸质数据系统和电子数据系统进行评估。评估数据可靠性管理以及数据在其生命周期内的每一个环节与期望之间的差距以及可能带来的数据管理风险。

3. 数据可靠性的质量系统保障 数据管理是质量管理体系中的一部分，良好的质量系统能为数据可靠性提供更加有利的保障。

4. 质量文化培养中的数据可靠性 质量文化是企业中所有人员一致展示的价值观、信念、思维和行为的集合。质量文化是坚实的数据可靠性思维的基础。数据可靠性可以通过培训、沟通和变更管理得到改善。企业应建立自上而下的确保数据可靠性的质量文化。

四、检验室管理

药品生产企业应当设置质量控制实验室。质量控制实验室是对产品全生命周期，即产品质量形成全过程的各个环节进行质量控制的实验室。质量控制实验室是质量管理体系的重要组成部分，是独立行使检验职权的技术职能机构，在执行质量标准和判定检验结果时，不受生产企业内部、外部任何方面的干扰。质量控制实验室管理是确保所生产的药品适用于预定的用途，符合药品标准和所规定要求的重要因素之一。

质量控制实验室的人员、设施、设备应当与产品性质和生产规模相适应。实验室的设计应确保其适用于预定的用途，并能够避免污染、交叉污染以及混淆、差错，应有足够的区域用于样品处置、留样和稳定性考察样品的存放以及记录的保存。

质量控制负责人应当具有足够的管理实验室的资质和经验，可以管理同一企业的一个或多个实验室。质量控制实验室的检验人员至少应当具有相关专业中专或高中以上学历，并经过与所从事的检验操作相关的实践培训且通过考核。

质量控制实验室应当配备药典、标准图谱等必要的工具书，以及标准品或对照品等相关的标准物质。

药品生产企业可以根据生产规模、产品种类、检验需求设立一个或多个实验室。以化学药生产企业为例，一般可设置微生物实验室、仪器分析实验室、理化实验室、动物实验室、包材实验室、车间中控实验室、QC 综合管理办公室等。

质量控制实验室应当至少有下列详细文件：①质量标准；②取样操作规程和记录；③检验操作规程和记录（包括检验记录或实验室工作记事簿）；④检验报告或证书；⑤必要的环境监测操作规程、记录和报告；⑥必要的检验方法验证报告和记录；⑦仪器校准和设备使用、清洁、维护的操作规程及记录。

五、实验室调查

GMP 规定，企业应建立超标结果及异常趋势调查操作规程，对任何已确认的不符合质量标准的结果或重大不良趋势进行调查。调查的主要目的是发现不合格或异常趋势的根本原因并及时采取相应的措施，以消除或预防将来的不合格，并评估对产品的影响，必要时召回产品，保护患者安全。

实验室调查适用于：①批次放行检验和起始物料检验；②过程控制检验：如果数据用于批量计算/决策、申报资料和分析报告中；③对已上市批次的成品和（或）活性药物成分的稳定性研究，持续/后续稳定性研究（不包括破坏性试验）；④先前放行的批次在超出标准（OOS）调查中作为参照样品显示 OOS 或可疑结果的；⑤用于临床试验的批次；⑥在进行药典规定的某些特殊项目分析的复试时，如含量均匀度和溶出度，可不启动 OOS 调查。但需注意是否存在溶出度或含量均匀度不符合正常趋势的情况，如存在，可采取偏差等其他形式展开调查。

实验室调查不适用于以下情况：①工艺中未达到终点而进行的中间检测，如工艺调整（pH、黏度的调整等）；在可变参数下进行的用于检查漂移影响的研究（例如，在可变参数下的工艺验证）；②培训过程中产生的数据；③不需要开启实验室调查的某些包材的物理检测，如长度、外观、中药材及中药饮片的外观、性状等。

企业应制定书面的实验室调查流程，详细规定调查的职责、流程、数据处理的要求等。

六、微生物实验室

药品微生物检验（包括微生物计数、控制菌检查、无菌检查）是与药品安全性相关的重要质量指标。应对药品的微生物指标进行监控，各国药典中都有相应微生物检验的详细要求。

《中国药典》指导原则 9203 药品微生物实验室质量管理指导原则中阐明：药品微生物的检验结果受到很多因素的影响，如样品中微生物可能分布不均匀、微生物检验方法的误差较大等。因此在药品微生物检验中，为保证检验结果的可靠性，必须使用经验证的检验方法并严格按照药品微生物实验室规范要求进行试验。

微生物实验室质量管理包括：人员、设施和环境条件、设备、菌种管理、培养基、试剂、样品、检验方法、实验记录、结果的判断和检验报告、文件等。

对于企业来说，微生物实验室通常为 QC 实验室的一部分，企业应有对应的人员来负责微生物实验室的质量、技术、生物安全、菌种管理、相关设备和材料、并配备适当的检验人员。从事药品微生物试验工作的人员应具备微生物学或相近专业知识的教育背景，并参加相应的培训，经考核合格方可上岗。

微生物实验室应具有进行微生物检验所需的适宜、充分的设施条件，实验环境应保证不影响检验结果的准确性。从事无菌检查、微生物限度检查、阳性对照、抗生素微生物鉴定的实验室，应当单独分设，并符合生物安全和洁净环境的有关规定。开展涉及病原微生物实验活动应当设置相应防护级别的生物安全实验室。

病原微生物实验室，须符合国家相关法规要求，经行业主管部门批准或备案。实验室的布局、设施和设备配备及废弃物的处理能够有效避免对样品造成污染、对人员健康造成危害和对环境造成潜在的污染，不能超范围开展实验活动。

微生物实验室应包括相应的洁净区域和生物安全控制区域，同时应根据实验目的，在时间或空间上有效分隔不相容的实验活动，将交叉污染的风险降到最低。洁净区域应配备独立的空气净化系统，以满足相应的检验要求，包括温度和湿度的控制，压力、照度和噪声等都应符合工作要求。

实验室应制定进出洁净区域的人和物的控制程序和标准操作规程，对可能影响检验结果的工作（如洁净度验证及监测、消毒、清洁、维护等）或涉及生物安全的设施和环境条件的技术要求能够有效地控制、监测并记录，当条件满足检验方法要求方可进行样品检验工作。进入到洁净区域的人数应有限制，并在企业做空调系统确认时确定。微生物实验室使用权限应限于经授权的工作人员。

任务四 质量控制

一、原辅料、包装材料的质量控制

（一）供应商管理

GMP实施力度进一步加强，物料的管理尤其是供应商的管理在制药企业质量管理过程中起着越来越重要的作用。供应商的管理体系能确保在药品生产过程中使用质量合格的物料和优质的服务。供应商的管理是物料管理的源头，也是产品质量持续稳定的关键一环。详见"项目四 物料与产品管理"。

> **知识链接**
>
> **供应商的管理要点**
>
> 供应商管理要点：①应有书面的关于供应商管理的流程；②用于上市产品生产的物料供应商应经过批准，然后才能采购；③应对供应商进行定期的审计和质量评估；④与主要物料的供应商签订质量协议；⑤对于供应商的变更，应进行相关的研究工作。

（二）原辅料、包装材料质量控制

1. 原辅料质量控制　企业应当制定相应的操作规程，采取检验或检查核实等措施，确认每一包装内的原辅料正确无误。需特别注意，要依照批准的供应商清单核实物料是否来自批准的供应商。仓储区内的原辅料应当有相应的标识，并至少标明下述内容：①指定的物料名称和企业内部的物料代码；②企业接收时设定的批号；③物料质量状态（如待验、已取样、合格、不合格）；④有效期或复验期。

生产时，应当由指定人员按照操作规程进行配料，核对物料后，精确计量或称量，并作好标识和记录。配制的每一种物料及其体积或重量应当由他人独立进行复核，并作好复核记录。用于生产同一批药品的所有配料应集中存放，并作好标识。

2. 包装材料质量控制　与药品直接接触的包装材料和印刷包装材料的管理和控制要求与原辅料相同。

企业应当建立印刷包装材料设计、审核、批准的操作规程，确保印刷包装材料印制的内容与药品监督管理部门核准的一致，并建立专门的文档，保存经签名批准的印刷包装材料原版实样。如印刷包装材料的版本变更时，应当采取措施，确保产品所用印刷包装材料的版本正确无误。宜收回作废的旧版印刷模版并予以销毁。

印刷包装材料应当设置专门区域妥善存放，未经批准人员不得进入。切割式标签或其他散装印刷包装材料应当分别置于密闭容器内储运，以防混淆。印刷包装材料应当由专人保管，并按照操作规程和需求量发放。

每批或每次发放的与药品直接接触的包装材料或印刷包装材料，均应当有识别标志，标明所用产品的名称和批号。过期或废弃的印刷包装材料应当予以销毁并记录。

> **知识链接**
>
> **特殊物料的管理**
>
> 对于一些特殊物料，如易制毒化学品或贵重物料，在来料检查符合基本要求的同时，还需要批批称重、核对重量、双人复核。
>
> 在对特殊物料进行来料检查时，仓库工作人员在进行外包装卫生清洁的时候，还应佩戴相关的个人防护工具。在清洁后搬运至特殊物料仓库。
>
> 对于麻醉药品、精神药品、毒性药品等接收应建立相关的管理文件，其验收、入库、领用和发放都应严格控制。

二、生产过程的质量控制

（一）物料和产品放行的质量管理

物料和产品放行是质量保证的一个重要环节。实施物料和产品放行的主要目的就是保证物料、产品及其生产过程符合相应的法规要求和质量标准。各药品生产企业应当分别建立物料和产品批准放行的操作规程，明确批准放行的标准、职责，并有相应的记录。

1. 物料的放行　企业应该建立相关的操作规程，确保物料被正确地采购、接收、贮存、检验、放行、发放和使用。质量管理部门（通常是 QA 部门）有权决定物料是否可以被放行使用。物料的放行决定是基于物料采购、接收、贮存及质量评价活动的审核结果做出的。其中质量评价包括对到货物料的质量检验结果符合既定质量标准和供应商分析报告符合要求。

对于来自长期合作且记录良好供应商的物料，在确认供应商检验能力充分且供需双方质量测试结果一致性良好的前提下，可以基于物料质量的回顾分析结果对部分项目免于测试，通过认可供应商的测试结果来实现对于物料的审核放行。这种做法需满足下述前提：没有来自于物料供应商（尤其生产商）方面的重要变更；至少已对来自于新供应商的前三批物料按质量标准实施了全检；后续根据对供应商风险评估的结果和物料的重要程度，定期对来自于每个供应商的物料实施全检，且测试结果应与供应商分析报告结果有良好的一致性。对于采用上述策略放行的物料，需始终对物料的质量变化趋势及工艺表现保持高度关注，一旦发现不良趋势，或有任何的工艺运行及产品质量异常指征对物料质量有（潜在）影响，应立即改用更为可靠的质量评价方式来确认并控制物料质量影响。定期回顾分析中，也应充分考虑偏差、不合格、投诉等不良事件与物料质量的相关性，并关注来自于供应商方面的任何变更可能对物料质量的影响，及时根据回顾结果调整物料质量控制策略。

对物料的放行也不是一次性行为，下列情形下，需要对物料实施复验放行：物料（即将）到达复验期时；物料在贮存、使用中出现异常，其质量（可能）受到影响时，如遭受了非预期的恶劣条件，或者（可能）发生了混淆或差错。

物料的复验放行同样需要基于可靠的质量评价结果，并充分考虑其贮存、使用过程异常可能造成的任何质量影响。

不合格的原料、辅料、包装材料不得用于药品生产。

2. 产品的放行　产品放行是质量保证的一个重要环节，其主要目的就是保证产品及其生产过程符合相应的法规要求和注册标准。产品放行需要建立在对产品生产全过程进行评价的基础上，这种评价主要通过对批生产、包装记录和批检验记录开展审核来实现，且需要记录产品放行审核项目及审核结果，只有生产过程严格受控，过程控制及产品质量符合既定标准的产品才能被放行。

由质量管理部门审核批生产、包装记录和批检验记录，提出审核意见。最后由质量受权人做出批准或否决产品放行的决定，并在成品放行审核记录上签署决定。

💡 典型案例

某省药企生产血液制品已有40年历史，经改制后成为生物制品公司，在2006年11月通过国家CMP认证，五年到期复查。其产品"静脉注射人免疫球蛋白"导致部分患者出现丙肝抗体阳性。

职能部门调查表明，该企业在生产"静脉注射人免疫球蛋白"过程中，所购买血浆原料不合法，生产和检验记录均非有效完整，是套用正常生产批号销售的假冒产品，其市场流通量大于批生产记录产量，属故意造假。

该违法行为发生于药企老厂搬迁新厂期间，新厂未重新申请生产许可的认证，导致出现套批生产。

问题曝光后，该药企被收回药品GMP证书，停止生产和销售药品。

分析引申：

该案例是一起典型的故意造假案例，涉及非法采购血浆原料、生产和检验记录不完整、套用正常生产批号销售假冒产品等多个违法行为。说明该企业从原料采购、生产、检验、成品放行等各个环节的质量管理均出现了问题。对于这类违法行为，药品监督管理部门依法从严查处，维护了市场秩序和消费者权益。同时，也警示医药企业应自觉遵守法律法规，诚信经营，共同营造良好的市场环境。

该案例告诫我们，作为一名医药工作者，在工作中应该遵纪守法、严于律己、诚实守信，牢固树立全程掌控，保障质量的职业意识，为药品的安全性和有效性保驾护航。

（二）中间产品、不合格品等的质量管理

中间产品和待包装产品应当有明确的标识，并至少标明下述内容：①产品名称和企业内部的产品代码；②产品批号；③数量或重量（如毛重、净重等）；④生产工序（必要时）；⑤产品质量状态（必要时，如待验、合格、不合格、已取样）。中间产品的检验应当在适当的生产阶段完成，当检验周期较长时，可先进行后续工艺生产，待检验合格后方可放行成品。

不合格品管理的目的是为了对不合格品做出及时的处置，作为生产企业也需要及时了解生产过程中产生不合格品的系统因素，对症下药，使生产过程持续保持受控状态。不合格品管理工作要做到"三不放过"，即没找到责任和原因不放过；没找到防范措施不放过；责任人或责任方没受到教育不放过。

不合格品要有明确的状态标识；不合格的物料、中间产品、待包装产品和成品的每个包装容器上均应当有清晰醒目的标志，并在隔离区内妥善保存，并建立不合格品台账。企业应该建立不合格品的处理规程，确保不合格的物料、中间产品、待包装产品和成品的调查和处理得到采购、仓储、生产、质量等相关部门的参与，并最终得到公司质量负责人的批准。

常见的不合格产品处理措施包括返工、重新加工、销毁。

不合格的制剂中间产品、待包装产品和成品一般不得进行返工。只有不影响产品质量、符合相应质量标准，且根据预定、经批准的操作规程以及对相关风险充分评估后，证明风险可控后才可以对不合格产品进行返工处理。对于返工所得到的中间产品和成品，除按常规质量标准检验外，还需综合考虑不合格的指标及其偏离程度、工艺特点、药品特性等因素，对可能受影响的质量属性开展额外检验，并开展稳定性考察，与常规产品开展质量对比研究，以全面评估返工产品的质量风险。对于有可能重复发生的返工，还需考虑以同步验证的方式开展工艺验证，以确认返工工艺的可靠性、重现性。

研究、验证数据充分的条件下，可通过变更控制和相应的备案（补充）申请，将返工工艺纳入正常工艺的一部分。

制剂产品不得进行重新加工，原料药有试验数据支持、确认风险可控的前提下，可以重新加工，相关要求可参考返工。

无论是对于返工或重新加工，当导致物料或产品不合格的根本原因尚未调查清楚，无法据此对返工或重新加工的风险进行有效评估时，不应进行返工或重新加工；返工或重新加工均应获得质量管理部门的预先批准；对返工和重新加工批次进行的评估、额外检测及稳定性试验等均应进行详细的记录。

经不合格原因调查和风险评估认为不适用返工、重新加工处理的不合格产品，进行销毁处理。特殊药品销毁需同时遵循相关法律法规的要求。

知识链接

不合格品的记录内容

不合格品台账相应的记录，可包括以下内容：品名、规格、批号、数量、查明不合格日期、来源、不合格项目及原因、检验数据及负责查明原因的有关人员等。

（三）变更控制

变更控制系统是由适当领域的专家和有经验的专业人员组成专家团队对可能影响厂房、系统、设备或工艺的验证状态的变更提议或实际的变更进行审核的一个正式系统。其目的是使系统维持在验证状态而确定需要采取的行动并对其进行记录。

企业应当建立变更控制系统，对所有影响产品质量的变更进行评估和管理。需要经药品监督管理部门批准的变更应当在得到批准后方可实施。应当建立操作规程，规定原辅料、包装材料、质量标准、检验方法、操作规程、厂房、设施、设备、仪器、生产工艺和计算机软件变更的申请、评估、审核、批准和实施。质量管理部门应当指定专人负责变更控制。变更都应当评估其对产品质量的潜在影响。企业可以根据变更的性质、范围、对产品质量潜在影响的程度等将变更分类（如重大变更、中等变更、微小变更）。判断变更所需的验证、额外的检验以及稳定性考察应当有科学依据。与产品质量有关的变更由申请部门提出后，应当经评估、制定实施计划并明确实施职责，最终由质量管理部门审核批准。变更实施应当有相应的完整记录。

改变原辅料、与药品直接接触的包装材料、生产工艺、主要生产设备以及其他影响药品质量的主要因素时，还应当对变更实施后最初至少3个批次的药品质量进行评估。如果变更可能影响药品的有效期，则质量评估还应当包括对变更实施后生产的药品进行稳定性考察。

变更程序包括：①变更申请；②变更评估；③变更预批准；④变更执行；⑤变更效果评估；⑥变更批准和关闭。

变更实施时，应当确保与变更相关的文件均已修订。质量管理部门应当保存所有变更的文件和记录。

（四）偏差处理

偏差处理是指对任何偏离已批准的程序（指导文件）和标准的情况进行分析处理。有效的偏差管理是建立在有效的、足以控制生产过程和药品质量的程序（指导文件）或标准的基础之上的。因此制药企业应建立合理的生产工艺、质量标准、检验方法、操作规程，作为实现产品质量的基本条件和偏差系统的基础，只有当企业已经建立了保证药品安全性、可靠性和质量可控所需的必要文件时，才可能发生和识别偏差，该偏差系统才能有效地保证产品质量。企业各部门负责人应当确保所有人员正确执行生产工艺、质量标准、检验方法和操作规程，防止偏差的产生。预防偏差的产生比在偏差发生后处理偏差更为重要。

企业应当建立偏差处理的操作规程，规定偏差的报告、记录、调查、处理以及所采取的纠正措施，并有相应的记录。任何偏差都应当评估其对产品质量的潜在影响。企业可以根据偏差的性质、范围、对产品质量潜在影响的程度将偏差分类（如重大、次要偏差），对重大偏差的评估还应当考虑是否需要对产品进行额外的检验以及对产品有效期的影响，必要时，应当对涉及重大偏差的产品进行稳定性考察。任何偏离生产工艺、物料平衡限度、质量标准、检验方法、操作规程等的情况均应当有记录，并立即报告主管人员及质量管理部门，应当有清楚的说明，重大偏差应当由质量管理部门会同其他部门进行彻底调查，并有调查报告。偏差调查报告应当由质量管理部门的指定人员审核并签字。

企业还应当采取预防措施有效防止类似偏差的再次发生。质量管理部门应当负责偏差的分类，保存偏差调查、处理的文件和记录。

（五）纠正措施和预防措施

企业应当建立纠正措施和预防措施系统，对投诉、召回、偏差、自检或外部检查结果、工艺性能和质量监测趋势等进行调查并采取纠正和预防措施。调查的深度和形式应当与风险的级别相适应。纠正措施和预防措施系统应当能够增进对产品和工艺的理解，改进产品和工艺。

企业应当建立实施纠正和预防措施的操作规程，内容至少包括：①对投诉、召回、偏差、自检或外部检查结果、工艺性能和质量监测趋势以及其他来源的质量数据进行分析，确定已有和潜在的质量问题。必要时，应当采用适当的统计学方法；②调查与产品、工艺和质量保证系统有关的原因；③确定所需采取的纠正和预防措施，防止问题的再次发生；④评估纠正和预防措施的合理性、有效性和充分性；⑤对实施纠正和预防措施过程中所有发生的变更应当予以记录；⑥确保相关信息已传递到质量受权人和预防问题再次发生的直接负责人；⑦确保相关信息及其纠正和预防措施已通过高层管理人员的评审。

实施纠正和预防措施应当有文件记录，并由质量管理部门保存。

（六）质量自检

质量管理部门应当定期组织对企业进行自检，监控规范的实施情况，评估企业是否符合规范要求，并提出必要的纠正和预防措施。详见"项目十二 自检和检查管理"。

三、产品出厂后的质量控制

（一）持续稳定性考察

持续稳定性考察的目的是在有效期内监控已上市药品的质量，发现药品与生产相关的稳定性问题（如杂质、含量或溶出度特性的变化），确保按照经验证的生产工艺制造的产品质量维持在稳定的趋势，并且此考察可以在有效期内监控药品质量并确定药品能够在标示的贮存条件下，符合质量标准的各项要求。

持续稳定性考察的范围主要针对市售包装药品，但也需兼顾待包装产品。例如，当待包装产品在完成包装前，或从生产厂运输到包装厂，还需要长期贮存时，应当在相应的环境条件下，评估其对包装后产品稳定性的影响。此外，还应当考虑对贮存时间较长的中间产品进行考察。

持续稳定性考察应当有考察方案，结果应当有报告。用于持续稳定性考察的设备（尤其是稳定性试验设备或设施）应当按照GMP第七章和第五章的要求进行确认和维护。

持续稳定性考察的时间应当涵盖药品有效期，考察方案应当至少包括以下内容：①每种规格、每个生产批量药品的考察批次数；②产品介绍，包含包装形式及现有有效期；③相关的物理、化学、微生物和生物学检验方法，可考虑采用稳定性考察专属的检验方法；④检验方法依据；⑤合格标准；⑥容器密封系统的描述；⑦试验间隔时间（测试时间点）：推荐每年进行测定，至少在有效期的开始、中间和结束点进行；⑧贮存条件（应当采用与药品标示贮存条件相对应的《中华人民共和国药典》规定的长期稳定性试验标准条件）；⑨检验项目，如检验项目少于成品质量标准所包含的项目，应当说明理由。

考察批次数和检验频次应当能够获得足够的数据，以供趋势分析。通常情况下，每种规格、每种内包装形式的药品，至少每年应当考察一个批次，除非当年没有生产。某些情况下，持续稳定性考察中应当额外增加批次数，如重大变更或生产和包装有重大偏差的药品应当列入稳定性考察。此外，重新加工、返工或回收的批次，也应当考虑列入考察，除非已经过验证和稳定性考察。稳定性报告须定期更新。

关键人员，尤其是质量受权人，应当了解持续稳定性考察的结果。当持续稳定性考察不在待包装产品和成品的生产企业进行时，则相关各方之间应当有书面协议，且均应当保存持续稳定性考察的结果以供药品监督管理部门审查。

（二）产品质量回顾分析

产品质量回顾是指企业针对一系列的生产和质量相关数据的回顾分析，以评价产品生产工艺的一致性，及相关物料和产品质量标准的适用性，以对其趋势进行识别并对不良趋势进行控制，从而确保产品工艺稳定可靠，符合质量标准的要求，并为持续改进产品质量提供依据。

企业应当按照操作规程，每年对所有生产的药品按品种进行产品质量回顾分析，以确认工艺稳定可靠，以及原辅料、成品现行质量标准的适用性，及时发现不良趋势，确定产品及工艺、控制过程进行改进的必要性和改进的方法。应当考虑以往回顾分析的历史数据，还应当对产品质量回顾分析的有效性进行自检。回顾分析应当有报告。药品委托生产时，委托方和受托方之间应当有书面的技术协议，规定产品质量回顾分析中各方的责任，确保产品质量回顾分析按时进行并符合要求。

企业至少应当对下列情形进行回顾分析：①产品所用原辅料的所有变更，尤其是来自新供应商的原辅料；②关键中间控制点及成品的检验结果；③所有不符合质量标准的批次及其调查；④所有重大偏差及相关的调查、所采取的整改措施和预防措施的有效性；⑤生产工艺或检验方法等的所有变更；⑥已批准或备案的药品注册所有变更；⑦稳定性考察的结果及任何不良趋势；⑧所有因质量原因造成的退货、投诉、召回及调查；⑨与产品工艺或设备相关的纠正措施的执行情况和效果；⑩新获批准和有变更的药品，按照注册要求上市后应当完成的工作情况；⑪相关设备和设施，如空调净化系统、水系统、压缩空气等的确认状态；⑫委托生产或检验的技术合同履行情况。

应当对回顾分析的结果进行评估，提出是否需要采取纠正和预防措施或进行再确认或再验证的评估意见及理由，并及时、有效地完成整改。通常当产品质量回顾完成后，应由相关部门负责人进行审核并批准。如果需要预防和改正行动的建议，则应明确预防和改正行动的行动计划、责任人及完成时间。由质量保证部门人员负责跟踪纠正措施的执行，必要时提供阶段性报告。

企业产品质量回顾的总结报告必要时应分发至相关部门，质量回顾报告原件应由QA进行存档，该记录应根据企业的文档保存要求进行保存。

（三）投诉与不良反应报告

客户提出的对任何已经放行的产品有关安全性、有效性和质量（包括稳定性，产品性能，均一性）、服务或产品性能不满的书面的、电子的或口头的信息都可能与投诉有关。

企业应当建立药品不良反应报告和监测管理制度，设立专门机构并配备专职人员负责管理。应当主动收集药品不良反应，对不良反应应当详细记录、评价、调查和处理，及时采取措施控制可能存在的风险，并按照要求向药品监督管理部门报告。同时，企业还应当建立操作规程，规定投诉登记、评价、调查和处理的程序，并规定因可能的产品缺陷发生投诉时所采取的措施，包括考虑是否有必要从市场召回药品。

应当有专人及足够的辅助人员负责进行质量投诉的调查和处理，所有投诉、调查的信息应当向质量受权人通报。所有投诉都应当登记与审核，与产品质量缺陷有关的投诉，应当详细记录投诉的各个细节，并进行调查。发现或怀疑某批药品存在缺陷，应当考虑检查其他批次的药品，查明其是否受到影响。

投诉调查和处理应当有记录，并注明所查相关批次产品的信息。企业应当定期回顾分析投诉记录，以便发现需要警觉、重复出现以及可能需要从市场召回药品的问题，并采取相应措施。如企业出现生产失误、药品变质或其他重大质量问题，应当及时采取相应措施，必要时还应当向当地药品监督管理部门报告。

实训任务十一　原辅料、成品取样及留样

【实训目标】

1. 学会原辅料、成品的取样及留样操作。
2. 熟悉 GMP 对原辅料、成品的取样及留样的相关规定。

【实训准备】

1. 准备取样及留样相关的文件资料，如标准程操作规程、取样记录表格、凭证、标签等资料。
2. 按照操作规程对所需使用到的取样器具进行清洁消毒。
3. 按照进入洁净区的更衣 SOP 进入取样室（或使用取样车），做好相关准备。

【实训内容】

1. 查阅文件　查阅相应 SOP 以及 GMP 取样及留样要求。

2. 取样仪器　选择取样所需的仪器：不锈钢勺、不锈钢探子、玻璃取样吸管、具有封口装置的无毒塑料袋取样袋、具塞玻璃瓶等。

3. 取样操作

（1）确定取样量　根据请验单的品名、规格、数量计算取样样本数、取样量，原则如下（N 为来料总包装件数）：

中药材及饮片：$N < 5$ 时，逐件取样；$5 \leqslant N < 100$ 时，取样 5 件；$100 \leqslant N \leqslant 1000$ 时，按 5% 比例取样；当 $N > 1000$ 时，超过部分按 1% 比例取样。贵重药材逐件取样。

成品、化学原料药及辅料：$N \leqslant 3$，逐件取样；如果 $3 < N \leqslant 300$，取样件数为 $\sqrt{N} + 1$；如果 $N > 300$，则取样件数为 $\sqrt{N}/2 + 1$。

按取样件数每件取样。取样总量至少为一次全检量的 3 倍。特殊药品如毒麻药品可根据实际情况另行规定。取样人员在取检验用样品时，同时根据相应规程取留样用样品。一般取样数量检验剩余作为留样样品。

（2）原辅料的取样操作　取样员按取样原则随机抽取规定的样本件数，将需要取样的原料、辅料，清洁外包装后移至取样间（车）内，打开原料、辅料外包装，戴上取样手套取样。根据原料、

辅料的状态和检验项目不同，采用不同的取样方法：①固体用洁净的不锈钢勺或不锈钢探子，在每一包件不同部位取样。样品放在取样袋内，封口，作好样品标识。②液体在分装间用洁净的玻璃吸管取样，放在洁净的具塞玻璃瓶中，密塞，作好样品标识。③原料、辅料需检验微生物限度的样品，用已灭菌的取样器在每一包件的不同部位按无菌操作法取样，样品应放在已灭菌的容器内，封口，做好样品标识。

（3）成品的取样操作　成品在入库前，由生产车间填写成品请验单送交质管部门。请验单内容包括品名、批号、规格、数量等。由检验室指派专人到成品存放地或外包装岗位，按批取样。按请验单的内容与成品的标签进行核对无误后方可取样。每批成品在不同的包装内抽取一定的小包装，使抽取的样品具有代表性，并可供三次全项检验量。取样后再随机分样检验，登记检验台账。

4. 留样操作

（1）确定留样量　物料和最终包装成品留样量应当足够，一般至少应当能够确保按照注册批准的质量标准完成两次全检（无菌检查和热原检查等除外）。

（2）原辅料（包括空心胶囊）的留样　对于原辅料的留样可以根据物料的性质采用合适的包装形式进行储存，以便于成品质量的追溯。易挥发和危险的液体样品可以不用留样。由分样人或取样员将样品交给留样管理员，留样管理员将样品放入适宜的容器，封好，并加帖留样标签，标签信息一般包括：物料名称、物料进厂批号、取样日期、取样人、留样量、贮存条件、贮存期限（如有必要）等。

（3）成品（制剂产品）的留样　成品的留样的包装形式应当与市售包装形式相同。由分样人或取样员将样品交给留样管理员，留样管理员在留样外包装上加贴留样标签，标签上标明产品名称、批号、失效期、贮存条件及留样的保留时间。依据产品注册批准的贮存条件储存在相应的区域。

（4）留样保管　留样产品要专人专柜保管，并按品种、规格、生产时间、批号，分别排列整齐。每个留样柜内的品种、批号应有明显标志，并易于识别，以便按规定定期进行外观检查和用户投诉时查证。超过留样期限的成品和物料需要进入报废程序，可按规定每半年集中报废一次。报废时根据企业规定的报废流程进行，并对所有报废的记录进行存档。具体由留样管理员定期收集需要报废的留样信息，填写留样报废申请单，得到质量管理部门负责人批准后交由相关部门销毁，销毁程序应符合当地安全环保的要求。

【实训注意】

1. 取样员接到"请验单"后，应在 24 小时内到规定地点取样。取样前应确认取样环境的温度、湿度及洁净度是否符合要求。原料、辅料应有专门的取样地点（取样车或取样室），其取样环境洁净级别不应低于生产环境。

2. 取样员在物料包装启封前应进行现场核对：检查物料品名、批号、数量、包装、生产日期和失效日期、是否是经批准的供应商等情况，无误后方可取样。原辅料还应检查包装的完整、清洁度、有无水迹、霉变等异常情况。如果发现不符合的现象，取样人员应立即停止取样，将观察到的不符合现象记录在取样记录中，并通知企业质量管理部门进行调查处理，调查可与采购人员和供应商/生产商一起进行。

3. 一批物料，其批号、品名、包装、生产厂家相同者，方能作一个取样单位，否则必须分开取样。

4. 不同品种、规格的物料不得同时用同一取样器具取样。

5. 液体样品需先摇匀后取样。遇光易变质药品须用棕色瓶装，必要时加套黑纸；腐蚀性样品应避免用金属取样工具取样；剧毒性药品必须两人同时取样，并由仓库保管人员陪同，必要时戴防护用具。

6. 取完样之后，密封被取样的包装容器，并同时张贴取样标签。对于桶装物料，将内层塑料袋用扎丝扎紧，将桶盖封好后，贴上有取样人员签字及日期的取样标签。对于袋装物料，需要将取样口用专用封口贴封好，贴上有取样人员签字及日期的取样标签。对有特殊包装要求的物料，应按其特殊要求再包装。最后将样品包件送回原处。取样器按相应的清洗标准操作程序进行清洗后定置存放。

7. 在取样的准备工作、取样过程、取样结束阶段须遵守企业制定的《取样管理规定》和《取样操作规程》，及时填写好相关表格。

8. 检验结束后的剩余样品不可返回原批，可作为留样由专人保管。

9. 留样管理员应由专人担任，负责留样样品的管理工作，应具有一定的专业知识了解样品的性质和贮存方法。

10. 每批制剂成品，及其生产用每批原辅料和与药品直接接触的包装材料均需要进行留样。与药品直接接触的包装材料（如输液瓶），如成品已有留样，可不必单独留样。留样要准确填写留样记录。

11. 所有留样样品都是极为重要的实物档案不得随意销毁或取走。留样仅在有特殊目的时才能使用，例如调查、投诉。使用前需要得到质量管理部门相应负责人的批准。

12. 原料留样的包装形式应与原料到货时的市场包装相同或模拟市售包装。固体辅料的留样可密封在聚乙烯袋中并且外用铝箔袋包装。液体样品必须依据其特性保存在合适的容器中。

13. 留样样品的贮存期限一般规定如下：成品为有效期后 1 年，原料、辅料为产品放行后 2 年，如果物料的有效期较短，则留样时间可相应缩短。易挥发和危险的液体样品可以不用留样。

···· 目标检测

答案解析

一、单项选择题

1. 每批产品须经（　　）批准后方可放行。

    A. 质量负责人　　　　　　　　　B. 质量受权人

    C. 质管部经理　　　　　　　　　D. QA

2. 企业不需要对质量风险进行再评价的是（　　）。

    A. 原料产地或辅料发生变化　　　B. 工艺或设备发生变更

    C. 检验人员更换　　　　　　　　D. 法律法规或技术要求发生变更

3. 不合格品管理工作要做到"三不放过"，不包括（　　）。

    A. 没找到责任和原因不放过

    B. 没找到防范措施不放过

    C. 责任人或责任方没受到教育不放过

    D. 产品没有返工不放过

4. （　　）包括相应的组织机构、文件系统以及取样、检验等，确保物料或产品在放行前完成必要的检验，确认其质量符合要求。

    A. 质量控制　　　　　　　　　　B. 质量保证

    C. 质量体系　　　　　　　　　　D. GMP

5. 由（　　）按照规定的方法对原辅料、包装材料、中间产品、待包装产品和成品取样。

    A. 质量部经理　　　　　　　　　B. 质量负责人

    C. 仓库保管员　　　　　　　　　D. 经授权的人员

6. （　　）是在整个产品生命周期中采用前瞻或回顾的方式，对质量风险进行评估、控制、沟通、审核的系统过程。

    A. 质量管理   B. 质量风险管理

    C. 风险评估   D. GMP

7. 质量风险管理的模式由（　　）三部分组成。

    A. 风险评估、风险控制、风险回顾

    B. 高风险、中风险、低风险

    C. 风险评估、风险预防、风险处理

    D. 风险评估、风险沟通、风险回顾

8. 下列说法不正确的是（　　）。

    A. 用于产品稳定性考察的样品不属于留样

    B. 每批药品均应当有留样

    C. 原料药的留样如无法采用市售包装形式的，可采用模拟包装

    D. 留样观察可以不记录

二、简答题

1. GMP 对药品生产质量管理的基本要求是什么？

2. GMP 对取样、留样的要求是什么？

书网融合……

| 重点小结 | 微课 | 习题 |

项目九 确认与验证

▶ 学习目标 ◢◢

知识目标 通过本项目的学习，应能掌握确认和验证的基本程序以及验证文件管理的关键内容；熟悉确认与验证之间的相互关系，明确确认与验证目的和重要性；了解确认与验证的核心概念、验证的不同类型及其具体定义，以及确认所涵盖的范围。

能力目标 能运用所学的确认与验证知识，依据相关要求和标准，独立编制出有效的验证计划和方案；具备实施验证的能力，正确编制和管理验证文件，确保验证过程的顺利进行。

素质目标 通过本章的学习，树立严谨、细致的工作态度，培养自觉遵守规范和流程的职业素质。培养诚信、责任和团队合作精神。

▶ 法规要求 ◢◢

GMP（2010 年修订）

第七章 确认与验证

第一百三十八条 企业应当确定需要进行的确认或验证工作，以证明有关操作的关键要素能够得到有效控制。确认或验证的范围和程度应当经过风险评估来确定。

第一百三十九条 企业的厂房、设施、设备和检验仪器应当经过确认，应当采用经过验证的生产工艺、操作规程和检验方法进行生产、操作和检验，并保持持续的验证状态。

第一百四十条 应当建立确认与验证的文件和记录，并能以文件和记录证明达到以下预定的目标：

（一）设计确认应当证明厂房、设施、设备的设计符合预定用途和本规范要求；

（二）安装确认应当证明厂房、设施、设备的建造和安装符合设计标准；

（三）运行确认应当证明厂房、设施、设备的运行符合设计标准；

（四）性能确认应当证明厂房、设施、设备在正常操作方法和工艺条件下能够持续符合标准；

（五）工艺验证应当证明一个生产工艺按照规定的工艺参数能够持续生产出符合预定用途和注册要求的产品。

第一百四十一条 采用新的生产处方或生产工艺前，应当验证其常规生产的适用性。生产工艺在使用规定的原辅料和设备条件下，应当能够始终生产出符合预定用途和注册要求的产品。

第一百四十二条 当影响产品质量的主要因素，如原辅料、与药品直接接触的包装材料、生产设备、生产环境（或厂房）、生产工艺、检验方法等发生变更时，应当进行确认或验证。必要时，还应当经药品监督管理部门批准。

第一百四十三条 清洁方法应当经过验证，证实其清洁的效果，以有效防止污染和交叉污染。清洁验证应当综合考虑设备使用情况、所使用的清洁剂和消毒剂、取样方法和位置以及相应的取样回收率、残留物的性质和限度、残留物检验方法的灵敏度等因素。

第一百四十四条 确认和验证不是一次性的行为。首次确认或验证后，应当根据产品质量回顾分析情况进行再确认或再验证。关键的生产工艺和操作规程应当定期进行再验证，确保其能够达到预期结果。

第一百四十五条 企业应当制定验证总计划，以文件形式说明确认与验证工作的关键信息。

第一百四十六条 验证总计划或其他相关文件中应当作出规定，确保厂房、设施、设备、检验仪器、生产工艺、操作规程和检验方法等能够保持持续稳定。

第一百四十七条 应当根据确认或验证的对象制定确认或验证方案，并经审核、批准。确认或验证方案应当明确职责。

第一百四十八条 确认或验证应当按照预先确定和批准的方案实施，并有记录。确认或验证工作完成后，应当写出报告，并经审核、批准。确认或验证的结果和结论（包括评价和建议）应当有记录并存档。

第一百四十九条 应当根据验证的结果确认工艺规程和操作规程处理。

情境导入

情境：2017 年 11 月，长春某生物科技有限公司和武汉某生物制品有限责任公司生产的各一批次共计 65 万余支百白破疫苗效价指标不符合标准规定，被国家食药监总局责令企业查明流向，并要求立即停止使用不合格产品。2018 年 7 月 15 日，国家药监局根据线索组织检查组对长春某生物科技有限责任公司（以下简称"长春某公司"）生产现场进行飞行检查。在《关于长春某生物科技有限责任公司违法违规生产冻干人用狂犬病疫苗的通告》中指出企业随意变更工艺参数和设备。根据检查结果，国家药监局迅速责成吉林省食品药品监督管理局收回该公司相关《药品 GMP 证书》，责令企业停止狂犬疫苗生产，责成企业严格落实主体责任，全面排查风险隐患，主动采取控制措施，确保公众用药安全。2018 年 7 月 16 日早上，该公司发布公告，表示正对有效期内所有批次的冻干人用狂犬病疫苗全部实施召回。2018 年 7 月 17 日，该公司发声明称，此次所有涉事疫苗尚未出厂销售，所有已经上市的人用狂犬病疫苗产品质量符合国家注册标准。2018 年 7 月 18 日，山东疾控中心发布信息，宣布山东省已全面停用长春某生物科技有限责任公司生产的人用狂犬病疫苗。

思考：1. 已经上市的人用狂犬病疫苗产品质量符合国家注册标准，为什么仍要实施停用和召回？

2. 如果原生产设备产能较小，性能落后，是否可以更换为产能更大、更先进的设备？如果可以，需要完成什么手续？根据 GMP 要求，企业在生产过程中对工艺参数和设备变更应该采取哪些必要的措施？

3. 根据个人的理解，思考以下企业为什么要变更工艺参数和设备？

任务一　确认和验证的概念

PPT

一、确认和验证的定义、关系

（一）定义

确认是证明厂房、设施、设备和检验仪器能正确运行并可达到预期结果的一系列活动。

验证是证明任何操作规程（或方法）、检验方法、生产工艺或系统能达到预期结果的一系列活动。

（二）关系

确认就是说要用文件和记录的形式证明厂房、设施、设备得到满足的认定，确认可以在实际或模拟的使用条件下进行，它强调的是结果的正确性。C级洁净度的环境是否能满足生产的需要，是要对生产过程来确认的。GMP（2010年修订）规定企业的厂房、设施、设备和检验仪器应经过确认。

验证的认定方式可以包括如变换方法计算、将新设计规范与已经证实的类似老设计规范进行比较，进行试验和演示、文件发布前进行评审，它强调的是过程的正确性。洁净厂房的洁净度是否达到规定要求，是需要验证的，可以用测试的方法来验证。GMP（2010年修订）规定应采用经过验证的生产工艺、操作规程和检验方法进行生产、操作和检验。

洁净厂房的洁净度是否达到C级，是需要验证的，可以用测试的方法来验证，但洁净度C级的环境是否能满足生产的需要，是要通过对生产过程进行确认的。

知识链接

GMP（2010年修订）明确了确认和验证的定义，确认和验证的范围和程度要通过风险评估来确定，并要用文件确定下来；验证和确认不是一次行为，是持续进行的，并遵循一定的生命周期。随着GMP（2010年修订）的正式颁布，制药企业面临着更大的机遇和挑战，验证工作提出了更高、更全面的要求。

厂房熏蒸是个过程，应该用多少时间，用多少剂量可以达到预期目的，对这过程需要确认，而每次的熏蒸应该验证是否使用了这些时间和剂量。两者对比见表9-1。

表9-1 确认和验证对比

项目	确认	验证
方式	获取数据证实满足预期用途和应用要求	提供数据证实满足规定要求
对象	厂房、设施、设备、检验仪器	规程（或方法）、生产工艺或系统
侧重点	结果	过程
项目	设计、安装、调试、校准、运行、性能	空白试车、试产
参与者	内部、第二方、第三方	内部（少数需要第二方）

二、确认和验证的目的、范围

确认和验证的目的就是以真实数据证实厂房设施、设备、硬件、操作规程（或方法）、生产工艺或系统达到标准和预定目标，需提供下列书面证据。

（1）厂房、设施、设备、工艺和检验方法设计符合预定用途和GMP规范；

（2）厂房、设施和设备的建造、安装符合设计标准；

（3）厂房、设施和设备的运行正常并符合设计标准；

（4）厂房、设施、设备在正常操作方法和工艺条件下能够持续符合标准；

（5）物料选择和采购符合GMP规范和标准；

（6）所有检验的方法可靠并符合GMP规范；

（7）能够按设计的工艺参数能够持续生产出符合预定用途和注册要求的产品。

确认通常用于厂房、设施、设备和检验仪器。

验证则用于操作规程（或方法）、生产工艺或系统。

任务二　确认和验证的分类及适用范围

PPT

一、验证的分类

按照产品加工和工艺的要求以及设备的变更、工艺修订等均需通过验证的特点，可以把验证分成四种类型：前验证、同步验证、回顾性验证、再验证。

（一）前验证

前验证系指一项工艺、一个过程、一个单位、一个设备或一种材料在正式投入使用前进行的，按照设定的验证方案进行的试验。

前验证是正式投放前的质量活动，系指在该工艺正式投入使用前必须完成并达到设定要求的验证。无菌产品生产中所采用的灭菌工艺，如蒸汽灭菌、干热灭菌以及无菌过滤应当进行前验证。大输液类产品中采用的配制系统及灌装系统的在线灭菌，冻干剂生产用的中小型配制设备的灭菌，灌装用具、工作服、手套、过滤器、玻璃瓶、胶塞的灭菌以及最终可以灭菌的产品灭菌，冻干剂生产相应的无菌灌装工艺都属于这种类型。验证可以认为是这类型安全生产的先决条件，因此要求在工艺正式投入使用前完成验证。新品种、新型设备及其生产工艺的引入应采用前验证的方式，而不管新品种属于哪一类剂型。前验证的成功是实现新工艺从开发部门向生产部门的转移的必要条件。它是一个新品种开发计划的终点，也是常规生产的起点。

（二）同步验证

同步验证为生产中在某项工艺运行的同时进行的验证，即从工艺实际运行过程中获得的数据来确立文件的依据，以证明某项工艺达到预定要求的活动。采用这种验证方式的先决条件是：①有完美的取样计划，即生产及工艺的监控比较充分；②有经过验证的检验方法，灵敏度及选择性等比较好；③对所有验证的产品或工艺已有相当的经验和把握。

在这种下，工艺验证的实际概念是特殊监控条件下的试生产，而在试生产性的工艺验证过程中，可以同时获得两样东西：首先是合格的产品，其次是验证的结果，即"工艺的重现性及可靠性"的证据。验证的客观结果往往能证实工艺条件的控制达到了预计的要求。但应当注意到这种验证方式可能带来的产品质量上的风险，切勿滥用这种验证方式。

（三）回顾性验证

回顾性验证指以历史数据的统计分析为基础的旨在证实正式生产的工艺条件适用性的验证。

当有充分的历史数据可以利用时，可以采用此种验证方式进行验证，从对大量历史数据的回顾分析更可以看出工艺控制状况的全貌，因而其可靠性更好。

回顾性验证应具备必要的条件是：①有至少 6 批符合要求的数据，有 20 批以上的数据更好，这些批次应当是连续的；②检验经过验证，检验结果可以用数值表示，可以进行统计分析；③批记录符合 GMP 的要求，记录中有明确的工艺条件（如最终混合，如果没有设定的转速和最终混合时间的记录，那么相应批的检验结果就不能用于统计分析，又如成品的结果出现了明显的偏差，但批记录中没有任何的偏差的说明，这类结果也不能用作回顾性验证）；④有关的工艺量是标准化的，并一直处于控制状态，如原料标准、净区的级别、分析方法、生物控制等。

同步验证、回顾性验证可用于非无菌工艺的验证，而二者相结合的验证方式更好。

（四）再验证

再验证系指一项工艺、一个过程、一个系统、一台设备或一种材料经过验证并在使用一个阶段以后进行的，旨在证实已验证状态没有发生飘移而进行验证。在下列情况下需进行再验证：①关键设备大修或更换；②批次量数量级的变更；③趋势分析中发现有系统性偏差；④生产作业有关的变更；⑤程控设备经过一定时间的运行。

但是，有些关键的工艺，由于其对产品的安全性起着决定性的作用，在设备规程没有更新情况下也要求定期再验证，如产品的灭菌釜，正常情况下须每年作一次再验证。又如，培养基灌装每年至少做两次验证。

知识链接

确认和验证的范围和程度应经过风险评估（SIA）来确定

风险评估就是量化测评某一事件或事物带来的影响或损失的可能程度。药品生产过程中不是所有的设备、系统、操作方法等全部进行确认和验证。我们要进行系统划分，回答系统影响性评估表（SIAF）中的问题，为所选择答案提供详细的依据，每份完成的系统表格均将能够充分地确定系统是"直接影响""间接影响"还是"无影响"。我们必须对直接影响系统进行确认和验证。然后对每个直接影响系统进行质量关键性评估，关键性评估将包括两个步骤：确定关键质量属性（CQA），确定关键工艺参数（CPP），之后对关键的属性和参数进行验证和确认，就解决了程度的问题。

二、验证状态的维护

验证状态的维护对于设备、工艺或系统始终处于"验证的"和"受控的"状态是非常关键的，也是GMP（2010年修订）所要求的。

验证状态的维护通常通过以下三点来执行。

（一）变更控制

变更控制只有对变更进行控制并文件化，才能保证一个系统验证状态的维持。当一个变更影响多个系统时，需要提起此变更来说明其产生的相关联的变化。例如：对某一工艺引入自动过滤步骤，可能需要新设备引进的变更、生产工艺的变更以及计算机控制系统的变更。

对于已验证系统发生的所有变更都必须进行回顾，在变更实施前必须确定其对验证状态的潜在影响。

（二）验证回顾报告（或者产品质量回顾分析）

回顾验证周期频率在SOP中有相关的规定，制定验证回顾报告时，要按照预定的周期定期对验证状态进行回顾，并以下要素为指导：①待回顾系统的重要性；②待回顾系统的变更数目；③待回顾系统相关法规的变更情况；④待回顾系统相关偏差数目或偏差的严重性。

通常按照以下流程制定验证回顾报告。

1. 建立回顾团队　设备责任人负责组建验证回顾团队，验证回顾团队中至少包括系统的支持人员、验证人员和用户。

2. 考虑因素　回顾数据的整理，计算机系统需额外考虑以下内容：①硬件和软件的配置管理；②系统登记注册表；③数据安全；④权限管理；⑤灾难恢复。

3. 回顾验证的方法　由指定的验证人员领导回顾团队，将对以上提供的数据进行分析。分析过程中应注意以下方面。

（1）变更控制　评估系统变更的类型，并紧密关注与 GMP 有关的变更。注意不同类型变更的数量，以判断是否显示某种趋势。如果有大量变更发生，或显示出某种趋势，应考虑确定变更的根源，以及解决方法和是否需要再验证。

（2）偏差　评估系统偏差的类型，注意不同类型偏差的数量，以判断是否显示某种经常性的趋势。核实所有的偏差都已经关闭，相应的整改措施也已完成。如果有大量偏差发生，或有某种趋势，则应考虑确定偏差的根源，以及解决方法和是否需要再验。

（3）验证文件　整理回顾期间生效的所有验证文件。

（4）标准操作规程　回顾相关的标准操作规程来确定其使用范围是否符合验证过的范围，相关的规程是否能符合现有的设备操作，若不符合，加入整改措施进行修改并确定是否需要再验证。

（5）上次回顾验证报告中未完成的项目

4. 验证回顾的结论　在回顾验证完成后，验证回顾团队将分析所有发现的问题，对需要的整改措施及相应的整改计划达成一致意见。验证人员须对系统的验证状态做出明确的结论，如果有重大问题，表明系统的验证状态不符合要求，则需进行风险评估，并根据评估结果给出适当的建议（包括再验证），以重现系统的验证状态。

（三）再验证

再验证系指某一工艺、设备或物料等经过验证并在使用一段时间后进行的，旨在证实已验证状态没有发生漂移而进行的重新验证。再验证通常分为下述三种类型：①药监部门或法规要求的强制性再验证；②发生变更时的"改变"性再验证；③每隔一段时间进行的"定期"再验证。

三、验证生命周期

验证和确认的生命周期见图 9-1，第一阶段是从客户的用户需求开始，选择供应商，通过系统影响评估和风险评估确定验证主计划；第二阶段是设计确认；第三阶段是安装测试；第四阶段安装确认、运行确认和转交；第五阶段是性能确认；第六阶段验证报告总结；第七阶段是系统使用与维护（变更、定期的验证回顾）。

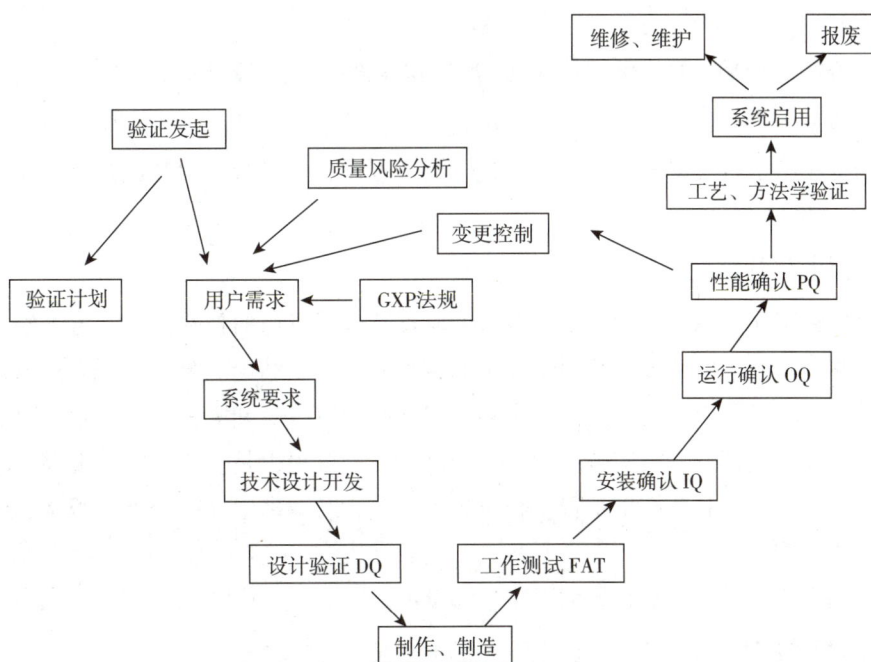

图 9-1　GMP 验证生命周期

任务三　确认和验证程序及管理

PPT

一、验证程序

无论任何企业，任何相关设施、设备，任何剂型、任何品种的任何验证，其基本程序都是相同的，即：建立验证小组、制订验证计划、制订验证方案、组织实施、审批验证报告、验证文件管理。

（一）建立验证小组

药品生产企业应指定专职机构或职能部门对日常的验证工作进行管理。根据不同的验证对象，分别建立由各有关专业部门组成的验证小组，受企业验证总负责人，即主管验证工作的负责人领导。

（二）制定验证计划

所有的确认与验证活动都应当事先计划。确认与验证的关键要素都应在验证总计划或同类文件中详细说明。验证总计划是一个内部批准的文件。它用简洁明确的文字描述在一个工厂内如何完成各种验证及验证的策略，事实上验证总计划就是整个验证过程的 SOP，同时也包括控制验证状态的不间断的计划。

一个良好的验证总计划可以给官方检查人员或验证小组的组员有关工厂验证的一个完整蓝图。

（三）制订验证方案

验认方案是实施验证工作的依据，必须认真对待。验证方案的制定通常有两种方式：一是外单位提供草案，本厂会签，这种方式多为新建项目或大的改造项目，这些项目的验证方案通常由设计单位或委托咨询单位提供。另一种方式则是需由质量部批准验证方案。方案的主要内容包括验证对象、验证的目标和范围、验证的要求与内容、所需的条件、质量标准和测试方法以及时间进度，明确试验的批数。

（四）验证方案批准后，由验证小组组织各个职能部门共同参与实施

实施过程可按安装确认、运行确认、性能确认、工艺验证、产品验证等阶段进行，并做好各阶段报告的起草。验证小组负责收集、整理验证的记录与数据后，起草阶段性和最终结论文件，上报验证总负责人审批。

（五）验证报告及其审批

验证报告是验证工作的总结。为了便于以后的验证管理或供新的技改项目参考，应以一个简要的技术报告的形式来汇总验证的结果，并根据验证的最终结果做出结论。验证报告应提出再验证时间的建议。在准备验证报告时，应当按照验证方案的内容认真加以核对和审查：①检查主要的验证试验是否按计划完成；②检查验证方案在实施过程中有否修改，修改理由是否明确并有批准手续；③重要试验结果的记录是否完整；④验证结果是否符合设定的标准，对偏离标准的结果是否做过调查，是否有适当的解释并获得批准。

验证报告必须有验证方案的会签人加以审核和批准。

（六）验证文件管理

企业制订验证管理制度和验证规程，培训专业人员，验证过程中形成的文件应按验证品种分类，归档保存。

验证组织的职责

药品生产企业验证组织的职责主要包括：①负责建立项目验证小组，指导和检查验证小组确认和验证工作；②制订和修订有关确认和验证管理标准及操作规程；③负责确认和验证所需的培训；④审核验证计划、确认和验证方案及验证计划的变更；⑤指导和监督实施确认和验证计划、验证方案⑥负责实施企业的有关项目的确认和验证；⑦报告和文件的准备和控制；⑧确认和验证过程中每个阶段的具体确认和验证方案和报告的批准；⑨负责确认和验证文件的审批和管理。

二、验证文件

验证文件主要包括验证计划、验证方案、验证报告、验证总结、验证实施过程中形成的其他相关文档资料。

（一）验证计划

根据验证规划制订每个系统的验证计划，验证计划的主要内容主要包括：简介、背景、目的、验证人员、验证内容、验证进度计划、附录。

（二）验证方案

验证方案的起草是设计、检查及试验方案的过程，他是实施验证的工作依据，也是重要的技术标准。验证方案的主要内容包括：简介、背景、验证范围、实施验证人员、试验项目、验证实施步骤、合格标准、漏项与偏差表及附录。

（三）验证原始记录

验证按预先制定并批准的方案实施。验证方案包括指令及记录两大部分，即除了规定了应当如何做、达到什么标准外，还规定了应当完成的记录。指令优势只是文件的编号，如清场的操作规程，内容需要从相应的规程中查阅。验证的记录应及时、清晰，并有适当的说明。

（四）验证报告

确认或验证活动结束后，应当及时汇总分析获得的数据和结果，撰写确认或验证报告。企业应当在报告中对确认与验证过程中出现的偏差进行评估，必要时进行彻底调查，并采取相应的纠正措施和预防措施；变更已批准的确认与验证方案，应当进行评估并采取相应的控制措施。确认或验证报告应当经过书面审核、批准。

验证报告及小结应包括简介、系统描述、相关的验证文件、人员及职责、验证合格标准、验证的实施的结果、偏差及措施、验证的结论。

（五）验证总结

验证各个阶段的工作全部完成后，应准备一份验证小结，对所有相关的验证报告进行总结。在整个工程项目验证全部结束后，验证负责人应对项目验证进行总结，对各验证小结做出评价，说明验证完成的情况、主要偏差、措施及综合评价意见。项目验证总结的内容一般包括：概述、背景、范围、验证小结报告的要点、结论意见和验证文件清单。

三、文件标识

验证文件的标志是验证资料具备可追溯性的重要手段，同其他 GMP 文件一样，每一文件都必须用专一性的编号进行标识。标识的方法与操作规程或基准批生产记录相类似。

四、文件审批

所有的验证文件必须由下述人员审核、批准并签注姓名和日期。

文件必须经过质量管理部门负责人签字批准，以保证验证方法、有关试验标准、验证实施过程及结果符合 GMP 规范和企业内控标准的要求。

验证文件是重要的质量管理体系文件，它直接关系到验证活动的科学性、有效性以及将来的产品质量水平。因此，必须经过主管验证企业负责人认可和批准。

生产技术部或设备工程部负责人应当通过验证熟悉并掌握保持稳定生产的关键因素，以便履行各自的职责。应提供验证所需的资源、人员、材料、时间及服务。对验证报告和验证小结中的结果、建议及评估结论的认可。

验证实施人员按文件要求实施验证，观察并做好验证原始记录，对实施验证的结果负责。

审核人员通常为专业技术人员，确保文件准确可靠，并审核确认其中的内容与结论。

五、验证档案

质量管理部门的验证主管负责验证文件的文档管理。验证完成后，有关文件的复印件应交付有关设备的使用部门作为设备档案（历史文件）的重要组成部分。

任务四　确认和验证的内容

PPT

一、厂房设施验证

厂房与设施涉及各种建筑物、给排水、空调净化系统（HVAC）、安全消防等公用工程。证明厂房与设施不会对生产过程造成污染，在此厂房能生产出合格的产品。药品 GMP 附录中要求药品生产过程中应对空气净化系统、工艺用水系统及工艺用气系统进行验证。厂房与设施的验证也是由设施的确认、仪器仪表的校准、监控等组成。在新建或改造厂房时首先碰到就是厂房与设施的设计，因此做好设计的审查十分重要，它是以后验证工作的基础，并决定了以后开展的工作。

二、设备验证　微课

设备验证的主要程序：设计确认（DQ）、安装确认（IQ）、运行确认（OQ）、性能确认（PQ）。

（一）设计确认

设计确认即预确认：审查技术指标适用性及 GMP 要求，收集供应商资料，优选供应商。设计确认由科研机构、设计单位、咨询机构专家和本企业主管生产技术负责人及专业技术人员参加，对设计进行审查和确认。根据 GMP 的要求、本企业设定的目标、设计中所选用设备或系统用户实际使用的反馈意见、咨询单位专家提供的数据资料，审查设计的合理性，看设计中所选用的设备或系统的性能及设定的技术参数是否符合 GMP 的要求。

设计确认范围包括设计选型、性能参数设定、技术文件的制定、采购、制造和成品检验的整个过程。

1. 设计选型　具有符合国家政策法规，满足药品生产、保证药品生产质量的能力，安全、可靠，易于操作、维修和清洗。

2. 性能参数设定 符合国家、行业或企业标准，接近并超过国际先进水平或与国内同类型产品相比具有明显的技术优势，而不是重复开发。

3. 技术文件制定 具有完整的，符合国家标准的，能指导生产制造的技术文件。

4. 采购 依据技术文件采购符合质量要求的，有质量保证书或合格证的原材料及各类物资。

5. 制造 依据技术文件、工艺文件和相关标准进行零件制造、装配和调试。

6. 成品检验 依据技术文件、性能参数及相关标准进行检验，符合出厂条件。

（二）安装确认

安装确认是提供文件证明工艺设备、系统的安装是否符合设计要求和生产商的建议，设备的安装质量是否满足设备正常运行的条件和 GMP 及安全法规。

应对新的或发生改造之后的厂房、设施、设备等进行安装确认；设备、设施、管路的安装以及所涉及的仪表应对照工程技术图纸及设计确认进行检查；供应商提供的操作指导、修护和清洁的要求等文件应在安装确认过程中收集并归档；新设备的校准需求和预防性维护的需求应在这一阶段定义。

（三）运行确认

运行确认提供文件证明通过一系列的测试，工艺设备和辅助系统的每一部分功能都在设计规定的参数范围内稳定运行。运行确认的内容包括所有正常操作控制、报警系统、电源开关、干扰控制及其他功能、操作测试。运行确认方案应列出所有操作、维护和校正的标准操作规程，培训信息及设备运行动静态测试的介绍。

（四）性能确认

性能确认是在安装、运行确认完成、审核完毕并通过后进行。尽管将性能确认作为一个单独的活动进行描述，在有些情况下也可以将性能确认与运行确认结合在一起进行。

性能确认是通过文件证明当设备、设施等与其他系统完成连接后能够有效地可重复的发挥作用，即通过测试设施、设备等的产出物（例如纯化水系统所生产出的纯化水、设备生产出的产品等）证明它们正确的性能。

（五）设备验证的结论

经过设备验证的上述程序，即得到了设备验证的证明依据，这些依据分别来自预确认、运行确认、性能确认。将全部的验证的结果统计，分析整理并编写验证报告。验证过程中可能会出现与设备预定指标不同的偏差，此时需对其进行评价分析，确定其采取相应措施也能达到生产及 GMP 的要求或提出相关的建议。经过验证小组成员会审后，认为验证结果可以接受，此设备的验证项目才可认为全部结束。所有验证文件归档。

三、物料验证

为确保生产出安全、有效、均一的药品，药品生产所用的物料，应符合药用标准、包装材料标准、生物制品规程或其他有关标准，不得对药品的质量产生不良的影响。为此，企业质量管理部门应会同有关部门对主要物料供应商质量体系进行评估，通过调查或现场考察、取样检验，其结果符合要求，再经过验证确认物料符合工艺要求可供生产使用，这是确保产品质量的重要步骤。供货单位生产工艺的改变、标准的变更往往可能会给制药企业产品质量带来不利的影响，严重的会影响到产品的稳定性或某些项目检查不符合规定，直接或间接地影响到药品的使用安全。为此，验证必要包括工艺确认（材料、设备、系统、建筑及人员的确认）以及重复性生产的批或者整个工艺控制。由此可见，对物料的验证是药品质量保证的基本条件之一，必须采取有效措施认真执行。

四、工艺验证

工艺验证应当证明一个生产工艺按照规定的工艺参数能够持续生产出符合预定用途和注册要求的产品。工艺验证应当包括首次验证、影响产品质量的重大变更后的验证、必要的再验证以及在产品生命周期中的持续工艺确认，以确保工艺始终处于验证状态。企业应当根据质量风险管理原则确定工艺验证批次数和取样计划，以获得充分的数据来评价工艺和产品质量。

企业通常应当至少进行连续三批成功的工艺验证。对产品生命周期中后续商业生产批次获得的信息和数据，进行持续的工艺确认。

知识链接

工艺验证的内容

工艺验证方案应当至少包括以下内容：①工艺的简短描述（包括批量等）；②关键质量属性的概述及可接受限度；③关键工艺参数的概述及其范围；④应当进行验证的其他质量属性和工艺参数的概述；⑤所要使用的主要的设备、设施清单以及它们的校准状态；⑥成品放行的质量标准；⑦相应的检验方法清单；⑧中间控制参数及其范围；⑨拟进行的额外试验，以及测试项目的可接受标准，和已验证的用于测试的分析方法；⑩取样方法及计划；⑪记录和评估结果的方法（包括偏差处理）；⑫职能部门和职责；⑬建议的时间进度表。

五、清洗验证

清洁验证是指对设备、容器或工具清洁方法的有效性的验证，其目的是证明所采用的清洁方法确能避免产品的交叉污染以及清洗剂残留的污染。

验证的内容包括清洗方法、采用清洁剂是否易于去除、冲洗液采样方法、残留物测定方法及限度等，验证时考虑的最差情况为设备最难清洗的部件，最难清洗的产品以及主药的活性等。

六、变更验证

如果有原料、产品组成、工艺设备、加工环境、生产方法或检测或任何其他可能对产品质量或者工艺重现性产生影响的变更时，一定要有相应的书面指导处理程序。验证的目的是证明变更控制程序能确保足够的支持数据的一致性，以显示经过修订的工艺可以保证生产出符合要求质量的产品和规定标准的组成。

七、检验方法验证

检验方法的验证是证明检验方法正确、准确、精确、可靠，检验结果准确可靠，因此必须对检验进行验证。药品的质量检验一般包括化学检验、生物测定和仪器分析三种检验方法。通过检验对药品质量情况提供可靠的检验数据，对药品质量做出正确的评价。经过检验符合质量标准的产品和生产批记录审核未发现问题的产品允许出厂，不符合标准的药品不得出厂。

八、计算机系统验证

计算机系统验证可以借助工艺验证的概念来理解。工艺验证中的"工艺"类似于计算机的"输入"过程和"内部处理"过程（软件）；工艺中用到的设备相当于计算机主机、外围设备（硬件）

以及与其相关的生产设备或质量控制设备；生产工艺验证的"产品"相当于计算机的"输出"或对另一设备的控制等。

企业应当建立包含药品生产质量管理过程中涉及的所有计算机化系统清单，标明与药品生产质量管理相关的功能。一般用于控制生产过程，或处理与产品制造、质量控制、质量保证等相关数据的计算机系统均应验证。企业应当指定专人对通用的商业化计算机软件进行审核，确认其满足用户需求。在对定制的计算机化系统进行验证时，企业应当建立相应的操作规程，确保在生命周期内评估系统的质量和性能。。

九、运输确认

对运输有特殊要求的物料和产品，其运输条件应当符合相应的批准文件、质量标准中的规定或企业（或供应商）的要求。

运输确认应当对运输涉及的影响因素进行挑战性测试，且应当明确规定运输途径，包括运输方式和路径。长途运输还应当考虑季节变化的因素。除温度外还应当考虑和评估运输过程中的其他相关因素对产品的影响，如湿度、震动、操作、运输延误、数据记录器故障、使用液氮储存、产品对环境因素的敏感性等。在产品运输过程中可能会遇到各种不可预计的情况，运输确认应当对关键环境条件进行连续监控。

实训任务十二　三维运动混合机确认报告

【实训目标】

1. 熟悉设备确认方案和报告的起草。
2. 掌握设备确认报告的填写。

【实训器材】

SYH - 50 型三维运动混合机；取样器；紫外分光光度仪等工具。

【实训内容】

一、实习准备

1. 认真学习《SYH - 50 三维运动混合机确认方案》，了解设备确认的要求和内容。
2. 学习《对乙酰氨基酚检验操作规程》，掌握对乙酰氨基酚的检查方法。
3. 根据设备使用说明书，了解三维运动混合机的工作原理、结构特点、适用范围以及操作要点。小组起草设备操作规程草案。

二、确认报告

（一）设计确认

符合药品《生产质量管理规范》要求，完成确认表 9 - 2。

表 9 - 2　设计确认表

项目	标准	检查结果
设计、造型、安装	符合生产要求，易清洗、消毒、耐腐蚀，便于操作，防止差错和减少污染	是□　否□
设备内表面	光洁、平整、易清洗，不吸附药品或于药品发生化学变化	是□　否□

检查人：　　　　日期：　　　　复核人：　　　　日期：

（二）安装确认

1. 资料档案 见表9-3。

表9-3 档案确认表

文件名称	存放地点	记录存档时间	检查结果
使用说明书			是□ 否□
产品合格证			是□ 否□
装箱单			是□ 否□

检查人：　　　　日期　　　　　复核人：　　　　日期：

2. 设备安装确认 该三维运动混合机安装在固体制剂混合间，按下列设立的方案进行检查并确认。

（1）外观检查 见表9-4。

表9-4 设备外观确认表

检查项目	标准	检查结论
设备定位	适用于生产要求	是□ 否□
材质	符合GMP要求	是□ 否□
内、外部结构	便于清洗、无死角	是□ 否□
仪器	正常	是□ 否□
操作间	生产环境能满足要求，便于操作，有与之匹配的水电	是□ 否□
设备标牌	完整、清晰	是□ 否□

检查人：　　　　日期：　　　　复核人：　　　　日期：

（2）设备材质的检查 见表9-5。

表9-5 设备材质确认表

部件	要求	结论
设备主架	不锈钢、光滑	是□ 否□
进料斗	不锈钢、光滑	是□ 否□
与药品接触部件	不锈钢、光滑	是□ 否□
万向摇臂机构	不锈钢、光滑	是□ 否□
混合桶	不锈钢、光滑	是□ 否□
设备外观质量	整机装配流畅、无错位，无异常现象	是□ 否□

检查人：　　　　日期：　　　　复核人：　　　　日期：

（3）环境状况 见表9-6。

表9-6 设备安装环境确认表

项目	要求	检查结果
温度	18~26℃	是□ 否□
湿度	45%~65%	是□ 否□
空气洁净度	D级	是□ 否□

检查人：　　　　日期：　　　　复核人：　　　　日期：

（4）公用介质连接　见表9-7。

表9-7　公用介质确认表

设计要求	安装情况	结论
电压380V	380V	是□　否□
功率1.5kW	1.5kW	是□　否□
频率50Hz	50Hz	是□　否□
接地保护	≤0.9Ω	是□　否□

检查人：　　　日期：　　　复核人：　　　日期：

（三）运行确认

1. 目的　在完成设备确认后，根据设备标准操作程序对设备进行部分或整体空载运转，来确保该设备能在要求的范围内准确运行并达到规定的技术指标。

2. 确认项目及相关标准　按以下项目（步骤）操作，填报运行确认表（表9-8）。

表9-8　设备运行确认表

项目	相关标准	检查情况
混合机事先清洁并装好	清洁干燥、安装完好	
加适量润滑油于机动部件	有油但不滴漏	
开机前应检查设备各转动和接头是否正常	应处于正常状况	
开机，调整主机转速，在不同转速下机器运转的声音	机器运转声音正常，转速稳定	
启动混合器反时针转动	无异常	
检查筒体转速是否符合规定	正常	
按SYH-50三维运动混合机操作程序操作	机器运转声音正常稳定，无异常现象	
停机，待电机停转，用手轻轻触摸电机外壳	无异常发热烫手现象	

检查结果：
检查人：　　　日期：　　　复核人：　　　日期：

（四）性能确认

1. 目的　在运行确认符合要求的情况下，用实际生产情况，选用对乙酰氨基酚与辅料负载试机进行性能确认，以证实该设备完全符合实际生产工艺要求。

根据设计要求，三维运动混合机的装载容量为50L，设计产品批量为10kg。检查并确认该设备在额定批容量下混合的均匀性，分别混合10分钟、20分钟、30分钟，并分别在混合桶的上、中、下各取样2点（每点5g），采用分光光度法对乙酰氨基酚含量检查。按以上方法测试三批并做好记录。

2. 合格标准　要求各点含量均一，相对标准差≤0.5%。

3. 确认项目及相关标准　按以下项目（步骤）操作，填报性能确认表（表9-9）。

表9-9　设备性能确认表

检查项目	要求标准	结论（符合打√不符合打×）
按处方量称取对乙酰氨基酚及相关辅料	称量准确	设备运行（□是□否）符合要求，运行稳定可靠，产品检验结果（□是□否）符合要求。
设定混合时间分别取样检验。取样点至少应分上、中、下三方面的样品检测含量，计算标准偏差	根据检测结果确定最佳混合时间 相对标准差≤0.5% 粉末色泽均匀一致	检查人/日期： 复核人/日期：

（五）附表

验证结果请填入表9-10。

表9-10 验证结果

产品名称：

混合时间	10分钟			
样品号	1	2	3	平均值
含量%				
样品号	4	5	6	相对标准偏差
含量%				
混合时间	20分钟			
样品号	1	2	3	平均值
含量%				
样品号	4	5	6	相对标准偏差
含量%				
混合时间	30分钟			
样品号	1	2	3	平均值
含量%				
样品号	4	5	6	相对标准偏差
含量%				

检验人/日期：   复核人/日期：

性能确认结果：

（六）设备的再确认

当遇下列情况时应进行再确认：①设备大修后；②由于检修、调整、迁移或其他原因，可能对设备的安装状况、主要技术参数和功能有影响时；③由于机械振动或腐蚀作用及其他原因，可以使设备的某些性能随时间而变化；④进行设备的再确认，可针对设备性能中部分必需项目进行，而不一定要进行全面的确认。正常情况下，再确认周期为1年。确认三维运动混合机符合要求。

（七）确认结果评定与结论

确认领导小组负责对确认结果进行综合评审，做出确认结论，发放确认证书。对确认结果的评审应包括：①确认试验是否有遗漏；②确认实施过程中对验证方案有无修改，修改原因、依据以及是否经过批准；③确认记录是否完整。

（八）确认报告总结书

确认报告总结书填入表9-11。

表9-11 确认报告总结书

确认名称	三维运动混合机	规格型号	SYH-50

确认过程及记录：

年　月　日——　年　月　日确认小组按照 SYH-50 三维运动混合机确认方案进行了检查文件，并按确认方案开展确认工作。

评价：

建议：

续表

批准: 确认工作委员会仔细审批了以上确认结果与文件,同意该确认报告。 审核人(签字): 批准人(签字): 批准日期:

【实训注意】

1. 在混合物料前,应确保物料的性质、数量、比例等符合工艺要求。

2. 操作人员应熟悉设备的操作规范,严格按照规定的步骤进行操作。特别是在启动、停止、调整参数等关键步骤时,应格外小心,避免误操作导致设备损坏或人身伤害。

3. 在操作过程中,应始终关注设备的安全运行状态。如发现异常情况,应立即停机检查,排除故障后再继续操作。

目标检测

答案解析

一、单项选择题

1. 确认和验证的范围和程度是( )确定的。
   A. 通过风险评估　　　　　　　　　B. 通过管理层决策
   C. 通过员工建议　　　　　　　　　D. 无需确定

2. 确认和验证是( )。
   A. 一次性行为　　　　　　　　　　B. 持续进行的过程
   C. 根据情况而定　　　　　　　　　D. 仅在特定条件下进行

3. 前验证主要适用于( )。
   A. 已投入生产的产品　　　　　　　B. 新品种、新型设备及其生产工艺
   C. 已有多年生产经验的产品　　　　D. 即将停产的产品

4. 验证状态的维护不包括( )。
   A. 变更控制　　　　　　　　　　　B. 验证回顾报告
   C. 产品质量回顾分析　　　　　　　D. 设备日常保养清洁

5. 验证报告的主要目的是( )。
   A. 提供生产进度报告　　　　　　　B. 描述验证的过程和结果
   C. 提出新的技改项目建议　　　　　D. 评估员工绩效

6. 验证文件的管理和审批由( )负责。
   A. 质量管理部门　　　　　　　　　B. 生产技术部门
   C. 设备工程部门　　　　　　　　　D. 验证实施小组

7. 以下不是工艺验证的内容的是( )。
   A. 清洗方法验证　　　　　　　　　B. 产品组成验证
   C. 生产方法验证　　　　　　　　　D. 加工环境验证

二、简答题

1. 验证文件主要包括哪些相关文档资料？

2. 确认和验证的主要内容有哪些？

书网融合……

| 重点小结 | 微课 | 习题 |

项目十　委托生产与委托检验

学习目标

知识目标　通过本项目的学习，应能掌握药品委托生产的类型范围、委托方和受托方的责任，以及委托生产合同的主要内容；熟悉药品委托生产的基本概念；了解关于委托生产和委托检验的其他相关规定。

能力目标　能运用所学的知识和标准对药品受委托企业进行调查与评估，确保其符合生产要求。按规定和标准对委托生产过程进行有效管理，确保生产过程的规范与安全。

素质目标　通过本章的学习，树立终身学习的观念，不断提高自己的职业意识，以适应制药行业技术进步的发展要求；培养学生的社会责任感和职业道德，确保其在未来的职业生涯中，不仅具备专业技能，更能为制药行业的健康发展贡献自己的力量。

法规要求

GMP（2010 年修订）

第十一章　委托生产与委托检验

第一节　原　则

第二百七十八条　为确保委托生产产品的质量和委托检验的准确性和可靠性，委托方和受托方必须签订书面合同，明确规定各方责任、委托生产或委托检验的内容及相关的技术事项。

第二百七十九条　委托生产或委托检验的所有活动，包括在技术或其他方面拟采取的任何变更，均应当符合药品生产许可和注册的有关要求。

第二节　委托方

第二百八十条　委托方应当对受托方进行评估，对受托方的条件、技术水平、质量管理情况进行现场考核，确认其具有完成受托工作的能力，并能保证符合本规范的要求。

第二百八十一条　委托方应当向受托方提供所有必要的资料，以使受托方能够按照药品注册和其他法定要求正确实施所委托的操作。

委托方应当使受托方充分了解与产品或操作相关的各种问题，包括产品或操作对受托方的环境、厂房、设备、人员及其他物料或产品可能造成的危害。

第二百八十二条　委托方应当对受托生产或检验的全过程进行监督。

第二百八十三条　委托方应当确保物料和产品符合相应的质量标准。

第三节　受托方

第二百八十四条　受托方必须具备足够的厂房、设备、知识和经验以及人员，满足；委托方所委托的生产或检验工作的要求。

第二百八十五条　受托方应当确保所收到委托方提供的物料、中间产品和待包装产品适用于预定用途。

第二百八十六条　受托方不得从事对委托生产或检验的产品质量有不利影响的活动。

第四节 合 同

第二百八十七条 委托方与受托方之间签订的合同应当详细规定各自的产品生产和控制职责，其中的技术性条款应当由具有制药技术、检验专业知识和熟悉本规范的主管人员拟订。委托生产及检验的各项工作必须符合药品生产许可和药品注册的有关要求并经双方同意。

第二百八十八条 合同应当详细规定质量受权人批准放行每批药品的程序，确保每批产品都已按照药品注册的要求完成生产和检验。

第二百八十九条 合同应当规定何方负责物料的采购、检验、放行、生产和质量控制（包括中间控制），还应当规定何方负责取样和检验。

在委托检验的情况下，合同应当规定受托方是否在委托方的厂房内取样。

第二百九十条 合同应当规定由受托方保存的生产、检验和发运记录及样品，委托方应当能够随时调阅或检查；出现投诉、怀疑产品有质量缺陷或召回时，委托方应当能够方便地查阅所有与评价产品质量相关的记录。

第二百九十一条 合同应当明确规定委托方可以对受托方进行检查或现场质量审计。

第二百九十二条 委托检验合同应当明确受托方有义务接受药品监督管理部门检查。

▶ **情境导入** ◢

情境：A公司委托B公司生产药品C，约定生产数量为N，不久，A公司的业务人员发现市场出现较多的低价药品C，经查，货源来自B公司的关联销售公司B_1，遂以B公司超过委托数量私自加工为由，举报到药监局。药监局经调查，认为B公司受托方生产手续合法，药品C不构成假药或劣药，B公司和B_1公司经营证照齐全，并未违反《中华人民共和国药品管理法》的一般性规定，仅就履行委托生产合同中的具体数量条款发生争议，可双方协商或经工商行政管理部门亦或司法途径解决。

受托方超过委托约定的数量私自加工受托产品的行为，法律实质是无授权生产，违反合同约定，侵犯了委托方药品的专属利益，委托方应以合同纠纷的案由通过民事诉讼解决，当然，委托方须承担举证责任，因此，必要时封存样品，要求法院协助了解合法来源将作为基本诉讼策略。为避免类似纠纷发生，委托方可采取控制某种原料或者包材，限定加工时间，控制药品批次，约定高额违约金等防范手段。

思考：1. 当发现受托方存在无授权生产行为时，委托方应该如何收集证据，并确保这些证据在可能的法律诉讼中具有有效性？

2. 在药品委托生产过程中，如何理解"药品的专属利益"？这种专属利益受到侵犯时，委托方可以通过哪些途径来寻求救济？

3. 对于受托方而言，如果其确实存在超过委托数量生产的行为，但并未违反《药品管理法》等相关法律法规，那么其在法律上可能会面临哪些后果或责任？

任务一 委托方管理

PPT

委托生产和委托检验是社会最大限度充分利用资源的一种商业模式，也是降低药品生产成本的一种方式，在国际上得到越来越广泛的应用。委托方应当对受托方进行评估，对受托方的条件、技术水平、质量管理情况进行现场考核，确认其具有完成受托工作的能力，并能保证符合 GMP 的要求，评估方式根据质量风险评估规程进行操作。

委托方应当向受托方提供所有必要的资料，以使受托方能够按照药品注册和其他法定要求正确实施所委托的操作。委托方应当使受托方充分了解与产品或操作相关的各种问题，包括产品或操作对受托方的环境、厂房、设备、人员及其其他物料或产品可能造成的危害。

委托方应当对受托生产或检验的全过程进行监督。

委托方应当确保物料和产品符合相应的质量标准。

委托方负责委托生产药品的质量和销售。

> **知识链接**
>
> **委托方的职责**
>
> 对受托方条件评估确认、提供技术转移，生产全过程监督、物料和产品质量控制。
>
> 委托生产申请流程：①现场考核；②试制三批样品；③现场抽样、检查申请；④委托生产审批。

一、委托生产评估

选择合适的受托生产企业是保证委托生产质量，预防或者消除委托生产带来的质量风险，确保企业所生产的产品质量，控制并降低委托生产成本的重要保证。

（一）受托方情况调查

1. 受托方企业资质　受托方企业具有《药品生产许可证》、营业执照，生产条件经过 GMP 符合性检查，委托品种需要在生产范围内。

> **知识链接**
>
> **药品生产许可证**
>
> 药品生产许可证应当载明许可证编号、分类码等项目。分类码是对许可证内生产范围进行统计归类的英文字母串。
>
> 大写字母用于归类药品上市许可持有人和产品类型，包括：A 代表自行生产的药品上市许可持有人、B 代表委托生产的药品上市许可持有人、C 代表接受委托的药品生产企业、D 代表原料药生产企业。

2. 受托方质量体系　①厂房、设施、设备条件；②技术水平和管理水平；③假如由受托方备料，其主要原料来源；④质量保证体系；⑤人员及培训；⑥受托企业产品质量稳定，近三年内无不合格质量公告记录和质量事故；⑦生产能力；⑧企业信誉良好，近三年无生产销售假药劣药行为处罚记录；⑨合作态度良好，积极改进自身缺陷，并承诺尊重委托方知识产权，包括商标权，为生产受委托产品改造生产厂房、设施、设备，并对生产工艺改进。

> **知识链接**
>
> **委托生产的类型**
>
> （1）产能不足的委托生产
>
> （2）异地改造委托生产

（3）中药前处理及提取委托生产

（4）化学原料药委托生产

（5）生化原料药委托生产

（6）境外厂商委托生产

药品上市许可持有人委托生产麻醉药品、精神药品、药品类易制毒化学品及其复方制剂，医疗用毒性药品，生物制品，多组分生化药品，中药注射剂和原料药不得委托生产。国家药品监督管理部门可以根据监督管理工作需要调整不得委托生产的药品。放射性药品的委托生产按照有关法律法规规定办理。

（二）受托方情况审核

1. 审核内容　对供应商的质量审核的内容主要是产品质量审核、过程质量审核、质量管理体系审核，即前述调查的内容。

2. 审核组织及人员　在企业因各种原因需要委托生产时，应成立委托生产审核小组，由企业负责人指派专人全面负责委托生产的管理，并制定委托生产审核的内容和审核程序。

对受托企业审核应成立审核小组。明确规定对新选择供应商进行质量审核，审核小组由供应部门、质量管理部门、物料使用部门、研发部门的管理和技术员组成，其中，质量管理部门的人员必须协调质量审核工作。审核小组成立后，依据规程确定一名组长，并由其对小组成员的工作内容进行具体部署。

3. 审核程序

（1）成立委托生产评审小组。

（2）制定委托生产审查方案。

（3）委托生产审核小组成员的选择和确定。

（4）委托生产审核范围和重点。

（5）委托生产审核现场考察确认程序与方法。

（6）委托生产的确定及受托方需改进项目及措施。

委托方应当对受托方进行评估，对受托方的条件、技术水平、质量管理情况进行现场考核，确认其具有完成受托工作的能力，并能保证符合GMP的要求。

二、委托生产批准

符合企业委托生产要求的，确定为企业委托生产合作企业的，经授权人核准，企业主管负责批准后确定为企业的委托生产合作企业，供应商一经确定，质量管理部门应与批准的收徒企业签订生产合同协议。

委托方与受托方之间签订的合同应当详细规定各自的产品生产和控制职责，其中的技术性条款应当由具有制药技术、检验专业知识和熟悉本规范的主管人员拟订。委托生产及检验的各项工作必须符合药品生产许可和药品注册的有关要求并经双方同意。

知识链接

药品上市许可持有人（marketing authorization holder，MAH）制度，与药品的生产息息相关，MAH制度中，持有人是指取得药品注册证书的企业或者药品研制机构等。

MAH制度试行前，我国实行上市许可与生产许可合一的管理模式，仅允许药品生产企业在取得药品批准文号、经 GMP 认证后，才能生产该药品。MAH 制度施行后，持证人主体范围扩大。MAH 的法定代表人、主要负责人对药品质量全面负责，应当建立药品质量保证体系，配备专门人员独立负责药品质量管理。MAH 应当对受托药品生产企业、药品经营企业的产品质量、管理体系进行审核，监督其持续具备质量保证和控制能力。

三、委托生产监控

为确保委托生产产品的质量和委托检验的准确性和可靠性，委托方和受托方必须签订书面合同，明确规定各方责任、委托生产的内容及相关的技术事项。

委托方应向受托方提供所有必要的资料，以使受托方能够按药品注册批准和其他法定要求正确实施所委托的操作。委托方应让受托方充分了解与产品或操作相关的各种问题，包括产品或操作有可能对受托方的厂房、设备、人员及其他物料或产品造成的危害。

委托生产企业应进行完善技术研究工作，保证产品质量。

1. 应开展生产设施、设备变更对产品工艺影响的研究，委托方应依据验证结果为受托方提供合理的生产工艺及产品工艺关键控制点，以有效指导受托方生产。

2. 委托方应确保受托方提供的所有产品和物料符合质量标准，或由受权人批准放行。

3. 产品工艺或检验仪器发生变更后，应对检验方法进行验证和比对，其中验证的内容应包括鉴别试验、杂质定量检查或限度检查、制剂中有效成分含量测定、溶出度、释放度等内容，并依法取得批准、备案或者进行报告，接受药品监督管理部门的监督检查。

4. 委托方应对受托方每年生产的前三批药品进行稳定性考察，同时应积累多批次产品质量数据，便于考核受托方生产质量的稳定性。

委托方应当组织授权人或指定的经授权的生产技术管理人员，对受托生产或检验的全过程进行监督，并定期对受托企业进行质量体系、质量风险和产品质量评估。

对受托方的评审内容，主要是对周期内的产品质量、受托方生产情况进行统计打分。建立规范的委托生产年度评审表，分品种对上年度产品进行年度回顾，分别从物料供应商、生产过程、工艺参数、设施设备系统状态、质量检验结果、稳定性考察、偏差与变更影响、投诉、召回、不良反应等生产全过程的产品质量回顾分析，重点是分析物料供应商质量、生产工艺执行、产品质量标准符合性、稳定性和偏差变更及纠正预防措施的保证控制，并从产品质量趋势分析和风险评估，为产品工艺、质量的持续稳定性保持和改进提供依据。

四、委托检验

药品生产企业对受托方审核时应考察其质量控制实验室条件、人员条件、一起实际条件、管理标准和规程条件是否符合检验要求，对于符合要求条件的，可委托检验，出具检验报告书。对于质量控制实验室条件有缺陷的，应协助改造，补充一起、人员、并对人员进行业务培训考核，知道达到标准要求。对受托方检验全过程进行指导和监控。

五、委托生产档案

企业应对委托生产建立档案，将受托方的资质、基本情况调查表、现场考察报告、历次评价结果及出现的质量问题等进行汇总，由专人负责管理，新选择确定的和终止委托生产的受托方资料应当及时收集和整理，保证各项文件及时归档。

任务二　受托方管理

受托方应当严格执行质量协议，确保委托生产药品遵守 GMP，按照国家药品标准和经药品监督管理部门核准的注册标准和生产工艺进行生产，负责委托生产药品的出厂放行。其药品名称、剂型、规格、生产工艺、原辅料来源、直接接触药品的包装材料和容器、包装规格、标签、说明书、批准文号等应当与持有人持有的药品批准证明文件载明内容和注册核准内容相同。

受托方应当积极配合持有人接受审核，并按照所有审核发现的缺陷，采取纠正和预防措施落实整改。

受托方必须具备足够的厂房、设备、知识和经验以及人员，满足委托方所委托的生产或检验工作的要求。受托方不得从事任何可能对委托生产或检验的产品质量有不利影响的活动；受托方应当按照《药品生产质量管理规范》进行生产，并按照规定保存所有受托生产文件和记录。受托方在没有接受委托方的事先评价和同意之前，不得将根据合同委托给企业的任何工作转给第三方。

受托方应做到下列要求

（1）按 GMP 要求建立完善的药品生产企业管理机构，确定每个机构和每个管理岗位配备足够数量的管理人员与专业技术人员，生产部门配备具备专业技能的生产人员和辅助人员，确定部门和人员的职能，明确权力和责任，对人员要进行法律法规及专业知识和专业技能培训和考核，对企业管理标准、技术标准和操作程序的培训，对委托生产的工艺、生产程序、质量要求和设备操作进行培训，对人员进行作业指导和监督，并对其绩效考核。

（2）按 GMP 要求对委托生产设计与研发并进行确认和验证，确保委托生产的产品符合委托方标准要求并可在符合 GMP 要求的厂房内能连续生产出符合委托方的质量标准及预期要求的产品。

（3）厂区划分出足够空间的生产区、辅助区、仓储区、行政区、生活区等，按要求建设足够数量和空间的生产厂房，并对有空气净化区域严格划分，严格按要求进行建设、安装、调试，并对设备、器件、器具和材料进行确认，对设备的工作过程和工艺技术进行验证。

（4）建立严格的物料管理标准，从供应商审核、确定，原辅料、包装材料 的采购、验收、仓储、养护必须有完善的流程和标准，并得到委托方批准并有确认过程，物料和中间产品发放使用严格按生产指令发放，退料必须有严格完备的手续并对物料进行质量确认。

（5）严格按程序和标准组织生产，企业的生产管理和质量控制活动符合 GMP 规范要求和委托方要求。根据委托生产合同下达生产指令，准备生产人员、生产文件、和物料，严格按生产工艺规程和岗位操作法及标准操作程序执行生产作业，并对生产过程及中间产品、产品进行质量控制、检查、检验和复核，并对每步生产过程进行质量确认，并定期对生产和程序和工艺进行验证。

（6）对完成生产的产品按委托方制定的内控标准进行全检，产品合格并经质量受权人审核该批产品生产过程的记录符合规范，批准后方可放行。

（7）在委托生产全过程中注重风险管理，对影响产品质量的环节进行风险评估，特别是从事高风险产品的委托生产，在生产中力求避免差错，做好纠正、预防措施，避免和减小偏差，避免污染和交叉污染的情况发生并做好所有记录。

（8）在接受委托生产中，如因工艺和生产需要，对厂房、设施、设备、物料、工艺、检验方法等变更时，应报请委托方批准并做确认和验证或持续稳定性考察。

（9）按照自检操作规程，定期检查评估质量保证系统的有效性和适用性。

受托企业的药品生产厂房不得用于生产对药品质量有不利影响的非药用产品。

任务三 合同管理

PPT

药品上市许可持有人委托符合条件的药品生产企业生产药品的，根据国家药品监督管理局制定的药品委托生产质量协议指南要求，与其签订质量协议以及委托协议，监督受托方履行有关协议约定的义务。为避免因误解而影响产品或工作质量，委托生产或检验必须正确界定、经双方同意并严格控制。委托方和受托方必须签订书面合同，明确规定各方的职责。合同必须明确说明质量受权人在批准放行销售每一批产品时，如何履行其全部职责。

质量协议的起草应当由持有人和受托方的质量管理部门及相关部门共同参与，其技术性条款应当由具有制药技术、检验专业知识和熟悉 GMP 的主管人员拟订。委托生产及检验的各项工作必须符合药品注册批准的要求并经双方同意。

合同应明确规定哪一方负责物料的采购、检验和放行；哪一方负责生产和质量控制（包括生产过程控制）；哪一方负责取样和检验。如果是委托检验，合同应明确受托方是否应去生产厂取样。生产、检验和发货记录及标准品应由委托方保管，或可供委托方查阅。对与产品质量评价有关的用户投诉或怀疑质量有问题的任何记录，均应按委托方制定的缺陷产品和召回产品程序处理，并允许委托方查阅。合同中应允许委托方参观受托方的工厂。受托方的检验必须接受药品监督管理部门的监督检查。

合同应当详细规定质量受权人批准放行每批药品的程序，确保每批产品都已按照药品注册的要求完成生产和检验。

合同应当规定何方负责物料的采购、运输、保管、检验、放行、生产和质量控制（包括中间控制），还应当规定何方负责取样和检验。在委托检验的情况下，合同应当规定受托方是否在委托方的厂房内取样。

合同应当规定由受托方保存的生产、检验和发运记录及样品，委托方应当能够随时调阅或检查，同时批生产记录等原始材料一式两份，委托双方各执一份；出现投诉、怀疑产品有质量缺陷或召回时，委托方应当能够方便地查阅所有与评价产品质量相关的记录。

合同应当明确规定委托方可以对受托方进行检查或现场质量审计。

委托检验合同应当明确受托方有义务接受药品监督管理部门检查。

药品须留样至有效期后 1 年，中药提取物（浸膏、干浸膏等）须留样至知己生产完成以后。

《药品委托生产批件》有效期不得超过 2 年，且不得超过该药品批准证明文件规定的有效期限。有效期届满需要继续委托生产的，委托发应当在有效期届满 30 日前，按照"原委托生产事项申请延期申报资料项目"提交有关材料，办理延期手续。

委托生产合同终止的，委托方应当及时办理《药品委托生产批件》的注销手续。

委托生产药品的质量标准应当执行国家药品质量标准，其处方、生产工艺、包装规格、标签、使用说明书、批准文号等应当与原批准的内容相同。在委托生产的药品包装、标签和说明书上，应当标明委托方企业名称和注册地址、受托方企业名称和生产地址。

知识链接

委托生产申报资料

（1）委托生产书面申请报告（包括委托方和受托方的概况、委托生产原因、委托生产时限、生产过程的监控模式等），另附《药品委托生产申请表》（省局审批的一式 2 份，国家局审批的一式 5 份）。

（2）委托方对受托方生产和质量保证条件的考核情况。

（3）委托方和受托方的《药品生产许可证》、营业执照复印件。

（4）委托方拟委托生产药品的批准证明文件复印件并附质量标准、生产工艺。

（5）委托方拟委托生产药品经批准的包装、标签和使用说明书实样。

（6）委托生产药品拟采用的包装、标签和使用说明书式样及色标。

（7）委托方对受托方的生产条件、技术水平和质量管理情况的考核报告。

（8）委托生产合同（要具体规定双方在药品委托生产技术、质量控制等方面的权利和义务）。

（9）受托方所在地省级药品检验所出具的连续三批产品检验报告书。委托生产生物制品的，其三批样品由本省药品检验所抽取、存封，由中国药品生物制品检定所负责检验并出具检验报告书。

实训任务十三　签订委托合同

【实训目标】

1. 通过本项目实训应该能够掌握委托生产合同内容。

2. 通过本项目实训应该能够熟悉委托生产的种类。

3. 通过本项目实训应该能够了解签订合同的目的、意义。

【实训准备】

1. 合同的基本要素

2. 合同的结构

3. 合同的范例

4. 合同写作应注意的事项

【实训内容】

请根据以下内容，写一份委托生产合同。

依据《合同法》《药品生产质量管理规范（2010 年修订）》《药品委托生产质量协议指南（2020年版）》和《药品生产监督管理办法》的有关规定，鉴于受托方方药品生产许可范围，经委托方对受托方方生产条件、生产技术水平和质量管理状况进行实地详细考核、评价，确认其具有完成受托工作的能力，并能保证符合本规范的要求。委托方决定委托受托方生产颗粒（批准文号"国药准字"）、颗粒（批准文号"国药准字"）。为维护受托方、委托方双方的合法利益，经双方协商，就委托生产有关事宜达成如下协议，双方共同遵守。

【实训步骤】

根据所学知识完善以下委托生产合同内容。

委托生产合同

签订地点：

合同编号：

委托方：（以下简称甲方）

法定代表：

注册地址：

受托方：（以下简称乙方）

法定代表人：

生产地址：

为了保护双方的合法权益，根据《中华人民共和国合同法》等，经协商一致签订一下合同内容。

第一条：委托生产品种及方式

第二条：甲乙双方责任和义务

乙方责任：

甲方责任：

第三条：验收标准

第四条：生产计划及交货期限

第五条：结算价格及付款方式

第六条：交货地点及方式

第七条：乙方质量受权人负责批准放行每批药品的程序

第八条：本合同经双方法定代表人签字并盖单位公章后生效。合同有效期至委托产品的委托生产批件有效期到 XXXX 期为止。

第九条：本合同正本一式两份，具有同等法律效力。

第十条：其他未尽事宜，甲乙双方协商解决。

甲方：XXXX 有限公司（章） 法定代表人： 时　间：　年　月　日	乙方：XXXX 有限公司（章） 法定代表人： 时　间：　年　月　日

【实训注意】

合同制定时应注意以下问题。

1. 合法　订立合同，必须依法办事。

2. 合理　合同必须贯彻平等互利、协商一致、等价有偿的原则。任何一方都不得把自己的意愿强加给对方。

3. 合格　即合乎合同的一般写作格式和必备的主要条款。

4. 完善、明确　不仅格式和主要条款要完善，每一条款的内容也要尽量周密严谨，避免发生漏洞。

目标检测

答案解析

一、单项选择题

1. 委托生产批准后，应由（　　）与受托方签订生产合同协议。

　　A. 委托方的销售部门　　　　　　　　B. 委托方的质量管理部门

　　C. 受托方的生产部门　　　　　　　　D. 受托方的质量管理部门

2. 委托方与受托方之间签订的合同应当由（　　）拟订技术性条款。

　　A. 双方共同委托第三方机构

　　B. 受托方的技术人员

　　C. 具有制药技术、检验专业知识和熟悉 GMP 的主管人员

　　D. 委托方的法务部门

3. 受托方在药品委托生产中，不是其必须遵守的原则的是（　　）。

　　A. 严格执行质量协议　　　　　　　　B. 遵守 GMP

　　C. 按照国家药品标准进行生产　　　　D. 自由选择原辅料供应商

4. 受托方必须确保委托生产药品的（ ）与持有人持有的药品批准证明文件载明内容相同。

    A. 药品名称和剂型   B. 原辅料来源

    C. 包装规格和标签   D. 所有上述信息

二、多项选择题

1. 委托方对受托方的质量体系审核通常包括（ ）。

    A. 厂房设施条件   B. 技术水平和管理水平

    C. 质量保证体系   D. 产品质量稳定性

2. 委托方在委托生产前应对受托方进行（ ）评估。

    A. 技术水平   B. 生产环境

    C. 产品质量   D. 企业信誉

3. 受托方在生产管理中，应确保（ ）符合性和完善性。

    A. 生产部门的人员配备   B. 物料管理标准

    C. 生产厂房的空气净化   D. 生产过程中的风险管理

4. 以下可能影响受托方对委托生产产品的质量控制的因素是（ ）。

    A. 生产工艺的变更   B. 设备的维护和校准

    C. 生产人员的培训   D. 物料供应商的变更

5. 药品委托生产合同应当明确规定（ ）。

    A. 委托方和受托方的职责

    B. 质量受权人批准放行每批药品的程序

    C. 物料采购、运输、保管、检验、放行、生产和质量控制的责任方

    D. 取样和检验的责任方

    E. 委托方对受托方的检查或现场质量审计的权利

三、简答题

1. 对受托生产企业质量管理能力的评估包括哪些方面？

2. 受托方应当严格执行质量协议，确保委托生产药品遵守 GMP，请简述受托方应该做好哪些方面？

书网融合……

重点小结   习题

项目十一　产品发运召回

⟩⟩ 学习目标 ⫽

　　知识目标　通过本项目的学习，应能掌握产品发运、召回的主要内容和管理制度；熟悉影响产品发运的各个因素以及产品召回的相关流程；了解销售的各要素、发运清单和召回清单的填写方式。

　　素养目标　培养学生建立绿色产品，保护生态的均衡发展意识，明确制药行业和自然环境相互依存的基本关系。

⟩⟩ 法规要求 ⫽

GMP（2010 年修订）

第十二章　产品发运与召回

第一节　原　则

　　第二百九十三条　企业应当建立产品召回系统，必要时可迅速、有效地从市场召回任何一批存在安全隐患的产品。

　　第二百九十四条　因质量原因退货和召回的产品，均应当按照规定监督销毁，有证据证明退货产品质量未受影响的除外。

第二节　发　运

　　第二百九十五条　每批产品均应当有发运记录。根据发运记录，应当能够追查每批产品的销售情况，必要时应当能够及时全部追回，发运记录内容应当包括：产品名称、规格、批号、数量、收货单位和地址、联系方式、发货日期、运输方式等。

　　第二百九十六条　药品发运的零头包装只限两个批号为一个合箱，合箱外应当标明全部批号，并建立合箱记录。

　　第二百九十七条　发运记录应当至少保存至药品有效期后一年。

第三节　召　回

　　第二百九十八条　应当制定召回操作规程，确保召回工作的有效性。

　　第二百九十九条　应当指定专人负责组织协调召回工作，并配备足够数量的人员。产品召回负责人应当独立于销售和市场部门；如产品召回负责人不是质量受权人，则应当向质量受权人通报召回处理情况。

　　第三百条　召回应当能够随时启动，并迅速实施。

　　第三百零一条　因产品存在安全隐患决定从市场召回的，应当立即向当地药品监督管理部门报告。

　　第三百零二条　产品召回负责人应当能够迅速查阅到药品发运记录。

　　第三百零三条　已召回的产品应当有标识，并单独、妥善贮存，等待最终处理决定。

　　第三百零四条　召回的进展过程应当有记录，并有最终报告。产品发运数量、已召回数量以及数量平衡情况应当在报告中予以说明。

第三百零五条 应当定期对产品召回系统的有效性进行评估。

任务一　销售概述

PPT

GMP 就是保证药品生产全程药品质量，因此药品的销售也应纳入管理规范。在我国，药品生产企业销售药品须遵守《中华人民共和国药品管理法》以及《药品流通监督管理办法》的规定。GMP 也规定了药品发运和召回要求。

一、药品流通的主要法规

（一）《药品管理法》规定

1. 药品生产企业生产的药品，须通过药品管理部门指定药品检验机构强制性检验合格方可上市销售。

2. 已被撤销批准文号的药品，不得生产销售和使用。

3. 对国内供应不足的药品，国务院有权限制或者禁止出口。

4. 生产、销售假药的，没收违法生产、销售的药品和违法所得，并处违法生产、销售药品货值金额二倍以上五倍以下的罚款；有药品批准证明文件的予以撤销，并责令停产、停业整顿；情节严重的，吊销药品生产许可证；构成犯罪的，依法追究刑事责任。

5. 生产、销售劣药的，没收违法生产、销售的药品和违法所得，并处违法生产、销售药品货值金额一倍以上三倍以下的罚款；情节严重的，责令停产、停业整顿或者撤销药品批准证明文件、吊销药品生产许可证；构成犯罪的，依法追究刑事责任。

6. 药品的生产企业违反药品管理法规定，给药品使用者造成损害的，依法承担赔偿责任。

7. 违反药品管理法及其实施条例的规定，有下列行为之一者，由药品监督管理部门在药品管理法和本条例规定的处罚幅度内从重处罚。

（1）以麻醉药品、精神药品、医疗用毒性药品、放射性药品冒充其他药品，或者以其他药品冒充上述药品的。

（2）生产、销售已孕产妇、婴幼儿及儿童为主要使用对象的假药、劣药的。

（3）生产、销售的生物制品、血液制品属于假药、劣药的。

（4）生产、销售、使用假药、劣药，造成人员伤害后果的。

（5）生产、销售、使用假药、劣药，经处理后重犯的。

（6）拒绝、逃避监督检查，或者伪造、销毁、隐匿有关证据材料的，或者擅自动用查封、扣押物品的。

（二）《药品流通监督管理办法》规定

1. 药品生产企业对其药品购销行为负责，对其销售人员或设立的办事机构以本企业名义从事的药品购销行为承担法律责任。

2. 药品生产企业应当对其购销人员进行药品相关的法律、法规和专业知识培训，建立培训档案，培训档案中应当记录培训时间、地点、内容及接受培训的人员。

3. 药品生产企业应当加强对药品销售人员的管理，并对其销售行为做出具体规定。

4. 药品生产企业不得在经药品监督管理部门核准的地址以外的场所储存或者现货销售药品。药品生产企业只能销售本企业生产的药品，不得销售本企业受委托生产的或者他人生产的药品。

5. 药品生产企业销售药品时，应当提供下列资料。

（1）加盖本企业原印章的药品生产许可证和营业执照的复印件。

（2）加盖本企业原印章的所销售药品的批准证明文件复印件。

6. 药品生产企业派出销售人员销售药品的，除提供规定的资料外，还应当提供加盖本企业原印章的授权书复印件。授权书原件应当载明授权销售的品种、地域、期限，注明销售人员的身份证号码，并加盖本企业原印章和企业法定代表人印章（或者签名）。销售人员应当出示授权书原件及本人身份证原件，供药品采购方核实。

7. 药品生产企业销售药品时，应当开具标明供货单位名称、药品名称、生产厂商、批号、数量、价格等内容的销售凭证。

8. 药品生产企业按照规定留存的资料和销售凭证，应当保存至超过药品有效期1年，但不得少于3年。

9. 药品生产企业知道或者应当知道他人从事无证生产、经营药品行为的，不得为其提供药品。药品生产企业不得为他人以本企业的名义经营药品提供场所，或者资质证明文件，或者票据等便利条件。药品生产企业不得以展示会、博览会、交易会、订货会、产品宣传会等方式现货销售药品。

10. 药品说明书要求低温、冷藏储存的药品，药品生产企业应当按照有关规定，使用低温、冷藏设施设备运输和储存。

知识链接

假药与劣药

《药品管理法》中第四十八条规定：禁止生产（包括配制，下同）、销售假药。

有下列情形之一的，为假药：

（一）药品所含成份与国家药品标准规定的成份不符的；

（二）以非药品冒充药品或者以他种药品冒充此种药品的。

有下列情形之一的药品，按假药论处：

（一）国务院药品监督管理部门规定禁止使用的；

（二）依照本法必须批准而未经批准生产、进口，或者依照本法必须检验而未经检验即销售的；

（三）变质的；

（四）被污染的；

（五）使用依照本法必须取得批准文号而未取得批准文号的原料药生产的；

（六）所标明的适应症或者功能主治超出规定范围的。

第四十九条 禁止生产、销售劣药。

药品成分的含量不符合国家药品标准的，为劣药。

有下列情形之一的药品，按劣药论处：

（一）未标明有效期或者更改有效期的；

（二）不注明或者更改生产批号的；

（三）超过有效期的；

（四）直接接触药品的包装材料和容器未经批准的；

（五）擅自添加着色剂、防腐剂、香料、矫味剂及辅料的；

（六）其他不符合药品标准规定的。

二、销售要素

药品生产企业的销售包括很多要素，分别为：销售人员、客商、药品广告、销售计划、销售合同、销售过程、产品发运、产品退货、产品召回、销售记录等。这里，我们简要的介绍几个典型要素。

（一）销售人员

1. 资质 药品销售人员必须是本企业员工，具有高中以上学历，并通过与药品有关的法律、法规和专业知识的培训，培训合格后方能从事药品销售。

2. 销售人员行为规范 销售人员在销售药品时，需严格按照企业药品销售的管理规程。销售时必须持相应资料供采购方查验。

销售人员不得向个人和无药品经营许可证的单位销售药品；不得向医疗机构及工作人员、医务人员提供回扣、提成、有价证券和支付凭证等；在投标过程中，不得以弄虚作假和不正当手段获得商业机会或商业利益；不得向国家行政人员提供现金、有价证券和支付凭证等。

（二）客商

企业的产品必须销售给合法的客商。企业的质量管理、供销以及财务等部门需现场或通过材料共同对其合法资格进行查验。

合法客商须具备下列资质：

（1）食品药品监督管理部门颁发的且在有效期内的药品经营（生产）许可证。

（2）省、地、市、县级工商部门颁发且在有效期内的营业执照。

在此基础上，企业须对客商的下列情况进行审计：近三年内有无经营或生产假药、劣药的不良记录，近三年内的资金状况、银行信誉、批发零售网点的分布、数量以及 GSP（GMP）实施情况。

（三）销售计划

销售计划包括：市场分析、背景分析、药品分析、质量事故率、市场占有率、药品销量、销售成本、销售网点、价格以及人员等。

销售计划由销售部门的管理员编制，销售部门的负责人负责审定。

主管营销的企业负责人负责组织、讨论、批准通过以及下发执行。企业会根据本企业的经营目标、市场调研、药品特点、上一经营周期的数据以及同行业水平来制定销售计划。

（四）销售合同

销售部门负责人向销售人员定额发放空白的销售合同，并记录备查。

销售合同的内容应包括：品名、规格、数量、金额、交货期、执行的质量标准、付款时限、合同效期、付款方式、合同签订日期、合同编号、违约仲裁等项目。

经主管营销的负责人授权销售人员，方可有资格独立与客商签订销售合同。销售合同一式四份，分别由销售部门、客商、财务部门和销售人员各持一份。

（五）销售控制

在销售过程中，销售人员应不断提高业务水平，为客商提供优质服务。销售部门及销售人员在进行市场调研后制订合理的销售方案，经论证批准后实施。

（1）销售人员在整个销售过程中要做到对整个环节的控制性。

（2）严格按合同销售，保证实际销售药品与合同一致。

（3）销售人员应按照规定填写销售记录，保证药品的可追踪性以及必要时可以被迅速召回，防止质量事故的蔓延和扩大化。

（4）对于成品的退货处理，尤其是不合格品的退货处理要严格管理。

（5）对用户的意见进行必要的调查分析，及时答复，建立用户投诉与建议档案。

（6）销售部门及销售人员协助企业质量管理部门和生产技术管理部门处理质量事故和药品不良反应。

（7）除此以外，整个销售环节还包括两个重要的内容，分别是产品的发运与召回。

药品完成生产之后，通过发货运输进入流通领域，最后进入到消费者手中，满足消费者对缓解病痛的需求。一旦在流通使用过程中发现问题，应立即采取措施，以免对患者造成危害。对此，建立药品召回制度就十分必要。药品召回是药品的生产企业在发现药品存在安全隐患时必须履行的职责，而按照一定的规程发运药品，并保存销售或发运的详细、规范的记录则是保证药品及时全面召回的条件。

任务二 产品发运

PPT

药品发运（product release）是指药品生产企业将产品发送至经销商或用户的一系列操作，例如配货和运输等。药品发运是关系到药品质量的重要环节。药品生产企业必须加强药品的发运管理，药品的发运管理包括：药品的出库管理和运输管理。

一、药品的出库管理

药品生产企业要制定药品出库管理制度，即出库检查与复核的管理制度，制订科学合理的药品出库复核程序，明确相关人员的质量责任。药品出库的原则、药品出库的质量检查与校对的内容、出库复核记录及其管理、相关人员的责任等都需有严格的规定，并确保在实际中落实。药品出库时，要着重规范以下几个方面。

（1）药品出库应遵循"先产先出""近期先出"和按批号发货的原则。"先产先出""近期先出"以保证药品在有效期（expiry date）内使用；按批号发货以保证出库药品有可追踪性，便于药品的质量追踪。

（2）药品出库发运的零头包装合箱，只限两个批号为一个合箱，合箱外应当标明全部批号，并建立合箱记录。这样既可以避免由于不同批号的药品合箱过多而发生混乱，也可以确保每一批次的所有药品都有迹可循。

（3）药品出库时必须进行复核和质量检查，确保发运无误。复核和检查时，应按发货凭证对实物进行质量检查和数量、项目的核对，做到出库药品质量合格且与货单相符。麻醉药品、一类精神药品、医疗用毒性药品等特殊药品出库时应双人复核。

（4）发运记录的栏目设置要详细、全面，便于追查每一批药品的发出情况。每批产品均应当有发运记录，根据发运记录，必要时应当能够及时全部追回。发运记录内容应包括：产品名称、规格、批号、数量、收货单位和地址、联系方式、发货日期、运输方式等。发运记录应当至少保存至药品有效期后一年。

二、药品的运输管理

药品的运输工作应根据"及时、准确、安全、经济"的原则，遵照国家有关商品运输的各项规定，合理的组织运输工具和力量，把药品安全及时的运达目的地。

（一）运输条件的控制

无论是企业自行运输，还是其他运输管理机构承办运输，运输机构或人员必须具备一定的资质，运输人员应当经过相应的有关药品以及药品监管法律法规知识的培训。运输人员应按照规定的程序和管理制度运输药品。

运输车辆应具备与维护药品质量相匹配的条件比如防光照、防雨、防高温高湿、防冷冻严寒、防干燥、防颠簸、防偷盗等装置。

（二）运输过程控制

药品运输时，要事先确定好运输线路和运输时间，应针对运送药品的包装条件及道路状况，采取相应的措施，防止药品的破损、混淆和其他损伤。

药品发运前必须检查药品的名称、规格、单位、数量是否与随货同行发票相符，有无液体药品与固体药品合并装箱的情况，包装是否牢固和有无破漏，衬垫是否妥实，包装大小重量等是否符合相应的要求。

填制运输单据，应做到字迹清楚、项目齐全。发运药品应按每个到站（港）和每个收货单位分别填写运输交接单，也可用发货票的随货同行联代替。拼装整车必须分别给各收货单位填写运输交接单，在药品包装上应添加明显的区别标志。

药品在装车前须按照发运单核对：发送标志和药品标志有无错漏、件数有无差错、运输标志选用是否正确。然后办好运输交接手续，做出详细记录，并向运输部门有关人员讲清该批药品的搬运装卸的注意事项。

搬运、装卸药品应轻拿轻放，严格按照外包装图示标志要求堆放和采取保护措施。一般说来，药品包装多系玻璃容器，易碎，怕撞击、重压，故搬运装卸时必须轻拿轻放，防止重摔，液体药品不得倒置。如发现药品包装破损、污染或影响运输安全时，不得发运。

任务三 产品召回

PPT

▷▷ 情境导入 ◁◁

情境：制药巨头默沙东宣布，在全球范围内紧急召回约120万剂儿童用疫苗注射剂——普泽欣。理由是一家制造工厂被发现疫苗生产过程存在杀菌漏洞，可能致使疫苗受污染。实际上，作为一家恪守患者为先原则的全球性制药公司，默沙东在药品安全方面始终保持相当谨慎的做法：尽管上述11个批次的儿童疫苗污染的可能性很小，而且即使存在，污染程度也很低，但全球范围内的自动召回程序还是被立即启动。

思考：请同学们根据召回通知思考召回的原因属于安全性问题、质量问题还是效期问题。对产品的召回应考虑哪些因素？

药品召回（product recall），是指药品生产企业按照规定的程序收回已上市销售的存在安全隐患的药品。安全隐患：是指由于研发、生产等原因可能使药品具有的危及人体健康和生命安全的不合理危险药品。生产企业应当建立和完善药品召回制度和产品召回系统，收集药品安全的相关信息，对可能具有安全隐患的药品进行调查、评估，建立和保存完整的购销记录，保证销售药品的可溯源性，必要时可迅速、有效地从市场召回任何一批存在安全隐患的产品。

一、药品安全隐患的调查与评估

药品生产企业应当建立健全的药品质量保证体系和药品不良反应监测系统，收集、记录药品的质量问题与药品不良反应信息并按规定及时向药品监督管理部门报告。药品生产企业应当对药品可能存在的安全隐患进行调查。药品监督管理部门对药品可能存在的安全隐患开展调查时，药品生产企业应当积极予以协助。药品经营企业、使用单位应当配合药品生产企业或者药品监督管理部门开展有关药品安全隐患的调查，提供有关资料。

1. 药品安全隐患调查的内容 应当根据实际情况确定，可以包括：①已发生的药品不良事件的种类、范围及原因；②药品使用是否符合药品说明书、标签规定的适应证、用法用量的要求；③药品质量是否符合国家标准，药品生产过程是否符合 GMP 等规定，药品的生产工艺是否与批准的工艺相一致；④药品储存、运输是否符合要求；⑤药品主要使用人群的构成及比例；⑥可能存在安全隐患的药品批次、数量及流通区域和范围；⑦其他可能影响药品安全的因素。

2. 药品安全隐患评估的主要内容 ①该药品引发危害的可能性，以及是否已经对人体健康造成了危害；②对主要使用人群的危害影响；③对特殊人群，尤其是高危人群的危害影响，如老年、儿童、孕妇、肝肾功能不全者、外科患者等；④危害的严重与紧急程度；⑤危害导致的后果。

根据药品安全隐患的严重程度，药品召回分为：①一级召回，使用该药品可能引起严重健康危害的；②二级召回，使用该药品可能引起暂时的或者可逆的健康危害的；③三级召回，使用该药品一般不会引起健康危害，但由于其他原因需要收回的。药品生产企业应当根据召回分级与药品销售和使用情况，科学地设计药品召回计划并组织实施。

二、召回管理

药品生产企业应当对收集的信息进行分析，对可能存在安全隐患的药品按照要求进行调查评估，发现药品存在安全隐患，应当及时做出召回决定。药品生产企业在做出药品召回决定后，应当制订召回计划并组织实施，并通知到有关药品经营企业和使用单位，停止销售和使用（一级召回应在 24 小时内完成，二级召回应在 48 小时内完成，三级召回应在 72 小时内完成），同时向所在地省、自治区、直辖市药品监督管理部门报告。

召回应当有计划，计划应当包括以下内容。

（1）药品生产销售情况及拟召回的数量。

（2）召回措施的具体内容，包括实施的组织、范围和时限等。

（3）召回信息的公布途径与范围。

药品召回事件负责人对应的职责见表 11 - 1。

表 11 - 1 召回事件负责人职责一览表

责任人	职责
召回工作组长	由企业负责人或质量保证负责人担任。承担组织制定召回准备方案；组织定期起草给监管当局的报告；组织定期向召回决策小组报告召回情况，包括紧急情况下的随时报告，负责召回过程中与监管当局进行沟通

责任人	职责
销售部门相关负责人	参与制订召回准备方案；配合完成召回产品清单、客户联系方式等，负责召回过程中与客户进行沟通，负责与客户协商替代性供应方案或补偿方案
质量受权人	参与制订召回准备方案，负责准备召回产品清单（品名、批号、数量等），负责复核产品召回情况，如数量
质控部门的相关负责人	参与制订召回准备方案，必要时负责对召回的产品进行检验
仓库物流的相关负责人	参与制订召回准备方案，配合完成召回产品清单，负责接收和隔离存放召回的产品
财务部门的相关负责人	参与制订召回准备方案，负责召回产品和补偿行动的财务处理
生产部负责人	参与制订召回准备方案，必要时负责替代性供应方案的生产
公共关系部相关负责人	参与制订召回准备方案，负责面对媒体、公众和内部员工的沟通工作
律师	参与制订召回准备方案，必要时应对法律诉讼

三、模拟召回

（一）目的

1. 了解产品退货的原则，注意事项及产品召回的程序。
2. 掌握有关产品退货和召回所需的记录文件（表 11 - 2）及其主要内容。

（二）内容

某公司的药品因质量问题需要召回，请根据该公司的《成品退回管理规程》和《产品召回管理规程》，结合 GMP 的相关要求，拟定并填写相关记录和文件。

备注：

（1）两个文件每人必须打印一份。

（2）利用课下时间查找相关资料。

（3）此次为模拟实训，没有分组，每人完成一份报告。报告主要内容为相关的文件列表及详细的记录文件内容。

（4）可带电脑进行实训作业，也可手写直接写在作业本上，当堂完成实训练习。

表 11 - 2　成品退货文件填写

题目 1	成品退货管理规程		种类	
			编号	
			版本	
起草		日期	页码	
修订		日期	替代	/
审核		日期	颁发部门	质量管理部
批准		日期	生效日期	
分发部门	总经理、销售部、质量管理部、生产管理部、财务部			

退货管理

依据：GMP 和公司药品生产质量管理的实际需要。

目的：规范成品退货的管理。

范围：药品发出后退回。

退货原因：

1.1 质量问题退货包括：品名、规格差错；出现不良反应；包装、贴签或批号有误或模糊不可辨认；内在质量经检验与法定标准不符；药品被污染等。

1.2 非质量问题退货包括：药品在有效期内，因与合作方发生经济纠纷；符合双方所签定合同中退货规定；经济方面等。

2. 退货处理程序

2.1 质量退货

2.1.1 办理退货前，应由质量管理部、销售部共同对经销商或客户提出退货的成品进行实地或取样复查，并与留样校对无误或实地调查属实后，销售部管理员填写"成品退货申请单"。

2.1.2 销售部经理、质量管理部经理签署意见，经营销副总批准后，由销售部负责限期处理。

2.2 非质量退货

2.2.1 业务员提出退货申请，须填写"成品退货申请单"，由销售部经理签字，审查批准后方可执行。

2.2.2 商业公司申请退货时，除须填写退货申请外，同时须附商业公司退货证明（加公章）原件由销售部经理审查同意，批准执行。

3. 成品退回公司成品库，由销售部管理员负责办理与成品库交接手续。

3.1 "成品退货申请单"内容应有：品名、规格、批号、数量、退货原因、退货人、退货时间及退货单位等。

3.2 销售部管理员、成品库保管员共同核对退库成品及"成品退货申请单"所注内容的一致性，确保无误。

3.3 将退货成品移至成品库退库区，放置退货标志。

4. 根据退货原因，质量管理部组织销售部管理员及仓库保管员，共同对退货成品的外观实施检查，确定状态。

4.1 非质量退货，外包装完好且在有效期前至少三个月的，经共同确认，不必全检，经外观检查合格后，即可将其从退货区转移至合格区，放置绿色合格标志，并在退货成品上注明退货标志，下次销售时先行发放。

4.2 非质量退货，外包装不合格且在有效期内的，经共同检查确认，移至不合格区，按有关规定执行。

4.3 经共同检查无法确认质量状态的退货，待质量管理部检验后，根据其检验结果，若合格，移至合格区，放置绿色合格标志，准予销售，下次销售时先行发放；若不合格，则移至不合格区，放置红色不合格标志，按《不合格品处理规程》的规定进行处理。

4.4 因质量原因退货应在质量管理部监督下按《销毁处理规程》的规定进行销毁处理。

4.5 外包装完好但在近效期三个月内的药品虽检验合格，也应参照《销毁处理规程》进行处理。

5. 管理员填写成品退货记录、台账及有关"不合格品登记台账"，入档备查。

6. 对于质量原因造成的成品退货，质量管理部应会同销售部、生产管理部、车间有关人员共同进行分析，找出原因。

7. 若销售成品退货属质量原因且可能与相关批次有联系时，应执行药品收回管理规程，尽快追回（表11-3）并及时调查处理。

表11-3　药品召回记录

题目2	药品召回管理规程	种类	
		编号	
		版本	

续表

起草		日期		页码	
修订		日期		替代	/
审核		日期		颁发部门	质量管理部
批准		日期		生效日期	
分发部门	总经理、质量管理部、生产管理部				

召回管理

依据：《GMP》和公司药品生产质量管理的实际需要。

目的：规范药品召回的管理。

范围：药品的召回。

责任：质量管理部、生产计划部、物资储运部、市场销售部对本标准的实施负责。

内容：

1. 药品召回的级别

1.1. 一级召回

1.1.1. 使用该药品可能引起严重健康损害或者死亡。

1.1.2. 药品存在质量缺陷可能或已经对本公司的信誉或经济利益造成损失。

1.2. 二级召回

1.2.1. 使用该药品可能引起暂时的或者可逆的健康损害。

1.2.2. 药品存在质量缺陷可能或已经对本公司的信誉或经济利益造成损失。

1.3. 三级召回

1.3.1. 使用该药品一般不会引起健康损害。

1.3.2. 药品存在质量缺陷可能或已经对本公司的信誉或经济利益造成损失。

2. 召回负责人

2.1. 总经理或质量管理部门负责人为三级召回负责人。

2.2. 总经理为一级召回、二级召回的负责人。

3. 药品召回的时限

3.1. 一级召回时限应在24小时以内全面展开药品召回工作。

3.2. 二级召回时限应在48小时以内全面展开药品召回工作。

3.3. 三级召回时限应在72小时以内全面展开药品召回工作。

4. 召回药品的存放　召回的药品放置在公司仓库退货区或异地封存。

5. 药品召回的参加人员

5.1. 一级召回：总经理、副总经理、市场销售部负责人、市场销售部管理员、销售员、质量管理部负责人、质量管理员、仓储供应部负责人、仓库保管员、生产管理部负责人、生产管理员、财务部负责人、财务核算员。

5.2. 二级召回：总经理、市场销售部负责人、市场销售管理员、销售员、质量管理部负责人、质量管理员、仓储供应部负责人、仓库保管员。

5.3. 三级召回：总经理或副总经理、市场销售部负责人、市场销售管理员、销售员、质量管理部负责人、质量管理员、物资管理部负责人、仓库保管员。

6. 在下列情况下实施药品召回

6.1. 药品留样观察中发现质量不合格情况。

6.2. 用户（患者、医生、经销商）来信、来人投诉药品质量情况，经调查属实。

6.3. 药品质量监督管理部门抽检通报有质量问题的药品。

6.4. 用户反映有未知的药品不良反应。

6.5. 国家已通报淘汰的药品。

6.6. 其他认为需要召回的药品。

6.7. 药品包装标签说明书内容或者设计印制存在缺陷，影响用药安全的。

6.8. 执行国家有关的药品召回规定。

7. 总经理根据实际情况，召集质量管理部负责人、生产计划部负责人、物资储运部负责人、市场销售部负责人讨论后做出药品召回的级别及《药品召回指令》。

8. 召回程序

8.1. 公司总经理要立即组织公司相关部门人员组成临时召回工作小组，负责召回全过程的领导决策和异常情况处理。

8.2. 八小时内市场销售管理员要准备好如下资料：药品品名、规格、剂型、批号、数量；药品批销售记录；药品停止使用说明或销售说明（内容包括：紧急收回原因，可能造成的医疗后果，建议采取的补救措施、立即停止使用的通知等等）。

8.3. 若药品患者已经使用，质量管理部门应制订建议采取的补救措施或预防措施。

8.4. 公司总经理下达《药品召回指令》，立即发送有关部门：上级药品监督管理部门．公司各有关部门。

8.5. 根据《药品召回指令》，市场销售部应制订书面召回计划，包括召回药品名称、规格、批号、召回单位名称、数量、地址、电话、联系人、召回方式、召回时限、原因等，并填写《药品召回记录》。

8.6. 《药品召回指令》发布后，市场销售部应迅速填写《药品召回通知》，并在24小时内通知有关医院、药店和药品销售客户以及可能与药品有关的单位或个人（包括在运输途中的负责单位），按药品召回计划，以最快的手段和途径召回药品，不得延误。

8.6.1. 落实销售客户名单，并报临时召回工作小组。

8.6.2. 应要求客户统计并报告召回某药品的在库数据，然后要求客户进一步向下家召回该药品。

8.6.3. 进一步和客户联系，确认召回的数量，尽最大的努力召回药品。

8.6.4. 在药品召回过程中，中间环节若是出现问题时，市场销售部门应立即派人，组织药品召回工作。

8.6.5. 汇总召回药品登记表。

8.7. 在召回过程中市场销售部负责人（或管理员）要及时向召回工作小组报告召回进展情况、召回数量与规定的差额、异常情况处理及时请示，不得延误，召回工作小组要24小时工作并留有值班人员。

8.8. 从市场召回的药品进库后，要立即置于退货区，逐件贴上标记，单独隔离存放，挂上醒目的状态标志，专人保管，不得动用，并立即与质量管理部门联系。

8.9. 质量管理部门应对召回的药品进行全检，并召开有关部门人员的质量分析会，对召回产品的质量情况进行分析、调查，填写质量事故相关记录。

8.10. 召回工作小组根据召回进展情况，决定是否召回工作已基本完成。召回工作完成后，要以书面形式立即通知有关部门。

8.11. 药品召回的每一阶段，所有参与人员均应将所采取的措施和时间详细记录。

召回工作结束后，要整理分析。召回工作小组负责人要将此次召回过程书面总结，交质量管理部门归档保存，并报当地的药品监督管理部门。

9. 召回药品的处理

9.1. 药品包装标签说明书内容或者设计印制存在的缺陷时，可以在更正后上市。

9.2. 根据有关规定应当销毁的药品，应当在市食品药品监督管理局监督下予以销毁。

9.3. 销毁工作执行《销毁管理规程》。

9.4. 对召回药品的处理应当有详细的记录，并向当地的食品药品监督管理局报告。

∙∙∙∙ 目标检测

答案解析

1. 产品召回共分为哪几类？

2. 产品召回的依据是什么？

3. 产品发运记录内容都包括哪些？

4. 发运记录的保存期限是多少？

5. 企业的销售行为总共包括哪些因素？试举几例。

书网融合……

重点小结　　　　习题

项目十二 自检和检查管理

学习目标

知识目标 通过本项目的学习，应能掌握自检的概念，自检管理的内容、自检实施管理的内容；熟悉自检目的、自检原则；了解GMP第十三章内容，自检现场检查中的交流要求。

技能目标 能够理解自检程序，按照自检规程对部门自检，并根据自检结果形成自检报告。

素质目标 培养学生树立严明法纪、持续发展的长期发展意识，明确制药行业可持续发展的基本要求。

法规要求

GMP（2010年修订）

第十三章 自 检

第一节 原 则

第三百零六条 质量管理部门应当定期组织对企业进行自检，监控本规范的实施情况，评估企业是否符合本规范要求，并提出必要的纠正和预防措施。

第二节 自 检

第三百零七条 自检应当有计划，对机构与人员、厂房与设施、设备、物料与产品、确认与验证、文件管理、生产管理、质量控制与质量保证、委托生产与委托检验、产品发运与召回等项目定期进行检查。

第三百零八条 应当由企业指定人员进行独立、系统、全面的自检，也可由外部人员或专家进行独立的质量审计。

第三百零九条 自检应当有记录。自检完成后应当有自检报告，内容至少包括自检过程中观察到的所有情况、评价的结论以及提出纠正和预防措施的建议。自检情况应当报告企业高层管理人员。

第十四章 附 则

第三百一十条 本规范为药品生产质量管理的基本要求。对无菌药品、生物制品、血液制品等药品或生产质量管理活动的特殊要求，由国家食品药品监督管理局以附录方式另行制定。

第三百一十一条 企业可以采用经过验证的替代方法，达到本规范的要求。

第三百一十二条 本规范下列术语（按汉语拼音排序）的含义是：

（一）包装

待包装产品变成成品所需的所有操作步骤，包括分装、贴签等。但无菌生产工艺中产品的无菌灌装，以及最终灭菌产品的灌装等不视为包装。

（二）包装材料

药品包装所用的材料，包括与药品直接接触的包装材料和容器、印刷包装材料，但不包括发运用的外包装材料。

（三）操作规程

经批准用来指导设备操作、维护与清洁、验证、环境控制、取样和检验等药品生产活动的通用性文件，也称标准操作规程。

（四）产品

包括药品的中间产品、待包装产品和成品。

（五）产品生命周期

产品从最初的研发、上市直至退市的所有阶段。

（六）成品

已完成所有生产操作步骤和最终包装的产品。

（七）重新加工

将某一生产工序生产的不符合质量标准的一批中间产品或待包装产品的一部分或全部，采用不同的生产工艺进行再加工，以符合预定的质量标准。

（八）待包装产品

尚未进行包装但已完成所有其他加工工序的产品。

（九）待验

指原辅料、包装材料、中间产品、待包装产品或成品，采用物理手段或其他有效方式将其隔离或区分，在允许用于投料生产或上市销售之前贮存、等待作出放行决定的状态。

（十）发放

指生产过程中物料、中间产品、待包装产品、文件、生产用模具等在企业内部流转的一系列操作。

（十一）复验期

原辅料、包装材料贮存一定时间后，为确保其仍适用于预定用途，由企业确定的需重新检验的日期。

（十二）发运

指企业将产品发送到经销商或用户的一系列操作，包括配货、运输等。

（十三）返工

将某一生产工序生产的不符合质量标准的一批中间产品或待包装产品、成品的一部分或全部返回到之前的工序，采用相同的生产工艺进行再加工，以符合预定的质量标准。

（十四）放行

对一批物料或产品进行质量评价，作出批准使用或投放市场或其他决定的操作。

（十五）高层管理人员

在企业内部最高层指挥和控制企业、具有调动资源的权力和职责的人员。

（十六）工艺规程

为生产特定数量的成品而制定的一个或一套文件，包括生产处方、生产操作要求和包装操作要求，规定原辅料和包装材料的数量、工艺参数和条件、加工说明（包括中间控制）、注意事项等内容。

（十七）供应商

指物料、设备、仪器、试剂、服务等的提供方，如生产商、经销商等。

（十八）回收

在某一特定的生产阶段，将以前生产的一批或数批符合相应质量要求的产品的一部分或全部，加入到另一批次中的操作。

（十九）计算机化系统

用于报告或自动控制的集成系统，包括数据输入、电子处理和信息输出。

（二十）交叉污染

不同原料、辅料及产品之间发生的相互污染。

（二十一）校准

在规定条件下，确定测量、记录、控制仪器或系统的示值（尤指称量）或实物量具所代表的量值，与对应的参照标准量值之间关系的一系列活动。

（二十二）阶段性生产方式

指在共用生产区内，在一段时间内集中生产某一产品，再对相应的共用生产区、设施、设备、工器具等进行彻底清洁，更换生产另一种产品的方式。

（二十三）洁净区

需要对环境中尘粒及微生物数量进行控制的房间（区域），其建筑结构、装备及其使用应当能够减少该区域内污染物的引入、产生和滞留。

（二十四）警戒限度

系统的关键参数超出正常范围，但未达到纠偏限度，需要引起警觉，可能需要采取纠正措施的限度标准。

（二十五）纠偏限度

系统的关键参数超出可接受标准，需要进行调查并采取纠正措施的限度标准。

（二十六）检验结果超标

检验结果超出法定标准及企业制定标准的所有情形。

（二十七）批

经一个或若干加工过程生产的、具有预期均一质量和特性的一定数量的原辅料、包装材料或成品。为完成某些生产操作步骤，可能有必要将一批产品分成若干亚批，最终合并成为一个均一的批。在连续生产情况下，批必须与生产中具有预期均一特性的确定数量的产品相对应，批量可以是固定数量或固定时间段内生产的产品量。

例如：口服或外用的固体、半固体制剂在成型或分装前使用同一台混合设备一次混合所生产的均质产品为一批；口服或外用的液体制剂以灌装（封）前经最后混合的药液所生产的均质产品为一批。

（二十八）批号

用于识别一个特定批的具有唯一性的数字和（或）字母的组合。

（二十九）批记录

用于记述每批药品生产、质量检验和放行审核的所有文件和记录，可追溯所有与成品质量有关的历史信息。

（三十）气锁间

设置于两个或数个房间之间（如不同洁净度级别的房间之间）的具有两扇或多扇门的隔离空间。设置气锁间的目的是在人员或物料出入时，对气流进行控制。气锁间有人员气锁间和物料气锁间。

（三十一）企业

在本规范中如无特别说明，企业特指药品生产企业。

（三十二）确认

证明厂房、设施、设备能正确运行并可达到预期结果的一系列活动。

（三十三）退货

将药品退还给企业的活动。

（三十四）文件

本规范所指的文件包括质量标准、工艺规程、操作规程、记录、报告等。

（三十五）物料

指原料、辅料和包装材料等。

例如：化学药品制剂的原料是指原料药；生物制品的原料是指原材料；中药制剂的原料是指中药材、中药饮片和外购中药提取物；原料药的原料是指用于原料药生产的除包装材料以外的其他物料。

（三十六）物料平衡

产品或物料实际产量或实际用量及收集到的损耗之和与理论产量或理论用量之间的比较，并考虑可允许的偏差范围。

（三十七）污染

在生产、取样、包装或重新包装、贮存或运输等操作过程中，原辅料、中间产品、待包装产品、成品受到具有化学或微生物特性的杂质或异物的不利影响。

（三十八）验证

证明任何操作规程（或方法）、生产工艺或系统能够达到预期结果的一系列活动。

（三十九）印刷包装材料

指具有特定式样和印刷内容的包装材料，如印字铝箔、标签、说明书、纸盒等。

（四十）原辅料

除包装材料之外，药品生产中使用的任何物料。

（四十一）中间产品

指完成部分加工步骤的产品，尚需进一步加工方可成为待包装产品。

（四十二）中间控制

也称过程控制，指为确保产品符合有关标准，生产中对工艺过程加以监控，以便在必要时进行调节而做的各项检查。可将对环境或设备控制视作中间控制的一部分。

第三百一十三条 本规范自2011年3月1日起施行。按照《中华人民共和国药品管理法》第九条规定，具体实施办法和实施步骤由国家食品药品监督管理局规定。

说明：药品GMP指南（2023年版）并未对以上相关内容进行调整，延用了GMP（2010年修订）的相关规定。

情境导入

情境：2015年1月24日，吉林日报报业集团旗下《城市晚报》披露，在长春打工的赵先生因感冒在火车站附近药店购买100ml盐酸左氧氟沙星氯化钠注射液，拿到诊所，拆开外包装将要进行注射的时候，发现注射液里有一根4cm左右发丝样物。报道配发了存在疑似发丝样物注射剂的清晰照片。

事件发生后，国家食品药品监督管理总局对涉事企业进行了现场全面检查，核实了涉事产品和患者的有关情况，涉事公司已主动召回产品。

思考：该案例有何启示？

任务一　自检概述

GMP自检是药品生产企业内部发起的对本企业进行GMP实施的检查活动，是企业执行GMP要求的一项重要质量活动。

自检作为企业内部的质量检查活动，能够保证产品质量，能够提高持续发展的能力，是保证有效实施 GMP 的有效手段。

一、自检的目的

自检的目的是检查和评价企业生产过程中是否符合 GMP 的要求，发现企业执行 GMP 存在缺陷的项目，并通过实施纠正措施和预防措施，建立自我改进的管理机制，促进各质量管理部门更有效地执行 GMP，保证制药企业的质量管理体系持续改进和完善。

自检在企业内定期进行，自检有规律的开展，能够评估药品生产企业执行 GMP 的时效性，获取公正、客观的管理信息，为高层决策提供事实依据；通过自检，还能够寻找企业存在的质量风险，探讨质量改进的可能；同时，对员工评价和增进了解，加强培训等工作，也有一定的作用。

▪ 知识链接

质量审核

质量审核：是 ISO 9000：2000 中提出的概念："确定质量活动和有关结果是否符合计划的安排，以及这些安排是否有效实施并适用于对预定目标进行的系统的独立的检查。"

质量审核内容比较广泛，包括质量体系审核、过程和工序审核、产品或服务审核等，是对企业质量管理活动的综合评价，通过质量审核，能够找出质量体系的优点或不足，提出改进建议。

质量审核体系的构成为第一方审核、第二方审核、第三方审核。

第一方审核为内部审核，是一个企业对其自身质量体系进行的检查。

第二方审核为外部审核的一种，是客户对企业质量体系进行的审核，审核的标准是检验企业对顾客质量保证的能力。

第三方审核同样为外部审核，是由第三方认证机构对企业的质量体系进行的审核和认证，由质量体系认证机构或其他监督管理组织派出具备审核资格的人员，按照业内相关标准对企业进行质量体系的审核和认证。

二、自检的内容

定期进行自检是药品企业进行全面质量管理的基本要求，是不断改进药品质量的基本保证，对自检工作的重视，是药品企业保障持续、有效执行 GMP 的重要手段。

自检工作需要企业调配相应的人员，安排合适的机构来执行，一般应符合如下要求。

（一）自检小组的组建

组建自检小组是企业实施 GMP 自检的第一个环节，为保证审核的客观性和有效性，必须选择符合要求的质量审核人员。自检人员是实际进行审核的执行者，应经过培训并取得授权，或根据企业实际需要配备专业技术人员。对自检人员，一般在相应的知识、经验、技能和素质方面进行要求，必须具备相应的学历，经过专门的培训，并且具备一定的质量管理经验，具备处理质量问题的能力，对法律和相关法规有熟悉的认知，具备良好的口头表达和书面表达能力，能够明确传达在审核过程中遇到的问题，并进行有效沟通，形成审核意见，以指导下一步工作。

自检人员应经过相应的定期考核和培训，其内容包括审计、质量管理和质量体系方面的知识，掌握审核过程中检查和提问方法，主持审核会议，策划审核方案的实施，对审核过程中发现的质量体系问题进行分析指导，在综合素质方面，应具有良好的沟通能力，诚实、正直、坚持原则、不受不良外界条件的干扰，能够对所有审核信息负责。

　　自检人员应具有相关工作经验，熟悉企业的基本情况，熟悉 GMP 的实施过程及要求，对企业药品生产的工序控制、质量要求有良好认知，具备相关质量管理和质量审核经验。

　　在符合要求的自检人员中，选拔一名自检负责人担任自检小组的组长，全权负责自检过程的质量审核工作，小组长应经过企业负责人授权，具有管理、组织、协调和指挥能力，具有对企业执行 GMP 的符合性和有效性作出判断的能力。

　　自检人员应与被检查部门无直接利益和责任关系，在自检工作中能保持理性、中立、客观的态度，保证审核结果的公正性和可靠性。

（二）自检人员的职责

1. 自检小组的职责

（1）在企业最高管理者的指导下确定自检目标。

（2）质量负责人编制自检计划、自检报告、整改方案。

（3）规定每次自检的目标、范围和详略要求，选择适宜的自检方法。

（4）任命自检项目的检查人员，分配自检任务。

（5）管理自检方案和结果及相关的自检方案记录。

2. 自检小组长的职责

（1）组建自检小组，获取自检审核的背景材料，制订自检日程规划，对小组成员分配审核任务。

（2）主持编写自检审核检查表，检查自检准备情况，主持检查现场。

（3）与受检部门负责人沟通，组织编写自检不符合报告及自检报告，组织跟踪自检。

3. 自检人员的职责

（1）服从组长领导，支持组长工作，根据分工编制自检工作文件，完成分工范围内的现场自检任务，作好自检记录。

（2）收集自检证据并进行分析，通过交流形成自检结论。

（3）编写不符合报告，参与编制自检报告。

（4）参加自检纠正措施的跟踪验证，管理有关的各种文件、记录，予以存档。

三、自检的程序

　　自检程序一般分为五个阶段：自检准备、实施自检、自检记录总结分析、提出自检报告、自检跟踪检查（表 12 - 1）。

表 12 - 1　自检程序及控制要点

自检阶段	自检步骤	控制要点
准备阶段	确定自检频率	根据企业产品结构、硬件条件确定自检频次
	制定自检计划	自检负责人制订，并检验可行性
实施阶段	自检实施	组件自检小组，准备自检需要的工具
自检记录分析	总结自检结果	形成自检报告，按照重大、严重、一般项目分类报告
自检报告		
自检跟踪检查	制订预防措施	针对发现的问题进行纠正、预防并制定措施

　　1. 自检准备　由自检小组组长组织开会讨论，确定自检计划。自检计划的内容包括：自检的目的、自检的依据、自检小组组成与分工，自检的范围、内容、时间安排、要求等。

　　准备阶段还应做好自检工作文件的设计，这些文件应有自检检查表、自检抽样计划、自检记录信息（包括证据材料、自检发现和记录性材料）等。

　　2. 自检的实施　按照预定的计划实施自检，自检员依据自检计划进行现场检查，并记录检查发现，检查中发现的缺陷项目客观描述，并让受检查部门负责人签字确认。现场检查基本步骤见表12-2。

表12-2　现场检查基本步骤

序号	检查内容
1	进入检查区域
2	由自检小组长向受检查部门通报检查项目
3	通过面谈、查阅文件和记录、现场考察收集检查信息
4	确定收集的检查信息
5	验证检查信息，形成检查证据
6	依据自检要求，审查证据的真伪，形成自检结论
7	评价自检结论，形成自检报告

3. 自检记录分析总结　自检完成后，对自检过程的记录进行分析、汇总，按部门、类别进行总结、分析。自检记录表见表12-3。

表12-3　GMP自检记录

时间：　　　年　　　月　　　日

自检项目明细	本次自检与GMP要求符合情况	上次自检整改要求完成情况
自检意见		

记录人：　　　　　　记录审核人：

4. 编制呈送自检报告　自检报告的内容包括：报告名称、报告人、报告日期、自检结果的简要概述及主要问题、自检的项目及结论、主要存在的问题、改进建议。自检报告一般应在两个工作日内呈送企业负责人和质量管理负责人，必要时抄送有关部门。自检结果汇总见表12-4。

表12-4　自检结果汇总

自检项目：　　　　　　　　　　自检时间：　　　　　　　　　　检查人：

检查区域	检查房间	问题	关键点确认	备注
			关键点□非关键点□	
			关键点□非关键点□	
待讨论项目				
建议推广项目				

记录人：　　　　　　　　　　　　　　　　　　负责人确认：

5. 自检跟踪检查　有关部门提出并实施纠正整改措施，纠正整改措施的跟踪确认由自检员进行。纠正和预防措施汇总单见表12-5。

表 12-5　纠正和预防措施汇总单

责任部门：		GMP 不合格项来源：	
不合格项类型：□重大不合格　　□轻微不合格　　□其他			
纠正和预防措施主要内容			
	不合格情况	整改措施	完成时间	完成情况确认
1				
2				
3				
QA 主管： QA 经理：	实施部门主管： QA 主管：		实施部门经理： QA 经理：

任务二　自检的实施项目 　微课

PPT

自检的内容应覆盖药品生产的全过程，按照 GMP 的要求进行全方位的检查，如有委托生产与委托检验，应增加相关的第二方审核，不能有任何环节的遗漏。

一、机构和人员

在实施 GMP 的过程中，组织机构是组织保证，人员是执行主体，培训是重要环节，三个主体是实施 GMP 的先决条件。企业必须建立适合自身实际的组织机构，明确各部门的职能，明确各岗位的职责，并配备专业、学历、经验与岗位要求相符合，经培训考核合格的人员，做好顺利实施 GMP 在组织与人员方面的保障。

为满足以上要求，自检工作重点应包括以下方面。

（1）组织机构设置的合理性，部门职能、岗位职责是否明确。

（2）组织机构配备相应的人员的合理性，各岗位的人员素质是否规范。

（3）各级人员是否进行了相关培训并建立培训档案，岗前培训、岗位调动培训是否已进行，培训不合格人员是否经过再培训，所有人员是否持证上岗。

（4）培训记录的完整性，培训效果是否已经过评价。

二、厂房和设施

厂房和设施是实施 GMP 管理基本硬件条件，厂房的位置、设计、建筑、改建、养护及设施的选型、安装、运行、使用、维护保养等都应能满足工艺生产的要求，避免产生污染、混淆、差错，并应便于清洁和养护。自检重点检查项目有以下几项。

（1）厂区总体布局是否合理，生产厂房设计、布局是否满足工艺要求。

（2）面积和空间是否足够，生产操作是否互不影响，有无防止外界异物进入的设施。

（3）洁净区的照度、温度、湿度是否符合要求，操作间是否配备防止交叉污染的设施。

（4）储存区面积与空间是否与生产规模相适应。

（5）各状态物料存放能否防止交叉污染与差错，检验区与生产区是否分开布局。

（6）人员更衣室是否合理设置，人员更衣有无操作规程的要求。

（7）洁净服选材、洗涤方式、灭菌方式是否符合 GMP 要求。

（8）特殊要求设备和仪器是否已配备。

三、设备

药品生产企业的生产设备必须与生产品种、规模相适应，性能可靠，使用安全。自检时重点检查的内容有以下几项。

（1）工艺要求是否符合要求，性能是否稳定，设备材质是否符合 GMP 的要求。

（2）设备使用时是否污染药品、环境，是否有利于清洗、消毒或灭菌。

（3）设备的内部结构是否满足生产需要，管道及其他附属设施是否满足要求。

（4）设备使用、维护保养、清洗、校验、验证是否有专门的管理程序，并配备专职或兼职的设备管理人员。

（5）水系统的管道、贮罐材质、设计及安装是否符合要求。

（6）管道标识是否有明确的物料名称、流向。

（7）设备是否有状态标识，维护保养是否有记录，是否影响药品质量。

四、物料

作为药品生产的物质基础，对物料自检时应重点检查的内容有以下几项。

（1）是否建立了规范的物料管理系统，保证物料流向清晰、具有可追溯性。

（2）是否制订物料管理制度，其接收、检验、存放、发放是否规范。

（3）主要原辅料供应商是否经过质量审计，是否从经审计批准的供应商处采购物料，是否建立物料的采购、储存、发放、使用的管理制度。

（4）物料是否按批进行验收、检验、储存，是否根据性质合理存放。

（5）各种状态（待验、合格、不合格）物料是否严格管理，是否按规定使用期限及复验。

（6）各种特殊物料（麻醉药品、精神药品、毒性药品、毒性药材、贵细药材、易燃易爆等危险品）的采购、验收、储存、发放、使用及标识是否执行国家有关规定。

（7）药品标签、使用说明书等印刷性包装材料是否与国家药品监督管理部门批准文件一致，印刷性包装材料印刷前是否经质量管理部门审核，保管、发放、使用、销毁是否执行相关制度。

五、确认与验证

对质量保证体系自检确认的检查，重点内容有以下几项。

（1）企业是否进行药品生产验证，是否根据验证对象建立验证小组，提出验证项目、制定验证方案，并组织实施。

（2）生产过程的验证内容是否完全，验证文件是否齐全，验证过程中的数据和分析内容是否以文件形式归档保存。

六、文件

药品生产企业的文件管理系统应达到"有章可循，照章办事，有案可查，追溯可靠"的目的，自检过程中，重点检查内容有以下几项。

（1）企业是否有生产管理、质量管理的各项制度和记录，并按照文件管理规定的程序进行管理。

（2）分发、使用的文件是否为已获批准的现行文本，文件的制定是否符合规定。

（3）是否有生产工艺规程、岗位操作法或标准操作规程，是否任意更改，如需要更改时是否按规定程序执行。

七、生产管理

在生产过程质量保证体系自检时，应重点检查如下内容。

（1）检查关于 GMP 对生产工艺规程、岗位操作法和 SOP 的执行情况，其变更是否符合文件管理的相关规定。

（2）生产过程物料平衡的管理是否符合规定，特殊物料生产、监控的规范性。

（3）批生产记录、批包装记录、批检查记录的设计、填写、更改、保存、销毁是否规范，批次和批号划分和编制是否符合规定，相邻两个批号药品合箱操作是否符合规定。

（4）生产是否执行开工前检查，生产过程是否采取相应措施预防交叉污染、混淆、差错。

（5）无菌药品生产的时限规定是否符合要求，生产过程的状态标识是否符合规定。

（6）清场操作是否按照相关规定，清场记录的设计是否合理，记录是否完全。

八、质量控制与质量保证

质量管理是 GMP 实施的核心内容，质量保证体系自检时，重点检查内容应包括以下几项。

（1）企业负责人是否直接领导质量管理部门，质量管理体系建立是否完整规范。

（2）质量管理人员，质量检验人员是否符合 GMP 相关要求。

（3）质量管理部门在履行质量管理职责时是否到位。

（4）是否按照要求设置了投诉、不良反应处理、不良反应报告的相应部门并配备相关人员，是否有及时反馈报告和记录，各种应急处理程序是否符合国家法律法规要求。

（5）不良反应是否按照国家法规进行监测、报告。

（6）质量管理部门是否会同有关部门对主要物料供应商的质量体系进行评估。

九、委托生产与委托检验

自检时，主要检查委托生产和委托检验是否严格遵守规程，受托企业的生产和检验是否在委托企业的监控之下。

十、产品发运与召回

产品发运和召回，重点检查的内容应包括以下几项。

（1）是否建立完善的销售记录及召回管理程序，记录项目是否全面。

（2）销售记录是否及时建立，销售记录的项目是否全面，销售记录的保存是否符合规定。

（3）药品召回管理的管理文件与记录，项目设计是否合理，召回产品的处理是否符合相关规定。

十一、上次自检提出的质量改进建议的执行情况

检查上次自检发现问题改进、纠正落实情况，是否记录。

任务三 GMP 的检查

PPT

GMP 的检查目前包括许可检查、跟踪检查和飞行检查三种。检查和被检查的实施对象是政府监管部门和药品生产企业。在检查和评价的过程中，即完成了企业符合 GMP 要求的自我证明，实现了规范管理提高了产品质量，提升了自身的发展空间，又完成了政府监管部门的责任，同时，让广大的消费者能够保证自己的合法利益，保证全民健康的顺利实行。

所以从根本上说，GMP 的检查是保证药企 GMP 强制要求的实施能够落实，确保用药的安全、有效，履行制药企业的社会责任。

我国在 2018 年取消了 GMP 认证检查工作，但药企准入的 GMP 认证依然是行业标杆，没有 GMP 证书不能进行药品及相关产品的生产，故 GMP 许可检查仍然存在。而跟踪检查和飞行检查自 GMP 实施以来一直有施行，2015 年国家颁布飞行检查的相关法规，明确了飞行检查对药企执行 GMP 管理标准和理念的监督地位，飞行检查在执行过程中也披露了相当数量不能满足 GMP 要求的药企，为社会用药安全起到了应有的作用。

在 GMP 检查过程中，依据 GMP 的要求和《药品生产现场检查风险评定指导原则》实施检查并做出评定，基本要求如表 12-6 所示。

表 12-6 GMP 现场检查综合评定标准

序号	缺陷级别			评定结果
	严重缺陷	主要缺陷	一般缺陷	
1	无	无	有	符合
2①	无	有	有	符合
3	有	无	多项	不符合
4	无	多项	有	不符合
5②	无	有	有	不符合

注：①所有主要缺陷和一般缺陷整改情况证明能够采取有效措施改正。
②主要和一般缺陷整改或计划不能证明采取有效措施改正。

有关缺陷的内容介绍如下。

（一）缺陷的分类

其中，缺陷分为"严重缺陷""主要缺陷"和"一般缺陷"，其风险等级依次降低。

1. 严重缺陷 严重缺陷是指与药品 GMP 要求有严重偏离，产品可能对使用者造成危害的缺陷。属于下列情形之一的为严重缺陷。

（1）对使用者造成危害或存在健康风险。

（2）与药品 GMP 要求有严重偏离，给产品质量带来严重风险。

（3）有文件、数据、记录等不真实的欺骗行为。

（4）存在多项关联主要缺陷，经综合分析表明质量管理体系中某一系统不能有效运行。

2. 主要缺陷 主要缺陷是指与药品 GMP 要求有较大偏离的缺陷。属于下列情形之一的为主要缺陷。

（1）与药品 GMP 要求有较大偏离，给产品质量带来较大风险。

（2）不能按要求放行产品，或质量受权人不能有效履行其放行职责。

（3）存在多项关联一般缺陷，经综合分析表明质量管理体系中某一系统不完善。

3. 一般缺陷　一般缺陷是指偏离药品 GMP 要求，但尚未达到严重缺陷和主要缺陷程度的缺陷。

（二）产品风险分类

企业所生产的药品，依据风险高低分为高风险产品和一般风险产品。

1. 高风险产品　以下产品属高风险产品：①治疗窗窄的药品；②高活性、高毒性、高致敏性药品（包括微量交叉污染即能引发健康风险的药品，如青霉素类、细胞毒性、性激素类药品）；③无菌药品；④生物制品（含血液制品）；⑤生产工艺较难控制的产品（是指参数控制的微小偏差即可造成产品不均一或不符合质量标准的产品如：脂质体、微球、某些长效或缓释、控释产品等）。

2. 一般风险产品　指高风险产品以外的其他产品。

一、许可检查

GMP 许可检查的内容与药企生产的产品密切相关，应提供能够实施《药品生产质量管理规范》所具备的人员、硬件和软件设施，并对应有合乎要求的规章制度。一般许可检查的内容有如下几方面。

（一）实件

实件主要是指人员一类的检查，检查的重点：人员的学历、资历以及是否具有部门负责人的授权书，人员的健康证明，人员的培训计划与记录，现场人员的问题回答等。

1. 部门负责人的授权书　作为企业法人不具备药学等相关专业的学历人士，应当授权与具备相关专业学历、资历的部门负责人，主要是质量部门、生产部门或者技术研发部门等。授权书一般要求具体的记载授权某人负责或者分管的部门以及岗位职责、职权等内容，以及相关的年限要求等。

2. 人员的健康证明文件　容易忽视的人员是采购人员与设备维修人员，主要从现场人员的姓名中进行随机挑选检查。

3. 人员的培训与记录　主要是培训计划（包括年度计划），要求具体的培训人员、培训内容（包括培训教案、培训人员的资历、培训时间、考核方式或者考核档案、对培训不合格人员的措施等）。一般要求提供培训教案以及考核试题与处理措施等文字资料。

4. 现场人员的回答　主要考察 GMP 文件的培训情况，实际上是上一问题的延续。考察方式主要有现场询问与现场操作。现场询问涉及程序文件、岗位操作 SOP 以及 GMP 的内容。考察现场操作，主要集中在公用系统工程方面，以及纯水、空调、空压等方面。特别是纯水，要求操作人员不仅会现场取样操作，而且还要能够回答出现场提问，如整个水处理系统有多少取样点，取样抽验的频次，如何清洗消毒等等，要求现场操作人员对整个纯水处理系统的设备附件、取样点，特别是回水口等关键部件以及检验操作必须相当熟悉。空调操作人员主要涉及一些回风段，初效、中效、高效过滤器的清洗或者更换周期，以及判断处理方法，消毒时间与频率等。

（二）硬件

对于硬件设施，卫生检查是第一位的。

1. 厂房防止蚊蝇鼠虫的措施　如挡鼠板、灭蝇灯、门帘、门条、粘鼠板等。

2. 压差计、温湿度计　主要检查效期以及检定标志等。

3. 操作间的门　检查人员会检查带有负压要求的操作间的门的开启方向。如果在设计施工中出现的问题，造成既存事实，则在向检查官员进行汇报时予以承认或者指出，求得谅解。

4. 直排风口　检查人员会现场查阅关于直排风口 1∶1 的清洁消毒程序文件，或者现场询问。

5. 公共卫生间　检查消毒剂的名称、标志以及效期问题，考察清洁用具的使用途径及分类。

6. 地漏　检查人员会就现场清洁消毒与地漏的实施情况进行对照，必要时会检查消毒剂的配制记录，同时也有要求现场人员进行清洁消毒操作示范的先例。

7. 洗手池　检查人员会检查下接水管有无沉降弯管等设置。

8. 中间站　检查是否划分区域管理，随机检查账、卡、物的记录是否与现场标志相符。

9. 管道　管道的颜色标志、流向以及内容物的标志要求，落水管道的标志。

10. 库房　检查是否划分区域，以及温湿度计、阴凉库的空调设置。

11. 质检室　检查要求微生物检验室的物料传递方向与接种方向，灭菌柜的设置，毒性药品或者试剂的存放设置。

12. 厂区环境　垃圾以及煤场的堆放，露天堆放是否有遮盖，是否有花卉存在等。

（三）软件

软件是检查的重点，检查的方式可以穿插于硬件巡检之中，但是又单独存在。

1. 程序文件　包括各种操作的 SOP。

2. 生产原始记录　主要审查原料、辅料、剩余物料的处理是否有交接，上下数据或者部门是否衔接一致。物料平衡与有限度要求的（如收率、工艺控制条件等）会加以复核。必要时，会调阅质量部门的检验报告。

3. 库房　查阅说明书的领头或者尾数是否账、卡、物相符，必要时会亲自点数复核。

4. 原料、辅料以及包装材料的出入库记录　检查方式同上。

5. 现场物料的取样　询问取样数量以及如何取样，检查取样的代表性问题。

6. 成品的出入库记录　检查方式同上，便于追踪检查。

7. 质量部门检查仪器间的温湿度记录　检查现场有无必要的检验仪器设备与使用记录，检查现场有无报告数据或者检验数据，检查现场试剂的标配标示与配制时间、记录。

8. 验证文件　纯水、空调、空压等公用系统中，重点是前两者，重中之重是纯水的回水 1∶1 取样。

9. 清洁验证　主要检查验证的过程叙述，重点是检查项目以及判断标准，其中又以检测方法最为重要。清洁剂与消毒剂的选型应当注意标明其级别以及使用部分的残留验证。

10. 生产工艺验证　注意数据的吻合性，不仅工序之间，同样适用于库房、质量部门。

二、跟踪检查

GMP 跟踪检查是国家药品监督部门对持有 GMP 证书的药企执行 GMP 情况的检查。跟踪检查的目的是药品监督管理机构对药企生产安全隐患进行排查的重要手段，跟踪检查的实施可以督促药企更好地执行 GMP，做到药品的生产安全。

在 GMP 证书有效期内，至少要对该药企进行一次跟踪检查。

跟踪检查的重点在于风险防控，突出问题导向，通过国家药品检查、抽检，不良反应监测，投诉举报等方面发现的问题和风险信号，组织进行有目的的跟踪检查。跟踪检查工作应根据检查方案的布置，对所涉及的检查项目进行调查取证，根据相应的检查评定标准对检查中发现的缺陷项目进行评定，根据药企生产类型的不同，尤其是对上年度抽检中问题较多的企业，专项检查应落实的企业，以及生产血液制品、疫苗类生物制品及新批准生产注射剂及仿制药的药企进行重点风险排查。

跟踪检查完成后，检查组应向药企通报现场检查情况，对已经发现的 GMP 缺陷内容，经检查组和药企双方认可签字，作为凭证材料，以供提出下一步的评定意见和由此进行整改。

跟踪检查可以与飞行检查相配合，互相检查问题整改落实情况。

跟踪检查中发现的问题，国家局和地方局一般会有情况汇总通报，可供药企和药品安全工作人员阅读使用。

三、飞行检查

药品医疗器械飞行检查，是指药品监督管理部门针对药品和医疗器械研制、生产、经营、使用等环节开展的不预先告知的监督检查。我国自 2005 年开始对药企执行 GMP 的情况进行飞行检查，2015 年 6 月国家发布了《药品医疗器械飞行检查办法》，自 2015 年 9 月 1 日起施行。

飞行检查的目的是查清药企已经存在的问题，管控药品生产的风险，并对不能严格执行 GMP 追求利润最大化的药企进行依法监督。

知识链接

药品医疗器械飞行检查办法

第一章 总 则

第一条 为加强药品和医疗器械监督检查，强化安全风险防控，根据《中华人民共和国药品管理法》《中华人民共和国药品管理法实施条例》《医疗器械监督管理条例》等有关法律法规，制定本办法。

第二条 本办法所称药品医疗器械飞行检查，是指食品药品监督管理部门针对药品和医疗器械研制、生产、经营、使用等环节开展的不预先告知的监督检查。

第三条 国家食品药品监督管理总局负责组织实施全国范围内的药品医疗器械飞行检查。地方各级食品药品监督管理部门负责组织实施本行政区域的药品医疗器械飞行检查。

第四条 药品医疗器械飞行检查应当遵循依法独立、客观公正、科学处置的原则，围绕安全风险防控开展。

第五条 被检查单位对食品药品监督管理部门组织实施的药品医疗器械飞行检查应当予以配合，不得拒绝、逃避或者阻碍。

第六条 食品药品监督管理部门应当按照政府信息公开的要求公开检查结果，对重大或者典型案件，可以采取新闻发布等方式向社会公开。

第七条 食品药品监督管理部门及有关工作人员应当严格遵守有关法律法规、廉政纪律和工作要求，不得向被检查单位提出与检查无关的要求，不得泄露飞行检查相关情况、举报人信息及被检查单位的商业秘密。

第二章 启 动

第八条 有下列情形之一的，食品药品监督管理部门可以开展药品医疗器械飞行检查：

（一）投诉举报或者其他来源的线索表明可能存在质量安全风险的；

（二）检验发现存在质量安全风险的；

（三）药品不良反应或者医疗器械不良事件监测提示可能存在质量安全风险的；

（四）对申报资料真实性有疑问的；

（五）涉嫌严重违反质量管理规范要求的；

（六）企业有严重不守信记录的；

（七）其他需要开展飞行检查的情形。

第九条　开展飞行检查应当制定检查方案，明确检查事项、时间、人员构成和方式等。需要采用不公开身份的方式进行调查的，检查方案中应当予以明确。

必要时，食品药品监督管理部门可以联合公安机关等有关部门共同开展飞行检查。

第十条　食品药品监督管理部门派出的检查组应当由2名以上检查人员组成，检查组实行组长负责制。检查人员应当是食品药品行政执法人员、依法取得检查员资格的人员或者取得本次检查授权的其他人员；根据检查工作需要，食品药品监督管理部门可以请相关领域专家参加检查工作。

参加检查的人员应当签署无利益冲突声明和廉政承诺书；所从事的检查活动与其个人利益之间可能发生矛盾或者冲突的，应当主动提出回避。

第十一条　检查组应当调查核实被检查单位执行药品和医疗器械监管法律法规的实际情况，按照检查方案明确现场检查重点，并可以根据风险研判提出风险管控预案。

第十二条　检查组成员不得事先告知被检查单位检查行程和检查内容，指定地点集中后，第一时间直接进入检查现场；直接针对可能存在的问题开展检查、不得透露检查过程中的进展情况、发现的违法线索等相关信息。

第十三条　上级食品药品监督管理部门组织实施飞行检查的，可以适时通知被检查单位所在地食品药品监督管理部门。被检查单位所在地食品药品监督管理部门应当派员协助检查，协助检查的人员应当服从检查组的安排。

第十四条　组织实施飞行检查的食品药品监督管理部门应当加强对检查组的指挥，根据现场检查反馈的情况及时调整应对策略，必要时启动协调机制，并可以派相关人员赴现场协调和指挥。

第三章　检　查

第十五条　检查组到达检查现场后，检查人员应当出示相关证件和受食品药品监督管理部门委派开展监督检查的执法证明文件，通报检查要求及被检查单位的权利和义务。

第十六条　被检查单位及有关人员应当及时按照检查组要求，明确检查现场负责人，开放相关场所或者区域，配合对相关设施设备的检查，保持正常生产经营状态，提供真实、有效、完整的文件、记录、票据、凭证、电子数据等相关材料，如实回答检查组的询问。

第十七条　检查组应当详细记录检查时间、地点、现场状况等；对发现的问题应当进行书面记录，并根据实际情况收集或者复印相关文件资料、拍摄相关设施设备及物料等实物和现场情况、采集实务以及询问有关人员等。询问记录应当包括询问对象姓名、工作岗位和谈话内容等，并经询问对象逐页签字或者按指纹。记录应当及时、准确、完整，客观真实反映现场检查情况。

飞行检查过程中形成的记录及依法收集的相关资料、实物等，可以作为行政处罚中认定事实的依据。

第十八条　需要抽取成品及其他物料进行检验的，检查组可以按照抽样检验相关规定抽样或者通知被检查单位所在地食品药品监督管理部门按规定抽样。抽取的样品应当由具备资质的技术机构进行检验或者鉴定，所抽取样品的检验费、鉴定费由组织实施飞行检查的食品药品监督管理部门承担。

第十九条　检查组认为证据可能灭失或者以后难以取得的，以及需要采取行政强制措施的，可以通知被检查单位所在地食品药品监督管理部门。被检查单位所在地食品药品监督管理部门应当依法采取证据保全或者行政强制措施。

第二十条　有下列情形之一的，检查组应当立即报组织实施飞行检查的食品药品监督管理部门及时作出决定：

（一）需要增加检查力量或者延伸检查范围的；

（二）需要采取产品召回或者暂停研制、生产、销售、使用等风险控制措施的；

（三）需要立案查处的；

（四）涉嫌犯罪需要移送公安机关的；

（五）其他需要报告的事项。

需要采取风险控制措施的，被检查单位应当按照食品药品监督管理部门的要求采取相应措施。

第二十一条 现场检查时间由检查组根据检查需要确定，以能够查清查实问题为原则。

经组织实施飞行检查的食品药品监督管理部门同意后，检查组方可结束检查。

第二十二条 检查结束时，检查组应当向被检查单位通报检查相关情况。被检查单位有异议的，可以陈述和申辩，检查组应当如实记录。

第二十三条 检查结束后，检查组应当撰写检查报告。检查报告的内容包括：检查过程、发现问题、相关证据、检查结论和处理建议等。

第二十四条 检查组一般应当在检查结束后5个工作日内，将检查报告、检查记录、相关证据材料等报组织实施飞行检查的食品药品监督管理部门。必要时，可以抄送被检查单位所在地食品药品监督管理部门。

第四章 处 理

第二十五条 根据飞行检查结果，食品药品监督管理部门可以依法采取限期整改、发告诚信、约谈被检查单位、监督召回产品、收回或者撤销相关资格认证认定证书，以及暂停研制、生产、销售、使用等风险控制措施。风险因素消除后，应当及时解除相关风险控制措施。

第二十六条 国家食品药品监督管理总局组织实施的飞行检查发现违法行为需要立案查处的，国家食品药品监督管理总局可以直接组织查处，也可以指定被检查单位所在地食品药品监督管理部门查处。

地方各级食品药品监督管理部门组织实施的飞行检查发现违法行为需要立案查处的，原则上应当直接查处。

由下级食品药品监督管理部门查处的，组织实施飞行检查的食品药品监督管理部门应当跟踪督导查处情况。

第二十七条 飞行检查发现的违法行为涉嫌犯罪的，由负责立案查处的食品药品监督管理部门移送公安机关，并抄送同级检察机关。

第二十八条 食品药品监督管理部门有权在任何时间进入被检查单位研制、生产、经营、使用等场所进行检查，被检查单位不得拒绝、逃避。

被检查单位有下列情形之一的，视为拒绝、逃避检查：

（一）拖延、限制、拒绝检查人员进入被检查场所或者区域的，或者限制检查时间的；

（二）无正当理由不提供或者延迟提供与检查相关的文件、记录、票据、凭证、电子数据等材料的；

（三）以声称工作人员不在、故意停止生产经营等方式欺骗、误导、逃避检查的；

（四）拒绝或者限制拍摄、复印、抽样等取证工作的；

（五）其他不配合检查的情形。

检查组对被检查单位拒绝、逃避检查的行为应当进行书面记录，责令改正并及时报告组织实施飞行检查的食品药品监督管理部门；经责令改正后仍不改正、造成无法完成检查工作的，检查结论判定为不符合相关质量管理规范或者其他相关要求。

第二十九条 被检查单位因违法行为应当受到行政处罚，且具有拒绝、逃避监督检查或者伪造、销毁、隐匿有关证据材料等情形的，由食品药品监督管理部门按照《中华人民共和国药品管理法》《中华人民共和国药品管理法实施条例》《医疗器械监督管理条例》等有关规定从重处罚。

第三十条 被检查单位有下列情形之一，构成违反治安管理行为的，由食品药品监督管理部门商请公安机关依照《中华人民共和国治安管理处罚法》的规定进行处罚：

（一）阻碍检查人员依法执行职务，或者威胁检查人员人身安全的；

（二）伪造、变造、买卖或者使用伪造、变造的审批文件、认证认定证书等的；

（三）隐藏、转移、变卖、损毁食品药品监督管理部门依法查封、扣押的财物的；

（四）伪造、隐匿、毁灭证据或者提供虚假证言，影响依法开展检查的。

第三十一条 上级食品药品监督管理部门应当及时将其组织实施的飞行检查结果通报被检查单位所在地食品药品监督管理部门。

下级食品药品监督管理部门应当及时将其组织实施的飞行检查中发现的重大问题书面报告上一级食品药品监督管理部门，并于每年年底前将该年度飞行检查的总结报告报上一级食品药品监督管理部门。

第三十二条 针对飞行检查中发现的区域性、普遍性或者长期存在、比较突出的问题，上级食品药品监督管理部门可以约谈被检查单位所在地食品药品监督管理部门主要负责人或者当地人民政府负责人。

被约谈的食品药品监督管理部门应当及时提出整改措施，并将整改情况上报。

第三十三条 食品药品监督管理部门及有关工作人员有下列情形之一的，应当公开通报；对有关工作人员按照干部管理权限给予行政处分和纪律处分，或者提出处理建议；涉嫌犯罪的，依法移交司法机关处理：

（一）泄露飞行检查信息的；

（二）泄露举报人信息或者被检查单位商业秘密的；

（三）出具虚假检查报告或者检验报告的；

（四）干扰、拖延检查或者拒绝立案查处的；

（五）违反廉政纪律的；

（六）有其他滥用职权或者失职渎职行为的。

第五章　附　则

第三十四条 各级食品药品监督管理部门应当将药品医疗器械飞行检查所需费用及相关抽检费用纳入年度经费预算，并根据工作需要予以足额保障。

第三十五条 本办法自 2015 年 9 月 1 日起施行。

（一）飞行检查的工作特点

飞行检查一般由药品监督管理部门派出人员组成检查组，检查过程中由药监派出机构、药企、药企所在地的监管机构全方位多层次的衔接配合，能够全面联动，针对性好，解决切实存在的问题。

飞行检查中，由 GMP 检查员、政府行政执法人员和聘请的专家参加检查，对风险研判能分层处理，实现风险管控的有效控制。

对于药企不能主动解决问题，提高防控生产风险能力，拒绝和逃避监管的部分情况。飞行检查能够丰富和细化应对手段，从宏观层面解决监管和被监管的矛盾，同时，能够强化地方监管部门的职责，解决地方保护问题。

飞行检查自实施以来，因其突击性、独立性和专业性的特色，查处了很多 GMP 执行不到位的药品生产企业，对国家层面的药品安全起到了举足轻重的作用。

（二）飞行检查的工作程序

1. 总体工作流程

（1）前期准备阶段 按照检查计划成立检查组，接受检查任务，根据任务确定检查重点，制定检查方案，做好组内分工，并进行相应的外围调查。

（2）进驻企业阶段 根据检查任务分工情况，进入企业现场，做好取证工作。证据的提供和提取。

2. 飞行检查的工作要点

（1）检查与被检查双方见面，递交相关的文件资料，出具必需的证件和执法证明文件，并将检查所需要的企业资料进行收集。通报检查要求和被检查单位的权利和义务。

（2）被检查单位应按照检查组要求，明确现场负责人，开放所涉及的场所、区域，提供真实完整并且有效的文件、记录、票据、凭证，对涉及电子数据的设备进行封存，如实应对检查。

（3）检查人员应详细记录检查的情况，对现场发现问题做好现场记录，留存第一手证据，询问人员要依法调查，并做好各种证据的收集作证，重大事项做好及时汇报。飞行检查过程中形成的记录和依法收集的资料实物，可以作为后续行政手段中认定事实的依据。

（4）各个现场的调查工作根据被检查单位的产品情况，做好原辅料进出计算，成品生产量比对，核算生产成本及各种票据记录；检查原辅料和成品仓库物料的存储及流动情况；生产车间的工艺、设备和产品数量的符合情况，核实生产品种有误共线生产的风险，做好各种规程记录的检查；对被检查单位的质量控制情况，做好各种记录台账的收集，并注意检查检验数据的真实与否；对销售情况，检查药品销售相关的各种记录信息。

实训任务十四　模拟飞行检查现场

【实训目标】

了解 GMP 飞行检查的程序，了解飞行检查的评定标准。

【实训准备】

将全班学生分组，每组选择 3 人为检查组成员，其他同学为企业代表，分组制定现场检查的方案。

【实训内容与步骤】

（1）统一学习检查标准。

（2）检查组选出小组长，负责对重点人员的资质、各种人员的健康证明、人员的培训计划和记录、现场人员问答等。第二名同学负责检查硬件设施，如厂房环境、设备设施等。第三名同学负责软件的检查，如程序文件、SOP、原始记录等。

【实训注意】

（1）实训过程中应分清责任，控制节奏。

（2）逐项检查，每组三人可分别进行。

···· **目标检测**

答案解析

一、单项选择题

1. 由国家和省级药品监督管理部门负责认证的是（　　）。
   A. GAP
   B. GLP
   C. GCP
   D. GMP

2. 以下关于自检人员职责的说法，错误的是（　　）。
   A. 主持编写自检审核检查表，检查自检准备情况，主持检查现场
   B. 收集自检证据并进行分析，通过交流形成自检结论
   C. 编写不符合报告，参与编制自检报告
   D. 规定每次自检的目标、范围和详略要求，选择错误的自检方法

3. 以下属于自检程序的选项是（　　）。
   ①自检准备　②自检的实施　③自检记录　④自检记录分析总结　⑤编制呈送自检报告
   ⑥自检跟踪检查　⑦自检错误整改报告
   A. ①②④⑤⑥
   B. ①②③⑤⑥
   C. ①②③⑤⑦
   D. ①②④⑤⑦

4. 以下属于自检实施项目的是（　　）。
   ①机构和人员　②厂房和设施　③设备　④物料　⑤确认与验证　⑥文件　⑦生产管理
   ⑧质量控制　⑨质量保证　⑩质量控制与质量保证
   A. ①②③⑧
   B. ④⑤⑥⑨
   C. ①②⑦⑨
   D. ⑤⑥⑦⑩

5. GMP 许可检查不用提供的资料有（　　）。
   A. 部门负责人的授权书
   B. 人员的培训与记录
   C. 药品生产企业（车间）生产的所有剂型和品种表
   D. 人员的健康证明文件

6. 企业所生产的药品，高风险产品不包括的是（　　）。
   A. 治疗窗窄的药品
   B. 中药材
   C. 无菌药品
   D. 生物制品（含血液制品）

7. 以下哪项不属于 GMP 的检查形式（　　）。
   A. 许可检查
   B. 现场抽查
   C. 跟踪检查
   D. 飞行检查

二、简答题

1. GMP 自检小组的职责是什么？
2. GMP 飞行检查的总体工作流程是什么？

书网融合……

重点小结　　　　微课　　　　习题

参考文献

［1］何思煌.GMP 实务教程［M］.北京：中国医药科技出版社，2021.

［2］万春艳.药品生产质量管理规范（GMP）实用教程［M］.北京：化学工业出版社，2020.

［3］何国强.欧盟 GMP/GDP 法规汇编［M］.北京：化学工业出版社，2014.

［4］国家药品监督管理局食品药品审核检查中心.质量管理体系（药品 GMP 指南）［M］.2 版.北京：中国医药科技出版社，2023.

［5］国家药品监督管理局食品药品审核检查中心.质量控制实验室与物料系统（药品 GMP 指南）［M］.2 版.北京：中国医药科技出版社，2023.